皇家海军史

A HISTORY OF THE ROYAL NAVY

［英］大卫·麦克道尔·汉内 —————— 著
蒋弘　韩云霞 —————————————— 译

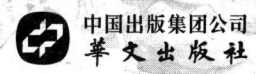

图书在版编目（CIP）数据

皇家海军史 /（英）大卫·麦克道尔·汉内著；蒋弘，韩云霞译. --北京：华文出版社，2021.3
（华文全球史）
ISBN 978-7-5075-5418-2

Ⅰ.①皇… Ⅱ.①大… ②蒋… ③韩… Ⅲ.①海军—军事史—英国 Ⅳ.①E561.53

中国版本图书馆CIP数据核字(2020)第256623号

皇家海军史

作　　者：[英] 大卫·麦克道尔·汉内
译　　者：蒋弘　韩云霞
选题策划：华盛世章
插图供应：029-85504182
责任编辑：杨荣刚　魏丹丹
出版发行：华文出版社
社　　址：北京市西城区广外大街305号8区2号楼
邮政编码：100055
网　　址：http://www.hwcbs.com.cn
电　　话：总编室010—58336239
　　　　　发行部010—58336212
经　　销：新华书店
印　　刷：三河市燕春印务有限公司
开　　本：710×1000　1/16
印　　张：42
字　　数：404千字
版　　次：2021年3月第1版
印　　次：2021年3月第1次印刷
标准书号：ISBN 978-7-5075-5418-2
定　　价：160.00元

版权所有　侵权必究

出版前言

随着中国开放的大门越开越大,关注世界各国尤其是西方国家文明的源流、发展和未来已经成为当下世界史研究的一个热点。为了成系统地推出一套强调"史源性"且在现有世界史出版物中具有拾遗补阙价值的作品,我们经过认真论证,推出了"华文全球史"系列,首次出版约一百个品种。

"华文全球史"系列从书目选择到译者的确定,从书稿中图片的采用到人名地名的规范,都有比较严格的遴选规定、编审要求和成稿检查,目的就是要奉献给读者一套具有学术性、权威性和高质量的世界史系列图书。

书目的选择。本系列图书重视世界史学科建设,视角宽阔,层级明晰,数量均衡,有所突出。计划出版的"华文全球史"中,既有通史,也有专题史,还有回忆录,基本上是世界历史著作中的上乘之作,填补了国内同类作品出版的空白。

人名地名规范。本系列图书中人名地名,翻译规范,重视专业性。在人名翻译方面,我们坚持"姓名皆全"的原则,加大考据力度,从而实现了有姓必有名,有名必有姓,方便了读者的使用。在注释方面,书中既有原书注,完整地保留了原著中的注释;也有译者注,体现了译者的研究性成果。

书中的插图。本系列图书的一个重要特点是书中都有功能性插图,这些插图全方位、多层次、宽视角反映当时重大历史事件,或与事件的场景密切相关,涉及政治、军事、经济、社会、外交、人物、地理、民俗、生活等方面的绘画作品与摄影作品。功能性插图与文字结合，赋予文字视觉的艺术，丰富了文字的内涵。

译者的确定。本系列图书的翻译主要凭借的是一个以大学教师为主的翻译团队，团队中不乏知名教授和相关领域的资深人士。他们治学严谨，译笔优美，为确保质量奉献良多。

"华文全球史"系列作为一套具有较高学术价值的优秀的世界历史丛书，对增加读者的知识，开阔读者的视野，具有积极的意义。同时要看到，一方面很多西方历史学家的观点符合事实，另一方面不少西方历史学家的观点是错误的，对于这些，我们希望读者不要不加分析地全盘接受或全盘否定，而是要批判地吸收外国文化中有益的东西。

华文出版社

2019年8月

序言

在《皇家海军史》中,我尝试用一种通俗、清晰的方式讲述皇家海军的发展历程。我不打算在本书中为读者展示英格兰王国的航海史全貌,因为这将不可避免地涉及英格兰海上贸易的兴起和扩张、航海大发现,以及晦涩难懂的科学术语和纷繁复杂的法律条文。如此复杂精细的工作需要爱德华·吉本、戴维·休谟等历史巨匠用尽毕生心血才能完成,绝非我能力所及。即使我有足够宽裕的时间,也无法像他们一样写出内容翔实、立意深刻的航海史巨著。

我意识到,让一个鲜有航海经验的人撰写有关皇家海军史的著作确实存在一定风险。当一个鲜有航海经验的人尝试谈论某些航海术语时,恰如罗伯特·索锡的诗句所描述的"活像一只被关进瓷器储藏室的猫",他须悉心听取水手的意见和批评,防止出现专业错误。一个作者需要有长期的航海经验,才能避免在写作时漏洞百出。本书难免存在某些不符合航海专业知识的谬误,还望友善的读者谅解。

《皇家海军史》前半部分描述的是光荣革命爆发之前的皇家海军发展史。随后出版的《皇家海军史》后半部分则主要讲述英格兰王国与法兰西王国及其盟友的波澜壮阔的海上斗争,从1689年开始一直持续到数场伟大海战完结。本书主要聚焦皇家海军的发展历程,以及英格兰王国与荷兰共和国惊心动魄的交战始末。

撰写本书时，我决定采用现代拼写方式标注人名，如使用"Monk"而非"Monck"，"Raleigh"而非"Ralegh"，"Hawkins"而非"Hawkyns"。马修·阿诺德曾经为自己拒绝使用改革后的拼写方式标注古典人名的行为辩解，他认为没有必要将时间浪费在建立一套严苛精细的拼写规则上。约翰·霍金斯将自己的姓拼写为"Hawkyns"，但如今我们将约翰·霍金斯的姓拼写为"Hawkins"，用"i"代替了"y"，我认为"Hawkins"的拼写更符合现代英语的使用习惯。

大卫·麦克道尔·汉内

前言

中世纪的皇家海军

与全球其他地区相比，不列颠群岛具备的独特客观条件使皇家海军稳坐世界海军的头把交椅，其中最关键的是不列颠群岛优越的地理位置。不列颠群岛坐落于旧大陆①和新大陆的中间地带，是茫茫大海上的一颗明珠。附近海域偶尔风暴肆虐，但不会对航海造成过多困扰。不列颠群岛海域辽阔，不受冰川阻碍。平静海面上的习习微风不足以困住航行的军舰，更不会阻碍造船业的发展。虽然蒸汽机的发明让海上贸易和海上战争不再为风力所限，但皇家海军是在帆船时代崛起的。蒸汽技术的出现仅起到了锦上添花的作用，让军舰能够更加自如地航行。人们通常认为，岛屿国家尤其适合发展海军，因为岛屿国家能够避免像陆地国家那样随时被别国入侵。岛屿国家的独特地理优势，让英格兰王国免于因过度扩张军事实力而拖垮国家经济。荷兰共和国、西班牙王国和法兰西王国正是由于军事扩张，最终难逃衰败的结局。然而，中世纪最强大的海军集中在地中海沿岸国家，而非岛屿国家。如果英格兰王国西部不是爱尔

---

① 旧大陆是指在哥伦布发现新大陆之前，欧洲人眼中的世界，包括欧洲、亚洲和非洲。与此相区别，新大陆主要指美洲大陆。——译者注

兰，而是其他难以征服的强国或难以吞并的异国，不列颠群岛就会失去地理优势。幸好，不列颠群岛西部直通大西洋，而大西洋又是全球所有富裕国家和帝国走向辉煌的起点。只要英格兰王国拥有强大的海军，任何国家都无法成为英格兰前进路途上的绊脚石。

要想充分发挥不列颠群岛的地理位置的优势，必须满足三个条件：其一，不列颠群岛上必须建立起统一的政权，避免成为各地区和各民族争权夺利的角斗场；其二，不列颠群岛必须发展一支强大的海军，尤其要大量制造适宜航海、经得起风吹浪打的军舰；其三，通过航海探索世界的条件已经成熟，新世界的大门必须向旧世界打开。上述三个条件在经历了漫长岁月后才得以实现。

英格兰王国的海军史大致可以划分为三个阶段。第一阶段是居民定居不列颠群岛和开始制造武器的时代，从不列颠群岛发展初期一直延续到都铎王朝的开启。在此期间，葡萄牙人正忙着开辟前往非洲和东方的海上航线；克里斯托弗·哥伦布率领西班牙人抵达美洲。虽然不列颠群岛上已经制造出可以环游世界的船舶，但不列颠群岛并不太平，军舰技术也尚未成熟。在大不列颠群岛上，皇家海军一枝独秀，打着民族荣耀的旗号侵略不列颠群岛的其他地区，英格兰人成为不列颠群岛的实际统治者。第二阶段是从都铎王朝初始到17世纪末的这段时期，在此期间，皇家海军已经成为名副其实的海上霸主。第三阶段是从光荣革命一直延续至今[①]的两百多年，在此期间英格兰王国统一了不列颠群岛，充分展示出自身实力。

皇家海军发展的三个阶段

详细描述皇家海军的完整发展史是个大工程，因为它必定涉及英格兰王国的商业发展史，以及商业、财政方面的法律规定。本书避免浪费过多章节描

---

① 指作者生活的19世纪。——译者注

述具体细节,将重点放在描述皇家海军的主要发展脉络和重要军事行动等方面。皇家海军,即英格兰王国为保护商贸发展而打造的海军,在英格兰王国与其他国家不断爆发的冲突中逐渐发展壮大,为英格兰王国的海外利益保驾护航。

皇家海军发展史的第一阶段历时非常短暂。早期不列颠群岛上并未建立起可以发展和管理海军的统一政府,造船技术尚未成熟。从恺撒大帝到威廉一世统治时期,任何外来侵略者都可以轻松漂洋过海、抵达不列颠群岛,途中绝不会遭遇有效抵抗。无论是英格兰人的祖先日耳曼民族、罗马帝国的将军、被达勒姆的西米恩称之为"黄蜂"的维京人,还是威廉一世,均可以随意登陆和入侵不列颠群岛,鲜有例外,就是因为不列颠群岛上的国家都不够富裕且缺乏秩序,无法维持一支常备海军。1066年发生的灾难性事件足以证明上述观点。当时哈罗德一世是英格兰王国当之无愧的国王,戈德温家族擅长造船技术,名下拥有多艘军舰。然而,在短短的几个月之内,英格兰王国先后两次遭遇海上入侵。哈罗德一世深知,维护自身王权最有效的办法是阻止敌军登陆英格兰王国。但在玛丽诞生日,由于缺乏足够的军备物资,哈罗德一世被迫遣散了手下的陆地和海洋军事力量,导致英格兰王国失去组建常备海军的实力。哈罗德一世拥有的军舰都是体形较大的敞仓船,虽然适海性较强,也可远距离航行,但船舱内挤满士兵,无法放置足够的军需物资。此外,敞仓船也很难为船员提供有效的掩护。哈罗德一世的海军无法对敌军实施封锁,也不能在海上长期巡航,仅能用来运输人员。因此,外国侵略者在一百多年里屡次穿过河口或通过在海岸登陆的方式侵略英格兰王国。陆战的成败往往决定入侵者能否实现目标,不管目标是短期掠夺还是长期驻军。当丹麦国王哈拉尔三世入侵英格兰王国东北海岸时,威廉一世除率领军队穿越英吉利海峡以外,没有其他办法,手下的军舰几乎没有派上用场。

到13世纪初期,英格兰王国的形势发生变化,民族冲突逐渐平息,稳固的国家政权得以确立。作为能力高超但品行恶劣的英格兰国王,英格兰国王约翰积极利用皇家海军阻止外来侵略。英格兰国王约翰可称得上是皇家海军历史的开创者。英格兰国王约翰之前的国王们同时统治法兰西王国和英格兰王国，他们的海军通常仅负责运输货物，偶尔会载着英格兰船员远征叙利亚。在英格兰国王约翰之前的国王们的强大统治下，英格兰贸易业得到飞速发展，英格兰航海的等级分类得以形成。然而，英格兰国王约翰是第一个运用皇家海军击退外来入侵的英格兰国王。1213年，英格兰国王约翰失去了欧洲大陆上的大部分领地，法兰西国王腓力二世正在为入侵英格兰做准备。英格兰国王约翰预料到腓力二世将会和英格兰国内的封建贵族沆瀣一气，英格兰国王约翰于是选择率先出击。英格兰国王约翰命令索尔兹伯里伯爵威廉·朗索德率领一支皇家海军舰队穿越英吉利海峡抵达达默①，放火烧掉所有法兰西军舰，成功挫败了腓力二世入侵英格兰的计划。在英格兰国内的极度混乱中，英格兰国王约翰的统治结束，密谋造反的英格兰贵族们随即将英格兰国王约翰的儿子加冕为英格兰国王亨利三世。英格兰国王约翰的逝世让英格兰国内封建贵族的叛乱丧失了合法性，英格兰举国上下团结在年幼的亨利三世周围，一致对抗外来入侵。亨利三世即位后的四年内，皇家海军再次成功击退外来入侵。

肯特伯爵休伯特·德·伯格的胜利

1217年，法兰西的王子路易②和英格兰伯爵盟友们在林肯战败，他们腹背受敌，急需海外支援。法兰西人在诺曼底为王子路易筹集了军备物资和援兵。在修道士尤斯塔斯的指挥下，八十艘小型法兰西军舰聚集在加来。修道士尤斯塔斯是当时最唯利是图的法兰西军官之一，曾受雇于英格兰国王约翰。正当修道士尤斯塔斯率领八十艘小型法兰西军舰准备出发时，海面上刮起南风。修道士尤斯塔斯原本计划先带领法兰西海军舰队绕过北福尔兰角，沿泰晤士

---

① 法兰西国王腓力二世军舰的停泊处。——原注
② 即位后为法兰西国王路易八世。——译者注

河航行，最后抵达伦敦。伦敦此时还属于英格兰伯爵的势力范围。如果修道士尤斯塔斯的计划成功，他将极有可能延长英格兰纷争的进程。对英格兰来说，十分幸运的是，修道士尤斯塔斯未能躲过接下来发生的灾祸。多佛尔城堡的司法官和总督肯特伯爵休伯特·德·伯格恪尽职守、忠心耿耿。肯特伯爵休伯特·德·伯格发现修道士尤斯塔斯率领的法兰西海军舰队正在逼近英格兰，对手下说："一旦法兰西人登陆，英格兰就会立刻沦陷。让我们大胆地去会会他们。上帝与我们同在，他们不过是上帝的弃民罢了。"肯特伯爵休伯特·德·伯格十分明智地抓住了皇家海军防御作战的精髓，认为阻止修道士尤斯塔斯入侵的最佳办法就是抢占先机，在海上将其击败。此时，多佛尔港停泊着十六艘大型英格兰军舰和若干艘小型船舶，多佛尔当地的水手和渔民立刻驾船出港。几百年后，在皇家海军上将罗伯特·布莱克与荷兰海军上将马尔滕·特龙普交战的危急时刻，英勇的多佛尔人的后代也自愿加入皇家海军上将罗伯特·布莱克率领的皇家海军舰队。多佛尔当地的骑士、乡绅和肯特伯爵休伯特·德·伯格手下的士兵迅速组成一支战斗队伍。英格兰军舰扬起船上巨大的方形风帆，朝东一直航行到修道士尤斯塔斯率领的法兰西舰队的上风位置，最终在法兰西舰队和加来的中间位置停泊。

修道士尤斯塔斯注意到从多佛尔驶出的英格兰军舰正朝着加来进发，他错误地认为英格兰军舰的最终目的是趁机掠夺加来。修道士尤斯塔斯不禁开怀大笑，因为他已经提前布置了重兵把守加来。然而，肯特伯爵休伯特·德·伯格采取了更大胆和有效的策略。正如后世每位皇家海军上将的惯用做法，肯特伯爵休伯特·德·伯格命令手下的军舰根据风向调整方位，借助风力伺机发动进攻。当法兰西海军舰队位于皇家海军舰队的下风向时，皇家海军舰队立刻排成纵列一字形，全速追赶法兰西海军舰队。修道士尤斯塔斯彻底乱了阵脚，他率领的法兰西重型军舰无法逃脱英格兰轻型军舰的追捕，法兰西人被英格兰人的纵列线战术彻底困住。英格兰军舰最大的优势是顺风航行的速度极快，法兰西军舰很快便出现在英格兰军舰的射程内。肯特伯爵休伯特·德·伯格果断命令英格兰弓箭手向法兰西人发动攻击。在当时的陆战和海战中,双方军队都只能采取短兵相接的作战方式。随后,在法兰西军舰企图转弯时,英格兰人驾驶着军舰迅速将法兰西军舰撞沉。如果上述战术无法实施,英格兰人会顺势跳到法兰西军舰的甲板上,向法兰西人的脸上泼洒生石灰,这种方法可令英格兰人迅速占据上风。取得胜利之后,五港同盟的居民回到各自的生活和工作中。杰弗里·乔瑟曾经写下诗句赞美皇家海军船员:

> 在海上他们英勇善战、捷报频传,
> 让对手灰溜溜地逃回老家。

五港同盟的居民深受英格兰国王约翰手下的外国雇佣兵之苦,战争胜利后他们决意让修道士尤斯塔斯等外国雇佣兵血债血偿,大批法兰西士兵被屠杀。怒火中烧的英格兰士兵甚至无视中世纪战争中交纳赎金便可保命的规则。据说修道士尤斯塔斯曾交纳了一大笔高昂赎金企图赎命,但最终没有逃过被斩首的命运。法兰西海军舰队惨败后,王子路易和英格兰的伯爵彻底失去了入侵英格兰的军事力量,从此一蹶不振。年幼的亨利三世打败了最危险的对手,王权得以稳固。1217年年底,王子路易返回法兰西王国,起兵叛乱的英格兰伯爵决定向亨利三世臣服。

皇家海军的首次出击精彩绝伦。在与修道士尤斯塔斯的战斗中,皇家海军并未事先谋划,却反应十分迅速,称得上是皇家海军史上浓墨重彩的一笔,充分展现出海战才是皇家海军的最佳防御战术。西班牙无敌舰队来犯时,许多人在谈论加强陆上防守的重要性。但历史最终证明,英格兰人必须首先依靠海战方能取胜,海战为主的作战思维在过去的六七百年内从未失败。在与皇家海军舰队的后续战斗中,法兰西海军舰队屡次重蹈覆辙。虽然法兰西海军舰队的入侵计划十分周密,但法兰西海军的指挥者总是忽略突破英格兰海上防线的重要意义。正如爱德华·霍克男爵、乔治·布里奇斯·罗德尼男爵、塞缪尔·胡德子爵和霍雷肖·纳尔逊子爵等后人的海战策略，肯特伯爵休伯特·德·伯格善于利用风向发动进攻，一举粉碎敌军的入侵计划。

英格兰军舰的发展

至此，皇家海军初步组建完成，虽然其基本组织架构只维持到15世纪末的都铎王朝，但皇家海军的造船技术发展迅速。目前英国国内还完好地保留着一艘维京人制造的军舰。这艘军舰在挪威挖掘出土，体积略大，长达一百英尺①，首尾两端较窄，军舰的宽度大约是长度的三分之一，船底为平底设计，一是为了方便人力将船拖运上岸，二是可以在退潮搁浅时保护船身不受损害。军舰主体由诸多块船体板垒积而成，而非拼凑而成。全舰仅有被安装在正中央的一条桅杆，桅杆上绑着一块巨大的正方形船帆。军舰上没有甲板，军舰头部和军舰尾部有两处被木板遮盖起来的空间。军舰艉柱靠前的位置装有舵桨，可以控制航行方向。参加战斗时，船员会将军舰的风帆降下来，通过划桨驾驶军舰前进。军舰两侧各装有十六支船桨。13世纪时，这种维京军舰被普遍推广，地中海沿岸各国和西班牙的巴斯克港甚至开始建造更精巧的桨帆船和重型军舰。根据马修·帕里斯留下的手稿，肯特伯爵休伯特·德·伯格驾驶的英格兰军舰与挪威国王奥拉夫二世或丹麦国王克努特一世建造的军舰在外形和结构上并无二致。到英格兰国王爱德华三世统治时期，皇家海军的军舰比巴斯克港建造的军舰体形小。但皇家海军的造船工艺在持续改良，英格兰军舰上普遍装有甲板，高度也不断增加，开始出现艏楼和艉楼的设计，船舵逐渐取代舵桨，船上的风帆逐渐增加到三面。自14世纪起，加农炮在军舰上的广泛应用推动了军舰外形的变革。为了在军舰上装载沉重的加农炮并让军舰能够承受加农炮开火时产生的巨大震动，皇家海军必须建造出更高、更结实的军舰。提

---

① 英制长度单位，一英尺约合零点三零四八米。——译者注

升军舰高度最简单的方法是增加舰底弯度，但如此一来，军舰的脆弱性也随之增加，舰体很容易在开炮时破裂。为了避免舰体破裂的风险，皇家海军仅增加了吃水线下方的舰体弯度。早期军舰上的火炮均被安装在船舷墙上。一个法兰西造船师造出了第一艘可以透过舷窗发射炮弹的军舰。中世纪的军舰在某些方面与现代军舰有相似之处，船帆上设计有瞭望台，可供弓箭手和弩手站立、发动攻击和向敌军的甲板上扔掷石头，这些设计一直沿用至今，旧式设计和新式设计曾经被同时使用，例如，方向舵和舵桨曾出现在同一艘军舰上，但不久之后，更加便利的方向舵逐渐取代了舵桨。中世纪地中海沿岸国家曾广泛使用的桨帆船并不适用于英格兰附近的海域。从肯特伯爵休伯特·德·伯格和修道士尤斯塔斯的战斗中可以得知，13世纪桨帆船已经基本消失，这表明更重的圆木材料和更坚固的索具开始被用以建造军舰。军舰尺寸多样，无论哪一个时代，从轻便的划艇到净重二百五十吨或三百吨的军舰都有。

英格兰的国王们一般通过三种方式组建皇家海军舰队。第一种是国王拥有自己的军舰，这些军舰和他的战马和盔甲一样，属于他的私人财产。在战争时期，英格兰国王的军舰经常参战；在和平时期则会被租借给英格兰商人使用。英格兰国王私人军舰的日常维护和盈利管理一般由英格兰王室成员负责。在早期，英格兰国王手下设有"国王专职文书"管理国王的私人军舰。当时的英格兰公务人员大多由教会人士担任，教会人士从英格兰国王手中领取固定薪水。汤顿副主教会鲁特姆的威廉曾负责管理英格兰国王约翰的军舰、帆船和英格兰港口。根据史书记载，一直到英格兰国王亨利八世实施宗教改革之前，负责管理英格兰国王名下军舰的"文书"职位始终存在。英格兰国王名下的军舰数量随英格兰国王对建设海军的兴趣、必要性和获益程度的变化而增减。在兰开斯特王朝的动荡时期，英格兰国王名下只有少量军舰。尽管如此，无论数量多少，英格兰国王却始终拥有私人军舰。

第二种组建海军的方式是征集伦敦和外港的英格兰商船。英格兰国王有权以保卫国家安全为名，征集英格兰国内的所有船舶。英格兰所有海港停泊的商船都要接受评估。但战时征用商船的方式与征用英格兰国王的私人军舰的方式截然不同。英格兰国王私人军舰上的海员都是国王的仆从。而当一艘英格兰商船被征用时，商船上的所有船员都必须与所属商船共同作战，随后英格兰国王会将一名自己手下的军官和数名士兵派到每艘商船上作战。无论是在国王的私人军舰上，还是在英格兰商船上，军官的职责都是指挥作战，而船员的职责是负责航行。

因此，虽然战时征用商船的制度一直延续至今，但英格兰战时征用的商船上的舰长和船长有本质区别。威廉一世之后的英格兰君主们不希望英格兰军舰的指挥权被分割。因此，英格兰商船上的船长必须服从舰长的指令。而西班牙的每艘商船上都有两位舰长：一个是"战斗舰长"，另一个是"指挥舰长"，他们是相互协调、相互合作的关系。

五港同盟

英格兰国王组建皇家海军舰队的第三种方式是最有趣的。古老的英格兰五港同盟由黑斯廷斯、温奇尔西、拉伊、新罗姆尼、海斯、多佛尔和桑威奇等城镇组成。根据宪章规定，上述城镇每年都要在十五天内为英格兰国王提供五十七艘军舰、一千一百零四十名船员和五十七名弓箭手。十五天结束后，五港同盟中的城镇可以继续保留这支力量。作为回报，五港同盟中的城镇能够得到英格兰国王赋予的特权和荣誉。五港同盟的居民在击败修道士尤斯塔斯后被赋予至高无上的荣誉，赢得全体英格兰人的尊敬。然而，五港同盟所获得的荣誉随后逐渐褪色。众所周知，任何享有特权的人或地区都极易招人嫉妒。五港同盟中的城镇与附近的城镇经常发生激烈冲突，尤其值得一提的是和雅茅斯之间的争斗。即使是在参与爱德华一世对佛兰德斯的远征途中，五港同盟的居民依然进攻并摧毁了多艘雅茅斯居民的船。权力不足的英格兰国王时常抱怨五港同盟的居民在海上肆无忌惮的掠夺行为。尽管五港同盟中的城镇为某些英格兰国王招募提供了英勇的船员和充足的军舰，但五港同盟居民掠夺同胞的行为给英格兰王国造成了更严重的危害。到了中世纪后期，五港同盟逐渐分崩离析，地位不断下降，最后沦为走私者和强盗的集中地。

英格兰军舰的人员组成

中世纪军舰上的人员设置与近代大致相同，船上既有水兵也有普通的水手。中世纪军舰上的弓箭手，是近代水兵和被英格兰国王安排在英格兰战时征用商船上的线列步兵团成员的前身。金雀花王朝的英格兰军舰上也有与近代军官类似的角色：当时军舰上的"大师"一职对应的是近代的船长，"治安官"一职对应的是近代的炮手，"文书"一职对应的是近代的水手长或事务长。金雀花王朝时期，他们在军舰上都有明确分工。例如，大师负责航海工作，治安官负责管理武器，文书负责管理军需物资。随着英格兰军舰的更新换代，军舰上的工作人员也不断增加，现代军舰的人员架构雏形逐渐形成。皇家海军舰长最初是指在船上掌控升旗仪式的皇家海军军官。到了15世纪，皇家海军舰长开始指代军舰上的指挥官。无论是否曾经做过军舰上的水手，皇家海军舰长一定是一名海军军官，他手下通常有一名船长负责具体的航海工作。

英格兰军舰上"海军将级军官"队伍的不断壮大，是皇家海军发展过程中的独特现象。最初，英格兰国王任命一些骑士或贵族指挥皇家海军舰队，抽调英格兰国王私人军舰的士兵负责其他工作。随后，英格兰国王任命皇家海军军官在某段时期内指挥特定区域的海军，被任命的皇家海军军官被称为"舰长"和"指挥官"。到了14世纪早期，"皇家海军上将"的头衔开始出现，皇家海军舰长和海军上将通常是指挥皇家海军北部舰队和西部舰队的海军军官。皇家海军北部舰队的工作范围包括从多佛尔到贝里克的全部海域，皇家海军西部舰队的工作范围包括从多佛尔到康沃尔公爵领地的全部海域。英格兰国王偶尔还会任命第三名海军军官指挥马恩岛和爱尔兰海的海军，或者协助皇家海军征服苏格兰人。第三名海军军官通常从西部高地的首领——苏格兰国王的死敌——中选拔。14世纪早期的舰长和海军上将通常都是骑士,其中有些人来自五港同盟中的城镇。例如,温奇尔西的阿拉德家族曾出过多位皇家海军舰长和海军上将。历史上第一个有据可查的皇家海军上将是约翰·比彻姆男爵。1360年,约翰·比彻姆男爵被爱德华三世任命为皇家海军上将,任期一年。皇家海军很快形成了某种惯例:总有一个皇家海军上将拥有至高无上的权威。14世纪,皇家海军还有一个显著变化:皇家海军军官需要具备优良品质。1345年,因为当时爱德华三世的顾问坦率承认"只有伟人才能统帅和指挥皇家海军",所以阿伦德尔伯爵理查德·菲查伦被任命为皇家海军西部舰队指挥官。与此同时,英格兰王室的权力不断被削弱。兰开斯特王朝后期,英格兰王室的权力更是低到极点,这导致英格兰伯爵们趁机夺取皇家海军军舰的指挥权并为己所用。例如,沃里克伯爵理查德·内维尔就曾担任加来舰长和海军上校,更是皇家海军的实际统帅。从兰开斯特王朝开始设立的皇家高级海军上将一职,其实是英格兰贵族夺权夺利的结果。当时,英格兰国王的权威已经十分微弱,只能借助英格兰贵族的力量统治国家。到中世纪末期,皇家高级海军上将变成固定职位,皇家海军北部舰队和西部舰队的舰长和海军上校头衔就此消失。15世纪时,英格兰保皇派再次巩固王权,皇家高级海军上将的头衔得以保留。但在玫瑰战争引发的无政府状态中,带领手下守卫加来的沃里克伯爵理查德·内维尔将英格兰军舰视为自己的个人财产并自诩英吉利海峡的实际掌控者,沃里克伯爵理查德·内维尔对英格兰国王早已不再忠诚。

英格兰国王掌控欧洲大陆领土时,通常会抽调一部分欧洲兵力充实皇家海军。中世纪时,意大利海员的名望很高,经常被其他国家的海军雇用。法兰西国王曾应法兰西海军的要求,大量雇用地中海地区的海员。中世纪,英格兰国王仅在打算使用桨帆船①时才会雇用地中海地区的海员。到亨利八世统治时

---

① 在地中海地区较普遍。——原注

期，大批意大利人来到英格兰担任海员或造船师。在此之后，英格兰军舰的先进程度和对航海技术的要求越来越高，桨帆船在英吉利海峡逐渐消失。适用于英吉利海峡的军舰主要依靠风帆航行，船桨在航行中仅起到辅助作用，所以英格兰国王不再雇用外国海员，开始聘用英格兰船员。

海上主权之争

在描述中世纪的皇家海军史时，本书有必要提及著名的海上主权之争。直到英国国王乔治三世统治后期，英国国王对英国的海上霸主地位都十分自豪。英国对海上霸权的争夺要追溯到英格兰国王约翰统治时期，当时欧洲各国都在通过伪造文件抢占海上的势力范围。英格兰国王约翰于1200年在黑斯廷斯发布的条令如今早已失效，该条令无疑纯属捏造事实，仅为争取英格兰王国的海上霸主地位造势。一百年后的英格兰国王爱德华二世统治时期，英格兰王国的海上霸主地位已被佛兰芒的城镇承认。爱德华三世对外宣称英格兰王国在周边四大海域享有绝对主权。虽然爱德华三世的言辞在后世看来过于狂妄，但中世纪时的英格兰王国确实有实力成为海上霸主。当时的英格兰君主不仅在英格兰西部海域称得上是海上霸主，对加来地区的掌控也让其在多佛尔海峡两岸拥有足够的话语权。当时的海上贸易往来主要依赖于沿岸航行，因此英格兰国王实际上已经控制了南欧与北欧的海上贸易命脉。每年夏天从威尼斯和巴斯克出发前往安特卫普的欧洲商船不仅经常被英格兰军舰袭击，中途还必须在英格兰的港口停泊。中世纪的普遍理念是强权即正义，一个国家必须以武力展示自身实力并获得其他国家的认可。哈里斯·尼古拉爵士声称，其他欧洲国家于1320年首次承认英格兰的海上霸主地位，当时几位佛兰芒使节请求爱德华二世制止英格兰海盗对佛兰芒商船的掠夺行为，恳求爱德华二世："运用您海上霸主至高无上的权力主持正义，惩罚海盗的抢劫行为。"有必要指出的是，佛兰芒商船是在英格兰海岸被袭击的，后世精明的英格兰外交家也许会反驳佛兰芒人，英格兰王国的海上主权并不包含整个北海地区。由于其他欧洲国家的海军实力偏弱，法兰西国王路易十四上台后，法兰西王国才开始挑战英格兰王国的海上权威。威尼斯和巴斯克商人也勉强接受了英格兰作为海上霸主的事实。与此同时，法兰西海军实力不足，正陷入与其他地区的纠纷中。佛兰芒人后来成为英格兰人的盟友。北欧国家此时还对争夺海上霸权没有多大兴趣。英格兰国王并未对经过英格兰周围海域的军舰强制征税，而是要求其他国家的军舰在海上遇到英格兰军舰时，通过致敬的方式承认英格兰王国的海上霸主地位，最初的致敬方式是降低船帆，后来演变为鸣放礼炮。英格兰国王对其他国家的军舰有关致敬的礼仪要求一直延续到17世纪，甚至18世纪时，有些国家的军舰在海上仍会对英格兰军舰致敬。英格兰王国的海上势力范围一度从菲尼斯特雷扩展到挪威海岸。

当"海上主权"一词被广泛应用后，英格兰王国在海上赢得了至高无上的地位。在整个中世纪，皇家海军舰队堪称无人能敌。在英格兰国王率兵征服苏格兰王国时，皇家海军舰队与横穿洛锡安的陆上军队同时进行。英格兰国王偶尔视察爱尔兰时，爱尔兰人对英格兰国王也是毕恭毕敬的。英格兰国王甚至可以在英格兰王国与法兰西王国之间来去自如地穿梭。海盗、苏格兰人、佛兰芒人和北欧人时常骚扰英格兰海岸，皇家海军舰队的出征偶尔也会遭遇失败，法兰西人和西班牙探险家们也曾屡次入侵英格兰海岸、焚烧英格兰村庄。尽管如此，皇家海军舰队战败的次数依然屈指可数，只有当英格兰国王政权衰弱或英格兰国内动荡不安时，皇家海军舰队才会战败。只要英格兰国王愿意派遣皇家海军舰队展示实力，皇家海军舰队在海上就可称得上所向披靡。如果英格兰国王对维持海上霸权兴趣寥寥，英格兰议会也会劝说英格兰国王在海上采取军事行动。英格兰人极其重视"保卫英格兰周围海域主权"的重要意义，十分擅长运用海军。即使是在爱德华二世统治的动荡时期，在英格兰议会中缺乏明智人士的情况下，皇家海军舰队也能做好准备抵抗法兰西王国的入侵。几百年来的经验让英格兰人体会到灵活运用海军的重要性。

中世纪皇家海军发展的具体细节远非这一章可以详尽概括的。尽管皇家海军在造船和航海技术方面取得了诸多成就,但英格兰王国依然缺乏一支常备的海军队伍。中世纪的英格兰军舰实力有限,尤其是那些五十到三百吨重的军舰。这是因为军舰在航行时无法及时补充物资,所以基本不能为大批海员在海上长期航行或实施封锁储存足够的淡水和军需品。通常来说,皇家海军舰队组建完毕后就要出海攻击敌军或入侵别国海岸。战斗任务一旦成功,皇家海军舰队就会大肆掠夺战利品。待皇家海军舰队回国整修军舰后,皇家海军舰队的全部海员和士兵会立即解散。此外,皇家海军舰队的对手们在战败后通常会率领舰队突袭英格兰海岸,他们烧杀抢掠、无恶不作。虽然皇家海军舰队实力强大,海员数量众多、作战效率奇高,历任英格兰国王手下也不乏神勇之士,但英格兰还是需要一支常备海军来应对持续数月甚至数年的长期战争。

渔民战争

为了更好地展示中世纪国家间的冲突特点,在此列举几个具体事例。在爱德华一世统治时期,英格兰人和诺曼底渔民的长期争端可以充分展现出中世纪海战的本质。1293年,法兰西水手和英格兰水手在诺曼底[①]发生冲突,双方争论的焦点是谁应该先举杯祝酒,很快矛盾从言语争执上升到斗殴,其间有一人被杀害。被杀害的人究竟是英格兰人还是法兰西人,双方各执一词,但都承认英格兰水手是被一群暴徒赶回船上的。随后,法兰西人在陆上追踪逃走的英格兰人,英格兰人只能坐船仓皇离去。在目睹事件发生后,群情激愤的诺曼底渔民决心抓捕逃走的英格兰人。诺曼底渔民袭击了海上的六艘英格兰商船,俘获了其中的两艘。为了羞辱英格兰人,诺曼底渔民将被俘的英格兰海

---

① 另有一说是加斯科尼。——原注

员与几只狗一起吊死在渔船的桁端上。随后,诺曼底渔民开始在英吉利海峡航行庆祝,大肆掠夺途中遇到的所有英格兰商船,呼喊着"英格兰人都是狗"之类的侮辱性口号。之前逃脱的四艘英格兰商船躲进英格兰五港同盟的港口寻求庇护。很快,逃亡的英格兰人找到了盟友,开始计划对诺曼底渔民实施报复。一支主要由英格兰五港同盟的商船组成的船队开始在海上追捕诺曼底渔民。在发现诺曼底渔民返回港口后,英格兰人驶进塞纳河,经过一番激烈的战斗,成功捕获六艘法兰西渔船。英格兰人遣散了六艘法兰西渔船的船员,随后将渔船带回英格兰。此后,英格兰人和法兰西人不停地爆发冲突,其间伴随着"英格兰人与法兰西人之间残酷的杀戮,船也被击沉和掠夺,双方都杀红了眼"。最终,英格兰人和法兰西人一致同意约定日期决一死战。英格兰人和法兰西人的敌对氛围甚至感染了所有在英吉利海峡航行的欧洲的船,佛兰芒人和热那亚人都加入了法兰西人的队伍,荷兰人和爱尔兰人则变成了英格兰人的盟友。1293年4月14日①,英格兰人和法兰西人仍然没有达成和解,双方率领各自的船队在英吉利海峡中部航道展开殊死搏斗,最终英格兰人及其盟友取得胜利,法兰西人伤亡惨重。英格兰国王和法兰西国王也被迫卷入斗争,诺曼底渔民和英格兰水手之间的冲突最终演变成一场国家层面的战争。由于本次事件并不涉及海军,我们无须对事件发生的前因后果刨根问底,或批判中世纪渔民暴戾的性格。

  英格兰人和法兰西人之间的冲突几乎贯穿了整个中世纪,其中缘由值得深究。当时海面上缺乏强大的海军舰队稳定秩序,也没有国家有能力彻底消除海上猖狂的私掠行为。任何国家的水手都害怕在海上遇到猖狂的海盗,但水手在某些条件下也会变成一名海盗。英格兰五港同盟的居民,如雅茅斯或普尔的居民为了自身利益可以掠夺彼此的村庄,当同乡在海上掠夺法兰西人或巴斯克人获得战利品后,他们也会欢呼雀跃。同理,诺曼底人和巴斯克人也不会批判

---

① 另一说法是1293年5月14日。——原注

任何私掠行为。中世纪英格兰王国与苏格兰王国的边界冲突就是一个绝佳的例子。无论英格兰国王与苏格兰国王之间达成何种停战协议，居住在国境边界的两国居民，甚至国内各派也绝不会停止冲突。因此，各国商船都愿意与大型海军舰队一起出航，以求在航行中获得保护，各国统治者也时常相互抱怨本国民众被对方国家的水手掠夺。爱德华三世在位期间曾发生过两次海战，即斯勒伊斯海战与温奇尔西海战。被称为"海上西班牙人之战"的温奇尔西海战与中世纪猖獗一时的海盗现象紧密相关。爱德华三世下令突袭西班牙人并非出于掠夺目的，而是为了报复西班牙人对英格兰商船的骚扰。爱德华三世的举动在中世纪并非个例，但温奇尔西海战的爆发确实与中世纪航海国家之间缺乏法律约束有很大关系，当时主动掠夺别国的国家除遭遇报复外不会受到任何法律惩罚。

斯勒伊斯海战

斯勒伊斯海战为英法百年战争拉开了序幕。1340年1月，爱德华三世公开宣称要通过征服法兰西，夺得法兰西王位。法兰西国王腓力六世做好了捍卫自身王权的准备，积极采取措施应战，组建了一支由法兰西军舰和热那亚军舰组成的大规模海军舰队。然而，菲利普·德瓦卢瓦的智慧只体现在备战阶段。早在1340年3月，法兰西海军舰队就已组建完成，此时爱德华三世手下仅有四十艘军舰，但法兰西海军舰队并未发动进攻，一直停泊在斯勒伊斯。也许法兰西国王腓力六世认为，法兰西海军舰队仅靠亮相就可以威慑并阻止英格兰人渡过英吉利海峡。但爱德华三世不这么想，爱德华三世毫不畏惧。尽管英格兰财政大臣和部分英格兰军事将领强烈反对出兵法兰西，但爱德华三世依然决定发动进攻。法兰西海军舰队的漫不经心为爱德华三世争取了时间。爱德华三世从英格兰北部召集多艘军舰。1340年6月，爱德华三世率领皇家海军舰队从佛兰德斯海岸出发前往布兰肯贝格。此时爱德华三世手下的海军舰队实力已经超过法兰西海军舰队,因为爱德华三世召集到两百多艘英格兰军舰。法兰西人依旧没有采取任何行动,法兰西军舰依然停泊在斯勒伊斯。法兰西海军舰队包括三支分队,每支分队的军舰都被铁链锁在一起,战况激烈时很容易全军覆灭。不过,法兰西人将军舰锁在一起倒也是出自独特考虑:这样一来,敌军要登舰就必须经过一条狭长危险的通道,法兰西人也可利用帆桁和船桨为法兰西军舰创造一道防御屏障。但法兰西军舰的阵形存在致命缺陷,当敌军袭击最边缘的法兰西军舰时,一整列法兰西军舰都会跟着遭殃。当法兰西军舰在入河口岸边聚集时,极易被英格兰人从正面攻击。负责指挥热那亚军舰的海军上将彼得罗·巴尔巴瓦拉曾经就法兰西海军舰队的停泊位置警告过法兰西人,彼得罗·巴尔巴瓦拉还劝说腓力六世手下的军官,建议法兰西海军舰队在观察到英格兰人出现后立即驶出斯勒伊斯。但菲利普·德瓦卢瓦手下的军官流露出法兰西人在海战中的胆怯,决定被动等待皇家海军舰队出击。

爱德华三世命令大批英格兰骑士率先登陆,登陆后的英格兰骑士们骑马漫步于沙丘,十分自如地欣赏着岸边依旧纹丝不动的法兰西海军舰队。就连缺乏经验的克雷西船长都察觉到法兰西海军舰队的危险处境,克雷西船长立刻命令法兰西海军舰队发动攻击。1340年6月24日,英格兰人与法兰西人正式开战,当天早上埃德河正在退潮,皇家海军舰队无法沿河而上。因此,皇家海军舰队采取了右舷顺风航行的策略,一直行驶至入河口的正对面。埃德河潮汐变化后,皇家海军舰队迅速驶入河口,袭击最近的法兰西海军分队。法兰西海军舰队的溃败与他们在尼罗河战役中的遭遇十分相似。皇家海军舰队冲进埃德河,对停泊在河边的法兰西海军舰队发动猛烈攻击,取得全面胜利。斯勒伊斯战役与尼罗河战役的区别在于,尼罗河战役中,皇家海军舰队的胜利主要依靠舷侧炮的威力,而斯勒伊斯战役的胜利主要依靠英格兰人用剑和斧头的血腥厮杀。皇家海军士兵登上一艘艘法兰西军舰后毫不手软地大开杀戒。法兰西海军将之前从爱德华三世手中缴获的一艘"伟大的克里斯托弗"号军舰锁在法兰西海军舰队阵列的末端。"伟大的克里斯托弗"号被皇家海军率先拿下后，其他法兰西军舰迅速投降。法兰西海军分队中距离入河口最远的末端分队中，彼得罗·巴尔巴瓦拉手下的军舰陆续逃走。也许是因为皇家海军在潮汐变化前还未攻击法兰西海军末端分队，热那亚雇佣兵趁机逃走，导致法兰西海军舰队的其他两个分队被皇家海军舰队彻底摧毁。尼罗河战役中也发生过类似的一幕，法兰西海军舰队末端的数艘军舰在尼罗河战役即将结束时偷偷溜走。斯勒伊斯战役十分惨烈，据说法兰西海军共有超过三万人阵亡，菲利普·德瓦卢瓦的海军因此一蹶不振。在斯勒伊斯战役结束后的许多年里，爱德华三世乘军舰穿越英吉利海峡时，如同在牛津的泰晤士河上航行，不会受到法兰西人的任何骚扰。皇家海军在斯勒伊斯战役中的损失相对较轻，但据说陪同爱德华三世前往根特与妻子艾诺的菲莉帕会面的四位女士，在斯勒伊斯战役中不幸身亡。

海上西班牙人之战

1350年发生的温奇尔西海战生动形象地诠释了中世纪各国目无法纪的程度。让·弗鲁瓦萨尔曾详细描述了1350年海战的具体情况。让·弗鲁瓦萨尔认为，温奇尔西海战将中世纪君主的冒险精神展现得淋漓尽致，是他最欣赏的战役之一。为了更好地了解温奇尔西海战，我们首先需要了解，北欧与南欧各国间的海上贸易通常依靠贸易船队运输货物。每年春季，贸易船队从南欧起航，中途在佛兰德斯市场卸货和重新装货，随后在夏末返航。在运送货物的途中，贸易船队极易被掠夺，一般还会对掠夺者实施报复。西班牙的巴斯克商人掠夺了从法兰西出发的十艘英格兰商船，爱德华三世对巴斯克商人的举动颇有微词，但他没有通过浪费时间的外交手段表达愤怒，而是决定亲自出面伸张正义。爱德华三世下令在温奇尔西组建一支海军舰队。随后，在其手下及两个儿子——黑太子爱德华和冈特的约翰的陪同下，爱德华三世等待报复归国途中的巴斯克商人。巴斯克商人事先已经接到爱德华三世即将实施打击报复的警告，但巴斯克商人对自己驾驶的商船十分自信，决心突破爱德华三世的封锁，强行前进。巴斯克商人在安特卫普聘请了大批当时在欧洲十分常见的雇佣兵，这些雇佣兵唯利是图，可以为任何人战斗。巴斯克商人与全副武装的雇佣兵一同起航，做好了与英格兰人随时开战的准备。

爱德华三世、艾诺的菲莉帕及其他家眷住在温奇尔西附近的一处修道院。白天，爱德华三世视察手下的军舰，夜晚与家人大摆宴席、载歌载舞。得到巴斯克商船即将来临的消息后，爱德华三世立刻登上皇家海军舰队的指挥舰，静候巴斯克商船的到来。爱德华三世没有事先派出大批英格兰巡洋舰。皇家海军舰队光明正大地停泊在最显眼的地方。如果当时巴斯克商人不盲目自信，而是谨慎绕行，兴许可以避免与英格兰舰队发生冲突。然而，巴斯克商人对自己商船的规模和武器装备过度自信，最终未能逃过一劫。

1350年8月28日，开战日的下午，爱德华三世坐在"托马斯"号的甲板上，身着铠甲和黑色天鹅绒披风，头戴一顶黑毡帽。为了消磨漫长的等待时间，约翰·钱多斯爵士为爱德华三世表演刚学会的日耳曼舞蹈，游唱艺人在旁伴奏。正当英格兰骑士、乡绅们与水手一起自娱自乐时，站在最高处瞭望的水手对甲板上的人大喊道："我看到了一艘、两艘、三艘、四艘巴斯克商船。上帝保佑！他们的船实在太多，我数不过来了！"随后，爱德华三世派人取来作战的头盔和美酒，手下的骑士依次向爱德华三世举杯敬酒，在相互祝福后回到各自的工作岗位上。皇家海军舰队正式出海，向巴斯克商船进发。爱德华三世的妻子艾诺的菲莉帕留在修道院。艾诺的菲莉帕注意到了皇家海军舰队的动向，不禁为丈夫和两个儿子祈祷。当时年仅十岁的英格兰王子冈特的约翰[①]拒绝离开哥哥威尔士亲王黑太子爱德华，因此爱德华三世带着两个儿子一同前行。

巴斯克商船浩浩荡荡地从东边驶来，虽然巴斯克商船在数量上少于皇家

---

① 冈特的约翰后来被封为里士满伯爵和兰开斯特公爵。——原注

海军舰队，但它们的吨位更大。向来热衷于渲染战争氛围的让·弗鲁瓦萨尔是如此描述巴斯克商船队伍的："无论是亲眼所见，还是在脑中勾勒画面，规模庞大、来势汹汹的巴斯克船队都极具美感。"巴斯克商船上挤满了全副武装的士兵，"他们的战旗上画着盾徽，在空中随风飘扬"。爱德华三世率船驶出温奇尔西锚地，命令皇家海军舰队排成一条斜线，向西班牙商船发动进攻。爱德华三世所在的指挥舰也朝体形最庞大的西班牙商船勇敢地撞上去，军舰与商船的撞击就像"暴风雨般猛烈"。从撞击产生的剧烈震动中恢复过来后，军舰与商船再次重重地撞在一起，帆桅杆纠缠在一起。一艘西班牙商船被英格兰军舰撞裂，船上的所有人员都在掉落海中后溺亡。如果爱德华三世的军舰不够结实，也会被撞成碎片，幸好爱德华三世的军舰仅被撞出一道裂口，但还是引得海水不住地往船舱里倒灌。另一艘被爱德华三世军舰冲撞后的西班牙商船却毫发无损，继续向前航行。爱德华三世命令手下再次靠近西班牙商船，他的手下却说："国王陛下，您不能再撞这艘船了，可以换一艘。"爱德华三世的下属十分清楚，一艘随时有沉没风险的英格兰军舰不可能击沉一艘完好无损的巴斯克商船，但他来不及向爱德华三世详细解释缘由。此时，爱德华三世所在军舰取得胜利的唯一办法，就是撞向后方驶来的西班牙商船，并在迅速登船后将其拿下。我们可以猜想到，爱德华三世的手下尽可能地挑选了一艘体积较小的西班牙商船。这个过程十分惊险，爱德华三世等人刚刚登上西班牙商船的甲板，他们此前乘坐的英格兰军舰便迅速沉入大海。

爱德华三世并非是此次战役中唯一险些丢掉性命的人。黑太子爱德华的军舰即将沉没时，由于旁边的西班牙商船过高，黑太子爱德华无法从侧边攀上敌船甲板。就在千钧一发之际，黑太子爱德华的堂兄兰开斯特公爵格罗斯蒙特的亨利及时伸出援手，与黑太子爱德华一起攻下了西班牙商船。黑太子爱德华此前的军舰很快沉没，"他和手下的骑士们回想起方才发生的惊险一幕，突然意识到自身的处境有多危险"。爱德华三世的忠实下属、佛兰芒贵族那慕尔的罗伯特几乎与死神擦肩而过。后来那慕尔的罗伯特成为让·弗鲁瓦萨尔的赞助人，极有可能是让·弗鲁瓦萨尔著书的第一手资料提供者。爱德华三世命令那慕尔的罗伯特指挥"国王的房间"号军舰，无法与爱德华三世并肩作战的英格兰王室成员都乘坐了"国王的房间"号。"国王的房间"号军舰被一艘庞大的西班牙商船盯上并拖走，军舰上的全体船员大声喊着："救命！救命！"却因为天色已晚，未得到任何回应。最终，那慕尔的罗伯特手下的英格兰乡绅奋力一搏，救了全军舰人的性命。那慕尔的罗伯特手下的英格兰乡绅先是率军舰靠近庞大的西班牙商船，随后割断了西班牙商船上的升降索，那慕尔的罗伯特迅速登上敌船，"杀死了西班牙船上的所有船员并将尸体抛入海中"。

温奇尔西海战战况异常激烈，英格兰人骁勇善战，西班牙人则不肯轻易服输。英格兰人的最终胜利要归功于英格兰弓箭手。西班牙弓弩手和其他负责向英格兰军舰顶端和船舷投掷重石的人暴露在外，得不到任何掩护，极易被英格兰弓箭手射穿头颈。皇家海军舰队共俘获了十七艘西班牙商船，皇家海军舰队自身仅损失了数艘体积较小的军舰和部分海员。英格兰人在温奇尔西海战中赢得了丰厚的战利品。皇家海军舰队并没有继续追击逃走的西班牙商船，一方面是因为英格兰人此时急于分配战利品，另一方面是由于英格兰人在温奇尔西海战中实力大损。温奇尔西海战结束后，爱德华三世在温奇尔西修道院举办了庆祝活动。

英格兰王国海上地位的衰落

温奇尔西海战的胜利标志着爱德华三世的海上霸权到达巅峰。在爱德华三世统治末期，皇家海军的实力逐渐衰弱，皇家海军中的大部分军舰是雇来的商船。爱德华三世统治下的英格兰王国陷入与法兰西王国的拉锯战，战时资源的短缺使英格兰王国逐渐走向分崩离析，皇家海军舰队也进而开始衰败。在温奇尔西海战结束的二十年后，英格兰王国下议院议员曾对爱德华三世坦率地抱怨，英格兰海岸毫无防守可言，英格兰海上贸易几近毁灭。随着英格兰王国逐渐失去海上主权，英格兰国内充斥着对法兰西王国随时入侵的恐惧，法兰西和西班牙冒险者时常骚扰英吉利海峡附近的海港。来自苏格兰的"海盗"与佛兰芒人、法兰西人和巴斯克商人联手袭击英格兰北部和东部地区。1371年召开的英格兰议会中，议员们对英格兰王国孱弱的海军异常不满。英格兰议会对皇家海军舰队的批评不是不无道理，考虑到皇家海军主要由被雇用或征集的英格兰商船组成，英格兰政府也逐渐丧失权力，我们就不难理解英格兰议员们为何对皇家海军提出以下措辞强硬的改进意见。

首先，从英格兰政府开始征集商船到正式开战之间的备战期过长，在此期间英格兰商船船长不仅无法牟利，而且要维持商船的正常运转。许多英格兰商船船长经费匮乏、被迫转行，他们的商船也因缺乏足够的资金维修，无法再次投入使用。其次，为支持皇家海军自愿贡献出商船的英格兰商人，在航海途中需要遵循各种严苛的条例，基本失去了对商船的使用权，最后被迫另谋生路，商船在岸上逐渐腐烂。最后，一旦国王名下的军舰被要求参与航海任务，其他商船上的优秀船长和船员必须随行，商船通常会因长期无人维护而腐烂，船长和船员也就丢了生计。

英格兰下议院的意见与爱德华三世的贸易政策中涉及严苛条例的部分紧密相关，但主要还是针对爱德华三世滥用英格兰商船组建皇家海军的问题。部分腐败专横的英格兰官员会滥用手中权力征用英格兰商船。就算腐败问题得以解决，皇家海军提前征用英格兰商船的难题依然无解。如果在战前准备阶段允许英格兰商船出海，当战争迫在眉睫时，英格兰商船就无法迅速参战。我们可以批评爱德华三世手下的官员过分谨慎，但部分腐败专横的官员提前征用英格兰商船确实有损英格兰商人的利益。英格兰商人不仅被爱德华三世的官员们剥夺了谋生工具，还要向爱德华三世缴税，为战争提供财政支持。不久后，爱德华三世无法再通过征用英格兰商船和启用自己名下军舰的方式组建皇家海军舰队。17世纪，英格兰政府最初通过长期雇用英格兰商船和船员的方式来组建皇家海军舰队。随着火炮技术的发展，专门制造军舰的皇家海军造船厂开始出现。然而，在中世纪，没有任何国家富裕到可以长期维持一支常备海军，因此各国政府只能雇用本国商船并暂停海上贸易。通过雇用商船组建成的海军舰队就像由农民、镇民或山地部族成员为某场战役临时拼凑起来的杂牌军，通常在临近农忙的时候容易解散，也存在四处藏匿战利品的恶劣风气。在17世纪发生的英格兰内战中，英格兰议会发现伦敦民兵虽骁勇善战，曾赢下在格洛斯特和纽伯里等多场战役，却极易人心涣散。战争结束后或战争持续时间过长时，伦敦民兵容易爆发不满情绪，急切地想要回家照顾生意，因此一支常备海军必不可少。由于存在诸多弊端，皇家海军实力并不稳定，当国家陷入长期战争的泥沼，皇家海军会不可避免地走向衰败。

爱德华三世的统治以战败告终，法兰西南部的战事给了爱德华三世最后一击。爱德华三世命令彭布罗克伯爵约翰·黑斯廷斯指挥一支皇家海军舰队前去营救被困的英格兰军队。不料，1372年，彭布罗克伯爵约翰·黑斯廷斯的舰队被卡斯蒂尔的海军上将安布罗西奥·博卡内格拉手下实力强悍的西班牙海军舰队彻底打败。皇家海军在英格兰国王理查二世多灾多难的统治下也未见起色，一名苏格兰海盗曾屡次骚扰英格兰西北部，最终被伦敦市民约翰·菲利庞特击败。某些傲慢的英格兰上议院议员斥责约翰·菲利庞特，认为他不该在没有得到议会许可的情况下擅自作战。像约翰·菲利庞特这样富有和享有一定社会地位的伦敦市民绝不会容忍英格兰上议院欺软怕硬的举动，他立刻回复说，自己只是替英格兰上议院履行职责，英格兰上议院的议员们顿时哑口无言。

亨利四世统治下的皇家海军

即使是机敏能干的英格兰国王亨利四世也无法显著提高皇家海军的发展状况。刚即位时，亨利四世曾开展过一次别开生面的试验。为了解决皇家海军面临的难题，如追捕海盗和抵抗沿海侵略，亨利四世与伦敦市民们签订了一项协议。根据此协议，伦敦市民们要为皇家海军提供一支包括船和船员的海军，伦敦市民们可以自行推选海军上将，参与日常出航，还可以得到一笔薪水，甚至保留战利品。由伦敦市民组成的这支海军不必与实力强悍的敌军作战，只需要承担某些监察职责。经过一番友好协商，从1406年5月到1407年9月，该协议一直有效。伦敦商人们推选了两名海军上将——来自英格兰西南部的理查德·克林斯诺和来自英格兰北部的尼古拉·布莱克本，这两位海军上将手中握有征集商船的巨大权力。亨利四世与民众签署协议的试验结果不佳，这一案例清晰地展示出王权的衰落。

鉴于本书前言旨在为读者描述中世纪皇家海军发展的大致情况，因此没有浪费过多笔墨在军事行动的细节上。在英格兰国王亨利五世统治时期，皇家海军稍有起色。然而，到英格兰国王亨利六世即位时，皇家海军再度衰落。15世纪末的到来意味着中世纪的结束，都铎王朝的建立标志着新一轮王权统治的开始。英格兰王国在玫瑰战争期间陷入的无政府状态改变了英格兰人的想法，英格兰人坚信，唯有强大的王权才能维持国家的长治久安。都铎王朝的君主们大权在握，英格兰国内不断增长的物质财富为人民带来丰厚的收入，建立一支现代意义上的皇家海军终于成为可能。

约翰·阿伦德尔爵士的沉船事故

在结束中世纪皇家海军史的介绍前，我有必要再举一例说明中世纪航海生活的残暴程度。上文提到，英格兰各城镇间时常爆发冲突，以及保护英格兰沿海地区免遭入侵的英格兰军队的某些非人道的行为，一个翔实的案例远胜千言万语。一个发生在理查二世统治时期的事例可以说明中世纪残暴盛行的恐怖氛围。当时，英格兰王国国力孱弱，英格兰人民因英格兰王国与法兰西王国的交战而陷入水深火热的境地。

1379年，约翰·阿伦德尔爵士奉命指挥一支由弓箭手和披甲士兵组成的军队，从南安普顿出发前去支援布列塔尼公爵约翰四世。因为天气恶劣，约翰·阿伦德尔爵士的军队在启程时耽搁了一段时间,让手下的士兵暂时驻扎在一个女修道院里。按照当时的习俗,修道院内不仅住有修女,还住了许多丈夫不在身边的已婚女子、寡妇和未婚少女,少女们通常在此接受教育和寻求保护。约翰·阿伦德尔爵士手下的士兵侵犯了居住在修道院里的女子,还将教堂洗劫一空。约翰·阿伦德尔爵士却无视对其手下士兵暴行的抱怨,不但没有在出海前惩罚犯下罪行的士兵,还允许士兵带上洗劫修道院得来的掠夺品和几名暂居在修道院的女子继续前行。此外,约翰·阿伦德尔爵士率领的船队还载有妓女同行。当时,基督教教会能采取的唯一报复方式就是在约翰·阿伦德尔爵士一行出发时用钟声、书籍和蜡烛举行诅咒仪式。

对早已习惯与法兰西军队作战的士兵来说,基督教教会的报复无疑显得苍白无力。但他们很快改变了想法。狂风席卷了英吉利海峡,约翰·阿伦德尔爵士率领的舰队在海上遭遇了暴风雨。为减轻军舰的重量,约翰·阿伦德尔爵士手下的野蛮士兵把挟持来的女人全部扔进大海。如果约翰·阿伦德尔爵士能够听从手下的船长约翰·拉斯特爵士的建议,灾难原本可以避免。约翰·拉斯特爵士是一名来自诺福克的布莱克尼镇的老水手。虽然约翰·阿伦德尔爵士战争经验丰富,1377年曾经成功保卫过南安普顿,但约翰·阿伦德尔爵士对航海知识知之甚少,也不善于听取他人意见。约翰·阿伦德尔爵士在因固执己见吃亏后,再次选择无视约翰·拉斯特爵士的忠告,结果搭上了自己的性命。船队距离爱尔兰海岸越来越近,约翰·阿伦德尔爵士为了在船队中重立权威,执意要求船队尝试登陆,完全忽视水手们认为留在海上更安全的意见。在盛怒和恐惧的驱使下,约翰·阿伦德尔爵士甚至杀害了几名不肯靠岸的水手。随后,约翰·拉斯特爵士等其他船员不得不服从约翰·阿伦德尔爵士的命令,徒劳无望地试图登陆上岸。约翰·拉斯特爵士发现在海岸不远的地方有一座小岛,他尝试将军舰驾驶到小岛的下风向,却发现此处为碎浪区。约翰·拉斯特爵士决定抓住机会拼死一搏,下令强行登陆小岛,不料军舰在撞上海底礁石后裂成碎片。时刻保持愚蠢本色的约翰·阿伦德尔爵士倒是侥幸爬上岸,但他忽视了危险的海浪，站在岸边试图将衣服拧干。情急之下，约翰·拉斯特爵士跑到约翰·阿伦德尔爵士身旁，竭尽全力想把约翰·阿伦德尔爵士拽走，最终两人双双被海浪击倒并卷入大海。本次海难让舰队中的多名骑士和披甲士兵也丧命于此。上述事例很好地诠释了中世纪航海生活的险恶程度，我们希望更多诸如此类的故事能够流传下去，以警示后人。

权威文献

尼古拉·哈里斯撰写过大量关于中世纪皇家海军的著作。本书前言部分主要基于尼古拉·哈里斯的《皇家海军史：从早期到法国大革命战争》的两卷。此外，本书前言部分引用了《英格兰古镇丛书》中《五港同盟》一书。

目录

001 **第 1 章**
从都铎王朝到伊丽莎白一世即位时期的海军

063 **第 2 章**
从伊丽莎白一世即位到西班牙无敌舰队覆灭

131 **第 3 章**
从无敌舰队到伊丽莎白一世统治末期

177 **第 4 章**
詹姆斯一世和查理一世统治下的皇家海军

231 **第 5 章**
内战时期的皇家海军

251 **第 6 章**
英格兰联邦初期

299 **第 7 章**
第一次英荷战争

| 331 | **第 8 章**
第一次英荷战争下半场 |

| 359 | **第 9 章**
护国公时期 |

| 393 | **第 10 章**
查理二世统治下的皇家海军 |

| 433 | **第 11 章**
第二次英荷战争开始到四日海战 |

| 477 | **第 12 章**
从四日海战到第二次英荷战争结束 |

| 523 | **第 13 章**
阿尔及尔海盗和第三次英荷战争 |

| 577 | **第 14 章**
斯图亚特王朝最后的岁月 |

| 599 | **译名对照表** |

第 1 章
从都铎王朝到伊丽莎白一世即位时期的海军

都铎王朝统治英格兰王国一百八十年，其中一百零六年处于英格兰国王亨利七世、亨利八世和英格兰女王伊丽莎白一世这三位君主的英明统治时期。英国历史上没有任何王朝能在统治时间的长度和统治能力的水平方面与都铎王朝匹敌。在一个变革和发展的时代，英格兰王国的命运能由具有卓越能力的君主来掌控，这对英格兰王国来说何其幸运。在此期间，英格兰王国可谓改天换日。我们当然不能否定人民的力量，但如果英格兰王国的统治者是愚蠢懦弱的，那么英格兰王国的转变进程绝不可能如此顺畅成功。亨利七世、亨利八世和伊丽莎白一世这三位君主是当之无愧的卓越统治者，他们的功绩彪炳史册，不可磨灭。但亨利七世、亨利八世和伊丽莎白一世也不得不向现实低头，不得不舍弃，不得不忍让。正是因为亨利七世、亨利八世和伊丽莎白一世能顺应历史潮流而变通，而非坚持倒行逆施的政策，他们的王朝才没像斯图亚特王朝那样倾覆，而是创造了辉煌。为君主效忠的伟人们并非都铎王朝成就，英格兰人民的素养也并非都铎王朝造就，但明君们的确做到了知人善用，人尽其才。

现代海军的建立是亨利七世、亨利八世和伊丽莎白一世行政管理工作的重要组成部分。我们不应该用任何明显的界限把中世纪和后来的时代分开，新王朝与旧王朝在形式上也并无不同。亨利七世声称，他和他的前任们拥有同样

亨利八世

亨利七世

伊丽莎白一世

的权力和权威，区别只是在于方法和精神。从15世纪末到17世纪初，英格兰人认为君权神授，君主的"声音"是"世界和谐"的代言。除了少数贵族和贫穷而好战的北方郡县的人民，对广大英格兰人来说，事实上是对所有英格兰人来说，国王是神授君权的统治者，没有国王的统治，世界将是一片混乱。英格兰人期望国王依法治国，但同时认可法律可以由国王的臣子宣布并实施。后来，王权成了众矢之的。英格兰国王理查三世不幸将自己头盔的金环遗落在博斯

理查三世

亨利七世在博斯沃思战场上戴上皇冠

沃思战场上，亨利七世将其找回，并将其作为王冠戴上，从那日起，再到伊丽莎白一世年事已高、疲惫不堪、伤心欲绝驾崩之日，很少有英格兰人会把国家和王权区别开来。在欧洲大陆，情况也是如此，只不过是中世纪的国王变成了现代的暴君。

在海军方面，也是如此，既没有与过去的刻意决裂，也没有出现任何新情况。军舰仍然是国王的，由国王亲自任命船长、招募水手、挑选仆人。即使在细节问题上，各种旧做法也一直延续到17世纪。船长在很长一段时间里，与其说是水手还不如说是士兵,因为船长的职责是战斗,而不是驾驶军舰。纳撒尼尔·波特勒在《对话》①一书中提出,除非有亲身航海的经历,否则任何人都没有资格被任命为船长。这一观点其实并不新颖。建立一支正规海军军官部队的尝试可以追溯到王朝复辟时期。这要归功于当时身为海军上将的约克公爵,也就是后来英格兰的詹姆斯二世。每一次航行都要现招船员,航行结束后马上解散。不仅士兵如此,军官也如此。不过,国王可以在自己周围安排一定数量的军官随时听命。直到英格兰联邦时期,在国务委员会的努力下,海军实力才得

詹姆斯二世

① 《对话》出版于查理二世统治时期,但很可能是在查理二世的父亲查理一世统治时期写的。——原注

以提升,才能在需要组织大规模舰队时命令或雇用商船服役。事实上,如果仅从表面上和字面上看,根本没有什么变化。海军上将仍然是国家官员职位的一种,在海上事务中担任国王的副官。国王的仆人们管理着国王的军舰,在需要的时候,他们就到港口去履行自己的职责——保卫国家。

都铎王朝时期的海军

尽管如此,变化还是有的,或者说是出现了某个肇始。促使都铎王朝开始重视海军建设的原因和促使欧洲大陆形成专门的常备军的原因是一样的。英格兰国王们早已开始重视海军建设。早在1535年,诺福克公爵托马斯·霍华德

诺福克公爵托马斯·霍华德

就告诉神圣罗马皇帝查理五世的大使厄斯塔斯·查普伊斯，配备舰队对英格兰国王来说是件好事，因为这能震慑那些妄图进犯英格兰的人。这种说法对法兰西国王约翰二世或爱德华三世来说也并不陌生。不同的是，都铎王朝一直很重视海军，对海军的投入也很高，并且建立了一个专门负责维护国王军舰的部门。以往，国王的海军几乎等同于国王的私人财产。这一点与那些为某场战争而召集起来的雇佣兵十分相似，可谓招之即来，挥之即去。但从都铎王朝开始，国王的舰队就成了常设部门。皇家海军就是由此发展而来的，而不是来自

神圣罗马皇帝查理五世

英格兰国王查理二世

五港同盟的民兵。英格兰王国的军队始于英格兰国王查理二世正式招募的士兵，而非以往的国王们召集的士兵。

从必要性来看，一支常设军事力量急需一个同样常设的行政部门来管理。几乎整个亨利八世统治时期，征兵工作都是在船舶登记员的监督下进行的。由于军舰越来越多，船舶登记员的人数也越来越多，英格兰王国在朴次茅斯建了一个船坞。事实上，正如19世纪的行政机构一样，为适应需求，办公人员不断增加。最后，1546年，也就是亨利八世驾崩的前一年，据宫廷史料记载，4月24

日这天，亨利八世组建了第一个正规的海军委员会。海军委员会由一个国王的海军中尉、一个司库、一个审计员、一个测量员、一个船员和两个没有特殊头衔的官员组成。就这样，一个"船舶军械长"诞生了，这是一个独立的职位。海军委员会在其历史发展过程中曾被暂停和改制，下文将进一步说明。这里有四个职位值得一提，分别是司库、测量员、审计员和书记官，负责船舶事务、法案事务和海军事务。直到1832年前，他们断断续续担任海军行政长官。他们担负起了购买物资、建造和管理军舰、管理造船厂、分发给养、支付工资，以及给受伤人员发放抚恤金的责任。海军委员会这个机构一直存在，虽被暂停过，但未被取缔，且几乎没有改制。直到1832年，海军委员会被并入一个必须予以仔细区分的机构——海军部。

第一海军委员会

现在掌管所有海军的海军部原本只是个级别较高的军事管理部门。事实上，海军部是最高海军上将的代表，其职能等同于一个军事委员会。这个部门是早先从都铎王朝传下来的，也就是前面提到的亨利八世的"国王的海上事务中尉"。国王的海上事务中尉有很大的司法权，能委派海军军官，如任命中尉和上尉；能发号施令，指挥战争。负责驾驶军舰的非军事人员、船长和船员、医生和医护都隶属于海军部。海军部由海军上将掌管，唯海军上将马首是瞻，但海军上将并不亲自坐镇。早些时候，海军上将在自己的府邸运筹帷幄；后来，海军部办公室设到了白厅，海军部仍设在希兴里；再后来，在萨默塞特宫也有了海军上将的住处。直到1832年的大改革才把各个部门合并在一起。

到亨利八世统治末期，总体而言，三个世纪以来，海军的主要组建方式几乎没什么变化。在这段漫长的岁月里，主要的变化是海军正规军的形成，这可以追溯到王朝复辟时期。在此之前，还没有一个有组织的、可作战的正规海

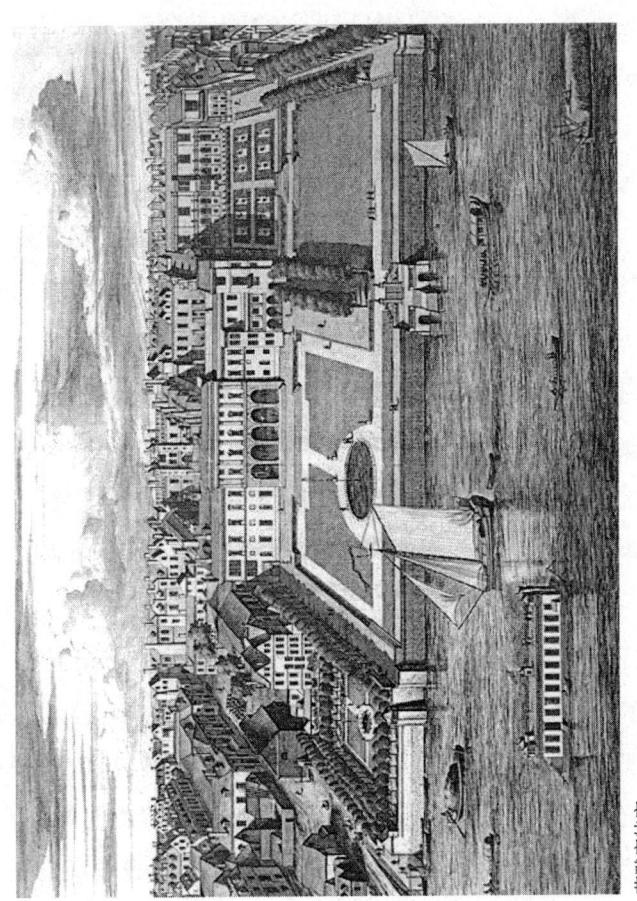

萨默塞特宫

军。我们暂且这样称呼,以避免和海军服役中使用的"军事"一词混淆①。海军正规军的成员通常是在作战时临时雇用,不作战时,则主要从王室绅士中产生。但王室的绅士并没有海军军官的职责,也没有领取津贴的权利。舰队整装待发,海军上将会亲自下达指令,海军部或海军委员会则负责民事工作。在海军成员管理方面,因为政府必须尽早预备军舰和物资,所以成立了一个常备的、由领航员、水手长和炮手组成的部门。他们不仅在军舰使用期间需长期待在军舰上,而且也是海军的组成部分。

军舰的发展关乎皇家海军的形成。到16世纪初,即使不被英吉利海峡的洋流阻断,也不可能再依靠五港同盟的资源。为沿海贸易建造的商船不仅规模小,而且也没有现代战争所必需的武器装备,而大港口的大型商船确实更适合沿海贸易这一用途。在海上不太平的时候,大港口的大型商船通常荷枪实弹,甚至在和平时期也是如此。同时,我们发现,直到17世纪中叶,大型舰队中总有资金短缺或被租用来的商船,而商船毕竟不能与军舰相提并论。这点也早就成了不争的事实。伊丽莎白一世统治时期的军官中就有人说过,在与无敌舰队的战斗中,商船基本上就是摆设。特殊的军舰很早就成为一个强国提升海上实力的必需品。特殊的军舰只能由国家提供,而那个时候,国家即国王。亨利七世和他的继任者们都清楚地认识到这一事实:如果不能建造足够多的、在战争中能够保证独立供给的商船,那只能证明王国的窘迫。事实上,当王国中任何规模的商船都被征用去作战时,就足以说明,是时候建造真正的军舰了。英格兰的大部分贸易是在小型商船上进行的。即使是在19世纪的前二十五年,一艘载重量为五百吨的商船也算得上是艘大船。绝大多数载重量在一百五十吨到二百五十吨之间的商船则用于远洋航行。但早在亨利七世统治时期,军舰是以排水量一千吨为标准建造的。这类军舰不能买卖,也不能用于贸易。由于建造时尽可能地节约成本,其坚固程度也无法与为战争建造的军舰相提并论。

---

① 此处的"海军"并非现代意义上的海上军事力量。因此,作者特意避免使用军事"military"这个词,而是使用了"the regular corps of naval officers",以避免混淆。——译者注

军舰的改进

都铎王朝早期的巨轮比中世纪的还要夸张。都铎王朝早期的军舰比中世纪的更长、更宽,而且两侧建得更高,但军舰头部和尾部都有同样高耸的船楼。"船首楼"这个词保留了人们关于船头堡垒的记忆。"船首楼"这种堡垒通常建在军舰的前部,与军舰的其余部分用屏障隔开。再后来,这些屏障被称为"辅桥"。即使对手占据了军舰的腰部,"辅桥"也能起到防御作用。被称为"杀人碎片"的小型枪支被安装在"船首楼"上面,在紧急情况下可歼灭踏上甲板的敌人。这些枪支作为船楼的一部分,自有其优点。但对一艘军舰来说,这些枪支危险又累赘。"玛丽·罗斯"号的命运——我们稍后会提到——表明当时的军舰是多么容易倾覆。索具极大地影响了军舰的稳定性。最大的军舰上有四根桅杆:一根在头部,一根在尾部,两根在中间。这些桅杆显然是

都铎王朝的标志——红玫瑰

一体成型的，不像后来那样被分成下桅和上桅。每一艘军舰都有一面巨大的方帆，必要时还可以增加一个顶帆。大帆无疑给舰身造成了很大的压力。军舰行进时，舰楼有被撕裂的可能。所以很容易理解，舰身结构不够牢固，仅靠填缝保证军舰不漏水，一次短途航行或稍微恶劣点的天气就足以让最宏伟的大军舰变成筛子。事实上，众所周知，16世纪的"主力舰"不适合冬季巡航。即使一百年后，做了很多改进，夏季过后，海军军官仍不愿让大型军舰留在海上。直到17世纪末，英格兰国王威廉三世统治时期，海军军官开会决定，一过初秋，较重的战列舰便不能留在海上。都铎王朝早期，较重的战列舰只

英格兰国王威廉三世

在天气好的月份使用。较小的军舰，反倒因为不是重工打造，也没有那么容易撕裂舰身的堡垒而更适合航海。当然，小型军舰肯定也有过非常糟糕的航行。我们也没有充分的理由贬低先辈们，毕竟任何一艘"主力舰"都是先辈们信心的体现。先辈们肯定曾经相信，仅凭重量就能把对手压下去，就像一支精锐的骑兵部队身穿铠甲，定能在战场上横扫装备更轻的对手一样。

轻型军舰的武器装备包括各种各样的枪，从装在舰楼上的小型枪支到主甲板上重达六十八磅①的皇家大炮，不同大小的枪炮都装在同一甲板上。经验逐渐表明，这种多样化的武器装备并非明智之举。在接下来几代人的时间里，因为实在太重，皇家大炮被弃之不用；因为实在太轻，非常小的枪支也被淘汰了。炮台倒是统一了起来。

弄清开端后，我们就容易理解海军后来的发展了。都铎王朝早期的军舰因上部过重而头重脚轻，导致效率低下，也让军舰暴露在危险的失衡之下，就好似全副武装的目的是为了制造混乱。都铎王朝时代，早期的军舰还几乎难以与海洋和海风抗衡，也不能适应寒冬。自此，皇家海军进入一个新的发展阶段。在这个阶段，霍雷肖·纳尔逊子爵有两年的时间可以不必监视土伦。两年结束时，他们仍然能够随时向维勒讷沃进发。这个故事不断被简化和改编。高耸的、过度建造的船首楼被拆除了；长长的桅杆被分成了下桅、上桅和上桅帆，上桅和上桅帆必要时可解除以平衡舰身；笨重的舰身变轻了；上桅和上桅帆增加了军舰的动力，而且拆卸十分方便；军舰头部的直立桅杆越降越低，几经改进成了舰首斜桁；武器装备改进为相对较少的几类枪炮。

亨利八世的首支舰队

都铎王朝的军舰配备、船员和作战方法比其军舰的建造方法更广为人

---

① 英制质量单位，一磅约合零点四五三六千克。——译者注

爱德华·霍华德爵士的纹章

知。在1511年到1514年与法兰西王国的第一次战争中，亨利八世亲自为舰队提供装备。这种做法一直延续到18世纪末期。亨利八世和海军上将爱德华·霍华德爵士签订了一份合同。亨利八世方面承诺提供军舰、武器和资金；爱德华·霍华德爵士承诺尽忠职守，并把战利品的一半上交给亨利八世。爱德华·霍华德爵士兵权在握，并有权指挥地方官员，招募船员的任务显然也留给了他。这表明一支舰队其实是一支临时武装力量，合同期限仅三个月，到期可再续三个月。如果取得了预期的胜利，或者两军议和，那么整个舰队就解散。被租用或资金紧张的军舰将得到偿付，并获准离开。亨利八世的军舰返回当时在泰晤士河的船坞，由海军部负责管理①，直到下次需要时再征用。船员也被解散，仅

---

① 谈及1512年，更准确地说，这里应该称为由即将被编入海军部的官员管理。——原注

留下一个海军上将,作为重要官员,随时待命。文职官员、军舰和物资管理人员,以及军舰本身,简而言之,所有在需要时组成一支舰队的人员和物资都将在海军上将的管辖之内。

这就是舰队的主要运行方法。要了解细节,最好是亲自乘坐一艘军舰,一探究竟。比如,以"加布里埃尔"号为例。1513年3月1日,即亨利八世即位的第四年英格兰王国建成"加布里埃尔"号。"加布里埃尔"号给船员划分等级,按照级别领取薪水和配给。从查诺克处取得的清单和从《亨利八世国书年历》中列的1513年"加布里埃尔"号海军名单虽不一致,但为我们提供了当时一艘军舰上水手的基本情况,有很好的参考价值。仅从一个事实就可以看出,人们对保存至今的"海上国王军队"名单的细节是多么缺乏信心。根据

托马斯·沃尔西

托马斯·沃尔西更正过的一本"书"——或者我们应该称之为"拾遗"更合适——记载,"加布里埃尔"号重达八百吨,有两名船长,科特尼和康沃尔,船员六百人,其中二百五十人是水手。而另一艘军舰,据说有七百吨,船长是威尔·珀顿爵士,船员五百人。

	人数	薪水总额
威廉·特雷威廉爵士,上尉,每天18便士 ……	1	42便士
其随从,每人每月5便士 ……	420	105英镑
格洛斯特镇,雇员,每人每月5便士 ……	25	6英镑15便士
约翰·克拉克,船长 ……	1	5便士
水手,每人每月5便士 ……	240	60英镑
空饷配额:船长,6份;船长随从,2份;领航员,3份;四位军需官,4份;他们的随从,3份;水手长,2份;水手长随从,1份;舵手,1份;舵手随从,1/2份;木匠,1份;敛缝工,1份;膳食长,1份;膳食长助手,1/2份;管事,1份;共计27.5份,6英镑,17先令,6便士。		
枪炮手,每人每月5便士 ……	20	100便士
对枪炮手的奖赏:主炮手,每月3便士;主炮手副手,每月2.6便士;四位军需官,每人2.6便士;14位枪炮手每人20便士,23.4便士; ……		40便士
人数共计,602人;空饷配额,27.5份;金额,187英镑,10先令,4便士。		

之前,中尉都是名不见经传的,没有一个中尉的名字被明确记录过。后来才出现了一个被称为中尉的军官,而他的先辈很可能是威廉·特雷威廉爵士的随从中尉。这位中尉是被派去打仗的士兵,而不是负责航海和船务的船长。从海员被单独编制这一事实来看,我们可以有把握地得出这样的结论:随行人员是由上尉带来的士兵组成的。

船员与报酬

可以看出,船员的人数大大超过了水手,情况长期如此。事实上,如果认为任何时候大型军舰的船员中都是真正的水手那就大错特错了。但在亨利八世统治时期,军舰上士兵的占比确实比后来通常情况下的士兵占比要大。1512年与爱德华·霍华德爵士签订的合同中规定,在"摄政"号①上的三千人中有一千七百五十名士兵,一千二百三十三个水手。然而,士兵的名字中很可能涵盖了许多后来被登记为"船身侍者"和"未出过海的人"的人。这些人也是军舰上的人员,但只能在甲板上或甲板下工作,而不是真正意义上的水手。炮手也被单独归类,我们可以有把握地断定,他们不是——至少不一定是——水手,而是海军炮兵。

"空饷"是一个奇怪的表达,但不言自明。他们通过虚报人员这种做法为海军军官争取足够的薪水。从理论上讲,每个船员都得到了五先令的工资和一个月——按二十八天算——五先令的口粮。船长是唯一的例外,船长每天的津贴是十八便士。这点薪水明显太低,但一个处在船长地位的绅士可能是有钱人,他希望能自食其力,希望向亨利八世立功请赏,也希望对他麾下的家族子弟志愿军有所交代。这个制度显然容易被滥用。一个贫穷或无良的船长会通过谎报船上的实际人数,把多发的薪水偷偷装进自己的腰包。这种不光明磊落地发空饷的做法最终被废止了。但在近代,所谓的"寡妇的丈夫们"中留下了一种奇特的做法。"寡妇的丈夫们"也是虚构的水手,发放给他们的工资被交到格林尼治医院,为那些丈夫在战争中阵亡的妇女建立养老基金。"加布里埃尔"号船员名单上提到的格洛斯特的二十五名男子,可能就是格洛斯特应征海军的分配名额。在其他军舰的船员信息中,我们还发现了埃克塞特人、德文郡人、阿伦德尔伯爵威廉·菲查伦或其他一些显赫的贵族。这些都是中世纪时的一些做法,但这些做法延续到了后世,或与后世的做法异曲同工。

---

① "摄政"号上的人员由摄政王亲自招募。——原注

作战方法

当时的战斗方式是众所周知的。亨利八世的海军将领们熟知战斗要领。海军将领们或袭击对手的海岸和商铺以挑衅，或埋伏在某个港口前，等待对方的军舰停泊，守株待兔。与对手交战时，对军舰的实际管理显然很粗放和随意，甚至都不像是一艘像样的军舰。数艘军舰蜂拥向前，鳞次栉比。只要船长和航海技术允许，每艘军舰都能快速行动起来。在爱德华·埃辛厄姆爵士写给托马斯·沃尔西的一封信中，有一段十分传神的叙述，生动描述了海军为迎接法兰西军舰做的准备工作。爱德华·埃辛厄姆爵士报告说，1515年4月的某一天，他侦察到三艘法兰西军舰"向我们攻来。然后我让我的伙计们镇静，并让他们荷枪实弹做好准备。因为我的甲板上没有栏杆，所以我们在甲板上绕了一圈高至胸膛的缆绳，在及腰的高度又绕了一圈，在两圈缆绳之间挂上垫子、毡子①，甚至我的被褥，我把我的马里斯长矛和战帆都准备好，就用我这点可怜的武器去对付这三艘法兰西军舰。法兰西人看到我对他们那么不友好，又不像要退缩，于是赶紧开溜。然后我就去追他们，把他们赶到了靠近海边的费坎修道院，他们躲在港口的围墙下面，我们跟过去，结果他们朝我们开火了"。从爱德华·埃辛厄姆爵士的电报中可以清楚地看出，他的军舰在头部和尾部之间没有防御工事，唯一的防护措施是用床上用品、毯子和船帆做的临时屏障而已。而这正是对手最可能试图攻入的部位——船腰，守在军舰的船腰部位的人最容易暴露在对手船首楼的炮火之下，因此船腰是甲板上最脆弱的部分。为了隐藏甲板上最脆弱的部分，人们挂起所谓的腰布。这种做法一直延续到17世纪。然而，这样极易着火，腰布实在是一种很糟糕的舷墙替代品。刷过油漆的木材更防火，床上用品、毯子和帆布太容易着火。军舰上发生的意外爆炸、驾驶室的枪炮碎片和最糟糕的邻近着火的军舰，都会导致所有的帆布和索具像篝火

---

① 一种粗糙的穷人使用的毛毯子。——原注

亨利八世统治时期的海战中，英格兰军舰索具、帆布起火

一样燃烧起来。在亨利八世统治时期的第一场海战中，曾发生过这样一个可怕的灾难性的例子。爱德华·埃辛厄姆爵士提到马里斯长矛，证明爱德华·埃辛厄姆爵士精心算计过，爱德华·埃辛厄姆爵士的战斗有不少是在对手企图登舰或击退登舰的对手时进行的。的确，在开始肉搏战之前，人们对当时的海战几乎无法预料决定性的胜负。如上文所述，大炮通常很重，炮兵部队的训练非常困难。风向和风力的变化大得荒谬，因此子弹朝哪个方向飞都无法确定。此外，当时还没有引进弹药筒，火药需要从桶里舀出来——这是一种非常缓慢且

非常危险的做法。人们似乎认为,一支舰队要是每天能发射三百发子弹就算是很了不起了。但这其实远远比不上特拉法尔加战役中"胜利"号或"国王陛下"号的弹药消耗量。

通过稳固王权、充实国库,亨利七世为儿子亨利八世组建海军的工作铺平了道路。当然,按照当时的水平,亨利七世给亨利八世留下的海军也算不容小觑了。在亨利七世统治时期的法律中,有几条旨在鼓励航运的法令。亨利七世的海军相对较弱,主要原因可能是亨利七世本人并不喜欢战争,从来没有激怒过强大的邻国——法兰西王国。而法兰西国王路易十一也愿意贿赂亨利八世,

法兰西国王路易十一

让亨利八世保持沉默。但无论亨利八世从父亲亨利七世那里继承来的海军实力如何，亨利八世竭力想增加自己的遗产。亨利八世不仅建造军舰，而且邀请来自意大利各大港口的工人改进他的臣民的造船技术。亨利八世不仅建造和改进了军舰，而且对舰队的组织和军舰的性能也非常感兴趣。亨利八世在泰晤士河上扩建了自己的船坞。在朴次茅斯建造船坞的功劳也应归于亨利八世。我们知道，1513年3月，在统治的第四年，亨利八世颁布了法令，"特许在德特福德教堂以圣三一和圣克莱门特的名义成立行会，从而改建海军。因为海军最近由于接纳没有经验的年轻人，以及苏格兰人、佛兰芒人和法兰西人担任装卸工，实力削弱了许多"。这里的装卸工其实指的是那些被认为是有领导能力的、有经验的水手，是船长和领航员，或者我们现在称为大副的得力人选。这就是领港公会的前身。领港公会仍然存在并继续履行亨利八世赋予的职责，即审核那些申请驾驶或领航军舰的人员，并留意海岸四周的灯光及浮标。在都铎王朝时期，领港公会与海军的联系比后来更加紧密，因为领港公会不仅为亨利八世的军舰挑选船长和领航员，而且还负责供应和运输各种各样的物资。

爱德华·霍华德爵士的报告

1513年3月22日，爱德华·霍华德爵士写了一封信，恰好能证明亨利八世对他的军舰的兴趣。由于时间久远和保管不善，这份文件已严重损坏，其中很大一部分难以辨认。但从我们能辨认的内容中可以得知，爱德华·霍华德爵士给了亨利八世一份详尽记录——在从河口到英吉利海峡的航行中，自己舰队中所有军舰的情况。信中断断续续写到，某次航行很顺利，"我相信，你的'舰中之花'①是所有军舰中最好的"，但发生了一件由于纸张破损无法辨识的事故，然后在距"卡捷琳"号不到三支长矛远的地方，有人向约翰·弗莱明勋爵、彼

---

① 因为"玛丽·罗斯"号中有玫瑰一词，所以称"玛丽·罗斯"号为"舰中之花"。——译者注

"玛丽·罗斯"号

得·塞和船长弗里曼喊话,要证明"玛丽·罗斯"号确实撞到了"卡捷琳号"的尾部。"舰中之花",显然指爱德华·霍华德爵士自己驾驶的旗舰"玛丽·罗斯"号,三十年后注定要在索伦特海峡面临灾难性的结局。爱德华·霍华德爵士讲述了自己如何"找到""玛丽·乔治"号,并在各方面证明了自己的军舰是"最高贵的军舰……但如果我这样做了,我就会进入基督教世界"。当谈到停泊时,爱德华·霍华德爵士记下了军舰停靠的顺序:"玛丽·罗斯"号在前,其后是"主权"号,之后是"尼古拉"号,再其后是达特茅斯的"莱昂纳多"号、"玛丽·乔治"号、汉普顿的"哈利"号、格林尼治的"安"号、"尼古拉·蒙特利戈"号、"桑乔·德·加拉"号、"凯瑟琳"号和"玛丽"号。亨利八世鼓励军官要和爱德华·霍华德爵士一样,详细地向他报告军舰的性能。这充分证明了亨利八世对自己手下的军舰很感兴趣。

尽管海军的发展步入了新时期,但就总体趋势而言,中世纪以来战争的变化还不是很明显，战争形式主要还是以突袭和小规模战役为主。亨利八世统治时期的第一次海军行动是与海盗的持久战。一个叫安德鲁·巴顿的苏格兰人遭到了葡萄牙人的抢劫。安德鲁·巴顿收到了来自苏格兰国王詹姆斯三世的公函，授权他可以用海上能找到的任何葡萄牙人的财产来弥补自己的损失。在很久以后的更文明的时代，把私掠船变成海盗船从来都不是一件难事，但在16世纪早期，私掠船和海盗船却是云泥之别。安德鲁·巴顿开始考虑，他在公海遇到的那些人是不是葡萄牙人。如果不是，很适合把那些人的船据为己有。安德鲁·巴顿不分青红皂白地掠夺英格兰人、法兰西人和佛兰芒人，丝毫不考

苏格兰国王詹姆斯三世

虑自己的身份和名声。最后，安德鲁·巴顿变成了一个祸害，遭到有组织的军舰的围捕。有传言说，萨里伯爵托马斯·霍华德派遣的这些军舰由萨里伯爵托马斯·霍华德的儿子托马斯·霍华德爵士和爱德华·霍华德爵士指挥。安德鲁·巴顿的两艘海盗船，一艘叫"雄狮"号，一艘叫"珍妮·珀文"号或"苏格兰的巴克"号，被萨里的两艘巡洋舰追上，在一场决绝、壮烈的战斗后被俘。后来，有

英格兰舰队与安德鲁·巴顿的海盗船交战

安德鲁·巴顿之死

一首歌唱这两艘海盗船的民谣。至于安德鲁·巴顿之死,可以说是必然的。安德鲁·巴顿是当时众多苏格兰海盗的代表。

都铎王朝的海军

在俘获掠海者的同一年,一场大规模的海战也开始了。1511年,亨利八世与法兰西王国首次开战。由于当时亨利八世即位才两年,能够立即派遣一支十分庞大的海军部队对抗法兰西王国，表明亨利八世一定从父亲亨利七世那里继承了一大批军舰。当时，亨利八世的二十四艘军舰展现了十分强大的海军实力，尽管有一部分军舰是从商业行会和西班牙人那里租来的。战争以野蛮的中世纪风格进行。1511年，亨利八世任命爱德华·霍华德爵士为高级海军上将。爱德华·霍华德爵士洗劫了布列塔尼海岸。领地遭劫，法兰西国王路易十二不得不反制，于是在布雷斯特集结了一支舰队，交由一个叫埃尔韦·德·普里茅盖特的军官指挥。历史学家们有失严谨地将其错误地判断为皮尔斯·摩根爵士。

法兰西国王路易十二

1512年，在朴次茅斯，亨利八世集结舰队，准备在法兰西人进攻时击退他们，或者趁法兰西人被耽搁在途中时先发制人。亨利八世亲自骑马来到朴次茅斯，检阅了士兵。这些士兵构成了从商业行会租来的军舰上的主要船员。然后，舰队驶往法兰西海岸。根据我们掌握的现有材料，很难说清到底发生了什么。舰队肯定是在布雷斯特附近的某个地方会合的。英格兰和法兰西两国的历史学家在各自的参战军力和战争结果这两个方面的意见均不统一，双方都声称对方寡不敌众，在惊慌失措中仓皇逃走。对战斗结果的叙述是含糊其词、莫名其妙的。但有一点是公认的，即亨利八世的御马官托马斯·尼维特爵士莫名其妙成了一艘叫"摄政"号的英格兰大型军舰的船长。法兰西的另一艘更大的军舰叫"考迪勒尔"号。这两艘军舰相继倾覆，然后着火，最后爆炸。托马斯·尼维特爵士和法兰西海军军官埃尔韦·德·普里茅盖特双双阵亡了。他们的战旗飘

"摄政"号中弹起火

扬在索具上，随他们一起阵亡的士兵人数为一千到一千五百。我们无法确定是否如法兰西人断言的那样，这场灾难对英格兰舰队产生了十分可怕的影响，法兰西人都逃走了，又或者是否像英格兰权威文献坚持的那样，法兰西人完全被吓坏了，并在布雷斯特避难。无论如何，这场战斗没有取得决定性的结果这一事实是很明确的。两艘军舰双双覆灭的可怕场面给人留下了深刻的印象。我们注意到，在随后的几年里，法兰西人和英格兰人明显不愿走得太近。其实这种感觉容易理解，如果最后结果是与仇敌同归于尽，那么毁灭仇敌也没什么益处。当两艘军舰都易燃且着火概率很大的时候，某处不经意间冒出的小火苗就能引起大火灾。几乎可以肯定的是，一旦着火，火焰必然会从一艘军舰上蔓延

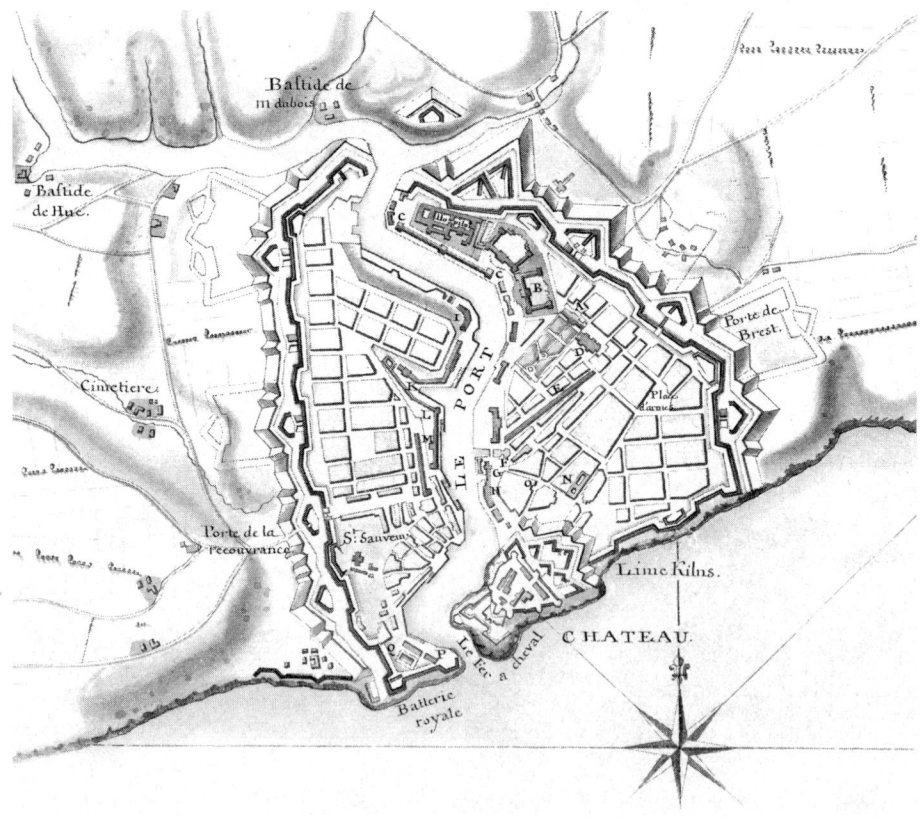

布雷斯特平面图

到另一艘军舰上。胜利的果实留给了英格兰人，因为对手法兰西人并没有报复的企图。路易十二显然认为自己的海军处于劣势，因此路易十二为准备第二年的战斗特意从地中海调来了一批增援的大桡船。这些船由马耳他的一个叫皮埃尔·让·勒比杜尔斯的法兰西骑士率领。皮埃尔·让·勒比杜尔斯后来被法兰西人缩写为皮根特，被英格兰人误写为佩耶·让或普雷特尔·让。

爱德华·霍华德爵士在布雷斯特

1512年到1513年冬季的几个月里，军舰停止航行。之后，作战行动像往年一样又开始了。英格兰舰队为了突袭，航行到法兰西海岸，随后两军交火。然而，对英格兰来说，这次交火的结局是灾难性的。一到1513年春天，在普利茅斯，爱德华·霍华德爵士召集了他的舰队。军舰总数为二十四艘，总重八千四百六十吨，平均每艘约重三百五十吨。呈给托马斯·沃尔西的文书中关于战斗力的描述说明当时舰队中的士兵比水手更具优势。据记载，上尉二十六名，士兵四千六百五十名，其中船长二十四名，水手两千八百八十名。从这种安排船员的方法可以明显看出，包含在内的士兵并不是我们说的海军士兵，而是纯粹的战斗人员。总体来说，战斗人员在人数上无疑比水手们要多，也比水手们更受尊敬。可以看出，每艘军舰不少于二百人，军舰上人员拥挤，现在看来人员密度已经到了危险的程度。事实上，正是因为人员拥挤的原因，当时的舰队中有一支被称为"粮草船"的小型军舰。毫无疑问，在这么小的军舰里没有足够的空间储存这么多人长期需要的给养。"粮草船"无疑也是舰队的大累赘。"粮草船"行动迟缓，而且由于是商船，只是作为运输工具，完全没有作战能力。因为"粮草船"的存在，由"粮草船"提供给养的海军舰队不仅不能迅速行动，而且经常被迫动用很大一部分力量来保护自己的粮食免受攻击，哪怕对方军舰的攻击微不足道。被这么多障碍困扰的舰队只盼能对对面海岸的某个地方发动攻击，然后迅速返回。

据说，爱德华·霍华德爵士对他指挥的舰队非常满意。爱德华·霍华德爵士敦促亨利八世亲征法兰西王国，还因此受到议会的严厉谴责。议会认为爱德华·霍华德爵士对亨利八世的安全考虑不周。然而，如果不是因为亨利八世鲁莽行事，这次航行原本几乎没什么危险，爱德华·霍华德爵士本人也本可以从法兰西海岸安全返回。1512年4月12日，爱德华·霍华德爵士到达邻近的布雷斯特时，发现法兰西人根本无心恋战。从表面上看，法兰西人的军舰在爱德华·霍华德爵士靠近时逃回了布雷斯特。实际上，法兰西人的军舰并非逃回了真正的港口①，而是逃回了港口北边的贝尔托姆湾。法兰西人躲避在此，仗着堡垒的保护，拒不迎战。

事实上，爱德华·霍华德爵士突袭法兰西海岸确实让法兰西人措手不及。皮埃尔·让·勒比杜尔斯正带着大桡船从地中海赶来，还没能在布雷斯特和法兰西军舰会合。英格兰人正处在法兰西人的两股兵力之间。英格兰人的兵力显然比法兰西人的任何一股都强，如果英格兰人把敌军从堡垒中引诱出来，就能彻底击溃法兰西人。但法兰西人是不会出来的。爱德华·霍华德爵士侮辱谩骂法兰西人，甚至是对沿海村庄搞破坏都没能诱使法兰西人战斗。爱德华·霍华德爵士被对手的避而不战激怒，也许还因为议会对他的指责而苦闷，连续两次对对手发起攻击。结果表明，爱德华·霍华德爵士对对手的攻击实在是非常鲁莽。起初，爱德华·霍华德爵士想用军舰进攻停泊在贝尔托姆湾的法兰西人，但由于领航员数量严重不足，很快就陷入了困境。爱德华·霍华德爵士最大的一艘军舰，在爱德华四世的儿子莱尔子爵阿瑟·金雀花指挥下触礁沉没。爱德华·霍华德爵士并没有把沉舰一事归咎于"阿瑟船长"。在1512年4月17日给亨利八世的一封信中，爱德华·霍华德爵士赞扬了莱尔子爵阿瑟·金雀花的勇气，并说已经准许莱尔子爵阿瑟·金雀花回家。"陛下，当莱尔子爵阿瑟·金雀花处于极度危险的境况时……莱尔子爵阿瑟·金雀花向我们的沃尔辛厄姆夫人寻

---

① 这个港口位于古利特湾的尽头。——原注

求帮助和安慰,并发誓说,除非见到我们的沃尔辛厄姆夫人,否则他绝不吃肉或鱼,上帝和我们的沃尔辛厄姆夫人一定能把他从危险中解救出来。"因为莱尔子爵阿瑟·金雀花船长草率地发誓要只靠啃干面包度日,所以让他尽快回家是人道的。中世纪尚未完全结束,接下来的几年里,如果亨利八世治下的任何一个官员以向沃尔辛厄姆夫人发誓为借口避而不战,很快就会发现自己将处于一种比海难更严重的危险之中。

勒孔凯行动

贝尔托姆湾战役失败后,爱德华·霍华德爵士转而攻击他口中的佩耶·让,即皮埃尔·让·勒比杜尔斯。皮埃尔·让·勒比杜尔斯发现与布雷斯特的联系被切断了,便在勒孔凯暂时避难。勒孔凯在圣马修角附近,也是通往布雷斯特的北侧路线的最西端。勒孔凯是一个小岛,是从韦桑岛向东南延伸的几个小岛之一,海湾在大陆的对面。勒孔凯和大陆之间的通道被称为"四号通道"。皮埃尔·让·勒比杜尔斯把他的大桡船拖到海滩上,这些又长又窄的船在狂风暴雨、不适于航海的水域里航行。大桡船的一大优点是能轻易靠岸,这样就可以避开那些尾随的、不敢到离海岸很近的地方的、又大又重的军舰。爱德华·霍华德爵士如果能让人带枪上岸,可能很快就能摆脱困境了。爱德华·霍华德爵士确实有过这样的计划。也许是因为爱德华·霍华德爵士害怕从布雷斯特开来的法兰西军舰会袭击自己,也许只是因为爱德华·霍华德爵士当时心灰意懒,总之,他改变了主意。1512年5月5日,爱德华·埃辛厄姆爵士在写给托马斯·沃尔西的信中讲述了这件事。"这次的消息让人不忍卒读,"爱德华·埃辛厄姆爵士写道,"我真是悲伤到难以下笔。"这确实是一个悲伤的故事。我们后来才得知,爱德华·霍华德爵士发现对手不会跟他公平对峙,而且他随时可能受到来自布雷斯特的攻击,这使爱德华·霍华德爵士不能放心地派他的士兵上岸攻击皮埃尔·让·勒比杜尔斯。于是,爱德华·霍华德爵士最终派遣一部分军舰进入当时被称为贸易区的地方，也就是现在的伊鲁瓦斯通道，并决定从正面攻击在勒孔凯的敌军。事实上，这可谓是一次被突然中断的远征。我们再一次注意到，爱德华·霍华德爵士，正如约翰·钱多斯爵士可能做过的那样，亲自做本应留给下级军官去做的事。正如爱德华·埃辛厄姆爵士说的，爱德华·霍华德爵士的目标是"借助小型军舰击溃法兰西军舰，因为海水太浅，不适合大型军舰航行"。爱德华·埃辛厄姆爵士继续用无比生动、确切的文字描述接下来发生的事情。

两边都有舷墙保护着大桡船，舷墙上密密麻麻插满了大炮和十字弓，船上的争吵声和火炮声不绝于耳，跟下冰雹似的。尽管如此，爱德华·霍华德爵士还是登上了佩耶·让所在的那艘船。跟爱德华·霍华德爵士一起登船的还有西班牙人沙朗和其他十六名海军官兵。按照爱德华·霍华德爵士和沙朗的指示，他们把小船停泊在①法兰西军舰旁，并把缆绳系在绞盘上，说，万一有一艘军舰着火，他们就把缆绳解开脱逃。但法兰西人锯断了缆绳，也可能是我们的某个水手不小心让缆绳滑脱了。结果他们就把这②拱手交到对手手中。有一名水手负伤十八处。这名水手冒险找到了军舰的浮标，被用附在军舰上的小船救了上来。这名水手说他看见我们的上将爱德华·霍华德爵士拿着马里斯长矛刺向军舰的栏杆。沙朗的随从也讲述了类似的情形。沙朗派随从去取手枪时，沙朗和爱德华·霍华德爵士登上小船后，沙朗的随从还没把手枪递给沙朗，只见法兰西军舰一艘艘地分开来，然后他就看到我们的上将大人挥着手朝军舰大喊："再上来啊，再上来啊。"爱德华·霍华德爵士显然知道法兰西人也不可能再来了，于是把挂在脖子上的哨子摘下来，把绳子一缠扔到海里去了。

---

① 此处字迹不清。——原注
② 此处字迹不清。——原注

爱德华·霍华德爵士战死后，全军哀悼。"因为从来没有一个贵族像爱德华·霍华德爵士这样故去。爱德华·霍华德爵士那么勇敢，那么高尚，他统领的是一支伟大的军队，是一支训练有素的正义之师。"爱德华·霍华德爵士是第一个，也是为数不多的在战斗中战死的海军将领，也可能是最后一个真正意义上的骑士——他是一个真正的勇士，把荣誉放在首要地位，而不是只想着靠谋略击败对手。虽然理应把这次战役的荣誉归于全体将士，但事实上，爱德华·霍华德爵士似乎并没有得到将士很好的辅助。帮助爱德华·霍华德爵士登上法兰西军舰的那只英格兰小型军舰上的人，表面上很冷静，实则惊恐又混乱。骑士们和绅士刚跳到法兰西人的甲板上，水手们就把他们抛在一边，让他们自己去划水。临阵惧敌的也不只是水手们。爱德华·埃辛厄姆爵士报告说："亨利·希伯恩爵士和威廉·悉尼爵士本来也上了佩里·让的军舰。但由于孤立无援，且认为爱德华·霍华德爵士很安全，他们又折回来了。"亨利·希伯恩爵士和威廉·悉尼爵士虽然都很勇敢，但他们低估了爱德华·霍华德爵士的险境。但话说回来，军舰的空间有限，大家都挤在一处，他们怎么可能看不到爱德华·霍华德爵士的危险处境呢？

舰队归来

爱德华·霍华德爵士的去世无疑使舰队军心涣散。不到十天，舰队回到了英格兰。在汉普顿，爱德华·埃辛厄姆爵士完成了对这次失败的描述。舰队匆忙返航的理由是，爱德华·霍华德爵士死后群龙无首，粮草匮乏。这种说法貌似可信，实际上无法让人信服。事实可能是，当发现驻扎的法军强大，无法发动攻击时，舰队感到沮丧。在召集人马临时远征的时候，整个舰队纪律可能也不是很好。爱德华·霍华德爵士的地位和品格能赢得追随者的尊敬。爱德华·霍华德爵士死后，整个部队军心涣散，最终被解散。

这场战争很快结束了，战争的余波无非是英格兰军舰袭扰法兰西海岸，法兰西军舰又袭扰英格兰海岸。这种情况反复发生。当英格兰军舰正在整修时，皮埃尔·让·勒比杜尔斯却在萨塞克斯海岸大肆掠夺，直到他的一只眼睛被一支英格兰利箭射伤。英格兰的船长为了复仇，掠夺了法兰西海岸。这种残酷的战斗旷日持久，难决胜负，最后不了了之。

此后的三十年里，海军史上再没发生过引人注目的事件。亨利·希伯恩爵士与法兰西国王弗朗索瓦一世打了几仗。这位路易十二的继承人和他的海军习惯了打胜仗。但只苍白地叙述驻扎在英吉利海峡对岸的军舰数量或骚扰法兰西海岸的英格兰舰队的数量也没什么意义。亨利·希伯恩爵士这些年显然是占上风的。事实上，亨利·希伯恩爵士在海上很难遇到劲敌。这是因为苏格兰太穷了，能派出的军舰甚至连各种海盗船都不如。而经过几代人的发展，神圣罗

法兰西国王弗朗索瓦一世

马帝国皇帝查理五世的统治范围涵盖了英格兰在海上的两个竞争对手，即西班牙和荷兰。但总体上，神圣罗马帝国皇帝查理五世与英格兰还算和平共处。如果弗朗索瓦一世致力于发展他的海军，他也可能成为一个劲敌。实际上，弗朗索瓦一世从来没有忽视过这一点。在弗朗索瓦一世统治末期，弗朗索瓦一世做了一次努力，想要在海上占得上风。但弗朗索瓦一世被太多的事情掣肘，只能被迫牺牲舰队。弗朗索瓦一世与神圣罗马帝国皇帝查理五世的竞争，无论是帝国的扩张还是获得米兰的所有权，都绝对使弗朗索瓦一世有必要把资源主要用于维持陆军上。

英格兰王国多亏拥有优良的地理位置，才不至于像英格兰王国的对手们那样迫切需要通过争战或劫掠去获得其他利益。从1514年到1544年，英格兰舰队穿越英吉利海峡输送军力或护送军队进入苏格兰，可以说几乎没有遭到抵抗。在海军史上，这段时间是非常重要的。直到1546年，海军部才建立完成，但造船厂早已组建完成，并且得到了极大的扩展。当然，要建立一个常设机构还有许多工作要做。皇家海军和普通航运间千丝万缕的联系，可能是亨利八世决定将德特福德造船厂的管理权交给领港公会的原因。为明确的目的设立特别服务机构已是大势所趋。虽然还没有形成正规的海军服务，但基础已经打下。即使没有对法兰西人或苏格兰人的远征，亨利八世也总是小心翼翼，从不让冬季或夏季卫队①驶离大海。亨利八世的这支海军规模很小，正常情况下不超过六七艘小型军舰，船员只被雇来执行冬季或夏季的巡逻任务。一名男子曾在某次行动中指挥过一艘军舰，这并不意味着他有继续担任指挥的权力。但从实际情况来看，曾担任指挥确实会使他下次更容易受雇。那些表现出色或在宫廷里有好朋友的军官，会被多次雇用。亨利八世的船长开始成为受到认可的团体。同时，有一些士兵和水手认为，服役比受雇于私人雇主更体面，所以自愿定期入伍。正是在这些年里，从意大利的港口引入的技能娴熟的船员，是努力

---

① 被派去巡逻多佛尔海峡和英吉利海峡的小舰队。——原注

改造军舰的构造的第一批人。船员里不乏出色的水手。"玛丽·罗斯"号在圣海伦斯沉没时，善后工作主要由意大利船员指挥。

法兰西入侵

此后的三十年间，弗朗索瓦一世一直无暇顾及，或者假装不在乎海上争霸，不顾法兰西海军势力与敌军的较量，将精力放在其他事务上。1544年，皇家海军占据布洛涅，迫使弗朗索瓦一世不得不孤注一掷。当时，亨利八世率领一支由三万人组成的军队出现在法兰西王国，并且在他已经拥有加来要塞的基础上又增加了一个防御重地。这时，弗朗索瓦一世意识到将英吉利海峡拱手让人是再愚蠢不过的。紧要关头，这个意识激发了弗朗索瓦一世的斗志。1545年春天①，双方铆足了劲，准备大干一场。弗朗索瓦一世分批建造军舰，不仅从

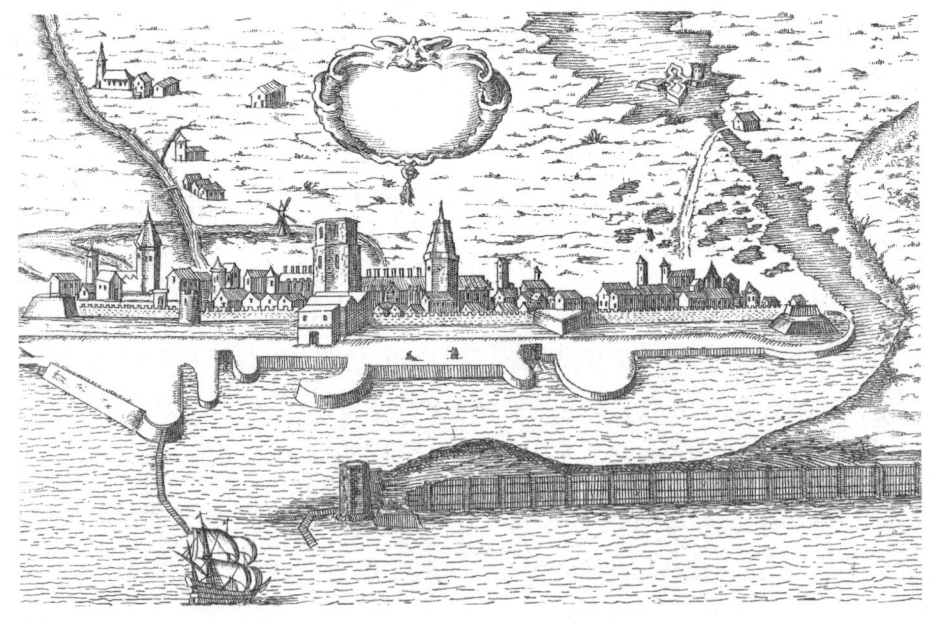

加来

---

① 前一年的行动只是输送军队和几次掠夺远航。——原注

地中海带来了单层甲板大帆船,还从拉古桑人那里租用了大量军舰。拉古桑人原始的族名为阿拉戈兹。

弗朗索瓦一世即将指挥的舰队十分强大,足以向历任法兰西统治者证明其过人的治国潜力,而且彰显了比英格兰多一倍的人口和财富优势,在舰队数量上胜过英格兰王国。英格兰王国从一开始就不具备数量优势,他们也有自知之明。1545年春,时任英格兰国王海军上将的是莱尔子爵约翰·达德利。莱尔子爵约翰·达德利也是英格兰国王爱德华六世统治时期著名的,或者说臭

爱德华六世

名昭著的诺森伯兰公爵。莱尔子爵约翰·达德利曾在法兰西海岸上露面，策划了在塞纳河攻击法兰西人的计划。但莱尔子爵约翰·达德利没有实施该计划，最合理的解释便是莱尔子爵约翰·达德利发现自己的对手太强。当法兰西人出海时，英格兰人的行为也可以说是弱者一方的自然反应。英格兰人退到朴次茅斯港，允许法兰西海军上将克劳德·德安博向圣海伦斯挺进，并在圣海伦斯停留。皇家海军对此毫无异议。其实，法兰西舰队的实际实力与数量不成比例。大部分军舰是单层甲板帆船，除了在风平浪静时，军舰的作用微乎其微。法兰西舰队的士气似乎也被离开阿夫尔之前发生的一场灾难削弱。"菲利普"号是一艘大军舰，按法兰西作家的说法，"菲利普"号是世界上最美丽的军

莱尔子爵约翰·达德利

布莱兹·德·蒙吕克

舰,"菲利普"号在阿夫尔港着火,火势蔓延到军舰的水位线。看到这场灾难后,布莱兹·德·蒙吕克立即得出结论,认为这不是好兆头。如果最无畏的布莱兹·德·蒙吕克都得出这个悲观的结论,那么我们就可以肯定,舰队中还有更多人已经对胜利丧失了信心。

如果连弗朗索瓦一世选择的指挥官们的士气都不高,那么可见此次出征获胜的希望多么渺茫。实际上,法兰西的海军实力远远胜过英格兰。大约

克劳德·德安博

一百五十艘"大型军舰"和至少一百艘小型军舰,听令于海军上将克劳德·德安博,法兰西元帅乌达尔·迪比耶手下的部队人数达八千或一万。这支部队足以对英格兰造成沉重的打击,无论下达任何进攻决定,都将迫使亨利八世迅速退出布洛涅。然而,法兰西海军将领们从一开始就感觉事态不容乐观,持观望态度。1545年7月16日,法兰西海军离开阿夫尔。1545年7月18日,法兰西海军在萨塞克斯海岸露面,在萨塞克斯海岸,法兰西海军花了一些时间掠夺微不足道的渔村。英国舰队静静地停靠在朴次茅斯港,完全没有对付法兰西海军的意思。在萨塞克斯海岸，法兰西海军侵扰整个乡村后，来到怀特岛，并停泊在圣海伦斯。在圣海伦斯，法兰西海军停留了大约十天，没有下定攻击英格兰海军的决心，也不希望被英格兰海军攻击。1545年7月的晴朗天气和当时的平静是完全有利于法兰西王国的，因为法兰西海军的舰队主要由单层甲板帆船组成。英格兰王国方面，一些较小的军舰已经装上了扫射枪，以便对付对手的划船进攻。但皇家海军也没有表现出任何攻击热情。亨利八世亲自来到朴次茅斯勘察防御工事。在亨利八世的建议下，英格兰军舰装上了船桨。亨利八世的这一贡献或许容易被宫廷历史学家忽略。亨利八世没有留下来见证随后发生的战斗①，而是回到伦敦，把舰队指挥权留给了莱尔子爵约翰·达德利，把驻军留给了萨福克。整个行动异常单调乏味，给我们的印象是，直到对方处于绝对劣势，英格兰王国和法兰西王国双方都不愿意战斗。

法兰西舰队在圣海伦斯

1545年7月18日，法兰西海军上将克劳德·德安博在加尔德男爵安托万·埃斯卡林·德·艾马的指挥下派出了十六艘单层甲板大帆船，目的是将皇家海军上将莱尔子爵约翰·达德利吸引到圣海伦斯。在圣海伦斯，英格兰舰队在数量上可能毫无胜算。而莱尔子爵约翰·达德利坚决不让自己处于不利地位。事实上，这个计划是徒劳的，无须皇家海军展示任何高超的技艺，法兰西海军便会不战而败。因为当刮风时，单层甲板大帆船根本无法对抗英格兰的军舰。英格兰的军舰建造得很轻，只在军舰头部架了一挺枪。

英格兰军舰如果能够灵活调动，要么可以通过舰侧的火力打败法兰西海军，或者更好的是，撞上并击沉法兰西海军的单层甲板大帆船。像"盛喜"号这样的军舰，在有利风势下，能轻易挫败单层甲板帆船，而自身毫发无损。因

---

① 称为"战斗"或许有些牵强。——原注

此，克劳德·德安博派来的军舰，除非风平浪静，否则不可能冒失地接近英格兰舰队。天气恶劣时，英格兰军舰无法移动。即使英格兰军舰已经下定决心，也无法靠近法兰西舰队。这样，双方的战斗陷入了尴尬的僵持。

在平静的早晨，加尔德男爵安托万·埃斯卡林·德·艾马和他的同伴——卡普阿修道长皮耶罗·斯特罗齐[①]，前进到距离莱尔子爵约翰·达德利的舰队足够近的地方，发起猛烈火攻。只要不起风，皇家海军就束手无策，只能用几支

加尔德男爵安托万·埃斯卡林·德·艾马

---

① 皮耶罗·斯特罗齐后来从苏格兰改革者手中接过圣安德鲁斯的城堡，并且囚禁了约翰·诺克斯。——原注

皮耶罗·斯特罗齐

枪来回应对手的炮火。在这种情况下,任何时候单层甲板大帆船都要尽可能留意,要正面对准英格兰军舰,或者船头正面朝向英格兰军舰。这主要是为了避开英格兰军舰的炮火。这样的预防措施其实有点多余,因为16世纪初的炮火十分原始,在海上,狭窄的、低矮的单层甲板大帆船一端向前时,是个更容易错过且很难打中的目标。微风刮起时,英格兰军舰便向法兰西军舰靠近,法兰西军舰见机撤退了一点,但又停下,因为英格兰军舰并没有穷追不舍。这一刻对法兰西海军来说很危险,因为单层甲板大帆船尾部并没有火力反攻能力,如果法兰西海军在皇家海军追上之前撤得不够快,并逃走,法兰西海军很可能会遭到非常严重的打击。加尔德男爵安托万·埃斯卡林·德·艾马和皮耶罗·斯特罗齐都是军事专家。几个小时的对峙后，海风刮了起来，英格兰军舰开始发起真正的袭击时，法兰西海军已经非常巧妙地从危险中逃之夭夭了。

"玛丽·罗斯"号沉没

1545年7月18日，一场可能持续数周的战斗，对英格兰舰队和法兰西海军都没有造成实质性的损害。1545年7月19日，法兰西海军虽然坚持对峙，但显然不打算维持到第三天。法兰西人确信这次给英格兰舰队造成了严重的损失，这一点让他们感到欢欣鼓舞。英格兰舰队确实有损失，但与其说是由法兰西舰队的炮火造成的，不如说是其他更令人丢脸的原因，这个原因是明摆着的，除非所有英格兰人都参与编织了一个大谎言。亨利八世的军舰"玛丽·罗斯"号被废弃，纯属管理不善。"玛丽·罗斯"号是被爱德华·霍华德爵士用广为流传的美言大加称赞的军舰。当"玛丽·罗斯"号从朴次茅斯港驶出后，"玛丽·罗斯"号倾覆了，一部分原因是军舰本身的构造有问题，另一部分原因是船员疏于防范。据说"玛丽·罗斯"号下层甲板的舱门离水线只有十六英寸[①]，舱门这么低很危险。当船员调转军舰头，改变航线时，"玛丽·罗斯"号向一侧倾斜着行驶。如果下层甲板舱门紧闭，枪支固定稳妥，可能没有太大伤害。但如果舱门是打开的，枪支散落一地，随军舰而动，水冲进来时，额外的重量会造成舰体负担过重。头部和尾部的重量本来就让船的重心不稳，水冲进来后船身倾斜得更严重，散落的枪支倒向倾斜一侧，穿破侧方船板。水以惊人的速度进入"玛丽·罗斯"号，"玛丽·罗斯"号继而迅速沉没。"玛丽·罗斯"号上有大约四百名士兵和二百名水手，但只有不到四十人获救。

法兰西人认定是自己造成了"玛丽·罗斯"号的沉没，这点情有可原。但法

[①] 英制长度单位，一英寸合零点零二五四米。——译者注

"玛丽·罗斯"号倾覆

兰西人并没有因此做出更大的动作，海军上将克劳德·德安博甚至放弃了任何进一步的攻击。克劳德·德安博不再用单层甲板大帆船将英格兰军舰引出来，而是采取了另一种策略——派小分队登陆圣海伦斯湾、尚克林和黑匪谷，目的是掠夺。

登陆的小分队似乎不堪一击，其中几个人被岛上的居民粗暴地制服了。克劳德·德安博因带兵无方而受到严厉的批评。总体来说，这一批评是公允的。克劳德·德安博为自己辩解：一方面，如果自己派大批部队登陆，便会削弱舰队的力量，可能会导致朴次茅斯的英格兰人乘虚而入，一举获胜；另一方面，战时委员会的意见保守。第一个借口非常站不住脚，因为在后来的一段时间里，克劳德·德安博把四千人送回法兰西，在肖勒姆，剩余兵力完全可以和莱尔子爵约翰·达德利打上一场硬仗。如果克劳德·德安博派三千人登陆怀特岛，可能会为英格兰舰队对法兰西舰队造成的损害扳回一局。而在朴次茅斯的英格兰舰队也会蒙受极大的羞辱，因为同胞的房子在他们眼前熊熊燃烧，他们却无能为力。克劳德·德安博确实临时召集舰队中的领航员组建了一个战时委员会，询问他们在朴次茅斯攻击英格兰舰队是否有胜算。众所周知，领航员们倾向于放大危险和困难——浅滩、入口太窄、水流、潮汐都是不利因素，还有冲锋舰队被攻破进而堵塞后续军舰的风险，以及停泊在航道上的军舰易将尾部暴露于英格兰炮火下的风险等。简而言之，关于此类情况的讨论通常以保守的对策为最终结果。

霍雷肖·纳尔逊子爵如果具备此类领航员专业知识，就不会参加波罗的海之战了。对亨利八世来说，有一点值得庆幸，那就是克劳德·德安博似乎并没有意识到，要想对有一定抵抗力的对手造成严重伤害，自己必须准备好做出一定的牺牲。从克劳德·德安博的行动方式可以看出，克劳德·德安博想不费一兵一卒赢得战役。即使在整个战斗中克劳德·德安博都未有效攻击过英格兰人，英格兰也不可能让他赢得如此简单。克劳德·德安博最终不得不退兵。克劳德·德安博为人胆怯，容易夸大兵力的短缺，这一点表现在他将大型军舰引入斯皮特黑德时，并没有好好利用单层甲板大帆船。这原本是轻而易举的事

法兰西军队在英格兰海岸登陆

情。另外,必须承认,英格兰人在使用自己的划艇时,并没有表现出强烈的战斗欲。我们既没有听说英格兰人努力把大帆船拖下水,也没有听说英格兰人对大帆船造成任何实质性伤害。据军官回忆,也许爱德华·霍华德爵士时运不济,没能再获他当年在勒孔凯的战绩。

舰队暴发瘟疫

这次对战,形式大于实质性伤害,所以伤亡数量可能并不大。但有另一个原因使两个舰队损失惨重。在当时和接下来的两个世纪里,这个原因的破坏性比武器要大得多。亨利八世刚离开朴次茅斯,就收到舰队疾病肆虐的报告。法兰西人位于圣海伦斯时,瘟疫开始爆发。在阿夫尔时,还没发现任何疫情的征兆。旧舰队大都过度拥挤、肮脏不堪,加上船员大量食用腌制食品,难免会爆发瘟疫。我们认为,如果因战争直接死亡或受到致命打击的有一个人,那么由发热或传染病间接导致死亡的就会有五十五个。到18世纪中叶前,确实如此,但之后出现了转变。

徒劳乏味的作战方式上演数天后,克劳德·德安博对英格兰舰队偏执的战术、法兰西军官们的胆怯,以及士气不足倍感失望。终于,克劳德·德安博决定从圣海伦斯撤退,延续以往的风格,沿着萨塞克斯海岸进行小规模的掠夺攻击,但并不怎么成功。然而,这除了加剧两国已经十分强烈的敌意,没有任何其他作用。几天后,克劳德·德安博在法兰西海岸边,布洛涅附近,不仅登陆了四千名士兵,还登陆了三千名拓荒者。这些兵力调派给克劳德·德安博,目的是在怀特岛建立防御工事。此后,克劳德·德安博认为自己足够强大,可以回到英格兰海岸。几天后,克劳德·德安博也确实这么做了。

返回英格兰海岸后,法兰西人没有试图再次攻击怀特岛。法兰西人沿着萨塞克斯和肯特的海岸漫无目的地扫荡。要说法兰西人有什么明确的目标,那也只能是防止英格兰人向布洛涅派遣增援部队。因为他们的巡航总方向是

威廉·佩吉特

狭窄的海域，所以总体而言是出于这个目的。法兰西人刚从朴次茅斯经历的恐惧中缓解过来，英格兰军舰就奉命出海并盯上了法兰西军舰。从莱尔子爵约翰·达德利给威廉·佩吉特的一封信中可以看出，亨利八世指示莱尔子爵约翰·达德利留在斯皮特黑德。

> 今天上午收到来信，我得知国王陛下示意皇家海军向纳罗挺进。在纳罗，确实是法兰西人占了上风。但我相信在国王的英明统治下，法兰西人不会得意太久。陛下对我的信任令我诚惶诚恐。我一定

不辜负陛下的期望,鞠躬尽瘁,死而后已。以上帝之名,我认为可乘风力,周二启程。

莱尔子爵约翰·达德利真的行动起来后,却花了些时间才找到法兰西舰队的大概位置。莱尔子爵约翰·达德利派出军舰去调查阿夫尔。军舰发回消息称,法兰西舰队的绝大部分人,也可能全部已经返回。然而,这一消息可能有误,因为克劳德·德安博肯定在部队登陆布洛涅后,回到了英吉利海峡的北侧。从1545年8月9日,即收到这封信的那天,到1545年8月15日之间,在肖勒姆附近,莱尔子爵约翰·达德利发现了对手。莱尔子爵约翰·达德利鉴于预期的战斗形势而下达的命令显得异常有趣,不仅展示了当时海战的情况,还首次提及了许多在后来几个世纪的海军发展中延续下来的做法。

莱尔子爵约翰·达德利的命令

莱尔子爵约翰·达德利麾下的舰队由一百零四艘军舰组成。莱尔子爵约翰·达德利把军舰分成三个中队,分别叫作"前锋""战斗""翼"。这三个词都是取自当时的军事语言。"战斗"是军队中主要部队或核心部队的通常名称,"前锋"可顾名思义,"翼"被用来描述第三师,后来称为"后方"。在17世纪的海战中,红、白、蓝三军的分立逐渐固定下来。红、白、蓝三军的命名取自旗帜,相应的旗帜最终被广泛使用。1545年,只有两种旗帜,英国皇家旗帜,即"旗"及"圣乔治十字旗",也称为英格兰船旗。莱尔子爵约翰·达德利规定,要区分自己的旗舰和下属的旗舰,命令自己的舰体悬挂英格兰皇家旗帜,军舰头部悬挂"圣乔治十字旗"。莱尔子爵约翰·达德利率领的舰队船身悬挂"圣乔治十字旗"。"前锋"海军上将悬挂两面"圣乔治十字旗",一面在船身,另一面在船头部。"前锋"海军上将率领的其他军舰将在头部最高的桅杆悬挂一面"圣乔治十字旗"。"翼"分队海军上将的船在后桅杆悬挂"圣乔治十字旗"。

"翼"分队海军上将率领的每艘军舰也是如此。这个中队的舰艇似乎与旗舰没有任何区别。

到了晚上,海军上将莱尔子爵约翰·达德利带着三盏大灯——一盏挂在舰尾,两盏挂在第四桅杆方形帆的横索中间。当时,后桅是一根非常小的桅杆,在军舰的最末端。"前锋"海军上将携带两盏灯,"翼"的海军上将携带一盏灯,挂在第四桅杆的横索上。航海命令的最后几条是:"哨兵在夜色中唱响'上帝拯救国王亨利',另一方应接'您的统治万古千秋'。"这便是后来英格兰国歌的起源。

在兵力上,舰队的划分如下:"前锋"由二十四艘军舰组成,载有三千八百人;"战斗"队由四十艘军舰组成,载有六千八百四十六人,莱尔子爵约翰·达德利本人也在"战斗"队中,悬挂亨利·格雷斯·迪乌旗帜;"翼"由四十艘小型军舰组成,只载有两千零九十二人。也许海军上将莱尔子爵约翰·达德利的战斗命令中最有趣的是第三道命令。

> 当我们发现处于攻击对手有利时机时,"前锋"应当对战对手的前锋部队,如果对手没有前锋,那么我们的前锋应当对战对手最前方的军舰,将最前方的军舰打散。我们的副海军上将应当对战对手的副上将,每艘军舰的船长也应该就近找到对等的军舰攻打。

在爱德华·霍华德爵士逝世后的三十年中,皇家海军在建立公认的战斗秩序方面取得了一些进展。毫无疑问,在实战基础上,通过缜密思考,我们的海军上将莱尔子爵约翰·达德利看到了建立一个常规方法的必要性。

如何部署才能与对手全面对峙,不留死角,这种关乎战斗路线的意见十分不统一。出于防御目的,舰队自然是倾向于倚仗舷侧的列队。但在我们讨论战斗路线前,应该先明确到底什么是战斗路线。莱尔子爵约翰·达德利在第三道命令中指出,目前,人们应该关心的是那些大多数海战适用的原则,这些原则不是新近提出的,而是完全发展成熟的。事实上,莱尔子爵约翰·达德利的第三道命令包含了著名的《第十九条战斗指导》的全部内容。前锋对战前锋，核心部队对战核心部队，后方部队相互牵制，船长掌控全局。随着时间的推移，这种原则变成了迂腐的教条，再有能力的军官也很难有所作为。在流传了几代后，终于有机会摆脱这种教条。但在1545年，摆脱这种教条还需要一个过程，因为新的秩序要从零开始，很难不做任何尝试就建立一个完好的体系。换句话说，几乎需要把错误的、不适用的都尝试过并否定了才行。

莱尔子爵约翰·达德利军舰的不足

莱尔子爵约翰·达德利的信中还提到了他指挥舰队的几份附带通知。这些通知是有价值的，显示了当时最好的军舰的适航性。例如，1545年8月20日，莱尔子爵约翰·达德利在给圣约翰勋爵威廉·保莉特的信中写道："这是要告诉你，国王陛下的新船'女主人'号在恶劣天气下无法正常行驶，因为桅杆会受到损坏，有翻船的风险。'女主人'号的船身已出现松动了，前桅和主桅上的支架都断了。"莱尔子爵约翰·达德利抱怨的恶劣天气一定是1545年7月中旬到8月下半月中的一段时间。18世纪，人们的常规理念是，在夏季，驾驶一艘新军舰不至于因为天气而变得过分紧张，甚至必须立即返回港口。莱尔子爵约翰·达德利似乎没有抱怨"女主人"号的构造缺陷，也没打算追究军舰上的任何军官的责任。虽然"女主人"号是"翼"的旗舰，但莱尔子爵约翰·达德利对"女主人"号被摧毁已经做好充足的心理准备，他认为这是上天的安排，必须忍耐。在夏季巡航数周的紧张情况下，"女主人"号也不是他舰队中唯一报废的军舰。

1545年8月21日，莱尔子爵约翰·达德利再次写信给圣约翰勋爵威廉·保莉特。

> 我相信您已把"女主人"号的情形和单层甲板帆船目前的情况奏明，怕是军舰在修好之前都无法再为陛下效劳了。如若法兰西舰队

返航来攻（当然我认为他们不会如此），我们将无小型军舰应敌。如今虽然尚有旗舰，然而，如若风暴再起，今年无论敌舰还是我们的军舰都必将无法正常航行。

就事实而论，此次夏季行动期间，如果两支舰队表现出任何懈怠，那只能说是因为海军上校们使用的军舰太不尽人意了。舰体笨拙，平衡能力差，夏日的微风都让舰身备感压力，要迅速反应几乎不太现实。此外，双方将领都受到另外一种因素的牵制，而他们也都坚信这种因素非常具有影响力。双方舰队军舰数量之多，足以使任何联合行动都难以实施。霍雷肖·纳尔逊子爵认为，在一场战斗中，哪怕在英格兰舰队的军舰质量更好、海员经验更丰富的情况下，也不可能驾驭三十多艘军舰。也就是说，霍雷肖·纳尔逊子爵认为，即使是把技能最娴熟、实践经验最丰富的船长集合起来，让船长执行同样的命令，也很难使三十多艘优质军舰统一行动，共同对抗对手。如果用三十多艘非常优质的军舰进行联合行动是不可能的，那么我们可以想象，克劳德·德安博或莱尔子爵约翰·达德利试图引导各式各样、大小不一的一百或一百五十艘劣质军舰集体出动是多么令人绝望。幸好克劳德·德安博和莱尔子爵约翰·达德利有过人的意志，支撑他们硬着头皮在变化无常的夏日的微风和海峡的潮汐中慢慢行驶。此外，信号传递系统尚未出现。过去确实有一些必不可少的信号，但都是随机指定的，表示锚定或起锚，战斗或停止战斗等。海军上将无法通过这种方式下达对某一具体行动的指令，只能派遣一名船员和一名军官代为传达，并且要求将命令传达到海军上将前面的军舰上。这意味着舰队的行动一定非常缓慢，否则划船的送信者很难赶上等待信息的船长所在的军舰。信息传递消耗的时间太长，难以迅速行动。时间间隔太长还容易节外生枝，只要外部情况稍有改变，都有可能使命令不再适用。事实上，1545年，甚至直到17世纪，都没人相信两支舰队会发动真正意义上的战争，即使双方的海军上将都明确表示要真刀实枪大干一场。

舰队在肖勒姆

事实上,克劳德·德安博和莱尔子爵约翰·达德利都没有表现出任何这样的倾向。法兰西人从他们自己的海岸回来,并开始从西向东沿岸缓慢行驶。莱尔子爵约翰·达德利紧随其后,试图趁机发起攻击。莱尔子爵约翰·达德利写信给威廉·佩吉特:"看情形,对手多半是分开行动的,如果碰到任何一个分队,我们就和他们好好较量较量。"马丁·杜·贝莱的回忆录比较全面而真实地记录了法兰西方面的情况,从中可以看出克劳德·德安博和莱尔子爵约翰·达德利一样谨小慎微,不敢鲁莽行动。在萨塞克斯海岸,克劳德·德安博也和莱尔子爵约翰·达德利一样没能充分意识到,战争和其他事情一样,敢于冒险才能有所作为。1545年8月15日,在肖勒姆附近,英格兰舰队看到了法兰西人。克

马丁·杜·贝莱

劳德·德安博将他的军舰挺进到距离海滩足够安全的地方。克劳德·德安博的单层甲板帆船停在西边的一个小岬角下,在他的大型军舰和从朴次茅斯出发的英格兰人之间。单层甲板帆船已被拖入非常浅的水域,而莱尔子爵约翰·达德利的大型军舰无法到达那里。克劳德·德安博的打算是,为了避免单层甲板帆船落在自己的后方,从而将自己置于两面火力之间,皇家海军上将莱尔子爵约翰·达德利不会只为了攻击军舰,就从单层甲板帆船之间穿过去。根据莱尔子爵约翰·达德利对亨利八世的声明,他打算粉碎这个计划,他不会被法兰西海军上将克劳德·德安博的部署打倒。莱尔子爵约翰·达德利曾提出过应对策略,思路巧妙,而且可能有效。莱尔子爵约翰·达德利的计划是用"前锋"和"战斗"攻打法兰西舰队的大型军舰,留下组成"翼"的较小的军舰,或迎风抵挡法兰西单层甲板帆船。但西风变成了东北风,这个计划泡汤了。根据马丁·杜·贝莱的描述,克劳德·德安博自称渴望战争。若真如此,那么摆在克劳德·德安博面前的是一个绝佳的战斗机会。但克劳德·德安博再次发现难以实现近距离攻打。在这个机会面前,无论克劳德·德安博怎么做,这一仗都拖拖拉拉,看不到结果。马丁·杜·贝莱和莱尔子爵约翰·达德利基本持相同观点,但英格兰人可能会偏袒自己的同胞。

先奉上我衷心的赞扬。这封信是要告知您,国王陛下的海军已到达贝奥其夫。但由于海上无风,我们现抛锚在此,等潮汐过后,随着下次预计在凌晨四点的涨潮,我们将开拔到多佛尔港,上帝保佑。我曾预想法兰西舰队可能先于我们到达,并在此地堵截我们,因为从星期六晚上开始,我军与敌军就都抛锚等待了。那天一整天,从中午到晚上,敌军意欲用单层甲板帆船进攻,但直到太阳下山敌军的整支舰队都没能靠近我们。在敌军的军舰重新调整之前,敌我双方的军舰都一艘接一艘地被迫抛锚了。然后一大早,敌军强行驶离了。等天亮后,敌军已离开,就算敌军不驶离,我们也会把他们赶出去很远，因为起风了。无论如何，昨日敌军的军舰一起袭来，现在又一起驶离，但毫无秩序可言。我们的小型军舰如果有风就能灵活行驶，我确实特意派小型军舰去侦察敌军的航向和进攻方略，可消息说，敌军扬起帆，像是要把我们赶到浅海区。敌军的舰队首尾相距五英里[①]。敌军声称，我无法预测他们驶入此地并先于我军到达浅水区的任何地方，事实是我已看到。我想，无论如何也要请您给我明智的建议，并知会拉伊，明日所有军舰与我在邓杰内斯角会合，我们将向多佛尔港出发。上帝保佑，如果风有利于我们，明晚我将带领整个舰队到达多佛尔港。如果敌军舰队——无论部分还是全体，无论自愿还是被迫——在浅水区逗留，我敢肯定明晚之前能取得消息。此外，上帝保佑我将不负陛下期望。衷心祝愿阁下安好。

写于贝奥其夫

1545年8月17日，周一，21时

您忠诚的朋友，

莱尔子爵约翰·达德利

行动结束

弗朗索瓦一世迫切想要夺走布洛涅，才有了这个蹩脚而无力的结论。如果考虑到法兰西海军上将必须使用的作战工具是多么落后，那么就不难理解，法兰西海军为什么没有战斗精神。如果我们相信布莱兹·德·蒙吕克说的，便可知道法兰西人对法兰西舰队没有很高的期望。这是布莱兹·德·蒙吕克拒绝冒险的句子："我们擅长陆战，不善海战，在海战方面我们可没有什么光辉

[①] 英制长度单位，一英里合一千六百零九点三四四米。——译者注

历史。"这一评论表示布莱兹·德·蒙吕克不太看好此次远征。布莱兹·德·蒙吕克本人并没有做任何值得载入史册的事情。也许是因为当时或后期，法兰西人期望不高，所以法兰西的海军上将们如此普遍地表现出和克劳德·德安博一样的胆怯。

此战中没有出现任何重要的、进一步的海军行动。战争拖到后期，英格兰和法兰西双方的舰队都已经疲惫不堪。政府也已经筋疲力尽，近乎破产。弗朗索瓦一世和亨利八世都处在他们生命的尽头。尽管在弗朗索瓦一世和亨利八世去世之后，两国才真正实现和平，但战争期间，两国也并未因战争而受到十分严重的影响。只有非常详细的海军历史资料里才有爱德华六世和英格兰女王玛丽一世在

英格兰女王玛丽一世

第一代萨默塞特公爵爱德华·西摩

位期间的详细情况。无论历史学家多么急于掩盖事实真相,我们还是能捕捉到些许信息。爱德华六世政府在海军方面唯一的成就是调用海军协助第一代萨默塞特公爵爱德华·西摩入侵苏格兰。就海军而言,这项努力似乎耗尽了爱德华六世议会的精力。事实上,议会的所有成员都忙于钩心斗角,无人真正关注疆土防御。在亨利八世统治时期,国民财富已被横征暴敛折腾得所剩无几。经计算,亨利八世和爱德华六世这对父子在战争上的支出总额达到三百六十万英镑,这笔钱拿到19世纪来折现需要乘以二十倍,而且当时的国家财富比19世纪少很多。可见当时的战争支出给国家经济造成的影响有多大。爱德华六世在位期间，有几年的混乱时期，海军人数减少到亨利八世在位期间的一半。七十艘军舰，包括三十艘大型军舰，都是亨利八世统治时期的海军。伊丽莎白一世从来没有这么多军舰。詹姆斯二世和英格兰国王查理一世的军舰尽管平均规模较大，但数量从未如此之多。玛丽一世继承了弟弟爱德华六世缩减了的海军，但无法将其恢复到以前的规模。当时，西班牙王国是最强大的海上霸主，玛丽一世与西班牙国王腓力二世的婚姻巩固了联盟关系，法兰西国王亨利二世统治下的法兰西也只是一个空壳。在这样的外部环境下，英格兰王国没有必要组建强大的海军。虽然那个时期对海军的实际需求较小，但当时的皇家海

西班牙国王腓力二世

军未免也太弱了。当1545年5月59日,加来遭到吉斯公爵克劳德的攻击时,玛丽一世的海军软弱无能,无法及时给驻军提供帮助。军舰装备得太晚,无法及时赶到加来帮忙,但确实有几艘稍快的军舰出现在法兰西军队的侧翼。然而,在格拉沃利讷的沙滩上,军队被埃格蒙伯爵拉莫拉尔击败。在玛丽一世统治期间,皇家海军只有这一点贡献。英格兰西部的海员之间确实因此产生了一些骚动,这将在下一个统治时期产生巨大影响。这部分将在对伊丽莎白一世统治时期海军的描述中做详细介绍。

权威文献

都铎王朝统治早期的海军文献在查诺克的《海军建筑》第二卷的第二章和第三章都有所记载。但目前最权威的文献应数奥本海姆先生出版的《海军管理(1509—1660)》。《海军管理(1509—1660)》记载的内容可从布鲁尔先生为亨利八世编写的《王国文件汇编》中的许多段落中找到依据。《王国文件汇编》中,爱德华·埃辛厄姆爵士写给托马斯·沃尔西的信中对勒孔凯一战的战斗场面有详尽描述。1831年到1852年,海恩斯先生编辑的,被称作《王国文件》的文集中收录了1545年莱尔子爵约翰·达德利主持皇家海军写的书信。马丁·杜·贝莱和布莱兹·德·蒙吕克的回忆录则记录了法兰西方面的信息。C.L.巴雷特研究了领港公会的早期历史并于1893年将其写成了著作《德特福德·斯特隆德的领港公会》。

第 2 章
从伊丽莎白一世即位到西班牙无敌舰队覆灭

军舰和枪炮

1559年,伊丽莎白一世加冕即位时发现皇家海军与其他政府管理部门一样,处于羸弱不堪、混乱无序的状态。在亨利八世统治时期,皇家海军的实力曾达到极高的水平,但此后开始急速衰落。1548年,爱德华六世统治初期,皇家海军拥有总重一万一千二百六十八吨的五十三艘军舰,舰上装备二百三十七门铜炮和一千八百四十八门铁炮,船员约七千七百三十一人。伊丽莎白一世在位的第六年,即1564年,尽管英格兰政府已经开始重振皇家海军,但皇家海军名下的军舰仅有二十九艘。伊丽莎白一世即位后,皇家海军开始重现辉煌。尽管伊丽莎白一世在位时期的皇家海军在军舰数量上无法匹敌亨利八世统治时期的巅峰,但数量并非衡量海军实力的最主要的标准。军舰尺寸和武器装备更具说服力。伊丽莎白一世统治期间,英格兰军舰的平均尺寸远超亨利八世统治时期。1578年,皇家海军拥有总重一万五百零六吨的二十四艘军舰,配有三千七百六十名船员、六百三十名炮手和一千九百名水兵。根据查尔斯·德里克的数据,皇家海军全体人员数量为六千五百七十人。如果查尔斯·德里克的数据准确无误,那么英格兰海军军官及其随从人员肯定超过二百八十人。十年后，即1588年，皇家海军军力提高到总重达一万两千五百九十吨的三十四艘军舰和六千二百七十九人。到伊丽莎白一世驾崩，英格兰军舰数量增加到四十二艘，总吨数为一万七千零五十五，人员数量上升到八千三百四十六，其中包括五千五百三十四个船员、八百零四名炮手和两千零八个水兵。与1548年相比，伊丽莎白一世名下的军舰是爱德华六世从亨利八世那里继承的两倍多。爱德华六世拥有的小型军舰的载人数和伊丽莎白一世的大型军舰的载人数几乎相同。尽管军舰的载人数越多越好，但相同数量的船员在平均吨数为二百一十二吨的小型军舰上的战斗效果远逊于伊丽莎白一世统治时期设计精良的大型军舰。有趣的是，一百年内，皇家海军的人员配比也发生了巨大的变化。亨利八世统治时期，英格兰军舰上的水兵人数远远超过船员人数。到伊丽莎白一世统治时期，这种情况开始改变。到伊丽莎白一世去世时，皇家海军的水手人数几乎是水兵人数的两倍，皇家海军已变成一支以熟练水手为主的队伍。与此同时，英格兰军舰也飞速发展。亨利八世统治时期，皇家海军广泛使用的驳船被已达现代水准的军舰取代，航海技术也比16世纪早期更先进。亨利八世统治时期的皇家海军主要沿岸航行，但到伊丽莎白一世驾崩时，皇家海军对远程航行已经得心应手。皇家海军不仅能将英格兰军队送到英吉利海峡之外的国家参加战斗，还可入侵拉丁美洲，甚至开展环球航行。随着皇家海军的发展，船员的角色愈加关键，船员的数量和航海技巧也愈加重要。沃尔特·罗利爵士曾对皇家海军经历的诸多变化做出如下总结：

"每年，英格兰军舰上都在增添新装备。新装备具体发明者不详。在我生活的时代，英格兰军舰的外观有了显著提升。中桅的发明为海上航行和海港停泊提供了极大的便利。新出现的链式泵的吸水量是普通泵的两倍。近些年来，我们又在船上增加了阀泵和下部辅助帆，装备了副帆和起锚机的悬浮锚，并细心调整了缆绳长度，帮助船抵抗恶劣风暴。此前，受东北风影响无法在敦刻尔克靠岸的荷兰船，如今在任何天气都可顺利停泊。缆绳长度对极端天气下的军舰的安全至关重要，加长后的缆绳具有一定弯度，可以防止缆绳在航行中被扯断。"

沃尔特·罗利爵士

伊丽莎白一世统治期间,英格兰小型军舰①的吨位不断提高。尽管亨利七世统治时期的部分军舰与伊丽莎白一世统治时期的军舰尺寸相仿,但伊丽莎白一世名下的军舰还载有数艘小艇。伊丽莎白一世统治时的皇家海军已经转变为一支更加正规和经得起海战考验的军队。

武器装备

伊丽莎白一世统治时期,英格兰军舰上装备有名称各异的武器,以下是当时船上装备的部分枪炮清单。

---

① 而非大型军舰。——原注

加农炮	鹰炮
半加农炮	港口殿炮
火枪炮	港口室炮
半火枪炮	捕禽殿炮
猎隼炮	捕禽室炮
小卒炮	柯特斯炮
猎鹰炮	

我们难以得知上述枪炮所使用的炮弹的确切重量，下列图表中的数据虽然未必精确，但可提供关于枪炮口径的详细信息。

伊丽莎白一世统治时期英格兰军舰上枪炮口径的详细信息

枪炮种类	威廉·蒙森爵士的描述		其他描述
	口径／英寸	炮弹重量／磅	炮弹重量／磅
加农炮	8	60	60 或 63
半加农炮	$6\frac{3}{4}$	$33\frac{1}{2}$	31
佩德罗加农炮	6	$24\frac{1}{2}$	24
火枪炮	$5\frac{1}{2}$	$17\frac{1}{2}$	18
半火枪炮	4	$9\frac{1}{2}$	9
隼炮	$2\frac{1}{2}$	2	2
鹰炮	2	$1\frac{1}{2}$	—
小卒炮	$3\frac{1}{2}$	4	4
萨卡炮	$3\frac{1}{2}$	$5\frac{1}{2}$	5
拉比纳特炮	1	$\frac{1}{2}$	—

上述表格中所列枪炮质量均为上乘。16世纪中叶之前的枪炮都由铸铁焊造而成，当时使用的铸铁的张力远不及如今制造阿姆斯特朗炮所用铸铁的张力大。大约在1550年，随着铸铁的广泛应用，枪炮的产量大幅增加。然而，1550年的武器发展水平远远超过我们能想象的高度。在斯皮特黑德，当沉舰"玛丽·罗斯"号上的火炮被打捞上岸时，人们惊奇地发现舰上的火炮竟然是后膛炮。由此可见，线膛加农炮很早就被投入使用。由于火炮的后膛很难制造，前膛炮一直更流行。现代军舰中的火炮位置与亨利八世统治时期基本一致，不同尺寸的加农炮被并排安装在甲板同侧。下面这张表格涉及1599年英格兰工程、科技与技术政策研究院和军械署提供的有关信息，制作者是查尔斯·德里克，可以帮助我们了解当时的火炮发展状况。

"阿尔克"号、"白熊"号、"胜利"号火炮数量情况（单位：门）

名称	"阿尔克"号	"白熊"号	"凯旋"号
加农炮	4	3	4
半加农炮	4	11	3
火枪炮	12	7	17
半火枪炮	12	10	8
猎隼炮	6	—	6
小卒炮	—	—	—
猎鹰炮	—	—	—
鹰炮	—	—	—
港口殿炮	4	2	1
港口室炮	7	—	4
捕禽殿炮	2	7	5
捕禽室炮	4	—	20
柯特斯炮	—	—	—
枪炮总数	55	40	68

上述表格中的大部分火炮尺寸较小，有些火炮的真实尺寸与其夸张的名

称相差甚远。小尺寸火炮适用于体形相当于鸭枪的小型武器，通常被安装在堡垒上，用以反击或驱逐入侵者。我们不能想当然地认为"凯旋"号上六十八门火炮的尺寸与19世纪一样。伊丽莎白一世在海军实力提升上的投入明显多于亨利八世。伊丽莎白一世既没有像父亲亨利八世那样得到丰厚的遗产，也没有通过搜刮教会积累大笔财富。因此，英格兰女王伊丽莎白一世的财政收入限制了其发展海军的力度。

伊丽莎白一世没有大刀阔斧地调整皇家海军的组织架构。1560年，伊丽莎白一世曾颁布法令厘清皇家海军部工作人员的具体职责。伊丽莎白一世为皇家海军改革倾注了大量心血，她进一步完善了皇家海军军官的人员选拔制度。当时有关建造、修理和维护皇家海军军舰和监管后勤的工作都由约翰·霍金斯负责。同时，约翰·霍金斯还担任皇家海军的司库和审计长。约翰·霍金斯成为岳父本杰明·贡松司库职位的继任者。伊丽莎白一世规定，约翰·霍金斯每年可获得五千七百一十四英镑的拨款用以应对日常开支和充实部分库存。其他的大额或额外支出，如建造新军舰或舰队出海的装备等，则由伊丽莎白一世承担。约翰·霍金斯的工作收入除日常薪水外，还包括皇家海军日常开支的剩余部分及处理弃舰和无用库存的所得。皇家海军的制度设计极易滋生腐败，约翰·霍金斯确实利用手中的权力大赚一笔。据说约翰·霍金斯从伊丽莎白一世那里捞到不少油水。作为泰晤士河畔一家造船厂的合伙人，约翰·霍金斯还利用合伙人身份谋取私利。然而，威廉·霍华德勋爵认为，在西班牙无敌舰队入侵英格兰时，约翰·霍金斯将英格兰军舰管理得井然有序，在提升海军建设方面也做出了巨大贡献，在这一点上，沃尔特·罗利爵士可以为我们提供相关证据。

私掠者

伊丽莎白一世与大臣和舰长们试图将皇家海军的力量发挥到极致。此时，皇家海军还称不上强大，只是伊丽莎白一世手下的海军的一部分而已。在伊丽莎白一世四十四年的统治期间，在军事行动中，冲锋陷阵的关键性皇家海军由"探险家"组成。在接下来的17世纪中，自从第一次英荷战争开始，自愿加入皇家海军并为自身利益参战的探险家们，成为伊丽莎白一世统治时期皇家海军的主要力量。然而，在伊丽莎白一世刚刚开始统治时，英格兰探险家的队伍尚未成型。伊丽莎白一世手下著名的海军上校最初都是通过私掠巡航一举成名，名声大噪后才开始为伊丽莎白一世效劳。在伊丽莎白一世与西班牙人漫长的海战中，英格兰"探险家"的私人船舶多次协助英格兰正式军舰作战。无论是在欧洲还是在新大陆[①]，在伊丽莎白一世与西班牙王国的战争结束之前，"探险家"始终与她并肩战斗。若用现代眼光审视，伊丽莎白一世与擅长投机取巧的探险家之间的合作关系略显奇特。英格兰探险家虽然饱含爱国热情，但获得战后私掠品才是他们参战的主要动力。需要在此澄清的是，在伊丽莎白一世统治时期，英格兰"探险家"并非指在西印度群岛与西班牙人战斗的皇家海军上校、船员和士兵，而是指为皇家海军的远征之旅提供资金并宣称要从战利品中获利三分之二的英格兰船主及资本家们。

据说在亨利八世统治时期的最后一次海战中，私掠者这一角色开始登上历史舞台。亨利八世曾颁布过私掠许可证。事实上，所谓的私掠许可证只是一种委任状，目的是为任何有能力武装船舶并与法兰西人作战的英格兰人提供参战许可，保障他们获得战利品的权利。英格兰西部海员和乡绅热烈拥护亨利八世的号召，他们驾驶私人船舶出海，在与法兰西的贸易竞争中获取丰厚利润。英格兰"探险家"在1545年到1546年的经历令英格兰西部民众开始对私掠活动产生兴趣，出海探险的热情延续了上百年。在爱德华六世、英格兰女王玛丽一世和伊丽莎白一世执政早期，即使英格兰国内政局稳定，英格兰西部的海上掠夺活动依旧从未停息。英格兰私掠者们打着参与宗教纷争而非欧洲大国

[①] 新世界，或称新大陆，历史上欧洲对美洲大陆的称呼。——译者注

间的冲突的旗号四处远航。在英格兰女王玛丽一世统治期间,德文郡的绅士有着强烈的新教情怀,频繁掠夺西班牙平民和英格兰女王玛丽一世的丈夫腓力二世的臣民。佛兰德斯和西班牙巴斯克港口的频繁商贸往来,为英格兰私掠者们提供了所谓的追求神圣宗教事业的强大动力。当低地国家①奋起反抗腓力二世的暴政压迫时,习惯了在陆地上生活的英格兰新教徒们顶着"海上乞丐"的名号四处航行,贫穷的英格兰人前往西班牙等地探寻新的慰藉和希望。在很长一段时间,西班牙驻英格兰大使经常强烈抗议英格兰人残暴的海盗行径,但收效甚微。在这批英格兰人中,后来出现了约翰·霍金斯和弗朗西斯·德雷克等赫赫有名的私掠者。

约翰·霍金斯

① 指荷兰、比利时和卢森堡。——原注

弗朗西斯·德雷克

  与此同时,另一股力量也在驱使英格兰人投入航海事业。英格兰女王玛丽一世去世后,勃艮第联盟很快土崩瓦解。勃艮第联盟一直以来都扮演着英格兰王室与哈布斯堡家族的紧密纽带的角色。英格兰女王玛丽一世在位时,英格兰王国的远洋贸易并不繁荣。虽然英格兰与黎凡特之间的贸易往来愈发频繁,但英格兰人仍试图开辟一条前往摩鹿加群岛的东北航线。不过,英格兰人不愿打破葡萄牙人对海角地区和西班牙人对西部航线的垄断。在经过多次尝试后，英格兰人发现自己无法另辟蹊径前往摩鹿加群岛，便着手采取其他行动。当时，法兰西王国正与西班牙王国和低地国家公开作战，法兰西王国派出大批探险者对付新世界的西班牙人。然而，直到伊丽莎白一世继位，英格兰人也未加入法兰西王国与西班牙王国的战事。到伊丽莎白一世统治地位巩固后，形势发生了显著变化。

英格兰女王玛丽一世实施的宗教迫害政策虽然没有让英格兰人都转变为新教教徒，却令英格兰人对天主教产生强烈怨恨。尽管西班牙王国和英格兰王国曾是亲密盟友，但当时的西班牙国王卡洛斯一世[1]是天主教教皇的忠实捍卫者。因此，西班牙人成了英格兰人中的眼中钉。英格兰人迫切渴望在新世界的繁荣贸易中分一杯羹，逐渐不满此前天主教教皇明令禁止英格兰与东方国家和西印度群岛开展贸易的决定。天主教教皇曾慷慨地将著名的南北分界线，即教皇子午线以西到亚速尔西部约一百里格[2]的区域都划给西班牙王国，南北分界线以东的区域被划给葡萄牙王国。英格兰人认为天主教教皇无权分配并不属于他的领地，并下定决心要在西印度群岛争取自身利益。西班牙人并不接受英格兰人的主张，尽管西班牙王国与英格兰王国在欧洲是关系紧密的贸易伙伴。西班牙人坚持将在西印度群岛出现的其他国家的船员视为海盗。有些西班牙人认为，如果西班牙王国拒绝与英格兰王国在西印度群岛开展贸易，战争必将一触即发。但伊丽莎白一世尚未做好向西班牙宣战的准备。伊丽莎白一世只能拒绝承认西班牙王国有权干涉英格兰人与西印度群岛居民开展贸易。总而言之，伊丽莎白一世认为英格兰人有权自由出入新世界。即使西班牙人拒绝承认英格兰人与西印度群岛居民的贸易合法，伊丽莎白一世也不会出面阻止英格

---

[1] 即神圣罗马帝国皇帝查理五世。——译者注
[2] 里格，是欧洲和拉丁美洲一个古老的长度单位，通常在航海时运用。在海洋中，一里格通常取三海里，即五点五五六千米。在陆地上，一里格通常被认为是三英里，即四点八二七千米。——译者注

天主教皇在地图上划定西班牙和葡萄牙的势力范围

兰人反抗西班牙人的不公平干涉。伊丽莎白一世与腓力二世发生冲突的原因不止于此。最具冒险开拓精神的英格兰人察觉到，如果英格兰人敢在西印度群岛对抗西班牙人，伊丽莎白一世定会维护英格兰人的利益。对满怀宗教热情和求财心切的英格兰人来说，伊丽莎白一世的暗示足以让他们踏上征程。在伊丽莎白一世即位的第三年，即1561年，约翰·霍金斯开始着手准备前往西印度群岛的首次航行。

约翰·霍金斯在西印度群岛的首次航行

约翰·霍金斯出生在一个富裕的普利茅斯商人家庭，优渥的家庭条件让约翰·霍金斯得以在1562年乘坐父亲的船前往卡纳里群岛，成为历史上第一个开展奴隶贸易的英格兰人。在卡纳里群岛，约翰·霍金斯深刻体会到奴隶在西

被贩卖的奴隶

被捕获的奴隶走下船舱，被运输到美洲种植园

印度群岛的宝贵价值，但西印度群岛的奴隶市场供不应求。出于迫切需要，当地的西班牙种植园园主愿意从英格兰人手中购买走私而来的黑人奴隶。在威廉·达克特爵士、托马斯·洛奇爵士、威廉·温特爵士、岳父本杰明·贡松，以及与英格兰政府有直接联系的所有商人和航海家的协助下，约翰·霍金斯在装备好三艘船后开启了一次获利颇丰的远途航行。约翰·霍金斯首先抵达非洲海岸，绑架当地黑人奴隶，随后前往安的列斯群岛将黑人奴隶卖掉。从1563年年底到1564年年初，约翰·霍金斯开展了一次更大规模的黑人奴隶走私活动，赚

莱斯特伯爵罗伯特·达德利

得盆满钵满，对海上贸易事业满怀信心。在获得莱斯特伯爵罗伯特·达德利的赞助后，约翰·霍金斯得以租用伊丽莎白一世的旧船"吕贝克的耶稣"号。航海实力大增的约翰·霍金斯再次前往非洲，并在特内里费岛靠岸，与当地参与走私事业的西班牙商人们见面会谈。在塞内冈比亚海岸，约翰·霍金斯掠夺了一艘满载黑人奴隶的葡萄牙商船，对当地村庄居民大开杀戒，肆意绑架居民并烧毁村庄房屋，直到绑架了足够数量的黑人奴隶才罢手。约翰·霍金斯带着满满一船黑人奴隶前往南美大陆，途中受尽颠簸。约翰·霍金斯坚信"上帝一定会善待他的选民"。在博布拉塔和里奥阿查,约翰·霍金斯将绑架来的大部分黑人奴隶顺利售出,交易的达成有赖于西班牙种植园园主购买黑人奴隶的热情,也与约翰·霍金斯对西班牙种植园园主的恐吓密切相关。从里奥阿查出发后,约翰·霍金斯跨越加勒比海一路向北航行,途中受海上洋流西向影响,最终到达圣多明各的西岸①。

约翰·霍金斯的第二次航行

由于约翰·霍金斯船上的一个西班牙人的错误指挥——此人有可能是一个囚徒或约翰·霍金斯与西班牙种植园园主联络的中间人——约翰·霍金斯的船开始顺风而行,最终抵达圣多明各和牙买加的西岸。由于季风过于强劲,

牙买加岛

---

① 当时的人并不了解洋流会影响航行方向。——原注

再加上航行时间过长，约翰·霍金斯决定不再尝试逆风前往安的列斯群岛。随后，约翰·霍金斯经由佛罗里达海峡和纽芬兰浅滩返回英格兰。途中，约翰·霍金斯还曾路过法兰西王国在佛罗里达建立的殖民地，该地不久后被西班牙人佩德罗·梅嫩德斯·德·阿维莱斯洗劫一空。当时的英格兰新教作家将佩德罗·梅嫩德斯·德·阿维莱斯形容为极度冷酷的恶人。

尽管约翰·霍金斯在上述两次远航途中没有挑起任何战事，但西班牙人依然认为约翰·霍金斯的远航纯属挑衅。西班牙人的想法不无道理。英格兰探险家的确闯入了西班牙人的港口并造成了威胁。约翰·霍金斯也充分意识到了

佩德罗·梅嫩德斯·德·阿维莱斯

"吕贝克的耶稣"号

自己的行为是不符合国际法的。每次在西班牙人的港口露面,约翰·霍金斯都要寻找一堆借口解释自己的行踪。通常,约翰·霍金斯声称自己是伊丽莎白一世名下的舰队的一员,因恶劣天气或缺少物资被迫在西班牙人的港口停靠。西班牙人显然并不相信约翰·霍金斯的满嘴谎言。腓力二世坚信,伊丽莎白一世尽管已经公开否认授权约翰·霍金斯远航,但私下一定给予了约翰·霍金斯大力支持。因为约翰·霍金斯曾远航西印度群岛,英格兰女王伊丽莎白一世不但没有惩罚约翰·霍金斯的行为,还利用自己是"吕贝克的耶稣"号的所有者,主动要求分享远航中掠夺来的财富。一般而言,一国之君总能为开战找到合适的理由。但因遭到荷兰人的背叛,腓力二世陷入与土耳其人的战争而难以脱身①,在面对伊丽莎白一世的屡次挑衅时,腓力二世只能暂时选择隐忍。伊丽

---

① 此时正值奥斯曼帝国的权力顶峰。——原注

莎白一世也是麻烦缠身，英格兰王国不想对西班牙王国贸然发动战争。虽然腓力二世与伊丽莎白一世并无作战打算，但两国民众间的矛盾日益尖锐。英格兰人的海盗行为愈演愈烈，西班牙人对英格兰人采取了野蛮的镇压行动。在第二次远航归程中，约翰·霍金斯从西印度群岛出发前往西班牙的货船被西班牙政府扣留并没收，约翰·霍金斯被西班牙人激怒。随后约翰·霍金斯假装背叛伊丽莎白一世，成功从西班牙人手中索回部分货物。1564年到1567年，约翰·霍金斯正在为第三次航行做准备，他决心使自己的贸易活动正当化。此时，苏格兰女王玛丽一世正密谋推翻伊丽莎白一世的统治。伊丽莎白一世不敢再度惹

苏格兰女王玛丽一世

达恩利勋爵亨利·斯图亚特

怒腓力二世。因此,约翰·霍金斯的航行计划不得不推迟一段时间。1567年,苏格兰女王玛丽一世的丈夫达恩利勋爵亨利·斯图亚特被人谋杀,随后苏格兰女王玛丽一世嫁给了谋杀达恩利勋爵亨利·斯图亚特的凶手博斯韦尔勋爵詹姆斯·赫伯恩。苏格兰女王玛丽一世最终没能成功篡位。由于伊丽莎白一世不再需要腓力二世对苏格兰女王玛丽一世保持中立,约翰·霍金斯被准许出海航行,还被允许租用伊丽莎白一世的船。毫无疑问,约翰·霍金斯的第三次远航是对西班牙王国的公然挑衅。西班牙王国驻英格兰王国大使向伊丽莎白一

苏格兰女王玛丽一世与达恩利勋爵亨利·斯图亚特

苏格兰女王玛丽一世与博斯韦尔勋爵詹姆斯·赫伯恩

世提出强烈的抗议,但收效甚微。约翰·霍金斯的第三次航行没有遇到丝毫阻碍,甚至还被允许与"海上乞丐"联手,共同掠夺正在普利茅斯湾避难的西班牙商船。约翰·霍金斯十分清楚,虽然伊丽莎白一世无法为远航正名,但一定会为自己提供有力的保护。约翰·霍金斯怀抱着必胜的信念开启了第三次远航之旅。1567年10月,约翰·霍金斯的第三次远航迎来灾难性结局。

圣胡安岛

远航初始,按照以往惯例,约翰·霍金斯先在非洲海岸绑架黑人奴隶,随后将黑人奴隶走私到西班牙人控制下的西印度群岛的港口。当仅剩一船奴隶未出售时,约翰·霍金斯却偏离既定航线,驶向墨西哥湾底部的小岛圣胡安岛。圣胡安岛有一处叫圣克鲁斯的港口,也就是现在的墨西哥港。约翰·霍金斯企图编造借口,蒙混过关。约翰·霍金斯声称自己的船在恶劣天气中受损,必须在返回欧洲前抓紧修好,但西班牙人不相信约翰·霍金斯的蹩脚借口。约翰·霍金斯也意识到西班牙人终将识破自己的谎言。在穿越墨西哥湾的时候,约翰·霍金斯下令拦截一艘西班牙商船,将船上所有船员和乘客扣为人质。毫无疑问,约翰·霍金斯的行为在历史上的任何时期都将被视为海盗行为。由于缺乏正当理由,约翰·霍金斯不得不屡次编造谎言。如果西班牙人想要阻止英格兰人在美洲开展贸易,那么西班牙人必须拥有一支足够强大的海军。约翰·霍金斯深信英格兰人的航海实力更胜一筹。不料,此时意外突然发生。

1568年9月16日,约翰·霍金斯率领十到十二艘船[①]前往圣克鲁斯,这支船队对付西班牙人绰绰有余。当时圣胡安岛上没有任何防御堡垒,圣克鲁斯镇也尚未建成,岸边仅有西班牙人建造的简易棚,以供每年西班牙商船在港口停泊时使用。约翰·霍金斯抵达圣胡安岛时,恐吓了当地的西班牙人,要求西班

---

① 其中包括在西印度群岛临时加入的法国海盗船。——原注

马丁·恩里克斯

牙人允许自己的船在港口停泊。然而，约翰·霍金斯在协商过程中听到令其极度焦虑的消息。当约翰·霍金斯带领的英格兰航海分队在圣克鲁斯港露面时，岛上的西班牙人将英格兰航海分队误认为是护送新总督马丁·恩里克斯的西班牙护卫队。如此一来，形势不可避免地复杂化了。约翰·霍金斯已来不及返程，只能抛锚上岸。几天后，西班牙王国的护卫队也抵达了圣克鲁斯港。西班牙王国的护卫队基本上由商船组成，但其中有一艘西班牙海军军官弗朗西斯科·巴斯克斯·德·科罗纳多驾驶的大型军舰。约翰·霍金斯本可以轻松地将西班牙人驱逐出圣克鲁斯港，无奈当时正值秋季，是墨西哥海岸附近名为"寒酷北风"的飓风的高发期。一旦飓风袭击了尚未停泊的西班牙护卫队，西班护卫队将会被飓风摧毁，进而导致约一百八十五万英镑的经济损失，以及包括墨西哥副总督在内的上百名人员损失。如此巨大的损失定会令腓力二世怒不可遏。约翰·霍金斯清楚地意识到，假如此时伊丽莎白一世并不想与西班牙人开战，自己却导致西班牙护卫队全军覆没，自己一定会被伊丽莎白一世下令绞死。退一步说，即使约翰·霍金斯允许西班牙护卫队在圣克鲁斯港靠岸，西班牙人也会毫不犹豫地杀了他。面临双重困境的约翰·霍金斯选择了折中的办法，他允许西班牙护卫队靠岸停泊，前提是西班牙人要保证自己在圣胡安岛的贸易活动结束后顺利离开。很难想象，约翰·霍金斯在紧急关头竟然会要挟西班牙护卫队。其实约翰·霍金斯在提出要求后也没有多少把握，他后来承认自己的心态几近崩溃。自从弗朗西斯科·巴斯克斯·德·科罗纳多命令西班牙

弗朗西斯科·巴斯克斯·德·科罗纳多

护卫队靠岸，约翰·霍金斯就预感一场突袭即将发生。虽然英格兰人坚持自己拥有圣胡安岛的所有权，但奉命守卫英格兰船的两名英格兰人突然因过度恐惧逃走，西班牙人趁机掠夺英格兰人船上的枪炮来攻击英格兰船。恐慌情绪迅速在英格兰人群中扩散，英格兰人试图起锚逃走，却遭到圣胡安岛上的炮台和西班牙护卫队的攻击。除约翰·霍金斯逃走时驾驶的名为"仆人"号的船和其堂兄弗朗西斯·德雷克所驾驶的"朱迪思"号安然无恙以外，英格兰航海分队几乎全军覆没。

西班牙人背信弃义的行为对伊丽莎白一世统治时期的航海活动产生了深远影响。英格兰人意识到，英格兰王国绝不可能与西班牙王国在西印度群岛开展和平贸易。如果英格兰人想要在新世界占有一席之地，就必须壮大自身的海军。狡猾的约翰·霍金斯在此后的很长一段时间内没有再次远航西印度群岛。直到1594年，约翰·霍金斯重返西印度群岛后在一场灾难性失败中丧生。这段时间内承担约翰·霍金斯远航工作的另有其人，其中最著名的是弗朗西斯·德雷克。在1570年和1571年，弗朗西斯·德雷克分别参与了两次贩卖奴隶的小规模航行。1572年，弗朗西斯·德雷克入侵西印度群岛，成功掠夺了两艘小船——从普利茅斯出发的重约七十二吨的"帕沙"号和重约二十五吨的"天鹅"号，这无疑是纯粹的海盗行径。弗朗西斯·德雷克斗志高昂、手段娴熟地成功掠夺了西印度群岛。弗朗西斯·德雷克在农布雷-德迪奥斯曾一度被击退①。农布雷-德迪奥斯是一个临时贸易站，包括一个仓库和二十到三十间简陋木屋。后来，在波托贝洛，西班牙人重新建造贸易站，农布雷-德迪奥斯被西班牙人抛弃。在农布雷-德迪奥斯遭遇短暂的挫折后，出于失去战友和大部分手下的悲痛，再加上瘟热的蔓延，弗朗西斯·德雷克一度意志消沉，幸好最后掠夺到一匹驮满金子的骡，从而避免了空手而归。在1572年远航西印度群岛的过程中，弗朗西斯·德雷克获得了惊人的利润，弗朗西斯·德雷克也因在远航中的英勇表现名

---

① 弗朗西斯·德雷克同时期的历史学家声称农布雷-德迪奥斯的城市规模与普利茅斯不相上下。——译者注

弗朗西斯·德雷克掠夺西班牙商船

声大噪。在1577年到1578年的环球航行中,弗朗西斯·德雷克再次入侵西印度群岛并获得了丰厚的战利品。在环球航行中,弗朗西斯·德雷克掠夺大量西班牙商船①的行为与皇家海军并无关联,所以在此不再赘述。弗朗西斯·德雷克环球航行的重要性在于激发了英格兰人对航海事业的热情,也向世界展示出英格兰王国既有意愿也有能力打破西班牙人和葡萄牙人对海上贸易的垄断。

---

① 其中包括西班牙大型帆船"卡卡弗戈"号。——原注

弗朗西斯·德雷克的环球航行结束后,西班牙王国和英格兰王国仍未爆发战争,但两国君主都意识到,双方必有一战。西方世界最优秀的航海人才都已被伊丽莎白一世收至麾下。当时英格兰王国的海上实力不断壮大,英格兰海员们的航行技术愈加精湛,信心愈加高涨。但从严格意义上讲,皇家海军并未起到关键作用,也未肩负起为英格兰商人们在航海时提供保护的职责。

1560年,威廉·温特爵士被伊丽莎白一世派往苏格兰,支援公理会抗击吉斯的玛丽。1562年到1563年,一支英格兰航海分队载着由沃里克伯爵安布

吉斯的玛丽

沃里克伯爵安布罗斯·达德利

罗斯·达德利率领的英格兰士兵，前往勒阿弗尔援助法兰西的胡格诺派。但在1573年，英格兰的旧日盟友——胡格诺派、海盗和尼德兰"海上乞丐"在摧毁了英吉利海峡附近的西班牙海上贸易后，开始贪婪地袭击英格兰新教教徒，伊丽莎白一世名下的军舰①被迫出面应战。皇家海军其实正面临着更紧迫的任务——与西班牙王国作战。1579年，一支皇家海军分队捕获了正在爱尔兰斯

---

① 此处指皇家海军。——原注

梅里克港登陆、由教皇资助的西班牙军舰。尽管如此，伊丽莎白一世仍然极力避免对西班牙王国发动直接攻击，伊丽莎白一世更倾向通过支持低地国家发生的叛乱来对付腓力二世。在英格兰人一连串的挑衅后，腓力二世终于下定决心摧毁英格兰王国，伊丽莎白一世和她的御前会议也决定对西班牙王国实施直接打击。

突袭西印度群岛

　　从伊丽莎白一世打击西班牙王国的方式，我们可以窥得她和英格兰民众之间的合作关系。1585年，英格兰人再次远征西印度群岛。英格兰人认为，与直接攻击西班牙王国相比，入侵西印度群岛会对腓力二世造成更沉重的打击，因为腓力二世的绝大部分收入源自西班牙王国在美洲挖掘金矿的收入。发动侵略前，英格兰海员们对西班牙王国在美洲的具体情况并不清楚，英格兰海员们高估了西印度群岛对腓力二世的重要性。事实上，英格兰王国对西印度群岛的远征计划做得近乎完美，毕竟在海上对西班牙无敌舰队实施打击，比在西班牙无敌舰队抵达英吉利海峡后再下手更稳妥。1585年，弗朗西斯·德雷克指挥的二十五艘英格兰军舰已经整装待发。随后，英格兰人对圣多明各和卡塔赫纳的岛屿发动了攻击，成功拖延了西班牙无敌舰队的航程，令腓力二世颜面扫地。

　　1585年，由弗朗西斯·德雷克率领的英格兰舰队中仅有少数军舰属于伊丽莎白一世，其他军舰由企图在本次航行中大捞一笔的英格兰商人提供。弗朗西斯·德雷克担任了这支英格兰舰队的海军上将，担任海军中将的是企图开辟前往西印度群岛的西北航道的探险家马丁·弗罗比舍。克里斯托弗·卡利尔负责整体指挥。克里斯托弗·卡利尔航海经验丰富，曾多次参与对低地国家的战事。1585年9月14日，英格兰舰队从普利茅斯出发，航行中曾经过西班牙王国海岸。由于英格兰人宣布仅在美洲与西班牙王国作战，英格兰舰队的指挥者们和

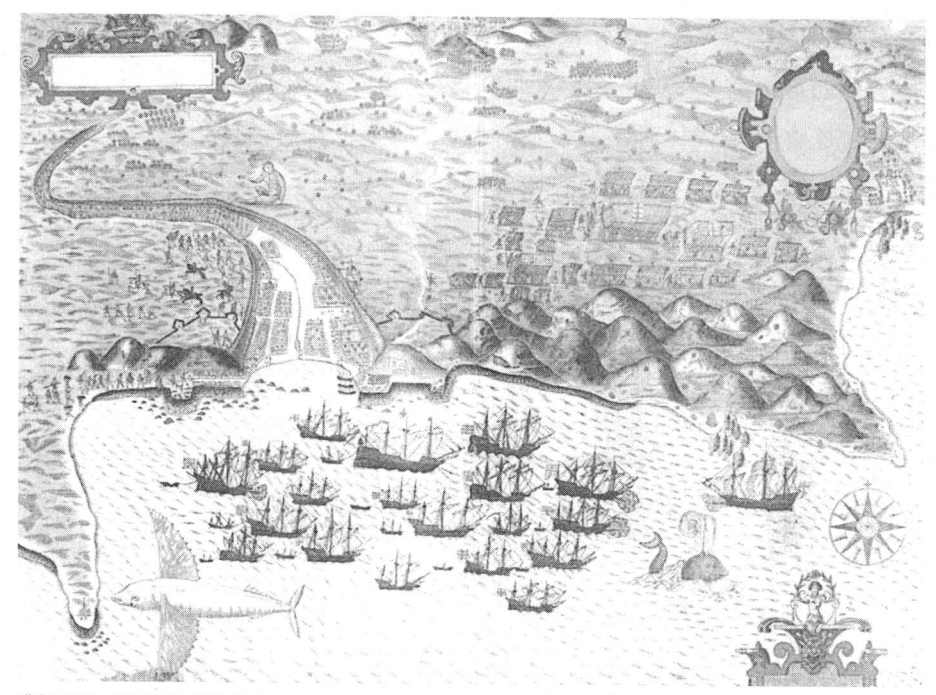

弗朗西斯·德雷克掠夺圣地亚哥

腓力二世任命的加利西亚总督进行了多次友好协商。不过，英格兰舰队的水手们还是掠夺了一艘满载教会金银器皿的西班牙船，打破了英格兰王国与西班牙王国的和平状态。英格兰舰队从维哥前往加纳利群岛，之后抵达佛得角的圣地亚哥。英格兰舰队在圣地亚哥停留许久，英格兰人企图趁机敲诈当地的西班牙人，但西班牙官员都躲到圣地亚哥山上避难，英格兰人无法威胁和诱骗西班牙人投降。对弗朗西斯·德雷克这样的探险家来说，在圣地亚哥遭遇的挫败令他心灰意冷。此后，弗朗西斯·德雷克遭遇了一连串失败。虽然1585年弗朗西斯·德雷克的远征具有重要的政治意义，但称不上是一次成功的私掠航行。之后，英格兰舰队离开圣地亚哥，横穿大西洋并抵达圣多明各，英格兰人不费吹灰之力占领了圣多明各。由于圣多明各此前只被印第安人入侵过，防御薄弱，很快就被一千二百名训练有素的英格兰士兵攻下。

圣多明各

圣多明各虽然盛产黄金,但没能彻底满足英格兰私掠者的贪欲。英格兰私掠者们抵达圣多明各时早已疲惫不堪,当地的黄金储备对英格兰私掠者们来说,远不如更富饶的墨西哥和秘鲁更有吸引力。

圣多明各富裕的居民们主要是手头缺乏现金的西班牙种植园主和律师。经过数周的讨价还价,威胁烧毁城镇部分地区为威胁的英格兰私掠者们最终只勒索到两万五千达克特①,远远低于期望数额。之后,英格兰舰队从圣多明各岛起航,前往南美大陆的卡塔赫纳。当时,卡塔赫纳仅是一个有上百名居民的小镇,没有任何防御设施。在卡塔赫纳的港口停泊后,英格兰人称得上是所

弗朗西斯·德雷克掠夺圣多明各

---

① 当时流通于欧洲的一种货币。——原注

向披靡，因为卡塔赫纳唯一的防御设施是一排木栅栏。在卡塔赫纳，英格兰人再次重复了他们在圣多明各的经历。卡塔赫纳的西班牙人早就收到了英格兰舰队即将来犯的消息，提前将手中的黄金转运回西班牙王国。英格兰人竭尽全力地讨价还价，也只从当地的西班牙人那里敲诈到十一万达克特。因此，弗朗西斯·德雷克的远航可以称得上是一次失败。圣地亚哥突然爆发瘟热，再加上不少英格兰船员原本就染上了热带疟疾，约有一半参加远航的英格兰人丧命。弗朗西斯·德雷克在本次远航中共赚得六万英镑，其中四万英镑归私掠者，剩下的三分之一被发给了幸存的英格兰士兵和水手，平均每人只分得六英镑，弗朗西斯·德雷克甚至都没有足够的费用修缮受损的船。

接下来，皇家海军即将进入最著名、最活跃的发展阶段。从1586年年初英格兰王国受到西班牙王国的入侵威胁到1587年年底，英格兰王国一直在采取措施应对西班牙王国的战争威胁。1588年，西班牙王国的无敌舰队已经到达圣多明各沿岸，但在停泊上岸之前被英格兰人摧毁。西班牙无敌舰队因此被英格兰人无情嘲笑。

西班牙王国的失败主要归因于腓力二世过度拖沓的战前准备。腓力二世手下谄媚的大臣十分清楚腓力二世好大喜功的性格特点，总是称赞腓力二世明智谨慎、无所不能，导致西班牙人的战前准备效率低下、鲁莽轻率。假如腓力二世能安排反应机敏的西班牙护卫队保护西班牙军舰，也许西班牙人就不会遭受如此惨烈的损失，甚至可以将英格兰人赶出西印度群岛。如果十五艘到二十艘西班牙军舰在靠近圣多明各时与正准备登陆攻击圣多明各的英格兰士兵相遇，西班牙护卫队将难逃惨败命运，西班牙海军将士将会经历1567年约翰·霍金斯的手下在墨西哥湾被西班牙人突袭的惨痛事件。西班牙的护送分队即使难逃毁灭命运，也会为西班牙大帆船提供更多安全保障。然而，事实上，腓力二世没有派出任何护送分队，腓力二世打算仅靠西班牙大帆船的实力，在一天内摧毁英格兰舰队。1585年，英格兰舰队对圣多明各发动攻击时，腓力二世的海军军官圣克鲁斯侯爵阿尔瓦罗·德·巴赞曾告知腓力二世，西班牙王国

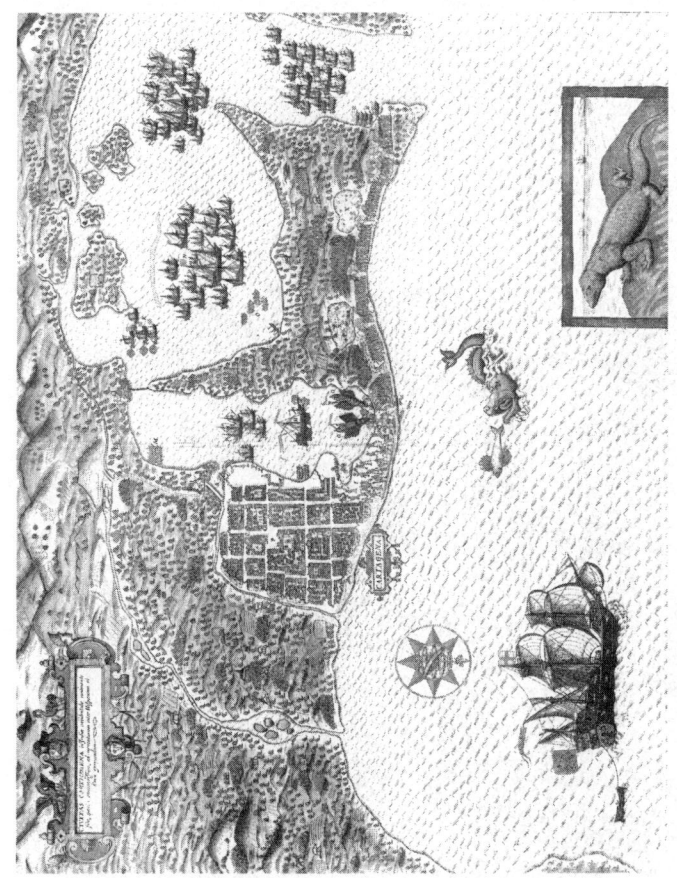

弗朗西斯·德雷克袭击卡塔赫纳

无力阻挡弗朗西斯·德雷克入侵西印度群岛和进入太平洋海域，而且西班牙无敌舰队的装备欠佳、准备不足。西班牙无敌舰队原本拥有足够的船、枪炮和人手，但腓力二世在做战前准备时，西班牙船上尚未装备好枪炮，人员未能及时凑齐，最终腓力二世这位"强大无比"的西班牙国王，只能眼睁睁地看着英格兰私掠船肆意掠夺他的财产和臣民。1585年之后的两年，类似情况屡次发

圣克鲁斯侯爵阿尔瓦罗·德·巴赞

生。腓力二世竭力集齐所有作战需要的武器装备，但在准备工作彻底完成前，西班牙无敌舰队根本无力应对任何突然袭击。

弗朗西斯·德雷克在加的斯

历史上还有过几次比弗朗西斯·德雷克的1587年航行更荒谬的事件。伊丽莎白一世和大臣已经意识到西班牙人即将入侵英格兰王国。虽然伊丽莎白一世依旧假装坚持与腓力二世任命的低地国家的总督帕尔马公爵亚历山大·法尔

帕尔马公爵亚历山大·法尔内塞

内塞友好协商,但伊丽莎白一世并未忽略潜在的战争风险。1587年春天,伊丽莎白一世决定派弗朗西斯·德雷克打探西班牙王国的战前准备进展如何。伊丽莎白一世共派出三十艘军舰,其中的"乘风破浪"号、"雄狮"号、"无畏"号和"彩虹"号隶属皇家海军,余下的是未被伊丽莎白一世雇用、来自伦敦的数艘高桅横帆船。伦敦人坚持加入远航队伍,企图掠夺西班牙人,从中获利。

1587年4月,弗朗西斯·德雷克从普利茅斯率队出发。在北纬四十度,弗朗西斯·德雷克遇到两艘德国商船并得知一大批西班牙货船将从加的斯出发前往里斯本,腓力二世的海军军官圣克鲁斯侯爵阿尔瓦罗·德·巴赞将在里斯本迎接这批货物。需要提醒读者的是,此时,葡萄牙王国已被腓力二世强占。腓力二世声称自己是战死沙场的葡萄牙国王塞巴斯蒂安的继承人。1640年之前,

葡萄牙国王塞巴斯蒂安战死沙场

加的斯平面图

葡萄牙时常被英格兰统治。弗朗西斯·德雷克立刻前往加的斯。弗朗西斯·德雷克发现加的斯的港口挤满原本计划入侵英格兰的西班牙军舰。正如腓力二世的一贯作风,西班牙军舰都尚未装备武器。弗朗西斯·德雷克率领手下的三十艘船,不费吹灰之力就将西班牙王国的军舰俘获、击沉、烧毁,强迫幸存的西班牙人靠岸停泊。英格兰人大获全胜,大批战利品从西班牙军舰上搬运到英格兰的军舰上。英格兰海员们虽然有被西班牙人炮轰的危险,但还是顺利完成搬运任务。搬运任务过于繁重,当西班牙人开炮摧毁那些尚未被俘获的西班牙军舰时,英格兰水手感到如释重负。这次战斗充分暴露出腓力二世对无敌舰队的管理不善。从加的斯前往里斯本的途中,弗朗西斯·德雷克手下的英格兰舰队疯狂掠夺西班牙商船。在塔古斯河河口抛锚后,弗朗西斯·德雷克公开挑衅腓力二世的海军军官圣克鲁斯侯爵阿尔瓦罗·德·巴赞。圣克鲁斯侯爵

突袭加的斯的英格兰舰队

阿尔瓦罗·德·巴赞虽然英勇善战,但不敢回应弗朗西斯·德雷克的挑衅,因为西班牙无敌舰队的全部军需已在加的斯被英格兰人烧毁。弗朗西斯·德雷克随后从卡斯凯什出发前往亚速尔群岛。弗朗西斯·德雷克在葡萄牙人商船使用的港口随意停泊,甚至还俘获了一艘葡萄牙商船——"圣菲利普"号。"圣菲利普"号是被英格兰俘获的第一艘大帆船,"圣菲利普"号上满载的高价货物进一步激发了英格兰人对参与东印度地区贸易的渴望。随后,弗朗西斯·德雷克满载而归,受到所有英格兰人的赞扬和尊敬。

腓力二世的计划

腓力二世并没有从上述失败中吸取教训,而是继续努力组建一支可以消灭英格兰私掠者的西班牙舰队,重新启动一贯漫长的战前准备。弗朗西斯·德雷克曾将腓力二世在加的斯海港的惨败形容为"腓力二世的胡子着火了"。弗朗西斯·德雷克的形容十分风趣形象。腓力二世对在加的斯的战败大为光火,甚至一度打算放弃与英格兰私掠者作战。虽然腓力二世屡次失败,但西班牙王国的实力尚未严重衰落。1588年春天,圣克鲁斯侯爵阿尔瓦罗·德·巴赞的去世使西班牙无敌舰队的出航日期被迫推迟。圣克鲁斯侯爵阿尔瓦罗·德·巴赞曾向腓力二世提议组建一支实力强大、可直接航行到英格兰的舰队,但腓力二世的能力和资源无法满足这样的要求。腓力二世必须在帕尔马公爵亚历山大·法尔内塞在佛兰德斯的统治范围内维持一支常备军,没有精力组建一支新的军队,只能整编目前在西班牙的无敌舰队和低地国家的西班牙军队。西班牙人通常认为,圣克鲁斯侯爵阿尔瓦罗·德·巴赞的去世让英格兰人有机可乘,这种想法不无道理。然而,即使圣克鲁斯侯爵阿尔瓦罗·德·巴赞在世,也无法保证完成腓力二世的计划。腓力二世打算让西班牙无敌舰队经由英吉利海峡前往低地国家,载上低地国家的西班牙士兵后最终抵达英格兰。这样漫长复杂的航线过程自然十分艰险,西班牙人不仅要适应不熟悉的海上情况,还要应对荷兰海军和皇家海军的顽强抵抗。如果不是圣克鲁斯侯爵阿尔瓦罗·德·巴赞的指挥,西班牙人不可能取得胜利。此外,腓力二世还莫名其妙地挑选了最不适合的梅迪纳·西多尼亚公爵阿隆索·佩雷斯·德古兹曼·索托马约尔担任西班牙海军上将。梅迪纳·西多尼亚公爵阿隆索·佩雷斯·德古兹曼·索托马约尔十分年轻,身材短小,皮肤黝黑,还有些罗圈腿。梅迪纳·西多尼亚公爵阿隆索·佩雷斯·德古兹曼·索托马约尔宣称自己对海战一无所知,一登舰就会犯头晕。虽然梅迪纳·西多尼亚公爵阿隆索·佩雷斯·德古兹曼·索托马约尔有着显赫家世和丰厚财产,对腓力二世十分恭顺,但很显然,在其他西班牙贵族中,有比梅迪纳·西多尼亚公爵阿隆索·佩雷斯·德古兹曼·索托马约尔更合适的人选。何况梅迪纳·西多尼亚公爵阿隆索·佩雷斯·德古兹曼·索托马约尔本人并不情愿担任西班牙海军上将。梅迪纳·西多尼亚公爵阿隆索·佩雷斯·德古兹曼·索托马约尔上任后,大肆修改此前经验丰富的圣克鲁斯侯爵阿

梅迪纳·西多尼亚公爵阿隆索·佩雷斯·德古兹曼·索托马约尔

尔瓦罗·德·巴赞制定的政策。梅迪纳·西多尼亚公爵阿隆索·佩雷斯·德古兹曼·索托马约尔声称自己需要更多军舰、人手和物资。因此，本该于1588年2月出海的西班牙无敌舰队直到1588年5月还未起航，提前备好的军需物资最终全部腐烂。西班牙海军被迫重新准备物资，额外耽误了数月时间。

英格兰王国的战前准备

其实,皇家海军的管理同样存在缺陷,主要原因是伊丽莎白一世资金匮乏,并且伊丽莎白一世尚未下定决心对西班牙王国宣战,而不是皇家海军指挥官员能力有限。伊丽莎白一世在统治英格兰王国期间并不富裕。对伊丽莎白一世而言,维持一支大规模海军舰队意味着异常沉重的财政负担。不过,伊丽莎白一世工于心计,相信可以通过灵活运用外交手段,避免与西班牙王国直接开战。在担忧海军舰队高昂的花费和坚信自身的聪明才智的双重因素影响下,到1588年春天,伊丽莎白一世仍未下定决心与西班牙王国开战。约翰·霍金斯将伊丽莎白一世的军舰整顿得井井有条,英格兰民众也积极踊跃地为备战做贡献。尽管在伊丽莎白一世下令征集船时,一些英格兰港的人哭穷或抱怨战争将会损害贸易活动,但在伦敦,伊丽莎白一世仍然召集到比原定计划多一倍的船和水手。曾在弗朗西斯·德雷克和约翰·霍金斯的远征中收获颇丰的贵族和探险家们,更是积极主动地装备船和筹集人马。伊丽莎白一世选派诺丁汉伯爵查尔斯·霍华德担任皇家海军上将。尽管诺丁汉伯爵查尔斯·霍华德并无参战经验,也没有任何记录能证明他拥有过人的指挥才能,但他性格坚毅、才智过人,还有大批经验丰富的下属协助他工作。

据诺丁汉伯爵查尔斯·霍华德说,伊丽莎白一世手下的海军将领们恳求伊丽莎白一世下令让英格兰舰队出海,再现1587年的辉煌战绩。皇家海军将领们建议英格兰舰队最好前往西班牙,而不是留在英格兰本土作战。在西班牙海岸作战,一旦英格兰舰队战败,比在英格兰作战造成的伤害要小。但此时英格兰女王伊丽莎白一世仍然希望通过外交手段解决矛盾,她不会任由英格兰舰队对西班牙王国发动攻击,因为战争的爆发将会破坏和平谈判。尽管如此,英格兰舰队的战前准备从未松懈。在普利茅斯,皇家海军上将诺丁汉伯爵查尔斯·霍华德、海军中将弗朗西斯·德雷克和海军少将约翰·霍金斯一直在做战前准备。与此同时,在泰晤士河,亨利·西摩勋爵负责指挥伦敦和英格兰东海岸

拿骚的贾斯汀努斯

的英格兰船。一旦西班牙无敌舰队来袭，亨利·西摩勋爵就会前往英格兰南部坐镇指挥，监视在佛兰芒港整顿西班牙无敌舰队的帕尔马公爵亚历山大·法尔内塞。此外，亨利·西摩勋爵还得到由奥兰治亲王威廉一世的儿子拿骚的贾斯汀努斯率领的丹麦海军的协助。

西班牙无敌舰队开始航行

1588年5月月底，梅迪纳·西多尼亚公爵阿隆索·佩雷斯·德古兹曼·索托马约尔终于命令西班牙无敌舰队正式起航。梅迪纳·西多尼亚公爵阿隆索·佩雷斯·德古兹曼·索托马约尔提出的全部要求都得到了西班牙的腓力二世的大力支持。西班牙无敌舰队还获得了葡萄牙总督,即枢机主教奥地利大公阿尔伯特七世的祝福。梅迪纳·西多尼亚公爵阿隆索·佩雷斯·德古兹曼·索托马约尔手下的西班牙海军军官和水手也充分忏悔了自己此前犯下的罪行。当西班牙无敌舰队出发时,腓力二世反复强调:"西班牙无敌舰队务必成功,因为上

奥地利大公阿尔伯特七世

帝定会帮助虔诚的西班牙人"。虽然后来的英格兰护国公奥利弗·克伦威尔也会告诫手下官兵务必虔诚地相信上帝，但他补充说不能因为过于依赖上帝的力量对敌军放松警惕。西班牙国王腓力二世好为人师，但他既不像奥利弗·克伦威尔那样实事求是，也无法意识到自己对西班牙无敌舰队的要求过高。终其一生，腓力二世都在盲目追求不切实际的目标，正如此次他明知西班牙海军实力处于劣势，却不肯尝试尽量缩小西班牙海军与皇家海军的实力差距。事实上，腓力二世十分清楚西班牙无敌舰队与皇家海军的实力相差甚远，他还提醒梅迪纳·西多尼亚公爵阿隆索·佩雷斯·德古兹曼·索托马约尔，皇家海军一定会采取远距离作战的方式，尽力避免与西班牙人面对面作战。然而，腓力二世不知道，英格兰的舰队装备已经先进到可以随意控制作战距离的程度。腓力二世不愿为西班牙无敌舰队更新装备和增添更多操作熟练的炮手。因此，腓力二世只能建议梅迪纳·西多尼亚公爵阿隆索·佩雷斯·德古兹曼·索托马约尔首选近距离作战。在西班牙无敌舰队与皇家海军舰队的首次交战中，梅迪纳·西多尼亚公爵阿隆索·佩雷斯·德古兹曼·索托马约尔的无能暴露无遗。非常巧合的是，诺丁汉伯爵查尔斯·霍华德和梅迪纳·西多尼亚公爵阿隆索·佩雷斯·德古兹曼·索托马约尔选择了同时出发。诺丁汉伯爵查尔斯·霍华德率领皇家海军舰队从普利茅斯起航向西南方向行进，迎战来势汹汹的西班牙无敌舰队。梅迪纳·西多尼亚公爵阿隆索·佩雷斯·德古兹曼·索托马约尔从里斯本起航前往英格兰。如果一切顺利，西班牙无敌舰队将会与皇家海军舰队在锡利群岛附近的海域碰面。不料，在梅迪纳·西多尼亚公爵阿隆索·佩雷斯·德古兹曼·索托马约尔离开里斯本后，西南方向突然吹来一阵狂风，吹散了刚刚抵达菲尼斯特雷角的西班牙无敌舰队，也影响了刚刚穿过英吉利海峡的皇家海军舰队。然而，皇家海军舰队仅是被风暴困住无法行进，西班牙无敌舰队却被彻底打散。梅迪纳·西多尼亚公爵阿隆索·佩雷斯·德古兹曼·索托马约尔曾通知西班牙无敌舰队走散后在锡利群岛集合。随后，西班牙舰队的军需船顺利抵达锡利群岛，等候被风吹散的其他西班牙军舰，但其他重型西班牙大

诺丁汉伯爵查尔斯·霍华德

帆船被狂风吹散到西班牙沿海各地。在科伦纳，梅迪纳·西多尼亚公爵阿隆索·佩雷斯·德古兹曼·索托马约尔乘坐的西班牙军舰被迫抛锚。梅迪纳·西多尼亚公爵阿隆索·佩雷斯·德古兹曼·索托马约尔陆续等到几艘被狂风吹散的西班牙军舰，此时距离西班牙海军舰队正式出发已过去整整一个月。梅迪纳·西多尼亚公爵阿隆索·佩雷斯·德古兹曼·索托马约尔十分沮丧，甚至一度建议腓力二世放弃进攻英格兰王国。但梅迪纳·西多尼亚公爵阿隆索·佩雷斯·德古兹曼·索托马约尔的建议在军事会议中被否决。诺丁汉伯爵查尔斯·霍华德率领的皇家海军舰队在被风吹回出发地后再度起航，他派出一支皇家海军分队前往西班牙海岸打探敌情。此时，大部分英格兰军舰都停靠在英吉利海峡入口，以便及时发现试图穿越英吉利海峡的西班牙军舰。不料，皇家海军舰队一无所获，诺丁汉伯爵查尔斯·霍华德命令英格兰军舰撤回普利茅斯。虽然在实力上，皇家海军舰队远超"所向披靡的西班牙无敌舰队"，但皇家海军也有自己的难处。为了节省开支[1]，皇家海军不得不施行"三分之二"补给制，也就是每六人领取到的军需是四人份的军需。不知是因为军需品缺乏还是因为伤寒病突然爆发，皇家海军舰队的船员都出现了健康问题。英格兰财政大臣伯利男爵威廉·塞西尔[2]正面临着如何削减军费开支的难题。不管伯利男爵威廉·塞西尔从伊丽莎白一世那里得到多少军费，总有人抱怨军费不足。当时正值英格兰遭遇财政困难，为了尽可能降低开支，伯利男爵威廉·塞西尔[3]提出建立"三分之二"补给制度的荒谬建议。皇家海军上将诺丁汉伯爵查尔斯·霍华德也收到要求贯彻"三分之二"补给制度的命令。充满爱国热情的诺丁汉伯爵查尔斯·霍华德宣称他将自行垫付短缺的军费开支，"三分之二"补给制事实上并未实施，因为西班牙无敌舰队最终仓皇逃走了。

---

[1] 也可能是由于军需品短缺。——原注
[2] 伯利男爵威廉·塞西尔（1520—1598），英格兰著名政治家，曾长期担任伊丽莎白一世的首席顾问和国务大臣，1572年被伊丽莎白一世任命为财政大臣。——译者注
[3] 也有可能是伊丽莎白一世。——原注

伯利男爵威廉·塞西尔

西班牙无敌舰队的实力

1588年7月12日,西班牙无敌舰队从科伦纳再次出发。最初从里斯本起航的西班牙无敌舰队包括总计五万九千一百二十吨重的一百三十二艘船和两万九千二百八十四名人员,其中两万一千六百二十一人为士兵、八千六十六名为水手。很难确定从科伦纳起航的西班牙无敌舰队还剩多少军舰,其中四艘桨帆船受风暴影响最大,四艘桨帆船根本无法应对海上风暴,也不适应英吉利海峡的洋流,不得不前往法兰西港避难。在西班牙无敌舰队中,有三分之一的船属于非作战船。西班牙无敌舰队被分为十支纵队,其中"葡萄牙纵队"包括梅迪纳·西多尼亚公爵阿隆索·佩雷斯·德古兹曼·索托马约尔乘坐的指挥舰,共有十艘西班牙大帆船。"卡斯蒂尔纵队"包括由迭戈·弗洛雷斯·德·瓦尔德斯指挥的十四艘军舰。迭戈·弗洛雷斯·德·瓦尔德斯曾担任每年往返西班牙王国和西班牙美洲殖民地的贸易舰队指挥,因其航海经验丰富而被任命为梅迪纳·西多尼亚公爵阿隆索·佩雷斯·德古兹曼·索托马约尔的顾问,与梅迪纳·西多尼亚公爵阿隆索·佩雷斯·德古兹曼·索托马约尔同乘指挥舰。迭戈·弗洛雷斯·德·瓦尔德斯生性善妒,也不会为缺乏经验的梅迪纳·西多尼亚公爵阿隆索·佩雷斯·德古兹曼·索托马约尔积极提供建议。佩德罗·德·瓦尔德斯负责指挥"安达卢西亚纵队"的十艘军舰;胡安·马丁内斯·德·雷卡尔

胡安·马丁内斯·德·雷卡尔德

米格尔·德·奥肯多

德负责指挥"比斯开纵队"的十艘军舰,胡安·马丁内斯·德·雷卡尔德也是西班牙无敌舰队的高级司令,听命于梅迪纳·西多尼亚公爵阿隆索·佩雷斯·德古兹曼·索托马约尔;米格尔·德·奥肯多负责指挥"吉普斯夸纵队"的十艘军舰;马丁·德·贝特多纳负责指挥"意大利纵队"的十艘军舰;胡安·戈麦斯·德·梅迪纳负责指挥二十三艘补给舰;安东尼奥·乌尔塔多·德·门多萨负责剩下的小型军舰;乌戈·德·蒙卡达负责四艘巨大的三桅划桨炮舰组成的单独舰队。迭戈·弗洛雷斯·德·瓦尔德斯率领的四艘大军舰被海上风暴困住,被迫前往法兰西港避难,后来安全返回西班牙王国。尽管西班牙无敌舰队的

盖伦帆船

军舰种类繁多,但除西班牙大帆船外,西班牙舰队中的其他军舰均与皇家海军舰队基本相同。"盖伦帆船①"与皇家海军的"主力舰"功能类似。人们经常认为,西班牙无敌舰队的军舰体积要远远大于皇家海军的军舰体积。但实际上,西班牙无敌舰队中的所有军舰都不如伊丽莎白一世名下的"白熊"号、"凯旋"号和"方舟"号体积大。皇家海军中的二十到二十五艘军舰与西班牙无敌舰队中的八十到九十艘军舰体积相似,但航海能力更强。皇家海军的小型军舰与西班牙无敌舰队中的多数军舰体积类似,但皇家海军在军舰数量上更占优势。

就船上装备的枪炮数量而言,西班牙军舰在火炮数量上更占优势,加农炮

---

① 又名西班牙大帆船。——原注

的数量远超英格兰军舰。现代西班牙学者通常认为英格兰军舰上的火炮威力更大，虽然英格兰军舰上的加农炮和半加农炮的数量少于西班牙军舰，但英格兰军舰上的火枪炮和半火枪炮数量更占优势，并且英格兰炮手的装弹速度快、瞄准精度高。因此，英格兰军舰上的加农炮的威力更强。西班牙人也承认英格兰军舰的炮弹发射速度是西班牙军舰的三倍，英格兰军舰上的加农炮在五分钟内可以发射三枚炮弹，比西班牙军舰上五分钟内仅能发射一次的三门加农炮杀伤力更大。西班牙人认为作战中过度使用火炮属于作弊行为。西班牙军舰上火炮的管理由水手负责，但水手往往是军舰上所有人员中等级最低的，从未接受过任何开炮训练。正如上文中所说，西班牙无敌舰队对英吉利海峡的情况缺乏了解，即使西班牙无敌舰队拥有优秀的指挥者也无济于事。

皇家海军舰队的情况大不相同。仅就武器而言，皇家海军舰队中的主力舰和火炮数量并不占优势，但在其他方面均优于西班牙无敌舰队。皇家海军舰队经验丰富，对作战海域情况了如指掌，炮手技术熟练。一支海军舰队的实力和作战效果完全取决于水兵的熟练水平。与西班牙无敌舰队的情况恰巧相反，在军舰上，皇家海军水兵地位极高。皇家海军舰队的指挥者也拥有很强的指挥能力。诺丁汉伯爵查尔斯·霍华德不仅能力强悍，而且性格平和、精力十足。其他皇家海军舰队将领，如弗朗西斯·德雷克、约翰·霍金斯等人的指挥才能也很卓越。西班牙无敌舰队的指挥将领在能力上要逊色得多，佩德罗·德·瓦尔德斯、胡安·马丁内斯·德·雷卡尔德和米格尔·德·奥肯多的指挥才能并不低，但他们不愿听从梅迪纳·西多尼亚公爵阿隆索·佩雷斯·德古兹曼·索托马约尔既优柔寡断又冥顽不灵的指挥。梅迪纳·西多尼亚公爵阿隆索·佩雷斯·德古兹曼·索托马约尔不是一味听从迭戈·弗洛雷斯·德·瓦尔德斯的唆使，就是完全无视他人的宝贵建议。在普利茅斯，诺丁汉伯爵查尔斯·霍华德拥有一百多艘英格兰军舰，其中包括伊丽莎白一世名下多艘实力强大的军舰。其他将近一百艘的英格兰军舰不是停泊在英吉利海峡沿线港口，就是亨利·西摩勋爵和威廉·温特爵士在泰晤士河和唐斯召集到的商船。

西班牙无敌舰队逼近

梅迪纳·西多尼亚公爵阿隆索·佩雷斯·德古兹曼·索托马约尔从腓力二世那里收到的命令十分清晰。腓力二世告知梅迪纳·西多尼亚公爵阿隆索·佩雷斯·德古兹曼·索托马约尔,西班牙无敌舰队的当务之急是削弱或摧毁皇家海军舰队,运输帕尔马的西班牙军队是次要目标。但梅迪纳·西多尼亚公爵阿隆索·佩雷斯·德古兹曼·索托马约尔在履行职责的过程中过于谨慎,没有完全遵从腓力二世的意愿行事。下文将会详细介绍梅迪纳·西多尼亚公爵阿隆索·佩雷斯·德古兹曼·索托马约尔究竟如何违背了腓力二世的命令。

1588年7月12日,梅迪纳·西多尼亚公爵阿隆索·佩雷斯·德古兹曼·索托马约尔率领西班牙无敌舰队从科伦纳出发,并于八天内,即1588年7月20日抵达利泽德。但不久,意外突然发生。当西班牙人即将抵达利泽德的消息传来时,皇家海军舰队正停泊在普利茅斯港。西班牙人快要抵达利泽德的时候,海上正好刮起西南风。如果西班牙人懂得利用风向,就可趁机对皇家海军舰队发动攻击,因为西南方向刮来的海风令皇家海军舰队很难逆风出港迎战。如果梅迪纳·西多尼亚公爵阿隆索·佩雷斯·德古兹曼·索托马约尔能勇敢率领西班牙海军舰队驶入普利茅斯港,他也许能抢占先机。巨型西班牙大帆船可以轻松逼迫英格兰人登陆上岸,西班牙人可以轻松赢得战争。据在西班牙无敌舰队指挥舰上工作的贝内加斯舰长透露,西班牙海军舰队顾问阿隆索·德·莱瓦当时建议梅迪纳·西多尼亚公爵阿隆索·佩雷斯·德古兹曼·索托马约尔继续航行,及时进攻皇家海军舰队。然而,阿隆索·德·莱瓦的建议被船上的一个水兵否决,理由是普利茅斯港入口处有浅滩,西班牙军舰无法并排航行通过,如果西班牙军舰单独依次驶入港口,必然会遭到英格兰军舰和陆上堡垒的炮弹轰击。虽然情势紧急,但幸运的皇家海军舰队最终躲过一劫。在此后的几百年中,英格兰一直保持着海上优势。如果西班牙无敌舰队依次驶入普利茅斯港,实际情形并不会像西班牙人想象的那样危险。就算梅迪纳·西多尼亚公爵阿隆索·佩雷斯·德古兹

西班牙无敌舰队遇到风暴

曼·索托马约尔被迫牺牲少数军舰，西班牙人也可以在战斗中占据上风。然而，本应听从阿隆索·德·莱瓦专业建议的西班牙无敌舰队海军上将梅迪纳·西多尼亚公爵阿隆索·佩雷斯·德古兹曼·索托马约尔却接纳了一个水兵的意见。梅迪纳·西多尼亚公爵阿隆索·佩雷斯·德古兹曼·索托马约尔命令西班牙无敌舰队避开普利茅斯港，他的决定改变了西班牙无敌舰队的命运。

英吉利海峡的西班牙无敌舰队

当西班牙无敌舰队即将抵达的消息传来时，皇家海军舰队正试图奋力驶出普利茅斯港。经过1588年7月20日整夜和1588年7月21日清晨的努力，大部分英格兰军舰成功驶出普利茅斯港。与此同时，西班牙无敌舰队正缓慢驶入英吉利海峡。1588年7月21日，皇家海军上将诺丁汉伯爵查尔斯·霍华德命令手下的军舰跟随着西班牙无敌舰队，遵循旧式骑士礼仪向西班牙人公开宣战。诺丁汉伯爵查尔斯·霍华德命令英格兰轻型帆船"挑战"号向西班牙人开炮。随后，西班牙无敌舰队与皇家海军舰队开始对峙。西班牙军舰排成半月形，队伍南北长度约为七英里。这种队形对射程较大的西班牙军舰十分不利，因为中间的军舰无法自如地左右开火，很容易伤到队友。西班牙无敌舰队的失误正是诺丁汉伯爵查尔斯·霍华德喜闻乐见的，诺丁汉伯爵查尔斯·霍华德立即命令英格兰军舰攻击西班牙无敌舰队半月形方阵的首尾两端。皇家海军采取"集中攻击"的战术，即英格兰军舰利用顺风靠近敌军，待航行到军舰火力射程内后，集中火力攻击西班牙无敌舰队首尾两端的军舰，一旦危险临近就迅速逃离，而西班牙军舰会因逆风无法快速反击。在"集中攻击"战术的实施过程中，西班牙无敌舰队方阵首尾两端的军舰出于防御会不自觉地向方阵中间靠拢并与其他军舰碰撞，最终西班牙无敌舰队会阵脚大乱。事实上，西班牙无敌舰队半月形方阵两端的军舰确实因遭遇英格兰军舰的攻击而损失惨重，其中"圣卡塔利娜"号被炮弹击碎。在火药爆炸后，米格尔·德·奥肯多所在的指挥舰丧失战

英格兰舰队与西班牙无敌舰队交战

斗能力,据说爆炸是一个惨遭其他船员虐待的佛兰芒水手的伺机报复。西班牙无敌舰队损失最惨重的其实是"安达卢西亚纵队"。"玫瑰圣母"号是佩德罗·德·瓦尔德斯率领的指挥舰。佩德罗·德·瓦尔德斯是腓力二世手下能力最强的海军军官之一。在皇家海军对西班牙无敌舰队的袭击中,"玫瑰圣母"号与"安达卢西亚纵队"的另外一艘军舰碰撞,"玫瑰圣母"号上的舰首斜桅被撞断。很快佩德罗·德·瓦尔德斯指挥的"玫瑰圣母"号无法追上"安达卢西亚纵队"的其他军舰,佩德罗·德·瓦尔德斯也未能接收到来自其他军舰的帮助。"玫瑰圣母"号撞船后不久,梅迪纳·西多尼亚公爵阿隆索·佩雷斯·德古兹曼·索托马约尔命令西班牙无敌舰队继续向前航行,"玫瑰圣母"号只能留在原地自生自灭。其他目睹"玫瑰圣母"号被抛弃的西班牙船员备感沮丧,他们不禁扪心自问:"如果在军舰受损的情况下,连佩德罗·德·瓦尔德斯都会被

英格兰舰队与西班牙无敌舰队交战的场景

从西班牙无敌舰队上跌落水中的马匹

抛弃,更何况是自己呢?"1588年7月21日夜里,诺丁汉伯爵查尔斯·霍华德命令自己乘坐的军舰独自追捕西班牙人。弗朗西斯·德雷克此时接到了点亮军舰上引导灯并为皇家海军引航的命令。但弗朗西斯·德雷克被眼前一路向西的几艘军舰吸引了注意力,认为[①]这几艘军舰是企图逃出英吉利海峡的西班牙军舰。诺丁汉伯爵查尔斯·霍华德将西班牙军舰错认为弗朗西斯·德雷克的军舰,其余皇家海军军舰因此被误导。天亮破晓时,皇家海军舰队四处散落,还好皇家海军舰队都处于上风位置,而且无一走失。英勇无畏的诺丁汉伯爵查尔斯·霍华德与已丧失战斗力的西班牙军舰的距离非常之近,本可不费吹灰之力就将西班牙军舰拿下。佩德罗·德·瓦尔德斯被全面包围,只能选择投降。"玫瑰圣母"号也被英格兰军舰拖往韦茅斯港。1588年7月22日,西班牙无敌舰队缓慢地向波特兰行进。西班牙人似乎将要在此转运。此时,西班牙人逐渐意识到,他们只有时来运转,才能打败皇家海军。1588年7月21日的战斗让西班牙人领略到皇家海军舰队抵御风暴的能力。1588年7月23日,突如其来的东北风为西班牙人提供了可乘之机,被仇恨冲昏头脑的西班牙人决定孤注一掷。当时,一部分皇家海军舰队正在西班牙无敌舰队附近航行。西班牙人坚信自己可以围堵"狡猾的英格兰人"。但西班牙人依旧没有得到幸运女神的垂青。当西班牙无敌舰队逼近皇家海军舰队时,海上风向再次转为对皇家海军舰队更有利的西北风。梅迪纳·西多尼亚公爵阿隆索·佩雷斯·德古兹曼·索托马约尔命令西班牙无敌舰队向东航行,全力追赶英格兰军舰。此时,西班牙无敌舰队十分急切地寻找机会,企图随时发动偷袭。

　　除了抱怨炮弹短缺的相关记录,皇家海军舰队并没有留下关于1588年7月24日海战的相关记录。英格兰王国举全国之力积极参与战斗。1588年7月20日晚上,西班牙军舰可以看到德文郡丘陵上闪烁的烽火。短短的一夜里,英格兰军队的烽火燃遍了德文郡蜿蜒起伏的丘陵。

---

① 弗朗西斯·德雷克本人是这么表述的。——原注

从埃迪斯通到贝里克湾,从林恩到米尔福德湾,烽火一路蔓延。

自愿加入战斗的英格兰商船成群结队地向皇家海军舰队的位置驶去。当皇家海军舰队和西班牙无敌舰队在英吉利海峡附近对峙时,英格兰商船从英格兰港起航,前去支援诺丁汉伯爵查尔斯·霍华德。在英格兰东部,亨利·西摩勋爵和威廉·温特爵士率领的皇家海军分队在唐斯集合。在拿骚的贾斯汀努斯的指挥下,荷兰分队和泽兰分队封锁了西班牙王国统治下的佛兰德斯的全部港口,给原本期望从港口获得援助的西班牙人造成了致命打击。1588年7月25日,梅迪纳·西多尼亚公爵阿隆索·佩雷斯·德古兹曼·索托马约尔派出一艘西班牙快船向帕尔马公爵亚历山大·法尔内塞求救。西班牙无敌舰队随后路过怀特岛。1588年7月25日是为纪念多明我会①创始人圣多明我而设立的圣多明我日。

多明我会的标志

---

① 多明我会是天主教托钵修会的主要派别之一,由西班牙教士圣多明我创建。——译者注

梅迪纳·西多尼亚公爵阿隆索·佩雷斯·德古兹曼·索托马约尔是虔诚的罗马天主教教徒,盼望圣多明我日神迹能够显灵,但最终任何奇迹都没有发生。诺丁汉伯爵查尔斯·霍华德不急于跟西班牙人开战。1588年7月25日,诺丁汉伯爵查尔斯·霍华德特意为托马斯·霍华德勋爵、埃德蒙·谢菲尔德勋爵、罗杰·汤森、约翰·霍金斯和马丁·弗罗比舍封爵。虽然1588年7月25日西班牙无敌舰队

马丁·弗罗比舍

和皇家海军舰队爆发了几场小规模炮战,但这一天总体上比较平静。当时的炮战意味着大量的火药和炮弹消耗。1588年7月26日,皇家海军舰队和西班牙海军舰队仍然相安无事。1588年7月27日,西班牙无敌舰队在加来抛锚停泊。

加来的火攻船

在梅迪纳·西多尼亚公爵阿隆索·佩雷斯·德古兹曼·索托马约尔看来,西班牙无敌舰队的出征之旅即将实现另外一个重要目的:抵达加来意味着可以与帕尔马公爵亚历山大·法尔内塞会面。因此,梅迪纳·西多尼亚公爵阿隆索·佩雷斯·德古兹曼·索托马约尔派出一个西班牙海军官员请求帕尔马公爵亚历山大·法尔内塞立刻率领手下的一万七千名士兵前来增援。不料,帕尔马公爵亚历山大·法尔内塞根本无法动身,帕尔马公爵亚历山大·法尔内塞的军舰缺乏水手,另外,虎视眈眈的荷兰海军分队正在加来港外严阵以待。帕尔马公爵亚历山大·法尔内塞对入侵英格兰王国缺乏信心,他手下的海军根本无法与荷兰海军分队相抗衡。之后发生了历史上的著名事件,1588年7月27日和28日,梅迪纳·西多尼亚公爵阿隆索·佩雷斯·德古兹曼·索托马约尔焦急万分地等待着帕尔马公爵亚历山大·法尔内塞出面援助,而帕尔马公爵亚历山大·法尔内塞也在坐立不安地等待着梅迪纳·西多尼亚公爵阿隆索·佩雷斯·德古兹曼·索托马约尔的到来。

与此同时,亨利·西摩勋爵和威廉·温特爵士正式加入诺丁汉伯爵查尔斯·霍华德的队伍,他们在指挥舰"方舟"号上召开了一次战时会议,一致决定用火攻船对付加来港的西班牙无敌舰队。很快,七艘英格兰火攻船上装满了易燃物和火药。皇家海军舰队正紧锣密鼓地为战事做准备的消息很快传到西班牙人的耳朵里,梅迪纳·西多尼亚公爵阿隆索·佩雷斯·德古兹曼·索托马约尔在舰载艇上装备多爪钩,以此防御皇家海军的火攻船。自从在安特卫普战役①中见识过火攻船的威力，西班牙人就十分畏惧火攻船，但他们仍然没有预先采取应对措施。天色一暗，趁着西风未起，伴随着海上汹涌的洋流，皇家海军派出火攻船。火攻船的出现立刻引起西班牙人的恐慌。大部分西班牙军舰慌忙起锚，逆风航行躲避英格兰火攻船的攻击。船员更有经验且多为贵族组成的西班牙军舰尚能冷静起锚、有序离开，其他西班牙军舰上的船员只能匆忙割断缆绳、鼠窜狼奔。乌戈·德·蒙卡达所在的领航舰体积庞大，舰上的船舵尚未装好就试图驶离加来港口，最终不幸搁浅并被大部队抛弃。乌戈·德·蒙卡达指挥领航舰上的船员英勇作战，直到乌戈·德·蒙卡达被火枪子弹射穿额头倒地，领航舰上的西班牙船员方才投降。败局已定的西班牙无敌舰队陷入全面混乱。切断缆绳逆风逃走的西班牙军舰尚未将船锚从吊锚架上搬至甲板，自身难保，更无法帮助其他西班牙军舰逃离。天色破晓时，梅迪纳·西多尼亚公爵阿隆索·佩雷斯·德古兹曼·索托马约尔所在的军舰在洋流和狂风的双重作用下，被吹散到西班牙无敌舰队大部队的几英里外。依照梅迪纳·西多尼亚公爵阿隆索·佩雷斯·德古兹曼·索托马约尔怯懦的性格，他应该会调整方向顺风逃走。在即将战败的关键时刻，梅迪纳·西多尼亚公爵阿隆索·佩雷斯·德古兹曼·索托马约尔却变得异常顽固，非但没有逃走，还示意其他西班牙军舰向自己所在的军舰靠拢。然而，大部分西班牙军舰需要逆风航行数小时，才能与梅迪纳·西多尼亚公爵阿隆索·佩雷斯·德古兹曼·索托马约尔会合。皇家海军舰队指挥官们察觉到梅迪纳·西多尼亚公爵阿隆索·佩雷斯·德古兹曼·索托马约尔孤立无援，命令英格兰军舰对附近的西班牙军舰开火，战事达到高潮。皇家海军舰队士气高涨，摒弃了以往谨慎小心的作风，近距离攻击令西班牙无敌舰队元气大伤。虽然皇家海军没有俘虏任何西班牙军舰，但击沉了几艘。幸存的西班牙军舰受损严重，只能逃往帕尔马公爵亚历山大·法尔内塞控制下的佛兰芒港，很快就不出意外地被荷兰海军俘获。

---

① 1576年11月4日荷兰独立战争期间西班牙人攻占并掠夺安特卫普的事件，又名"西班牙狂暴"。——译者注

英格兰舰队派出火攻船

格拉沃利讷海战接近尾声时，西班牙无敌舰队败局已定。虽然西班牙无敌舰队没有遭到严重损失，但西班牙人意识到，无论是航海性能还是指挥水平，西班牙无敌舰队都远远比不上皇家海军舰队。梅迪纳·西多尼亚公爵阿隆索·佩雷斯·德古兹曼·索托马约尔对自己的指挥能力彻底丧失信心，决定返回西班牙王国后立即禀告腓力二世，表明自己宁愿被砍头也不会继续担任西班牙海军上将的强烈意愿。

交战双方筋疲力尽

事实上，此时的西班牙无敌舰队和皇家海军舰队都无法再继续战斗。皇家海军舰队的火药炮弹已经耗光，舰队中感染斑疹伤寒的船员人数不断上升，军需供应也即将告急[①]。伊丽莎白一世和财政大臣伯利男爵威廉·塞西尔总是试图竭力控制军费开支，因为英格兰王室经费不足。伊丽莎白一世想要获得维持一支庞大海军需要的军费必须得到议会批准。伊丽莎白一世的统治地位尚未稳固，不希望让英格兰下议院决定军费开支，因为大多数情况下她必须要在某些方面做出让步才能得到议会的财政支持。当时，国防和提高皇家海军军官和士兵待遇是头等重要的大事。伊丽莎白一世和财政大臣伯利男爵威廉·塞西尔尽管恪尽职守，但确实对如何维持一支强大的海军缺乏足够的经验。伊丽莎白一世统治时，海军管理制度尚未成熟，由于手下官员的不诚实和记性差，皇家海军一贯缺乏弹药和军需，甚至还会拖欠海军士兵的薪资。1589年，一支皇家海军舰队前往西班牙海岸，报复1588年西班牙无敌舰队入侵英格兰王国的行为，但这次行动并没有得到伊丽莎白一世的授意。组成舰队的人员多为私掠者，他们企图通过掠夺西班牙商船获取私利。在格拉沃利讷海战后，皇家海军面临着因军需匮乏和船只数量减少而瘫痪的风险。

---

① 历史学家对伊丽莎白一世统治时期紧张的海军预算颇有微词。——原注

汉堡

格拉沃利讷海战结束后，皇家海军舰队尚能撤退到英格兰的港口，西班牙无敌舰队却无处可逃。比斯开湾是距离西班牙无敌舰队最近并可以停泊大型军舰的港口。帕尔马公爵亚历山大·法尔内塞建议西班牙海军舰队前往中立城市汉堡补充军需，稍做调整后还可重新攻击英格兰王国，或与帕尔马公爵亚历山大·法尔内塞联手打击荷兰海军和泽兰海军。梅迪纳·西多尼亚公爵阿隆索·佩雷斯·德古兹曼·索托马约尔最终彻底丧失信心，没有采纳帕尔马公爵亚历山大·法尔内塞的建议。梅迪纳·西多尼亚公爵阿隆索·佩雷斯·德古兹曼·索托马约尔发现西班牙无敌舰队根本无法胜任腓力二世交付的任务。格拉沃利讷海战结束后，海上刮起一阵猛烈的南风。在狂风的作用下，西班牙无敌舰队的西班牙大帆船开始向泽兰海岸的浅滩漂移。西班牙人靠着风向和洋流的转变，最终得以上岸。当海风再次转变为有利于西班牙人的风向时，尽管西班牙无敌舰队遭受的损失并不严重，但他们早已士气低落、无心再战。

于是，西班牙海军舰队向北海行进，又在梅迪纳·西多尼亚公爵阿隆索·佩雷斯·德古兹曼·索托马约尔的要求下向北航行，经由不列颠群岛西部，最后返回西班牙王国。

西班牙人的撤退之旅

西班牙无敌舰队开始撤退时，诺丁汉伯爵查尔斯·霍华德命令亨利·西摩勋爵留在唐斯，与拿骚的贾斯汀努斯一起封锁帕尔马公爵亚历山大·法尔内塞控制下的港口。诺丁汉伯爵查尔斯·霍华德率领英格兰军舰一路跟随西班牙无敌舰队抵达福斯湾，在途中没有下令攻击西班牙军舰，也许是因为皇家海军舰队军需短缺，也许诺丁汉伯爵查尔斯·霍华德认为无须将西班牙人赶尽杀绝。抵达福斯湾后，诺丁汉伯爵查尔斯·霍华德命令皇家海军舰队掉头撤退回到泰晤士河入海口。英格兰人仍然坚信帕尔马公爵亚历山大·法尔内塞会出面参战，甚至有些皇家海军将领害怕遭到西班牙无敌舰队的突然反攻。若干月后，西班牙无敌舰队最终战败的消息传播开来。西班牙无敌舰队一直向北行进，直到西班牙海军领航员建议梅迪纳·西多尼亚公爵阿隆索·佩雷斯·德古兹曼·索托马约尔向南方航行更加安全，西班牙无敌舰队的损失才逐渐降低。在与皇家海军舰队的战斗中，西班牙无敌舰队共损失九艘军舰。在返回西班牙王国的途中，西班牙海军舰队因海难又损失了五十四艘军舰。从苏格兰北部启程回国后，西班牙无敌舰队遭遇连续的狂风暴雨。由于缺乏领航员和海图，再加上航海能力有限，西班牙海军舰队无力抵御暴风雨的侵袭，十九艘军舰在苏格兰和爱尔兰海岸被风暴击碎。在伊丽莎白一世统治地区遭遇沉船的西班牙人均被皇家海军军官下令以残忍的手段赶尽杀绝。最终，仅剩一半西班牙军舰安全回国。在西班牙军舰上，由于坏血病迅速蔓延，最终抵达西班牙的港口的军舰基本变成了空船。再加上军需供给的匮乏，很多西班牙船员饿死，为数不多的几位西班牙指挥官最终幸存下来。阿隆索·德·莱瓦在"拉塔"号沉舰事故中丧生。米格尔·德·奥肯多虽然得以幸存，却在心力交瘁和战败的愧疚中离世。梅迪纳·西多尼亚公爵阿隆索·佩雷斯·德古兹曼·索托马约尔回到西班牙王国后，一直把自己关在房间里捂脸痛哭，他早已筋疲力尽、神情恍惚。梅迪纳·西多尼亚公爵阿隆索·佩雷斯·德古兹曼·索托马约尔离开西班牙时还是个意气风发的绅士，回国后就变成两鬓斑白的"老人"。迭戈·弗洛雷斯·德·瓦尔德斯继续担任西班牙无敌舰队的指挥官。

后世认为西班牙无敌舰队的失败影响深远，腓力二世的失败拯救了英格兰和全欧洲的新教教徒。虔诚的基督教教徒们认为，西班牙无敌舰队是因为没能得到上帝的保佑才失败的，现代理性人士和爱国人士自然不会接受此类说法，但西班牙无敌舰队的失败确实与自身的脆弱及指挥者的无能有关。除了在加来使用火攻船，皇家海军没有再次将梅迪纳·西多尼亚公爵阿隆索·佩雷斯·德古兹曼·索托马约尔逼入绝境。西班牙无敌舰队的失败完全是咎由自取。梅迪纳·西多尼亚公爵阿隆索·佩雷斯·德古兹曼·索托马约尔决定撤退时，虽然西班牙无敌舰队实力尚存，但西班牙人已经士气大伤，或许是因为西班牙士兵发现西班牙军舰并不适合海战，或许是因为西班牙士兵意识到梅迪纳·西多尼亚公爵阿隆索·佩雷斯·德古兹曼·索托马约尔毫无指挥才能。即使在西班牙海军舰队陷入危险境地时，诺丁汉伯爵查尔斯·霍华德也不愿与西班牙人近距离战斗。有人猜测诺丁汉伯爵查尔斯·霍华德之所以在福斯湾放走西班牙人，是因为诺丁汉伯爵查尔斯·霍华德预见西班牙无敌舰队不久后会遭遇海难。但这种说法缺乏合理性。诺丁汉伯爵查尔斯·霍华德根本无法预料到1588年8月下旬的海上风暴会如此剧烈，极端天气会导致西班牙无敌舰队损失惨烈。总而言之，最终西班牙无敌舰队入侵英格兰的行动失败。如果西班牙人事先改装军舰，或许还能减轻损失。在1588年入侵英格兰王国的行动中，上千名西班牙海员死于坏血病和饥饿，但这就是当时海上远征的普遍代价。皇家海军对福斯湾北部海域不熟悉，如果诺丁汉伯爵查尔斯·霍华德坚持追击西班牙无敌舰队，他率领的皇家海军军舰也将遭遇海难，虽然损失也许不会像西班牙无敌舰队那样惨重。海上风暴并不是造成西班牙无敌舰队在英吉利海峡败北的直接原因，但仍然是关键因素。

权威文献

约翰·查诺克[①]的观点依旧与伊丽莎白一世统治时期到18世纪末期的皇家海军发展状况相符。查尔斯·德里克的《皇家海军的崛起和发展》一书提供了本章引用的详细官方数据。亨利·惠特利先生提供了1560年伊丽莎白一世为海军部制定的具体规章制度，出自亨利·惠特利《塞缪尔·佩皮斯和他的时代》的第131页到第134页。本章还引用了《王国文件汇编》第十五卷中伊丽莎白一世时期海军发展的有关内容，理查德·哈克卢特的系列著作也提供了相关信息。皇家海军纪录协会发布过以西班牙无敌舰队为主题的系列文件。西班牙王国国内对这段历史的论述可以参考切萨雷奥·费尔南德斯·杜罗的《无敌舰队》。詹姆斯·安东尼·弗劳德先生在《西班牙无敌舰队的故事》一书中对西班牙无敌舰队的历史做了全面梳理。关于弗朗西斯·德雷克著名的拉丁美洲首次巡航事迹可参阅书籍《再现德雷克》。

---

① 约翰·查诺克（1756—1807），大不列颠皇家海军志愿者和作家，曾写过一系列关于皇家海军历史的书籍。——译者注

第 3 章

从无敌舰队到伊丽莎白一世统治末期

远征葡萄牙

此时,伊丽莎白一世已从对西班牙进攻的恐惧中解脱出来。同时,伊丽莎白一世深信除非腓力二世彻底垮掉,否则绝不存在与腓力二世和平共处的希望。于是,伊丽莎白一世对西班牙无敌舰队采取了报复行动,对西班牙海岸发起猛烈袭击。从理论上讲,这次远征的目的不仅仅是袭扰西班牙王国的海岸。远征的公开目的是帮助克拉图修道长安东尼奥。克拉图修道长安东尼奥声称要从腓力二世手中夺下葡萄牙的王位,重新夺回王国。与英格兰及其荷兰盟友的资源相比,这些兵力也不算少了,但对重新征服葡萄牙这种重大任务,能够迎战的兵力依旧不足。事实上,荷兰人在国内受到严重攻击的威胁。荷兰人答应派遣的大部分部队被迫留在国内,未能出兵。尽管如此,英格兰远征军仍有一万一千名士兵和一千五百名海员。弗朗西斯·德雷克被授予海上指挥权。当时享有英格兰最高军事声誉的军官约翰·诺里斯被授予军队指挥权。总而言之,这次远征并没有成功。英格兰原有兵力从低地国家的撤退使军队不得不依靠新征税收才得以支撑下去。事实证明,荷兰人一如既往地不够可靠。据说在起航前,就已经有三分之一以上的人丢盔弃甲,当了逃兵。弗朗西斯·德雷克和约

约翰·诺里斯

翰·诺里斯发现,如果再拖延下去,英格兰远征军的力量可能会被削弱到更加危险的程度。于是,1591年4月15日这一天,英格兰远征军出海,并在五天后,即1591年4月20日于科伦纳附近登陆,打算夺取科伦纳。英格兰远征军毫不费力地将郊区燃烧殆尽,并且驱散了腓力二世派来的民兵。但上城区击退了英格兰远征军的所有进攻。与此同时,英格兰士兵闯入了贮藏用来出口的葡萄酒的仓库,畅饮得酩酊大醉。同时,疾病开始在骑兵中队蔓延。攻下科伦纳后,英格兰舰队继续向葡萄牙海岸进发。英格兰女王伊丽莎白一世的军队对战利品的渴望再一次阻碍了伊丽莎白一世实现政治目的。进军葡萄牙的途中,英格兰军队每天浪费了太多时间在路上,这给了腓力二世更充裕的时间准备防御。为了给探险家支付费用,英格兰军队需要从城里掠夺财物。于是,他们在没有破城锤的情况下,贸然进攻坚固的防御工事。在徒劳的尝试中,时间都被白白浪费掉了。科伦纳的战斗失败后,在佩尼切港,弗朗西斯·德雷克和约翰·诺里斯命令舰队停泊。在佩尼切港登陆的部队仍处于服役状态。按照计划，英格兰军队将从陆路行军到里斯本，而弗朗西斯·德雷克答应会进入塔古斯河，然后在镇上与英格兰军队会合。但这个计划失败了。约翰·诺里斯确实向里斯本发起了进攻，但约翰·诺里斯发现里斯本被牢牢控制着，自己的攻击根本不可能伤西班牙守军分毫。多姆·安东尼奥假惺惺的慷慨承诺完全没有兑现。约翰·诺里斯指望能帮上忙的那群游击队员并没有出现。弗朗西斯·德雷克发现，他们甚至没有办法进入塔古斯河——这是一条河口戒备森严、水流湍急的河流。最后，约翰·诺里斯发现自己身处被葡萄牙国内聚集的西班牙军队袭击的危险之中，于是重新登船，带领远征军返回家乡。英格兰远征军在海岸上徘徊了一段时间，希望能小立战功。之后，在塔古斯河河口，又与腓力二世的军舰发生了数次交战。其中一次交战时，海上风平浪静。得益于此，西班牙的大桨船成功截获了一艘载有一队英格兰士兵的军舰，并放火将英格兰的军舰烧尽。西班牙的海上贸易已经完全被笼罩在因战事而产生的恐惧阴霾中，海上再无船行驶，粮食逐步消耗殆尽。

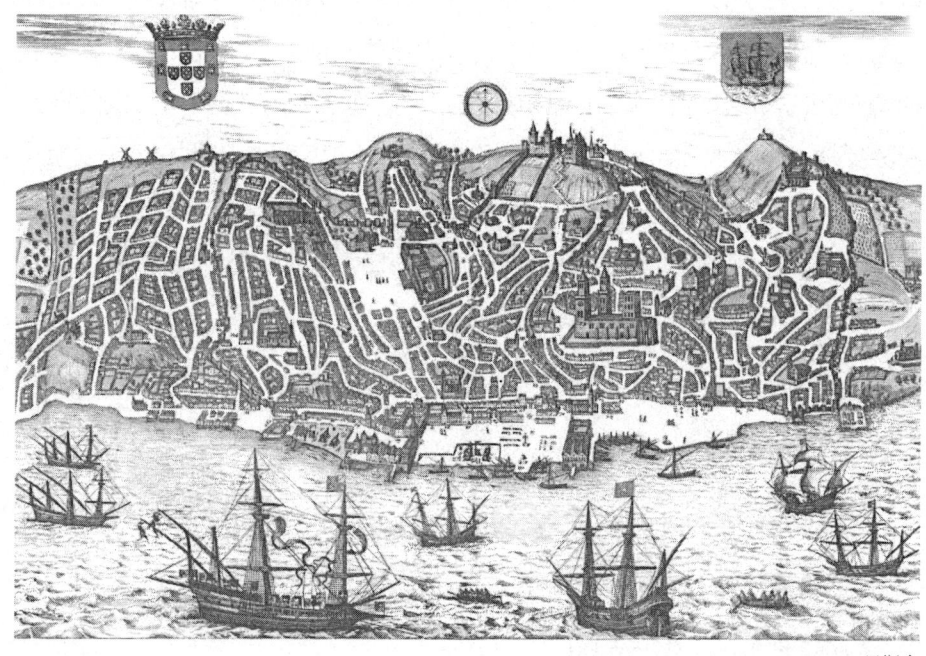

里斯本

中队的士兵中，病疫蔓延且传染迅速，最后只剩两千人能够继续服役。最终，西班牙海军只能在恶劣的天气下返回。虽然没能达成主要目的，但此次战役表明了西班牙无敌舰队曾遭受的彻底摧毁，很大程度上削弱了西班牙海军实力。

在接下来的一年里，同样有令人信服的证据证明西班牙已经疲惫不堪。在约翰·霍金斯和马丁·弗罗比舍的指挥下，一支由十艘军舰组成的舰队[①]被派往"群岛"，即亚速尔群岛和加纳利群岛。这是一次常规的军事远征，目的是中断西班牙与美洲的海上贸易，如果可能，本次行动还会在腓力二世返航途中劫持其宝藏船并使其丧失行动能力。就中断西班牙海上贸易而言，约翰·霍金斯和马丁·弗罗比舍大获成功。在海上，强大的腓力二世十分虚弱，甚至禁止自己的舰队今年返回西班牙王国，以免落入英国巡洋舰之手。对腓力二世和他的臣民来说，损失十分巨大。对英格兰来说，西班牙宝藏船的搁浅令人非常失望。伊丽莎白一世入不敷出，仅通过阻止腓力二世得到的银币还远远不够。伊丽莎白一世希望至少有一部分钱能落到自己手下的军官手里。因此，当英格兰舰队在海上航行了七个月之久却依旧没有收获任何战利品时，伊丽莎白一世的脾气差到了极点。此时，约翰·霍金斯叙述了自己的不幸遭遇，并试图从他最喜欢的《圣经》里引经据典，来为自己辩护。这个"老海盗"说："保罗是土地之子，亚波罗是水源之子，惟有神才能叫他们生长。"他想用清教徒的方式来安慰伊丽莎白一世，却没想到伊丽莎白一世对清教徒有着一种特殊的憎恶。用清教徒的方式来安慰女王的做法，足以引起伊丽莎白一世的愤怒："上帝已死！这个傻瓜出去当兵，回来倒成了神祇。"

航行至群岛

尽管伊丽莎白一世对约翰·霍金斯虚情假意的忠诚不屑一顾，但还是从中

---

① 全部属于伊丽莎白一世。——原注

得到了对自己失望之情的少许安慰。伊丽莎白一世并没有停止对"群岛"的探险。伊丽莎白一世剩下的统治时间,确实是海战的主要发生时间。海战的目的是切断腓力二世的财源,使之变得虚弱无力。船队在西班牙进行贸易,并从新大陆带回货物和金条。因为西班牙的船必须在"群岛"附近停下并补充储水,所以通过预算,在有很大把握的地方守株待兔不失为一个好办法。为确保万无一失,英国划分军舰的方法很多,一些军舰从加的斯出发,另一些军舰在亚速尔群岛附近巡航。如果西班牙船没遇到"小岛"区域的英格兰军舰,就可能会落入海峡口的另一些英格兰军舰手中。为了完成这项工作,行动中的中队并不完全由伊丽莎白一世的军舰组成。中队的军舰很大一部分属于私人冒险者,其中有将军舰作为商业投机装备的商业人士,也有标记着坎伯兰伯爵乔治·克利福德印章的

坎伯兰伯爵乔治·克利福德

英勇绅士。他们的航行是伊丽莎白一世统治时期最辉煌的壮举。前往"小岛"的航行没有一次能够像伊丽莎白一世希望的那样完全成功。但这些航行确实对腓力二世造成了巨大的损害,而且间接对英国产生了重要的、永久性的影响。

在历史上,1591年的航行因著名的复仇之战而被人铭记。在1591年,伊丽莎白一世派出了她的舰队,并任命萨福克伯爵托马斯·霍华德指挥该舰队。皇

萨福克伯爵托马斯·霍华德

家舰队由六艘军舰组成，占据了去年约翰·霍金斯和马丁·弗罗比舍毫无建树的巡航区域。此时，腓力二世已不可能再让自己的船队继续拖延下去了。因此，腓力二世的舰队奉命不惜任何代价继续前进。腓力二世预见，在亚速尔群岛，自己的舰队会受到英国人的威胁，于是又准备了另一队舰队，准备从加的斯起航，在中途与之前的舰队会合并护送之前的舰队返航。当萨福克伯爵托马斯·霍华德在亚速尔群岛巡航时，坎伯兰伯爵乔治·克利福德正在西班牙海岸为私事而忙碌。坎伯兰伯爵乔治·克利福德察觉到西班牙舰队正从加的斯驶出，就派了一艘叫"月光"号的快艇去向萨福克伯爵托马斯·霍华德报信。"月光"号到来的时候，萨福克伯爵托马斯·霍华德在弗洛雷斯湾抛锚停泊，大部分官兵在岸上补给，还有一些人得了坏血病。在向萨福克伯爵托马斯·霍华德发出报警之前，萨福克伯爵托马斯·霍华德几乎对阿隆索·德·巴赞①指挥的西

得了坏血病的英格兰船员

① 圣克鲁斯侯爵阿尔瓦罗·德·巴赞的哥哥。——原注

班牙舰队闻所未闻，一概不知。弗洛雷斯岛的锚地向西北方向开放，西班牙舰队绕过弗洛雷斯岛的西侧，改变航向，迎着西风前进。弗洛雷斯岛的西侧是无法回避冲突的要害之地，要是萨福克伯爵托马斯·霍华德和他可怜的几艘军舰被敌军如此强大的部队抓住，后果将不堪设想。萨福克伯爵托马斯·霍华德做好了万全的准备，毫不迟疑地出海了。

理查德·格伦维尔爵士

当然，不能把岸上的部下丢下。岸上的部下得到的指令是：离开理查德·格伦维尔爵士的旗舰"复仇"号，然后会有人去接他们并在舰外会合。理查德·格伦维尔爵士是伊丽莎白一世舰队的副舰长，被认为是伊丽莎白一世舰队中最好的水手。在会合之前，西班牙舰队正对着停泊处。显然，萨福克伯爵托马斯·霍华德已经出海。因此，阿隆索·德·巴赞的舰队挡在萨福克伯爵托马斯·霍华德和"复仇"号之间。理查德·格伦维尔爵士从停泊处起航出海时，很容易就可以回到自己的海军军官身边。理查德·格伦维尔爵士要做的一切仅是逆风而行，迅速跑到西班牙人的背风处，然后在另一侧与萨福克伯爵托马斯·霍华德会合即可。实际上，在上述事件发生之后，少许运输船或粮食供给船和"复仇"号一同留了下来。尽管这一计划安全且合乎情理，但给人一种总是在逃亡路上的感觉。这种情况下，普通的军官不会认为逃跑是可耻的，但理查德·格伦维尔爵士并不是一名普通的军官。理查德·格伦维尔爵士是一个生来就充满激情的人。我们可以满怀敬意地做出这样的评价：理查德·格伦维尔爵士拥有伊丽莎白一世时期特有的、雄起赳的胆气。我们不能以当前的评判标准去衡量理查德·格伦维尔爵士。作为一个来自德文郡的绅士，理查德·格伦维尔爵士兼具中世纪的荣誉精神和高超的英勇才能，可能是受到骑士精神的熏陶。对理查德·格伦维尔爵士来说，像游侠骑士一样行动处事毫不困难。事实上，理查德·格伦维尔爵士表现得完全像个游侠骑士。理查德·格伦维尔爵士

理查德·格伦维尔爵士

的远航领航员劝他顺风而行，要相信军舰的速度，但理查德·格伦维尔爵士拒绝了。若想品尝海战的胜利果实，就有必要记住：在海上，迎风位置是确保战斗荣誉的关键。占据迎风位置的军舰可以决定为他人让路与否，并且可以让别人站在己方的下风口。通过这样的举动，其他军舰就会知晓究竟是拥有何等优越条件的军舰为自己创造了便利。如果当时理查德·格伦维尔爵士逆风而行，跑到西班牙人后面去，那他自己也会承认西班牙人比自己更具优势。现在，理查德·格伦维尔爵士不愿意这样做。理查德·格伦维尔爵士决定，无论对自己、

理查德·格伦维尔爵士指挥"复仇"号与敌舰周旋

军舰和船员有什么危险,都要穿过两个中队,并不顾一切,强迫"塞维利亚"号给自己让路。如果这个故事的英文版本可信,当时可能是这样一幅情景:最先跳下去的几位水手得到了"复仇"号的庇护,而理查德·格伦维尔爵士把他们当作开路先锋。也就是说——用现代的话描述——水手挺身而出,为"复仇"号开辟道路。在阿隆索·德·巴赞指挥的五十三艘军舰中,可以肯定的是,其中很大一部分为用以搭载士兵的运输船，没有配备大炮。因此，上述先行者乘坐的很可能是小型军舰，也可能是乌尔卡斯。无论如何，第一艘能够阻挡"复仇"号西班牙大帆船——"圣腓力"号，并未处于理查德·格伦维尔爵士驶向的下风处。正相反，"圣腓力"号迎着风撞上了理查德·格伦维尔爵士的军舰，由于"圣腓力"号大得多且高得多，"复仇"号带起的风使"圣腓力"号的船帆失去作用，直接将"圣腓力"号逼停。

从那一刻起，"复仇"号的命运尘埃落定。其他军舰也加入"圣腓力"号的行动。"复仇"号只得停驶。这种情况下，"复仇"号的防守之路变得十分漫长且绝望——在天黑前不久，冲突爆发，一直持续到了半夜，并且西班牙人的枪法非常糟糕。毫无疑问，由于缺乏照明，西班牙人无法仅凭人数优势战胜"复仇"号上的船员。萨福克伯爵托马斯·霍华德并没有抛弃理查德·格伦维尔爵士。相反，萨福克伯爵托马斯·霍华德只靠几艘人手不足的军舰做到了他能做到的一切。萨福克伯爵托马斯·霍华德尽可能从上风方向对西班牙人发起进攻，同时又不让自己被西班牙人的更具优势的兵力纠缠。如果萨福克伯爵托马斯·霍华德太过愚蠢，就会做出一些不必要的事情。甚至有记载说，当萨福克伯爵托马斯·霍华德动身想要航行到西班牙人中间时，萨福克伯爵托马斯·霍华德的船长威胁萨福克伯爵托马斯·霍华德，若是胆敢破坏伊丽莎白一世的船，就要将他丢进水里。也许就是在那个晚上，萨福克伯爵托马斯·霍华德离开了他的骑士同僚，任凭命运摆布，扬帆远航。黎明时，"复仇"号被彻底击垮，四十名士兵阵亡，多人受伤。理查德·格伦维尔爵士本人也受了致命伤。如果还有机会重新选择，理查德·格伦维尔爵士宁愿炸掉军舰也不愿让军舰落入西班牙人手中，但船员已经不愿再作任何牺牲。船员坚持要向西班牙人投降，而西班牙人为船员提供了住所。理查德·格伦维尔爵士还活着，被抬到阿隆索·德·巴赞的旗舰上。在弥留之际，理查德·格伦维尔爵士用西班牙语说："在这里，理查德·格伦维尔，死得其所，平静而欢喜。我像一个优秀的士兵一样结束了自己的生命……为了国家、伊丽莎白一世、宗教和荣誉而战，所以我的

理查德·格伦维尔爵士指挥"复仇"号沉着应战

理查德·格伦维尔爵士受致命伤

灵魂欢欢喜喜地离开这身体，并作为一个真正的军人永存。我已经尽了自己该尽的义务。可是，我的同伴中出了奸细和走狗，他们一辈子都要为此受到谴责，留下被世人永远唾弃的名声。"

复仇之战

当时，扬·惠更斯·范·林斯霍滕是岛上的居民。无论怎么说，扬·惠更斯·范·林斯霍滕很可能从西班牙人那里听到了理查德·格伦维尔爵士的那段话。这太符合理查德·格伦维尔爵士的性格了，而且与理查德·格伦维尔爵士

扬·惠更斯·范·林斯霍滕

同类人的性格也非常一致。因此，那段话完全是正确的。伊丽莎白一世时代的文学和人类活动都具有一种"吹嘘夸耀"的风格。在16世纪，理查德·格伦维尔爵士之死被称为"rodomontade"。西班牙人对这次成功复仇大肆吹嘘，如今缅怀时仍带着几分得意。然而，即使英格兰人允许在叙述这场战斗时加入很多夸张的表达，也并不能令这一壮举更加荣耀。这种行径也并不能使从美洲撤离并返程的努力更有效。萨福克伯爵托马斯·霍华德确实已被驱逐。两天后，从美洲返程的路途中，西班牙大帆船与阿隆索·德·巴赞会合。这些大帆船是从新西班牙港起航的运输船中幸存的几艘。前一年，奉腓力二世之命停泊在岸的那些军舰，因受到蛀船虫或钻孔蠕虫的侵扰而数量大大减少。剩下的人中很少有人能活着回到西班牙。西班牙大帆船和阿隆索·德·巴赞会合不久，一阵猛烈的大风接踵而至，猛刮了七天。西班牙海军上将指挥的一百四十艘军舰全部被海风摧毁。有一百多艘军舰沉没或遇难。损失比无敌舰队更严重，且西班牙海军更是遭受了无法弥补的打击。在接下来的两年里，又有几批人前往"群岛"。从数次航行中可以看出，英国人积极进取，善于航海，而西班牙人毫无建树，墨守成规。然而，到1594年，伊丽莎白一世的政策改变了。在政策上，航行前往各岛是合理的，并且会对西班牙人造成巨大的损害。但事实证明，上述航行并没有给伊丽莎白一世带来任何好处。1594年，伊丽莎白一世听取弗朗西斯·德雷克和约翰·霍金斯的建议，决定重新采用一种更古老的方法来掠夺腓力二世的财富。威廉·蒙森爵士说："弗朗西斯·德雷克和约翰·霍金斯这两个指挥官依仗自己的经验和知识自作主张，多次劝说伊丽莎白一世到西印度群岛旅行，信誓旦旦地保证这样定会大有作为，他们也答应成为旅行中的一员，投身于追求物质和生活的冒险中。"事实上，这个计划是在重复1585年实施的部分计划而已。弗朗西斯·德雷克和约翰·霍金斯要驾驶军舰去往西印度群岛，并在西印度群岛起航的港口夺取西班牙国王的宝藏。据估计，从西印度群岛和西班牙船掠夺来的财物至少可以支付本次远航的费用。由于担心来自低地国家的西班牙人入侵，一拖再拖之后军舰才起锚起航。

帕尔马公爵亚历山大·法尔内塞的葬礼

自1592年帕尔马公爵亚历山大·法尔内塞去世后，枢机主教奥地利大公阿尔伯特七世一直担任西班牙荷兰省的总督，奥地利大公阿尔伯特七世使用手段让自己得以掌控布列塔尼大部分地区。一支小型远征队从布拉韦河的小港口出发并烧毁了彭赞斯。然而不久后，由于大家都知道入侵只是虚张声势，弗朗西斯·德雷克和约翰·霍金斯依旧取得了航行的许可。像往常一样，舰队仅由伊丽莎白一世的一部分军舰组成。其中有六艘军舰，分别是挂着弗朗西斯·德雷克爵士的旗帜的"反抗"号、约翰·霍金斯的旗舰"花环"号、"希望"号、"博纳文蒂尔"号、"远见"号和"探险家"号。除此之外，还有二十艘属于私人"探险家"的船。在夺取巴拿马计划行动中，两千六百名士兵抢滩登陆。士兵的指挥官是德文郡的一个绅士——托马斯·巴斯克维尔爵士。

远征巴拿马

1594年8月28日，舰队从理查德·霍金斯爵士的故乡普利茅斯出发，开始了最后一次航行。舰队开始沿着常规路线航行，即穿过大加那利岛到西印度群岛。根据惯例，舰队准备在大加那利岛花点时间做些抢劫剽窃的勾当。据说，约翰·霍金斯受伊丽莎白一世之命，立即向西印度群岛前进。英格兰收到

理查德·霍金斯爵士

的情报是：在驶进波多黎各的港口时，一艘满载宝藏的西班牙船发生了故障。很明显，英格兰舰队出现在波多黎各的港口前的时间越早，就越有可能找到那艘停留在波多黎各的港口的装满宝藏的船，并且夺取波多黎各这座毫无防备的城市。毫无疑问，理查德·霍金斯爵士的建议是正确的。但因为弗朗西斯·德雷克和托马斯·巴斯克维尔爵士掌控着舰队的舆论，所以他们推翻了理查德·霍金斯爵士的意见。水手们假装在寻找补给，实际上是在迫切希望大肆劫掠一番。因此，水手们决定登陆掠夺，但舰队已经越过界限。在西班牙人布置可以御敌的装备之前，大加那利岛不能受到攻击。英格兰指挥官们发现大加那利岛的防御十分坚固，无法攻下，只好在一个偏僻的地方让几个人上岸补充淡水。即使如此，英格兰舰队最终也未能得逞。在补充淡水的流水口处，一些流散的英格兰士兵遭到当地牧民的袭击，当地牧民杀死了大部分士兵，并俘虏了其他士兵。从其中一个被俘虏者那里，西班牙总督奥地利大公阿尔伯特七世得知了英格兰舰队的目的地，便立即派了一艘快船去防守西印度群岛的城镇。然而，腓力二世从英格兰得到了充足的情报，并且已经向英格兰发送了警告。弗朗西斯·德雷克和约翰·霍金斯发现在大加纳利群岛上完全无事可做，只能留在背风群岛①上，然后在多米尼加和瓜德罗普岛停靠，补充淡水。英格兰舰队一进入西印度群岛就被暴风雨打散了阵形。舰队重新整合完毕之后，英格兰舰队与岛上的土著人交换食物和水。此时，西班牙人正积极地忙碌着，为的是挫败英格兰舰队的此次远征。腓力二世并没有忘记去保护装满宝藏的船。腓力二世派出了由八艘扎布拉斯②组成的舰队。指挥者叫佩德罗·特略，从西班牙出发，奉命把金银带回来。尤为不幸的是，在佩德罗·特略指挥的五艘军舰中，有一艘缴获了属于约翰·霍金斯舰队的重达三十五吨的金银条。灾祸发生在一艘更大的英格兰军舰面前，而这艘更大的军舰逃了出来并把这个坏消息带给了约翰·霍金斯。据报道，约翰·霍金斯因预见这必然的结

---

① 背风群岛为西印度群岛中小安的列斯群岛北部的群岛。——译者注
② 16世纪的西班牙帆船。——原注

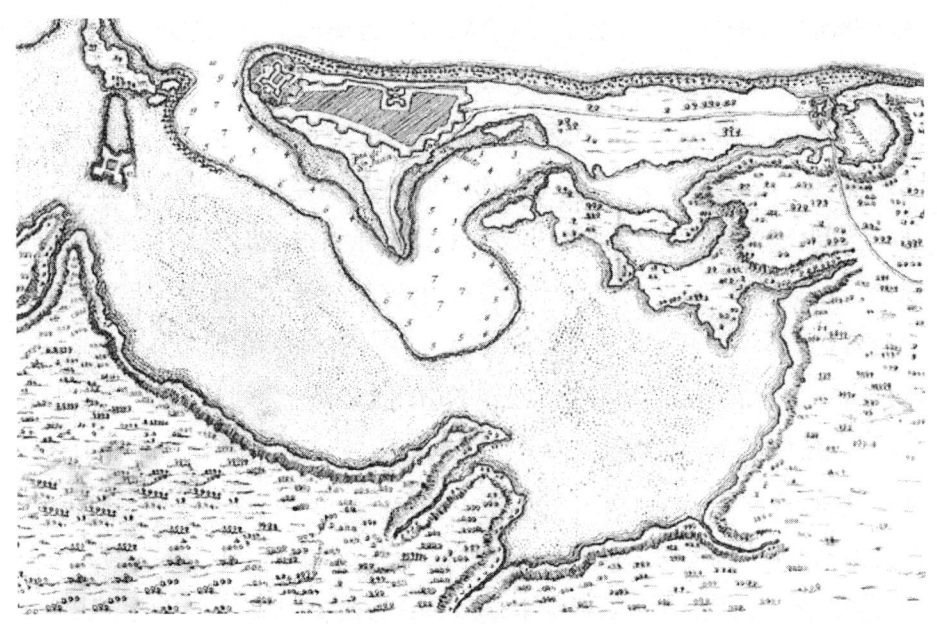

波多黎各的港口的平面图

果而即刻病倒了。当时,佩德罗·特略做了任何一名英格兰指挥官都会毫不犹豫去做的事——折磨囚犯,强迫囚犯吐露英格兰远征的目的地。然后,佩德罗·特略匆匆前往波多黎各。在瓜达卢佩岛,英格兰指挥官又耽搁了几天,然后继续行程,似乎非常悠闲的样子。据说,弗朗西斯·德雷克和约翰·霍金斯之间爆发过争执。通过记录可以看出,在整个争辩过程中,弗朗西斯·德雷克和约翰·霍金斯显然没有年轻时那么反应迅速和果断了。在到达波多黎各之前,约翰·霍金斯去世了,遗体葬于大海。

弗朗西斯·德雷克之死

弗朗西斯·德雷克与约翰·霍金斯共事得并不愉快。约翰·霍金斯死后,弗朗西斯·德雷克可以单干了,但他进攻波多黎各失败,并没能取得更高的成就。西班牙人有充足的时间带着宝藏登陆,并让港口处于防御状态。英格兰人在此次失败的行动中损失了一百多人。这一经验似乎令幸存的领导者明白了一个道理——再继续在波多黎各浪费时间是毫无希望的行为。因此,英格兰舰队开始执行其余命令。但这一次,英格兰舰队注定要失败,处处碰壁。通常情况下,坏运气意味着计算失误。弗朗西斯·德雷克意识到,在过去的十年里,西印度群岛发生了巨大的变化。西班牙较小的哨所已经不复存在。腓力二世的工程师加固了较大的哨所。因此,再也没有机会能像数年前那样掠夺了,在这样的状态下,士兵无法进行常规围攻。弗朗西斯·德雷克和托马斯·巴斯克维尔爵士企图向海岸附近的城镇勒索赎金。他们尝试了数次,均以失败告终,这些城镇在他们到来之前就已经是弃城了。于是,两人决定不再拖延,对巴拿马发动蓄谋已久的袭击。弗朗西斯·德雷克留在农布雷-德迪奥斯,而托马斯·巴斯克维尔爵士带着七百五十人试图由陆路行军。后来,亨利·摩根爵士的海盗团成功完成了这次行军。但1594年的西班牙政府比17世纪晚期强大得多。托马斯·巴斯克维尔爵士遭到了极其顽固的抵抗,他在穿过灌木丛时受到骚扰,在袭击西班牙人在道路另一端建造的寨子时遭到了重创。即使托马斯·巴斯克维尔爵士与同伴们视死如归,但还是发觉已然无望,便回到迪奥斯的诺布尔。之前,弗朗西斯·德雷克在海岸上的时候,印第安人的态度很友好,现在却截然相反。这也许是跟随弗朗西斯·德雷克而来的那些卑鄙的探险家的所作所为太过恶劣导致的。印第安人通过伏击截断了一支英格兰小分队。弗朗西斯·德雷克开始意识到自己勇敢而成功的一生终将以失败告终。"弗朗西斯·德雷克习惯按规矩办事,现在他发现了自己的错误,发现西印度群岛的情况和自己预期的全然不同。他如梦初醒,变得忧郁、失望。这一瞬间,我希望一切顺其自然地了结于波托贝洛,此处距离弗朗西斯·德雷克初次斩获荣誉的地方不远。"威廉·蒙森爵士如是说。可以肯定的是,弗朗西斯·德雷克死于失望和海岸恶劣的气候。这是长期艰苦的海上生活的必然结果。在两位海军军官死后,托马斯·巴斯克维尔爵士带着在疾病与战争中幸免于难的残兵败将回了家。这支舰队可以说是伊丽莎白一世统治时期所有舰

弗朗西斯·德雷克死后被葬入大海

队中最失败的一支舰队。托马斯·巴斯克维尔爵士从佛罗里达海峡返回，途中在古巴西端与腓力二世舰队有一场不大不小、没有决定性意义的战斗。无论是前往"群岛"的航行，或者再次对西印度群岛发起攻击，都没有满足伊丽莎白一世和议会的期望。尽管经历了诸多失败和灾难，但腓力二世还是不屈不挠地重整了舰队，并一直盘算着入侵英格兰王国的新计划。在陆地上，腓力二世优秀的军队和在佛兰德斯的军官取得的战果弥补了一部分海上灾难带来的损失。西班牙人在布列塔尼海岸建立了自己的据点，甚至成功地占领了加来。1596年，伊丽莎白一世似乎遇到了和1588年一样危险的处境。这一次，伊丽莎白一世的船长向她施加压力，伊丽莎白一世按照船长的要求做出了指示。伊丽莎白一世决定对西班牙发动一次猛烈的攻击。伊丽莎白一世听从诺丁汉伯爵查尔斯·霍华德和第二代埃塞克斯伯爵罗伯特·德弗罗的诚挚进言，加入了前往①加的斯的一场联合远征。一支一百五十人的舰队集结在一起，伊丽莎白一世为皇家海军贡献了十七艘军舰，在当时占了很大比例，投入总金额不低于五万英镑，约为伊丽莎白一世固定收入的八分之一。伊丽莎白一世的荷兰盟友贡献了十八艘军舰和六艘储藏船。其余的船要么是被征召到海港的船，要么是探险家的船。除了荷兰人，这支舰队还载有一千个富有教养的志愿者、六千三百六十八个士兵和六千七百七十二个海员。此舰队经由细致的策划组织并带着精确的指令航行，只为在西班牙王国的港口内重创西班牙舰队，损坏粮仓和军需品②，无须让人或军舰冒险去做愚蠢或鲁莽的事。这次战役与1594年的混战形成鲜明对比，非常成功。1594年6月1日，英格兰舰队起航，在二十天内横扫加的斯，所到之处，极尽掠夺之事。掠夺行为如此干脆彻底，以至在海上侦察的西班牙商队中没有一艘船能够带着情报逃进港口。因此，也就没能让盟军舰队做出支援行动。1594年6月20日，英格兰舰队在加的斯出现，完全出乎对手西班牙的意料。

---

① 彼时正值这二位春风得意的时刻。——原注
② 粮仓是用来给他的海军提供武器的。——原注

第二代埃塞克斯伯爵罗伯特·德弗罗

夺取加的斯

加的斯自海里的巨岩中升起,岩石与大陆之间由一条狭长的岬角和一座桥连接。这个地峡既是天然的,又是经过人为修整的。从东南一直延伸到西北的地峡与东边的陆地之间即是加的斯港。加的斯港被一块从加的斯岛向大陆突出的陆地的岬分成了外岛和内岛。该地峡被称为"尖"。地峡尽头有一座堡垒。内港向东延伸至西班牙大陆。雷亚尔港和大军火库分别位于内港东端的北部和南部。

当盟军舰队抵达加的斯港外时,加的斯外港停泊着许多满载军队的大帆船和一队隶属于腓力二世的大帆船。大帆船被拖拽穿过港口,停泊在港口,船头朝内,以便在任何进攻的时候都能保持侧斜船位。军队部署展现出了自身的

盟军舰队抵达加的斯港

决心。然而,西班牙人在进攻中表现出的坚韧不拔证明盟军的计划落空了。盟军舰队轻易地打入了内港,之后,除了被救援和被西班牙人烧毁的两艘军舰,其他大帆船逃到了雷亚尔港,而苦役犯从加的斯和大陆之间的岔路口逃出来,跑到了海上。在场的一些官员相信,如果盟军满足于占领连接道路上的某个据点,把加的斯与大陆切断,那么盟军可能会尾随在西班牙大帆船后面,而且在雷亚尔港避难的商船肯定会得到大量战利品,再次遭受进攻时,加的斯镇很有可能会陷落。第二代埃塞克斯伯爵罗伯特·德弗罗头脑发热、太过轻率,在进攻并摧毁了地峡尽头的要塞之后,率军登陆并继续进攻,对城镇发起袭击。舰队登陆后继续向城镇进发。皇家海军的做法引起了诺丁汉伯爵查尔斯·霍华德、萨福克伯爵托马斯·霍华德和沃尔特·罗利爵士的效仿。他们加快速度登陆上岸,加入了袭击城镇的行动。加的斯没有正规的守备部队,防御也很差,在盟军进攻之前,这座城镇很轻易地就陷落了。不过,街上和市场上也发生了

盟军登陆攻打加的斯

第3章 从无敌舰队到伊丽莎白一世统治末期 | 155

激烈的战斗，一名杰出的英国军官约翰·温克菲尔德爵士在战斗中被击毙。盟军占领加的斯两周。严格的秩序得以维持，盟军也满足于对这座城市征收适度的赎金。尽管对盟军来说，洗劫加的斯这座城市就像当时西班牙军队野蛮地洗劫低地国家的城市一样轻而易举。但为了指挥官的荣誉，盟军的行为还算温和。这在被洗劫的城市中倒是很少见。

对西班牙来说，烧毁在雷亚尔港避难的敌军军舰是最有效的行动。由指挥舰队的梅迪纳·西多尼亚公爵阿隆索·佩雷斯·德古兹曼·索托马约尔下达命令。梅迪纳·西多尼亚公爵阿隆索·佩雷斯·德古兹曼·索托马约尔仍然是安达卢西亚纵队的将军，倚仗不应得到的、来自西班牙国王腓力二世的恩宠，又用自嘲来掩饰自己的失败。盟军保留对加的斯的控制后，只要愿意，便可放火烧毁加的斯。撤退时带的战利品没有盟军期望的那么多，但确实是极大的荣誉。这一切都十分有损腓力二世的颜面，而且腓力二世还要继续忍受这份耻辱。在返程中，舰队洗劫了葡萄牙阿尔加维的小镇法罗，抢劫了枢机主教罗德里戈·德·卡斯特罗·奥索里奥的图书馆。"这座图书馆，"威廉·蒙森爵士说，"是由我们带到英格兰的，里面有许多赠予牛津大学新建图书馆的书籍。"这座图书馆可以说是舰队运气较好且管理有素的最显著证据。这一切使舰队得以恢复元气。

战利品和掠夺品

尽管这次远征很成功，但伊丽莎白一世并不满意。盟军已经斩获了足够多的荣誉，但物质上的结果并未达到伊丽莎白一世和议会的期望。诺丁汉伯爵查尔斯·霍华德和第二代埃塞克斯伯爵罗伯特·德弗罗刚返回家园便不断地向伊丽莎白一世索要钱财，用以支付士兵的工资。伊丽莎白一世并不期望如此。诺丁汉伯爵查尔斯·霍华德和第二代埃塞克斯伯爵罗伯特·德弗罗急切地向伊丽莎白一世保证，只要动用足够的兵力对西班牙的港口发动袭击，绝对是一场十分有利可图的行动。据说，许多参加"加的斯航行"的人返程时均带着可观的战利品。然而，伊丽莎白一世甚至无法支付战争的费用，更不用说为自己的五万英镑留有利润了。因此，伊丽莎白一世严苛地审讯了将士，问他们为什么没做出更多业绩，而将士被逼无奈，只能竭力为自己辩解。真实的情况如下：舰队夺取加的斯的时候太过匆忙，导致在西班牙人烧毁军舰之前他们没能占领加的斯。导致既得利益降低的原因有二，一是"战利品"和"掠夺品"这两个词有区别。"战利品"意味着必须先有投入才有所得，即付出成本并按比例分配，包括对手的船、船上的货物和军械及城镇的赎金，或是为解救海上货物而支付的任何款项。这种情况下，普通的水手和士兵只有在返回家乡、分道扬镳的时候才能分得一份。"掠夺品"是指有权立即获得的任何东西，包括小型武器、船舱家具、为囚犯支付的个人赎金、人们被绑架时口袋里的现金、衣服和珠宝。身为文明者的敌军习惯在行使此类战争权利时表现出一定的体面。敌军认为最好不要脱光囚犯的衣服，而且在某些情况下，至少规定不去抢夺妇女的耳环。加的斯的首领们都会保护"上等商人"的妻子。约有两百人获得准许，在第二代埃塞克斯伯爵罗伯特·德弗罗的护送下安然无恙地离开。这两百人在敌军遵从礼节的情况下，立刻穿上所有最好的衣服，戴上所有戒指和项链。虽然第二代埃塞克斯伯爵罗伯特·德弗罗和诺丁汉伯爵查尔斯·霍华德把对加的斯的掠夺控制在非常小的范围内，但可以肯定的是，第二代埃塞克斯伯爵罗伯特·德弗罗和诺丁汉伯爵查尔斯·霍华德一定在城镇内掠夺到了大量的、各式各样的物资。对没有幸运地被列入"上等商人的妻子"之列的女人来说，她们拥有的华丽服饰可能已经所剩无几。至于对男人的掠夺，无须讲求礼节。类似盘子或商店售卖的货物这类便于携带的物品，都被毫不客气地收入囊中。士兵看到什么抢什么。

在加的斯城里发生的这种毫无底线的掠夺比在船上发生的掠夺还要多。男人们——无论是士兵还是水手——都对此心照不宣。第二代埃塞克斯伯爵罗伯特·德弗罗找借口说未曾看到船被占领。第二代埃塞克斯伯爵罗伯特·德弗罗说他已经指示水手们跟随西班牙大帆船前往雷亚尔港，而远征队的士兵正忙着占领加的斯。但水手们绝对不乐意接受这种苦差事。占领和掠夺本可以让他们大为忙碌，而且在之后还可能取得不菲的回报，比起战争，掠夺加的斯更让士兵心动。士兵难以服从这种安排，经验告诉他们，在英格兰最终分配奖金的时候，伊丽莎白一世会非常谨慎。因此，第二代埃塞克斯伯爵罗伯特·德弗罗进攻加的斯的行动一旦被效仿，所有盟军，包括军队和海军都会迅速冲向好处最大、获取方式最直接的地方。

首领之争

对掠夺加的斯一事，之所以未能达成完全成功的商业投机结果，还有另一种解释：军官之间相互竞争，但骑士风度犹存。诺丁汉伯爵查尔斯·霍华德、第二代埃塞克斯伯爵罗伯特·德弗罗、沃尔特·罗利爵士和萨福克伯爵托马斯·霍华德在击退西班牙的大帆船并攻陷加的斯时，为了赢得第一的位置而彼此争得不可开交。他们的举止就像活泼好动的小学六年级男生。这对当前事务的利益不构成任何危险。但上述竞争还存在于另一方面，只能用"恩怨"这个不那么体面的名称来准确描述。第二代埃塞克斯伯爵罗伯特·德弗罗和沃尔特·罗利爵士都是朝臣，他们都想得到伊丽莎白一世的重用。因此，一个比一个更积极地谄媚恭维。第二代埃塞克斯伯爵罗伯特·德弗罗和沃尔特·罗利爵士已经公开表示了敌意，而后又重归于好。当然，他们也恨透了对方。在加的斯，第二代埃塞克斯伯爵罗伯特·德弗罗和沃尔特·罗利爵士敌对的恶果并没有什么产生明显的影响。但这足以破坏1596年战役大获全胜的结果。伊丽莎白一世时代的各项事业中，几乎没有纪律，基本上是情感统一和精力旺盛这两种精神力量造就了成功。除了将领之间有竞争，不同类型的人之间也明争暗斗。水手和水手军官与士兵是对头。当水手和水手军官试图通过航海技术取得压倒性胜利时，士兵就变得不耐烦了。这是因为水手和水手军官对海上战争的情况只是一知半解，而水手倾向于认为自己的牺牲只是为了给士兵垫背。

伦敦

每一种形式的竞争都在一定程度上导致了伊丽莎白一世统治时期海军的失败。1597年,腓力二世仍然威胁要向英格兰发起进攻,这次的行动始于巴斯克港。自去年损失了如此多的钱财之后,伊丽莎白一世完全断绝了再去加的斯的想法。值得怀疑的是,伊丽莎白一世能不能再发起一次进攻,并且避免让自己的声望变得危险。不仅是伊丽莎白一世,伦敦和一些较小的港口也都因微薄的利润而付出了沉重的代价。如果伊丽莎白一世试图强迫伦敦和外港来的船离开,肯定会引起声势很大的抗议。当伊丽莎白一世有能力避免不当政策的时候,臣民从来没有任何感到不满的理由。因此,伊丽莎白一世装备了一支由十五艘军舰组成的海军中型舰队。在第二代埃塞克斯伯爵罗伯特·德弗罗的指挥下,此舰队被派往海上,受命调查西班牙的港口。恶劣的天气将舰队击退,但调查发现腓力二世并不足以造成严重的威胁。此时距离1591年弗洛里斯战役已经过了很久,英格兰人决定再作一次尝试,企图通过前往"群岛"的常规航行夺取西班牙的船。遣散了1597年年初招募的大部分士兵,一千名来自古老的低地国家军队且经验丰富的士兵被留了下来,舰队第二次出航。舰队在费洛尔附近的西班牙海岸登陆,希望能吸引西班牙的舰队出动,但西班牙人按兵不动。第二代埃塞克斯伯爵罗伯特·德弗罗继续航行,抵达亚速尔群岛。整个远征以失败告终。军舰分头行动,英格兰舰队或根本没有看到西班牙人,或即使看到了也未能抓住西班牙人。像往常一样,英格兰舰队把运气不好当作借口糊弄过去,但远征失败的真正原因不在于此。沃尔特·罗利爵士陪同远征队出行。自从沃尔特·罗利爵士严重冒犯了伊丽莎白一世之后,他就开始了海上冒险。伊丽莎白一世自负地以为所有朝臣都只会爱上她一人。而沃尔特·罗利爵士引诱她的女仆伊丽莎白·思罗克莫顿,更是打击了伊丽莎白一世的自尊。

伊丽莎白·思罗克莫顿

但沃尔特·罗利爵士并没有放弃重新赢得伊丽莎白一世欢心的决心。当沃尔特·罗利爵士发现第二代埃塞克斯伯爵罗伯特·德弗罗取代了自己，享尽伊丽莎白一世的宠爱时，他既嫉恨又愤怒。第二代埃塞克斯伯爵罗伯特·德弗罗对沃尔特·罗利爵士没有好感，先前就指责沃尔特·罗利爵士为了自己的目的破坏加的斯行动的圆满成功。不知是有心还是无意，两个人在整个航行过程中一直在相互使绊子。在这种情况下，采取任何有效措施都无济于事。舰队最终一无所获地返回了故乡。在无人知晓之际，一支西班牙中型舰队曾经航行到英格兰。但来自锡利群岛附近的风暴击退了这支西班牙中型舰队。

逐渐平息的战争

1597年，战争开始平息下来。1598年，皇家海军处于闲置状态。1599年，当伊丽莎白一世要求皇家海军发挥自己的力量时，海军部报告称几乎没有一支舰队能快速适应海上作战。一支由二十艘船组成的中型舰队"在十二天内装帆、准备好食物、装备妥当并出海"。威廉·蒙森爵士的记录表明，这一壮举令外国人感到惊讶和钦佩。1600年，依旧无事发生。事实上，西班牙和英格兰都已疲惫不堪。战争使英格兰当时最赚钱的商业部门停止了活动。经验表明，私掠船并不能弥补和平产业缺乏的东西。和平谈判开始，并分别于1599年和1600年进行了一次谈判。1600年之后的一年中，腓力二世派遣了三艘军舰前往"群岛"，由理查德·莱韦森爵士指挥，小心谨慎地为舰队提供了强大的保护。而理查德·莱韦森爵士回国时连一件战利品都未能带回。和平谈判以失败告终，舰队还没有恢复元气。1601年，一支西班牙中型舰队在爱尔兰登陆，这支中型舰队由三千五百名士兵组成，目的是与当时反叛伊丽莎白一世的蒂龙伯爵修·奥尼尔合作。自己的领土被入侵一事令伊丽莎白一世重新振作起来。伊丽莎白一世派理查德·莱韦森爵士指挥一支舰队抵达爱尔兰海岸，阻止西班牙人增援其已经登陆的部队。理查德·莱韦森爵士只派了五艘军舰。但事实证明，这五艘军

芒乔伊男爵查尔斯·布朗特

舰足以完成这项任务。西班牙舰队中三千五百人跟随胡安·德尔·阿奎拉乘军舰回到了自己的根据地。然而,在金塞尔港,一支有七百人增援的分遣队竟遭到了袭击。袭击行动很成功。西班牙入侵失败的原因主要是与蒂龙伯爵修·奥尼尔缺乏合作、副官芒乔伊男爵查尔斯·布朗特战斗力强大和皇家海军通过切断西班牙的通信设施,为皇家海军提供了物资援助。由双方军备的规模变小可以见得,双方都进入了疲惫状态。胡安·德尔·阿奎拉带领的三千五百名士兵和将士兵运送到爱尔兰的舰队的标准比早些年西班牙探险队的标准已经降低了很多。伊丽莎白一世派往西班牙海岸进行报复的舰队规模之小,简直微不足道。该舰队仅由九艘军舰组成,由海军上将理查德·莱韦森爵士指挥,威廉·蒙森爵士担任副官。威廉·蒙森爵士的《海军小册》中说自己很重视这一年的航行,并且浓墨重彩地描述了自己非凡的勇气、精力和睿智的表现。毫无疑问,威廉·蒙森爵士是一名优秀的军官。威廉·蒙森爵士曾经在齐泽姆布里的停泊地俘获或摧毁了葡萄牙人的武装帆船,这是一项值得称道的贡献,但在海军的通史上很难获得详细叙述。接下来的一年里,理查德·莱韦森爵士和威廉·蒙森爵士这两名军官仍旧在狭窄的海域指挥着这支舰队,但战争已经宣告结束。1603年,伊丽莎白一世驾崩,由爱好和平的詹姆斯一世继任。1598年,腓力二世

伊丽莎白一世驾崩

已经驾崩,其继任者是虚弱的西班牙国王腓力三世。在腓力三世的统治下,西班牙王国的实力迅速衰落。法兰西国王亨利四世在剑悬于顶、岌岌可危的状况下,确立了自己的王位。除荷兰共和国——除非荷兰共和国确保独立,否则不可能出现和平——沃尔特·罗利爵士这个靠战争获得收入的人之外,其他人都渴望结束敌对状态。伊丽莎白一世统治的时代已经结束。当英格兰王国即将在海上进行一场激烈的战斗时,英格兰王国面对的是一个完全不同的对手,同样也是一个不同的目标。

西班牙国王腓力三世

海盗时代

在从西班牙无敌舰队时代开始讲述伊丽莎白一世的海军历史时，我认为最好把"探险家"的行为放在一边。然而，我们已经发现，"探险家"的行动与皇家海军的行动相互结合、密不可分。从1588年到19世纪末，海上强国的簇拥者数量众多，有的还取得了辉煌的成功。事实上，支持海盗行为的人的数量远远超过记录。在英格兰与西班牙贸易全面中断的情况下，私掠巡航、掠获商船成为商人和海员的重要资金来源。实际上，英格兰与西班牙的贸易并没有完全中断。虽然英格兰不像荷兰人那样与西班牙保持开放的贸易关系，但在欧洲和大西洋诸岛的西班牙港口，还是经常能看到英格兰商船的踪影。确实，西印度群岛的港口出于谨慎考虑已对外国人关闭。但英格兰商船采取了简单的预防措施——悬挂苏格兰国旗。在与西班牙人进行贸易的过程中，英格兰商船似乎没有遇到什么困难。然而，这种做法也有危险。因为通过掠夺西班牙人来谋取利益的诱惑非常之大，所以海上总是有一群英格兰海盗船在四处游荡，尽管他们现在已被世人遗忘。威廉·蒙森爵士保证，这些冒险绝大部分都是灾难性的冒险，或者至少是徒劳无功的尝试。对此，我们坚信不疑。小型海盗船通常不超过四五十吨，不但无法攻击被保护得很好的西班牙舰艇，甚至无力对付一艘装备精良的大帆船。小型海盗船不仅缺乏对付目标的物质力量，也缺乏纪律，而且由于太过贫穷，小型海盗船的主人常常不能妥善地给小型海盗船配置装备。小型海盗船的船员大多是为了逃避伊丽莎白一世的船而上船的。伊丽莎白一世的军舰纪律更严格，进行掠夺的机会也没那么多。小型海盗船的装备和纪律都差强人意，正常情况下，船上的气氛常常是一片哀伤。而且威廉·蒙森爵士说，有很大一部分人或是葬身大海，或是直至返程都连一个西班牙人也没有见到。威廉·蒙森爵士的话应该没有夸大其词，属于据实描述。

坎伯兰伯爵乔治·克利福德的浩大航行

在默默无闻的人当中，有几个人的成就值得纪念。其中最杰出的是坎伯兰伯爵乔治·克利福德。当时，坎伯兰伯爵乔治·克利福德未能得到他应得到的声誉。事实上，坎伯兰伯爵乔治·克利福德阐述了伊丽莎白时代的历险中最精彩的部分，无人能出其右。对其他一些人，如弗朗西斯·德雷克、约翰·霍金斯或沃尔特·罗利爵士，我们可能会怀疑，他们的主要动机是否为期望借此获得利益。但无人可以否认坎伯兰伯爵乔治·克利福德是一个伟大、高尚的人。坎伯兰伯爵乔治·克利福德希望从西班牙人那里得到战利品并获取利润，并且显而易见的是，坎伯兰伯爵乔治·克利福德主要受到骑士精神和冒险精神的影响。还有一种感觉就是：坎伯兰伯爵乔治·克利福德树立了榜样，做了他这个阶层的人该做的事。当然，1586年到1597年，坎伯兰伯爵乔治·克利福德十次航行的壮举可以和那个时代的任何一个海员媲美。坎伯兰伯爵乔治·克利福德尽管并没有参加所有由他出资的探险活动，但确实参与了诸多探险活动。其中三次活动尤为精彩。1592年，坎伯兰伯爵乔治·克利福德的船队占领了"上帝之母"号。"上帝之母"号落到了一队英格兰私掠船的手中，成了其所有物，部分归坎伯兰伯爵乔治·克利福德，部分归约翰·霍金斯家族，部分归沃尔特·罗利爵士。伊丽莎白一世的一艘军舰参与了这次掠夺。这对冒险者来说是件不幸的事。"上帝之母"号是一艘非常小的船，因此在根据功绩分赃时，每个人的所得很少。事实上，若不是私掠大帆船用尽方法协助伊丽莎白一世的军舰，它早就被拖走了。船长罗伯特·克罗斯爵士直接把军舰撞向葡萄牙大船，随即"紧紧地系住军舰的护桅索，带着女王陛下的军舰一起离开了"。坎伯兰伯爵乔治·克利福德的指挥官诺顿船长登上甲板，救下女王陛下的军舰，并且在其他人的大力支持下，经过长时间的努力，终于把女王陛下的军舰抬了上来。"上帝之母"号被带到英格兰王国，也证明了伊丽莎白一世的战利品是一件了不起的收获。"上帝之母"号来自东印度群岛的葡萄牙属地，携带着"香料、毒品、丝绸、印花布、棉被、地毯和各种染色剂"。据说,"上帝之母"号一出现,便极大地激发了伦敦商人参与东方贸易的欲望,并对东印度公司的形成产生了直接影响。坎伯兰伯爵乔治·克利福德获得的收益没有达到他的期望。伊丽莎白一世利用"自己最小的一艘军舰在本次掠夺中占的份额可能是最小的"这一事实,用一种十分典型的武力配合欺骗的手段,为自己争取到了战利品的最大份额。

令人惊叹的是,坎伯兰伯爵夫人玛格丽特·克利福德被她身边的人抢劫了。坎伯兰伯爵夫人玛格丽特·克利福德强迫坎伯兰伯爵乔治·克利福德拿出

坎伯兰伯爵夫人玛格丽特·克利福德

三万六千英镑作为礼物赠送给自己,这个数目比坎伯兰伯爵乔治·克利福德期待能够收到的钱还要多。1594年进行的第八次航行中,英格兰人对被抢船上的货物进行异常野蛮的处置。一艘被掠夺的船在经历了令人惊骇的恶行之后被烧毁,另一艘船击退了私掠船的攻击。坎伯兰伯爵乔治·克利福德最令人难忘的功绩——实际上也是伊丽莎白一世统治时期最辉煌的成就——是1597年前往西印度群岛的航行。1597年,在亚速尔群岛,第二代埃塞克斯伯爵罗伯特·德弗罗和沃尔特·罗利爵士斗争不休,航行最终以失败告终。1592年的出行经验表明,坎伯兰伯爵乔治·克利福德与伊丽莎白一世的军舰一起航行有害无益。众所周知,伊丽莎白一世对自己的军舰很温柔,因此,与伊丽莎白一世的军舰同去的人必然时时忧虑,恐惧自己不知何时会遭遇无妄之灾。伊丽莎白一世常利用自己的军舰在场的机会剥夺同伴们应得的战利品。1594年,坎伯兰伯爵乔治·克利福德发起了一次进攻,进攻以失败告终。这也表明坎伯兰伯爵乔治·克利福德需要十分强大的大型军舰。因此,在德特福德,坎伯兰伯爵乔治·克利福德为自己建造了一艘重型舰。这艘重型舰重八百吨,排水量在当时属于一流,被伊丽莎白一世命名为"恶魔之灾祸"。1597年,坎伯兰伯爵乔治·克利福德召集了一支十八人的舰队并亲自指挥。1597年3月6日,坎伯兰伯爵乔治·克利福德起航。如果可能,坎伯兰伯爵乔治·克利福德打算掠夺葡萄牙东印度公司的船。然而,这次行动失败了。坎伯兰伯爵乔治·克利福德转而前往西印度群岛,在西印度群岛占领一些岛屿或城镇"将给他带来暴富和财物,而这也是坎伯兰伯爵乔治·克利福德航海生涯的主要目标"。坎伯兰伯爵乔治·克利福德计划的第一部分失败了。坎伯兰伯爵乔治·克利福德在葡萄牙海岸航行了一段时间,但收效甚微,于是驶往加纳利群岛。同样,坎伯兰伯爵乔治·克利福德未能得到战利品。之后,坎伯兰伯爵乔治·克利福德告诉部下,自己打算继续到西印度群岛去,希望从中获利。"起先,坎伯兰伯爵乔治·克利福德知道玛格丽塔很富有,波多黎各也不差,其次是圣多明各。1597年7月,出航舰队将抵达阿科亚,我们在那边必然要与出航舰队碰面。如果我们的需求还没能得到满足,那么1597年7月月底或8月，我们应该会在圣安东尼奥角与舰队相遇。"坎伯兰伯爵乔治·克利福德并没有打算对这一庞大计划的所有内容都认真执行。在坎伯兰伯爵乔治·克利福德自己写的航海史的片段中，他坦白地承认："倒不是为了自己的利益考虑，而是顺应船员想去的意愿。"但彼时彼刻，没有必要花费太多的精力去说服英格兰人航行到西印度群岛。坎伯兰伯爵乔治·克利福德的船员带着"贪婪的欲望和充满希望的预期"加入了坎伯兰伯爵乔治·克利福德的计划。因此，坎伯兰伯爵乔治·克利福德从加纳利群岛之一的兰萨罗特岛向背风群岛的多米尼加岛驶去，并于1597年5月23日下锚。坎伯兰伯爵乔治·克利福德花了一周时间招募健康的员工成为自己的手下。英格兰人与加勒比人进行贸易并享受温泉沐浴。坎伯兰伯爵乔治·克利福德和士兵发现加勒比人很友好，而且多米尼加热带繁茂的植被让受过良好教育的人感到心情愉悦。坎伯兰伯爵乔治·克利福德希望利用这段时间来训练士兵，因为士兵的经验十分浅薄。但多米尼加的山坡十分陡峭，热带森林十分茂密，不容易找到一块方便操练的地方。休息一个星期后，坎伯兰伯爵乔治·克利福德和士兵吃了东西，洗了热水澡，精神抖擞地继续赶路。向西北航行了三天后终于抵达维尔京群岛。在维尔京群岛，坎伯兰伯爵乔治·克利福德终于开始着手把召集起来的士兵训练成差不多可以上战场的士兵。无疑，他们当中有很大一部分人以前服过役。但还有许多人没有实践经验，而且整个团队仍然没有被细分开来。在那几天里能做的事情不多，完成应做的事宜之后，坎伯兰伯爵乔治·克利福德借机对部下发表了演讲。演讲重点就在于琐碎小事已经解决，接下来就要开始做正事了。到那时，坎伯兰伯爵乔治·克利福德"已经忍受了许多团队中成员犯下的严重错误，每个人都为所欲为，而且除他耳提面命的事以外，别的事谁也不着急"。坎伯兰伯爵乔治·克利福德这么宽宏大量是有原因的。现在大家都明白：必须遵守纪律，任何人都不应该违犯纪律。坎伯兰伯爵乔治·克利福德站在悬崖的一块岩石上发表了他的长篇演说，他一步一步走向更高的石头，位置也愈来愈高，比其他同伴都要高，"坎伯兰伯爵乔治·克利福德把他的人遣回舰内，然后准备前往波多黎各，发起攻击"。坎伯兰伯爵乔治·克利福德的社会地位加上他从自己丰厚的收入中支付工资的权力，使其"比其他同伴地位高得多"。坎伯兰伯爵乔治·克利福德能够在追随者中建立一定程度的良好秩序。很少有平民探险家能做到这一地步。因此，坎伯兰伯爵乔治·克利福德对波多黎各的圣胡安的占领是一场井然有序的行动。

波多黎各

波多黎各位于维尔京群岛的西部。圣胡安镇位于圣胡安海岬以西约三十英里的北部，圣胡安岬是圣胡安的东部边界。海岸的东西走向基本呈笔直走势。圣胡安镇坐落在一个小岛上，长约二点五英里，宽约四分之一英里，沿海岸而坐。小岛东端与波多黎各大陆通过一个岬角相连。人们在岬角上建造了一座桥。小岛东南角和大岛之间的距离非常短，在此有一处渡轮点。波多黎各的圣胡安镇位于小岛的西端，离圣胡安海岬和渡轮点有一段距离。小岛多岩石，尤其在海滨地区。圣胡安的天然条件使它易守难攻。三年前，弗朗西斯·德雷克进攻圣胡安时就曾以失败收场。当时，一支强大的军队到达此处并占领了小岛，士兵被派去保护财宝。在遭到坎伯兰伯爵乔治·克利福德进攻时，小岛虽孤立无援，但它久攻不下。从维尔京群岛出发，坎伯兰伯爵乔治·克利福德航行经过波多黎各陡峭的北部海岸，直到来到一处群山转向内陆的地方，此处的海岸环境可以让他们登陆。坎伯兰伯爵乔治·克利福德派了两艘小帆船前往此处，两艘帆船皆由诺茨福德船长指挥。诺茨福德船长是一个受过约翰·霍金斯训练的老水手。诺茨福德船长显然害怕自己会被带到圣胡安的背风处，所以很快就停滞不前，等着夜里与坎伯兰伯爵乔治·克利福德会合。因此，坎伯兰伯爵乔治·克利福德不得不自己选择登陆地点。坎伯兰伯爵乔治·克利福德在一艘军舰上借宿。海浪一直拍打着海滩。这艘军舰上的水手和弗朗西斯·德雷克一样不服管教、不可驾驭。他们可能是根据仅有的一次经验便草率地做出了判断。坎伯兰伯爵乔治·克利福德发现海面风平浪静，于是让士兵登陆，登陆过程几乎没遇到困难。士兵的人数"不少于一千"。经过一天的跋涉，士兵"绕过许多无法通行的岩石和悬崖"，来到圣胡安岛东端的可视范围之内。英格兰人被几个西班牙骑兵发现，然而他们没有进行任何有效抵抗。当英格兰人接近圣胡安岛的尽头时，骑兵们的身影在森林中消失了。

浅滩之战

当看到攻击的目标地点就在自己眼前时，坎伯兰伯爵乔治·克利福德和同伴们第一次认识到他们必须配备军舰才能抵达，并且由于西班牙人占据着一处堡垒，强攻将会面临很大的危险。当时，就像坎伯兰伯爵乔治·克利福德的牧师说的，"我们是在一个平坦的海湾里，亦是在我们智慧的尽头"。然而，坎伯兰伯爵乔治·克利福德没有像牧师那样轻易丧失信心。坎伯兰伯爵乔治·克利福德很有道理地辩驳道："既然刚才已经看到西班牙士兵骑马进入树林，那么一定有办法进入这个小岛。"他们经过一番推算之后坦述：西班牙人可以渡海的地方，英格兰人也可以。困难的是找不到进入岛的路。行军途中，坎伯兰伯爵乔治·克利福德的士兵俘虏了一个黑人，之后一直在这个人的指引下前进。这个黑人几乎不会说西班牙语，或者我们完全可以相信他也不会说英语，而且处于极度恐惧中。如果拒绝带路，英格兰人可能就会杀了他，反之，西班牙人可能会因他为英格兰人带路而将他处以绞刑。最后，黑人终于明白了英格兰人正在寻找可以到达岛上的渡口。黑人把英格兰人带到一个进出通道，进出通道也许就是现在这座桥所在的位置。当时天色已经很晚，整个部队都很疲惫，坎伯兰伯爵乔治·克利福德便让士兵休息了几个小时，然后才开始进攻。士兵都穿着盔甲睡在光秃秃的地上，坎伯兰伯爵乔治·克利福德也在士兵中间，打着自己的算盘入眠。天亮前两小时，有人悄悄把士兵唤醒，进入备战状态，准备冲过堤道。坎伯兰伯爵乔治·克利福德本想亲自带路，但别人说服他把先锋的指挥权留给了副官约翰·伯克利爵士。虽然计划得很好，执行过程也很英勇无畏、可圈可点，但这次突袭依旧以失败告终。西班牙人在堤道的尽头筑起了一座寨子，并在一旁监视着，英格兰人走近时，就向他们开火猛攻。坎伯兰伯爵乔治·克利福德虽然把领导权给了约翰·伯克利爵士，但不愿置身事外。坎伯兰伯爵乔治·克利福德的狂热使自己陷入了危险。在我们看来，这种危险不无荒谬之处。在黑暗中，当坎伯兰伯爵乔治·克利福德为他的士兵欢呼时，有个持盾士兵被绊了一下，跌倒在坎伯兰伯爵乔治·克利福德身上。坎伯兰伯爵乔治·克利福德摔倒，而后被推到水里。坎伯兰伯爵乔治·克利福德是仰面朝天摔倒的，由于盔甲过于沉重，他无法站起身。好在坎伯兰伯爵乔治·克利福德的两个随从潜水将他打捞[①]，不然坎伯兰伯爵乔治·克利福德肯定会被淹死。坎伯兰伯爵乔治·克利福德被救上来的时候，已经呛了太多海水，结果病得很重。剩下的时间里，坎伯兰伯爵乔治·克利福德一直坐在堤道旁边垂头丧气。曙光初现时，英格兰人就撤退了，大约损失了五十人。

很明显，从这个入口无法进入岛上。因此，坎伯兰伯爵乔治·克利福德又回到了第一次登陆圣胡安的地方。坎伯兰伯爵乔治·克利福德调了一艘军舰，一登陆就把堡垒彻底击碎。坎伯兰伯爵乔治·克利福德的军舰搁浅了，成了亟待修整的破舰。但英格兰人成功地进入了岛屿。英格兰人行军一英里，穿过树林和岩石地带，进入了圣胡安镇。据说，圣胡安镇的道路路线和牛津市相仿，不过这个说法可能有些夸张。所有人都把圣胡安镇遗弃了，这里只剩下了女人、孩子和老人。尚有战斗力的人躲在一个叫莫拉的堡垒里，若非多次包围进攻，这里难以攻破。正如在当时的冒险中经常发生的那样，在波多黎各的圣胡安获得的荣誉比物质利益更多。但在这种情况下，领导者的主要目标是荣誉，或者至少是完全超出赎金的东西。坎伯兰伯爵乔治·克利福德的意图是继续占有波多黎各的圣胡安，使其成为英格兰的国土。坎伯兰伯爵乔治·克利福德不只考

[①] 失败了好几次之后才成功。——原注

浅滩之战

虑眼前的利益。实际上，他们在波多黎各的圣胡安待的时间远远超过了合理的停留时间。坎伯兰伯爵乔治·克利福德打算把在西印度群岛建立英格兰殖民地的时间提前半个多世纪。这个企图十分不成熟。坎伯兰伯爵乔治·克利福德的部队已经被疾病和怠惰大大削弱，没有足够的力量完成这项丰功伟绩。在因发烧而损失了近四百人之后，坎伯兰伯爵乔治·克利福德乘军舰回到了英格兰。

伊丽莎白时代的海上之战

我已经讲述了坎伯兰伯爵乔治·克利福德占领波多黎各的圣胡安的历史，如果从这一壮举的内在重要性来判断，本段历史可能显得过于冗长。但这段历史过程丰富精彩，作为代表，如果不把这本书扩展到相应的程度，就无法描述具体内容。伊丽莎白一世统治时期的海战首先是一场探险家的战争。一大群人中高贵的人，包括卡文迪什、格伦维尔、普雷斯顿、索莫斯、达德利、雪莉和兰开斯特等，他们的名字作为军舰指挥官散见于各种战争记录中。但只有坎伯兰伯爵乔治·克利福德是最富有、出身最好的一个，所以坎伯兰伯爵乔治·克利福德留下了全名。这足以看出命运的不公。常规的海战与海盗活动并没有本质上的区别。对加的斯的掠夺只是更大规模的、侵略波多黎各的圣胡安的行动，前往"群岛"的航行就像坎伯兰伯爵乔治·克利福德到加纳利群岛的航行一样。

正是浪漫和骑士的冒险精神，赋予了伊丽莎白时代独特的魅力。伊丽莎白时代有一种年轻的气息，而下一代未能继承。英格兰正在"歌颂自己伟大的青春"，从小国一跃成为强国，从一个贸易小国摇身一变成为一个扬帆远航的国家。伊丽莎白一世即位时，英格兰国旗只在北方的阿尔汉格尔和黎凡特的斯坎达隆飘扬过一两次。伊丽莎白一世去世前，在世界上的所有海域，她的臣民都曾悬挂着伊丽莎白一世的旗帜，驾驶"充满敌意的巨轮巡游"。伊丽莎白一世时期的商人正准备与东印度群岛建立永久贸易关系，而英格兰殖民者已经在北美大陆站稳了脚跟。在殖民这项工作中，皇家海军并不是唯一的工具。我们

皇家海军的标志

发现皇家海军很少单独行动,即使需要大规模展示权力的时候也从未单独行动。然而,皇家海军如同长矛上的钢铁一般,是纪律和战争效率的典范。伦敦城,或者像坎伯兰伯爵乔治·克利福德这样的大角色可能会掌握一些比伊丽莎白一世的军舰更优秀的事物,但这些仅是例外。与英格兰其他航运的不同之处在于,皇家海军的优秀品质代代相传。

权威文献

除了最后几章开头引用的资料,在丘吉尔的《航海之行》第三卷中发现了威廉·蒙森爵士著的《海军小册》。《海军小册》对伊丽莎白一世统治后期来说价值非凡。理查德·霍金斯爵士对自己到南太平洋的航行进行了描述,其中包含诸多有关当时海军生活的、极有价值的信息。理查德·霍金斯爵士的书由哈克卢特学会出版。林斯霍滕的英文版本也由哈克卢特学会出版,该书对"复仇"号的失败、西班牙与葡萄牙进行贸易的方式,以及灾难进行了描述,内容很有价值。坎伯兰伯爵乔治·克利福德航海的可靠证据可参考塞缪尔·珀切斯的著作。罗伯特·索锡把伊丽莎白时代海上冒险故事的精华写进了《海军上将传》。该书为内阁百科全书的一部分。

第 4 章

詹姆斯一世和查理一世统治下的皇家海军

一切为了和平

1604年夏天，威廉·蒙森爵士被詹姆斯一世任命为英吉利海峡和爱尔兰海域的皇家海军舰队总指挥。威廉·蒙森爵士就职期间，曾有机会与负责封锁敦刻尔克、指挥荷兰军舰的军官交谈。威廉·蒙森爵士写道："抵达英吉利海峡和爱尔兰海后，我登上了荷兰海军军官的军舰。我们曾多次在一起并肩战斗，称得上是老相识。我告诉荷兰海军军官，我已经在皇家海军服役了二十年，如今成了负责保障英吉利海峡和爱尔兰海域和平稳定的巡航人。"威廉·蒙森爵士此处使用的"巡航人"形象，也适用于詹姆斯一世统治下的英格兰政府。詹姆斯一世即位前，英格兰王国经历了长久的动荡，虽然没有爆发大规模战争，但国内冲突从未停止。詹姆斯一世盼望英吉利海峡和爱尔兰海能够维持和平稳定，不再骚乱频发。然而，詹姆斯一世本人称不上是位合格的"巡航人"。如果詹姆斯一世能更有效地利用手中的权力，他可以更好地守护英格兰王国的和平。然而，詹姆斯一世将守卫和平的主要责任交给了皇家海军。

除了1620年对阿尔及尔海盗的失败远征，詹姆斯一世在位期间极少发动海战。但这并不代表詹姆斯一世对皇家海军的贡献乏善可陈。首先，在詹姆斯

詹姆斯一世

一世统治期间,我们有一个很好的机会看到皇家海军作为和平保卫者履行日常职责,或者可以说作为宗教用语中的"保护者"。此外,在詹姆斯一世统治时期,英格兰的造船业和海军管理水平也进步飞速。

詹姆斯一世统治时期海军史上的关键人物威廉·蒙森爵士完整地保留了自己在英吉利海峡和爱尔兰海域的工作记录。当被荷兰人指控任职期间有失公允时，威廉·蒙森爵士还写辩词为自己正名。我们并不清楚荷兰人的指控是否真实，而且威廉·蒙森爵士是否曾在英吉利海峡的纷争中偏袒荷兰人或西班牙人也没有实际意义。荷兰人和西班牙人永远不会相信威廉·蒙森爵士的公正性，威廉·蒙森爵士也曾表露过对荷兰人的不满。荷兰人与西班牙人有难以调和的矛盾。詹姆斯一世不仅宣称对四海①拥有绝对主权，甚至宣布对荷兰海军控制的海域也有管辖权。生性冷漠的荷兰人更看重本质而非形式。荷兰人深知，荷兰人与西班牙人冲突不断时，坚持抗议英格兰王国并不理智。詹姆斯一世手下的皇家海军官员宣称，外国船在四海范围内——即使是在英格兰王国控制范围之外的海域——遇到英格兰军舰时需鸣炮致敬，只有英格兰军舰可以升起国旗。威廉·蒙森爵士自豪地讲述他在爱尔兰附近海域曾指责过某位荷兰军官不该在向皇家海军军舰鸣放礼炮后下令升起荷兰国旗。威廉·蒙森爵士告诉这位荷兰军官，在远征加的斯途中，如果不是诺丁汉伯爵查尔斯·霍华德宽宏大量，荷兰人绝不会被允许在荷兰军舰上升起荷兰国旗。

英吉利海峡的守卫者

荷兰人虽然一直忍受着皇家海军有关鸣炮致敬等傲慢要求，但坚持用自己独特的方式展示荷兰海军的强大。在战时，荷兰人从不放弃任何与西班牙人做生意的机会，荷兰海军禁止英格兰船驶入西班牙人的佛兰德斯港开展贸易。在海上，好战的荷兰人肆意袭击西班牙的船，在英格兰海域内也毫不顾忌。威廉·蒙森爵士叙述过自己曾艰难阻止两艘荷兰巡洋舰攻击在桑威奇停泊的敦刻尔克商船。当时，桑威奇港的工作人员对荷兰人的同情态度增加了威廉·蒙

---

① 即北海、凯尔特海、爱尔兰海、大西洋。——译者注

斯图亚特王朝的徽章

森爵士的工作难度。伊丽莎白一世统治时期，英格兰人虽然对西班牙人的敌意与日俱增，但并不厌恶荷兰人。然而，在斯图亚特王朝初期，英格兰人对荷兰人的态度逐渐转变。在詹姆斯一世统治时期，威廉·蒙森爵士的职责之一就是帮助上千名西班牙士兵从多佛尔前往佛兰德斯。西班牙士兵此时正在多佛尔港避难，他们共乘坐八艘西班牙大帆船，总人数刚好达到西班牙王国与英格兰王国签订的新条约规定的人数上限。难以置信的是，西班牙人竟然没有派出足够的军舰前往英吉利海峡对付强大的荷兰海军。但他们已经从英格兰人那里得到了可以进入佛兰德斯港的承诺。威廉·蒙森爵士没有透露他究竟采取了何种巧妙的手段让西班牙人成功进入佛兰德斯。为了免遭荷兰人怨恨，威廉·蒙森爵士明智地选择保持缄默。一旦荷兰人了解到——虽然不太可能——

英格兰人竟然暗中帮助企图入侵荷兰的劲敌西班牙，荷兰人定会更加质疑威廉·蒙森爵士工作的公正性。威廉·蒙森爵士的首要工作职责是招待和护送各国亲王、大使和贵族。十一年间，威廉·蒙森爵士招待了不下三十二个外国王室成员、贵族人士及其仆从。有时，外国王室成员、贵族人士的仆从数量高达三百人。威廉·蒙森爵士负责照料外国贵族的衣食住行。比利亚梅迪亚纳伯爵胡安·德·塔西斯和二百个仆从，曾因天气恶劣，在威廉·蒙森爵士的军舰上滞留了整整五天，每人都在英格兰军舰上吃了十顿饭。威廉·蒙森爵士对皇家海军必须保护他国贵族和大使的职责深感厌恶。其他皇家海军军官也是如此。詹姆斯一世统治后期的英格兰政府更加吝啬，甚至要求皇家海军军官自行承担招待外国贵宾的花费。威廉·蒙森爵士离职前曾留下相关档案记录。威廉·蒙森爵士在招待外国贵族和大使方面的花费早已超过一千五百英镑[①]。不过，可以从西班牙王国获得额外津贴的威廉·蒙森爵士自然有办法弥补日常招待花销。17世纪初期，威廉·蒙森爵士可以通过掠夺在英格兰海域非法捕鱼的外国渔民[②]等方式筹款弥补日常招待花销。

威廉·蒙森爵士和海盗

自皇家海军退役前，威廉·蒙森爵士还执行过一次十分有趣、独具时代特色的任务。任务结束后，威廉·蒙森爵士正式退役。

1614年，詹姆斯一世的苏格兰臣民迫切请求他协助抵抗不断骚扰苏格兰海岸的海盗，詹姆斯一世欣然应允。威廉·蒙森爵士和弗朗西斯·霍华德爵士立即率领四艘军舰前往苏格兰。由于威廉·蒙森爵士一行出发匆忙，军需物资只能随后运到苏格兰。1614年5月14日，小而精悍的皇家海军分队离开马盖特，于1614年5月23日抵达利斯。威廉·蒙森爵士向利斯的贵族询问入侵海盗的具

---

① 约合19世纪的五六千英镑。——原注
② 皇家海军英吉利海峡分队的正当职责之一。——原注

辛克莱城堡

体情况,声明"自己需要更多水平高超的领航员,因为詹姆斯一世的军舰不够用,而且现有船员对利斯以北海域的情况不熟悉"。经验丰富的领航员迅速到位并带来详细的航海信息。威廉·蒙森爵士从福斯湾出发后向北航行,抵达辛克莱城堡。威廉·蒙森爵士从凯斯内斯伯爵口中得知,目前猖獗的海盗共有四十余人,远远高于最初苏格兰地区向詹姆斯一世汇报时提到的二十人,而且海盗的实力也在不断增强。大部分海盗都是出身高贵的绅士,其中一个著名的海盗首领还来自声名显赫的白金汉郡弗尼家族,威廉·蒙森爵士听闻后毫不吃惊。海盗队伍由各类人员拼凑而成,其中一人甚至称不上是真正的海盗,只是一名被海盗胁迫入伙的可怜商人。这位被胁迫的商人曾向外部求助,希望能脱离海盗队伍。还有一名海盗此前担任过皇家海军水手长,曾与威廉·蒙森爵士在英吉利海峡并肩战斗。威廉·蒙森爵士从辛克莱城堡启程出发追捕海盗,他命令弗朗西斯·霍华德爵士守卫苏格兰海岸线,随后威廉·蒙森爵士启程前去追捕逃向设得兰群岛的海盗。威廉·蒙森爵士在离开设得兰群岛后抵达赫布里底群岛。威廉·蒙森爵士打算让弗朗西斯·霍华德爵士加入追捕队伍。威廉·蒙森爵士曾写道："赫布里底群岛当地人的野蛮和未开化程度甚于拉丁美洲人。"在赫布里底群岛，威廉·蒙森爵士虽然没有找到海盗的踪迹，但得到一个居住在爱尔兰，靠近布罗德港的名叫科马克的绅士的信息。科马克曾支持和保护过阿尔及尔海盗。威廉·蒙森爵士立即乘军舰赶往布罗德港，途中遭遇了异常恶劣的极端天气。在狂风骤雨中，威廉·蒙森爵士的皇家海军分队被吹得七零八落，其中一艘英格兰军舰不幸沉没，其他三艘英格兰军舰被迫分开，"直到后来分别驶回英格兰后才再度相聚"。1614年6月28日，威廉·蒙森爵士抵达布罗德港。威廉·蒙森爵士对布罗德港一无所知，幸好威廉·蒙森爵士找到一名被捕的海盗，这名海盗将威廉·蒙森爵士带到一处安全的避难所，还为威廉·蒙森爵士寻找和惩罚科马克提供了物质帮助。

科马克的聚会

在詹姆斯一世统治时期，海盗行为被严令禁止。威廉·蒙森爵士不费吹灰之力就说服了几名曾做过海盗的手下协助自己实施抓捕计划。威廉·蒙森爵士还给自己起了一个曼纳林舰长的假名，带着挑选出的几名手下去科马克那里一探究竟。威廉·蒙森爵士处心积虑想出的计划正验证了一个谚语——"贼喊捉贼"。科马克共有三个女儿，她们的丈夫都是海盗。"三个愚蠢的女人"上了威廉·蒙森爵士一行的当，相信曼纳林舰长是名既有钱又慷慨的海盗，还跟自己的海盗丈夫们是朋友。听信了女儿们的话后，科马克和手下都迫不及待地想要结识曼纳林舰长。按照当地风俗，科马克将耳朵已被撕裂的牛群赶到海滩上，作为礼物送给曼纳林舰长。次日，威廉·蒙森爵士派由切斯特舰长率领的一群人去领走这群牛。切斯特舰长等五十人带着武器，假扮成邋遢的海盗。科马克的女儿们恭敬地接待了切斯特舰长等人，她们想询问自己海盗丈夫的近况，更渴望见到曼纳林舰长本人，因为她们相信曼纳林舰长会让自己大赚一笔。科马克也派来了两名"特使"。两名"特使"为曼纳林舰长等人带来了"友好①"的消息，即邀请曼纳林舰长一行参加宴会和舞会。

威廉·蒙森爵士开始实施计划。威廉·蒙森爵士先是严厉地询问科马克派来的两名特使，自己看起来是否像个真正的海盗，随后将两名"特使"五花大绑并挂在船边。下船的时候，威廉·蒙森爵士多带了几位手下，摆出一副粗鲁的海盗模样。在海滩上，威廉·蒙森爵士一行受到科马克和手下的热烈欢迎。欢迎的人群中有来自英格兰和高尔韦的商人，他们经常从海盗的手上购买掠夺来的赃物，还有科马克的私人教师。虽然科马克经常与海盗打交道，但十分勤奋好学。在一片欢呼雀跃声中，威廉·蒙森爵士这位假冒的曼纳林舰长趾高气扬地朝科马克的家走去。科马克安排了高级别的欢迎仪式，一个在爱尔兰家喻户晓的竖琴演奏家为威廉·蒙森爵士演奏歌曲，科马克的女儿们为曼纳林舰长献上表示热烈欢迎的舞蹈。威廉·蒙森爵士没有加入跳舞的行列，但让手下们尽情娱乐了一回。威廉·蒙森爵士与科马克和科马克的女儿们相谈甚欢，还拿两名仍然留在船上的"特使"逗乐。尽管此时科马克等人并不知道两名"特使"已经成了阶下囚。全场充满欢乐祥和的气氛。威廉·蒙森爵士与在场的一个商人聊起了自己的海岛生涯。这位商人对威廉·蒙森爵士的故事坚信不疑，敞开心扉与威廉·蒙森爵士侃侃而谈。"一个不知名的商人详细地讲述了自己欺骗布罗德港治安官的全过程，包括他如何从布罗德港治安官手中拿到通行许可，随后又假扮成遭到抢劫的商人四处运输货物。商人对自己的欺诈行为得意扬扬，滑稽夸张的言辞令众人哈哈大笑，商人一边扮演毫不知情的布罗德港治安官，一边展示自己如何瞒天过海。"威廉·蒙森爵士假装对商人的经历很感兴趣，热心地向商人提问，并从商人手中获得了与阿尔及尔海盗来往密切的水手们写下的信。

---

① 用词可能十分粗俗。——原注

拿到证据确凿的信后，威廉·蒙森爵士立刻对还被蒙在鼓里的科马克一家采取行动。威廉·蒙森爵士表露了自己的真实身份并宣布科马克一伙有罪。"此时此刻，我们充分领略到世事无常，科马克一伙的欢声笑语立刻转为哀叹啜泣，欢快热烈顿时转为悲恸懊悔，每个人都好像已经穿上了囚服那样悲伤。"在获得主动权后，威廉·蒙森爵士回到自己的军舰上，将已被控制住的科马克一伙留在原地。威廉·蒙森爵士手下的木匠忙碌地支起绞刑架，但最终科马克和他的客人们没有被执行死刑。在"二十四小时不间断的恐吓"和强制科马克等人发誓今后再也不会与海盗沆瀣一气后，威廉·蒙森爵士赦免了他们。威廉·蒙森爵士宽宏大量，可能是因为有一艘船正在布罗德港停靠，船上的人在注意到港口泊位已满后慌张离开。威廉·蒙森爵士十分确信这艘形迹诡异的船是海盗船。威廉·蒙森爵士强迫科马克协助自己追捕海盗。

科马克很想戴罪立功，于是派人送信到海盗船上，引诱海盗们停船靠岸。科马克随后派出大批手下在海滩等候。威廉·蒙森爵士对科马克等人仍不放心，夜以继日地监视着他们的一举一动。命令手下留在岸边后，威廉·蒙森爵士立刻乘坐一艘小型军船并将小型军船行驶到布罗德港和海盗船的中间位置。趁夜色正浓，威廉·蒙森爵士迅速登上海盗船，将海盗们一举拿下。威廉·蒙森爵士对待这群海盗可比对待科马克等人冷酷多了。"通过仔细观察海盗们的举动，威廉·蒙森爵士发现了其中最劣迹斑斑的一名海盗，这名海盗曾两次被捕，却都因为国王陛下的仁慈免受处罚。"但此次海盗们都将受到詹姆斯一世公正的审判。为了杀鸡儆猴，所有海盗均被处以死刑。威廉·蒙森爵士曾乐观地认为将海盗处以死刑可以减少甚至消灭爱尔兰海岸的海盗行为。但事实上，此后爱尔兰海岸仍然饱受海盗侵扰。英格兰政府必要采取更严厉的措施确保爱尔兰海岸的贸易安全。

虽然在本书中用如此长的篇幅描述以上故事有些不合时宜，但笔者仍然觉得威廉·蒙森爵士追捕海盗的故事具有代表性，因为这个故事是展示英格兰国情的绝佳案例，远比官方文件中枯燥的数字更加生动形象。在伊丽莎白一

查理一世

世、詹姆斯一世、查理一世统治期间，不列颠群岛和爱尔兰海岸附近的海盗行为十分猖獗。威廉·蒙森爵士的亲身经历向我们展示了海盗队伍是如何发展壮大的。詹姆斯一世和查理一世名下的军舰尺寸较小，多用来运送来往于英格兰王国和欧洲大陆之间的外国贵宾。像科马克及其女儿这种为了分赃获利，乐意与海盗打交道的人不在少数。英格兰商人也非常愿意从海盗那里购买赃物。此外，威廉·蒙森爵士提到他的手下也曾参与海盗行为。总之，英格兰王国附近的海域此时依旧是不平静的法外之地。当时，皇家海军仍然无法承担起海上警察的职责。

佩特家族

詹姆斯一世和查理一世统治期间造船业的繁荣主要归功于一个由造船工、船长和海军军官组成的、技艺精湛的卓越家族。从爱德华六世在位初期到查理二世统治结束这段时间,佩特家族一直在为皇家海军兢兢业业地工作和奉献。伊丽莎白一世治世时期,德特福德的彼得·佩特的儿子菲尼亚斯·佩特是位造船大师。菲尼亚斯·佩特是家族中有史以来受教育程度最高的一个,菲尼亚斯·佩特曾在罗切斯特和格林尼治接受过基础教育。1586年,菲尼亚

菲尼亚斯·佩特

斯·佩特进入剑桥著名的清教徒学院——伊曼纽尔学院继续深造。1589年，菲尼亚斯·佩特的父亲德特福德的彼得·佩特去世时，没有留下任何遗产。菲尼亚斯·佩特不得不在造船厂和航海业谋求生路。1597年，菲尼亚斯·佩特开始在时任皇家海军上将诺丁汉伯爵查尔斯·霍华德的手下任职。入职后不久，菲尼亚斯·佩特就展现出卓越的才能，诺丁汉伯爵查尔斯·霍华德命令菲尼亚斯·佩特为詹姆斯一世的长子威尔士亲王亨利·弗雷德里克建造一艘迷你模

威尔士亲王亨利·弗雷德里克

型船。菲尼亚斯·佩特的作品深受威尔士亲王亨利·弗雷德里克的喜爱。威尔士亲王亨利·弗雷德里克虽然英年早逝，但确实有出色的识人本领。造船厂的其他造船师十分嫉妒菲尼亚斯·佩特的才能。不久后，菲尼亚斯·佩特就被造船厂中的竞争对手公开指责能力低下。但在伍尔维奇举行的质询中，菲尼亚斯·佩特不屈不挠的性格使他成功地在詹姆斯一世面前为自己正名。正如斯图亚特王朝的其他统治者，詹姆斯一世十分赏识有智慧的人才。詹姆斯一世本身就是一个知识渊博的学者和神学家，詹姆斯一世的儿子查理一世对绘画和文学有极高的鉴赏力，詹姆斯一世的孙子查理二世非常擅长自然科学和化学实验。在伍尔维奇聆听菲尼亚斯·佩特的辩护时，詹姆斯一世十分清楚自己应该支持受过良好教育的菲尼亚斯·佩特，而不是支持那些指责菲尼亚斯·佩特的老造船师。斯图亚特王朝的统治者的确热衷于造船和航海，在他们即位前更是如此。在英格兰王室的支持下，菲尼亚斯·佩特通过减少造船需要的助材数量和改进船体结构，极大地提高了斯图亚特王朝时期的造船技术。1610年，菲尼亚斯·佩特设计出"皇家王子"号。"皇家王子"号是有史以来建造得最精美的

"皇家王子"号

王室军舰。1637年，查理一世统治时期，菲尼亚斯·佩特又设计出航海性能更高的"海上主权"号。菲尼亚斯·佩特奠定了佩特家族在造船业的至高地位。到17世纪中叶，皇家海军的大多数重要造船岗位都被佩特家族成员占据。

皇家海军的腐败问题

菲尼亚斯·佩特原本只是一个技艺娴熟的普通造船师，1618年却被与皇家海军上将诺丁汉伯爵查尔斯·霍华德作对，并计划调查皇家海军的大臣利用。即使是在伊丽莎白一世统治时期，皇家海军造船厂内部也存在腐败问题。伊丽莎白一世统治后期，由于诺丁汉伯爵查尔斯·霍华德受到的监管并不严格，皇家海军内部开始出现猖狂的腐败行为。詹姆斯一世的统治十分宽松，英格兰王国的长久和平状态无法激发出皇家海军军官的高昂士气，再加上皇家海军内部缺乏完善的检查机制，皇家海军的管理效率日益低下。早在1608年就有对皇家海军进行审查的风声传出，但诺丁汉伯爵查尔斯·霍华德利用手中权力否决了相关提案。当得知自己手下的部门将会接受审查时，诺丁汉伯爵查尔斯·霍华德难免觉得受到冒犯。然而，对皇家海军的运行情况开展调查十分必要。我们很难相信曾带领皇家海军舰队战胜西班牙无敌舰队、指挥皇家海军成功远征加的斯的英格兰民族英雄诺丁汉伯爵查尔斯·霍华德竟然会存在贪污行为。诺丁汉伯爵查尔斯·霍华德十分轻视详细检查账目的行为，认为这种措施只能用于级别较低的皇家海军军官，也就是他的手下。诺丁汉伯爵查尔斯·霍华德管理皇家海军的方式与出手慷慨的贵族挥霍家产的行为类似。因此，诺丁汉伯爵查尔斯·霍华德时常被手下的军官占便宜。当诺丁汉伯爵查尔斯·霍华德手下的军官被指控行为不端时，诺丁汉伯爵查尔斯·霍华德难免认为指控实际是在针对自己。在诺丁汉伯爵查尔斯·霍华德的保护下，英国海军内部欺诈和侵吞钱财的行为屡见不鲜。

皇家海军内部的腐败问题早已昭然若揭。1613年，有人提议对皇家海军

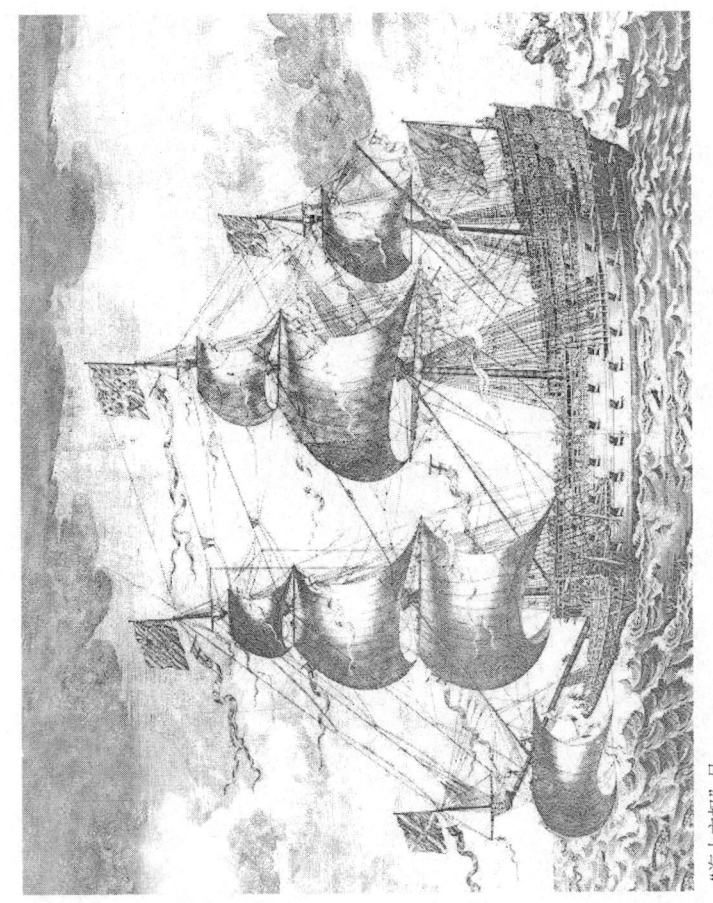

"海上主权"号

内部开展详细调查,还组建了专门的调查委员会。诺丁汉伯爵查尔斯·霍华德得知后勃然大怒,向律师咨询了专门委员会的合法性,甚至威胁要用宪法提出控告,诺丁汉伯爵查尔斯·霍华德再次成功逃脱调查。然而,1617年,针对皇家海军内部的全面调查还是开始了。霍华德家族与权力和势力不断扩大的白金汉公爵乔治·维利尔斯素来不合。皇家海军也被诺丁汉伯爵查尔斯·霍华德与白金汉公爵乔治·维利尔斯的权力纠纷波及。毫无疑问,白金汉公爵乔治·维利

白金汉公爵乔治·维利尔斯

米德尔塞克斯伯爵莱昂内尔·克兰菲尔德

尔斯代表了英格兰的国家利益。1617年的皇家海军调查委员会中有一些杰出人才,如米德尔塞克斯伯爵莱昂内尔·克兰菲尔德和英格兰政府官员约翰·科克爵士。在詹姆斯一世和查理一世统治期间一直担任公职的约翰·科克爵士虽然心胸狭隘,但仍是一位杰出人才。

皇家海军调查委员会关于腐败的报告

　　1618年，皇家海军调查委员会发布了一份报告。这份报告描述了伊丽莎白一世去世后的十五年间，皇家海军堕落腐化的详细情况。尽管菲尼亚斯·佩特为提高皇家海军的造船水平做出了巨大贡献，但英格兰造船厂因管理不善而贪腐横行是不争的事实。诺丁汉伯爵查尔斯·霍华德对英格兰造船厂的疏于监管更助长了英格兰造船厂内部的贪腐风气。皇家海军调查委员会发现，1614到1618年的皇家海军账目缺失，只能通过仔细审查这四年来皇家海军签发的付款凭单确认皇家海军的具体花销。在一番十分公平和详细的审查后，皇家海军调查委员会最终得出结论——1614年到1618年的四年中，皇家海军每年平均支出五万三千零四英镑七先令十一便士，远远超过战争时期伊丽莎白一世每年在皇家海军建设上的投入，滋生了皇家海军内部的贪腐。虽然皇家海军名义上有四十三艘军舰，但其中十六艘军舰纯属虚构或已彻底腐烂，余下的二十七艘军舰虽然可以被修好，但状态实在太糟糕，必须彻底整修。尽管如此，皇家海军的花费依然年年飙升。皇家海军调查委员会的报告详细清晰、令人信服，解释了皇家海军的花费为何持续走高，但实力在不断下降。皇家海军调查委员会还提供了人员管理方面的账目信息。

　　首先，皇家海军调查委员会列出了1618年皇家海军的管理信息，并与亨利八世颁布的旧法令中的相关规定进行了对比。

亨利八世统治期间皇家海军工作人员及其薪资

职位	薪资
皇家海军上将	一百三十三英镑六先令八便士
皇家海军上尉	三百二十二英镑十八先令四便士
皇家海军财务主管	二百二十英镑十三先令四便士
皇家海军审计员	一百五十五英镑六先令八便士
皇家海军测量员	一百四十五英镑六先令八便士

续 表

皇家海军军需检验员	一百五十九英镑十先令
皇家海军文书	一百英镑三先令四便士
皇家海军仓库管理员	七十八英镑五先令十便士
朴次茅斯仓库管理员	二十英镑
三名皇家海军军官助理	六十英镑
皇家海军大型船维修人员	九英镑二先令六便士
三名造船工	六十六英镑十八先令四便士
领航员	二十英镑
总计：一千四百九十一英镑十一先令八便士	

詹姆斯一世上任以来的新规定

在英吉利海峡和爱尔兰海域服役的某位皇家海军上校的日薪为二十先令，配以一名文书和十六名仆人。文书的日薪是十便士。十六名仆人的日薪是十便士。总计每月四百八十一英镑三先令四便士。皇家海军上校每年从皇家海军财务主管和海军军需供应商处还可以额外获得六百六十三英镑十八先令八便士的津贴。

在英吉利海峡和爱尔兰海域服役的某位皇家海军中将的日薪为十先令，配以十八名仆人。十八名仆人的月薪为十先令。皇家海军中将还可以从掌玺大臣处获得二百三十四英镑十二先令八便士的津贴，从皇家海军财务主管处获得一百八十二镑十先令的津贴。

在英吉利海峡和爱尔兰海域服役的另一个皇家海军中将的日薪为十先令，当值时每月可以获得一百八十二英镑十先令的月薪，出海时每日可以额外领取十先令津贴。

某位吨位测量员的月薪为十八镑五先令，比亨利八世统治时的年薪上涨了一千八百八十八英镑一先令五便士。

某位在伍尔维奇工作的仓库管理员的月薪为五十四英镑八先令四便士,仓库管理员保管的库存价值不足四十先令。

某位清理工的月薪为三十英镑,每年还可以从皇家海军财务总管处得到额外一百八十二英镑一先令八便士的津贴。

驻守阿普诺的一个上校和二十名士兵月薪共计二百四十三英镑六先令。

以上费用总计为一千二百四十四英镑六先令。

下面是获得詹姆斯一世特许批准并由皇家海军财务主管拨款的支出:

某位在德特福德工作的皇家海军仓库保管员使用的全新办公室建造费用共计六十六英镑十三先令四便士。

德特福德造船厂的工作人员
伍尔维奇造船厂工作的人员 ⎬ 使用原有的办公地点,薪资维持不变
查塔姆造船厂工作的人员

除了指出詹姆斯一世名下的军舰管理状况糟糕,皇家海军调查委员会还给出了导致皇家海军军力下降的九条原因。其中,前八条原因都是对第九条原因的详细诠释,第九条对皇家海军管理混乱的原因和后果做出全面总结。

造成皇家海军内部管理混乱的关键原因包括人员冗杂、薪资不足,以及高级海军军官对下级和下级文书无条件的信任。皇家海军下级军官通常与提供军需的商人沆瀣一气。最重要的是,皇家海军下级军官手中拥有国王陛下的拨款及军需,但他们没能达到国王陛下精打细算的要求。

糟糕的情形仍在继续。皇家海军内部从不进行账目审查,在支出经费时也不走任何手续,甚至没有支出款项的账目记录。上述混乱情形必须改变。

皇家海军军官的工资收入微薄,不得不采取舞弊作假的手段。无论是高级海军军官,还是低级海军军官,都没有受到任何监管。一些军官通过撒谎的

方式作假，在这些军官提供的军舰清单上列有四十五艘军舰，其中三艘根本不存在或早被弃用。"乘风破浪"号早在这次专门调查开始之前就已经破裂，但詹姆斯一世每年仍然需要为其提供六十三英镑的修缮费；五年前早就被烧毁的"领先"号每年需要一百镑四先令五便士的修缮费用；情况类似的"查尔斯"号每年需要六十镑十先令十便士的修缮费用。在皇家海军中，小偷小摸的行为早已司空见惯。某些皇家海军军官甚至发明了全新的欺诈手段。每月能领到十英镑十七先令三便士的水手长在修缮詹姆斯一世的军舰时，通过低价购买"破垃圾""棕色纸张"等商品获利。"破垃圾""棕色纸张"等古怪名称通常用来指破败不堪的缆绳、系泊绳索和张帆索等航海用品。英格兰水手长可以通过低价购买这些垃圾货物谋取私利。读者也许可以察觉到，某些皇家海军官员可以用这些欺诈手段私吞詹姆斯一世的拨款。皇家海军采购的缆线远远超过实际需要的数额，一旦船上的缆线或其他零件轻微损坏，水手长们就将其归为"破垃圾"或"棕色纸张"并尽快卖掉，从中大赚一笔。皇家海军低级军官的欺诈行为，根本不会受到来自上级的任何谴责，甚至上级也会要求从中分一杯羹。詹姆斯一世为皇家海军库存的采购花了不少冤枉钱，甚至还要拨付钱款购买从未入库的货物，或者是为并不存在的工作任务付账。事实上，皇家海军中充斥着大量毫无能力的工作人员和善于溜须拍马的高级军官。有些丧失工作能力的军官经历十分悲惨，如年事已高、早已双目失明的军士长约翰·奥斯汀、与约翰·奥斯汀情况相同的水手长约翰·阿瓦莱、身经百战仍在工作的炮手托马斯·巴特勒和在战争中受伤致残的炮手约翰·考斯顿。这些人年事已高，都曾为伊丽莎白一世战斗过，如今却因无法获得足够的退休金不得不在一线继续战斗，皇家海军调查委员会建议为他们发放数额合理的退休金。尽管约翰·奥斯汀等人是因生活所迫而超龄工作，但皇家海军的整体管理的确非常糟糕。年迈的皇家海军军官和士兵已经无法胜任工作职责，却要被迫继续工作。他们原本可以领一笔退休金舒舒服服地退休。因此，皇家海军的高级官员有了合适的理由将大批无能之人塞入海军。

皇家海军的改革机制

　　在调查清楚皇家海军的状况后,皇家海军调查委员会制定了重整皇家海军的一系列机制。皇家海军调查委员会将皇家海军每年的支出,包括常规和非常规两个部分的总和上限定在每年三万英镑,要求皇家海军将还能服役的军舰重新整修,同时建造新的军舰。以上这些工作必须在五年内完成。皇家海军调查委员会下令解雇超编的海军军官,提升海军军官的工资待遇。皇家海军调查委员会不仅制定出了明确的改革方案,而且计算出了执行改革方案需要的详细费用。根据皇家海军调查委员会的改革方案,皇家海军需要将军舰数量控制在三十艘内,但总吨位必须比伊丽莎白一世统治时的英格兰军舰总吨位多出三千零五十吨,这意味着军舰的外形必须增大,每艘军舰的吨位需要超过五百七十吨。到1624年,上述改革要求基本完成。

　　皇家海军的改革要求已经完成,接下来需要整顿的就是皇家海军的管理制度。很明显,诺丁汉伯爵查尔斯·霍华德已经不再适合担任皇家海军上校。1619年,在得到丰厚的退休金后,诺丁汉伯爵查尔斯·霍华德还从接任者白金汉公爵乔治·维利尔斯那里得到三千英镑的补偿金。皇家海军调查委员会对海军内部贩卖职位的风气十分不满。贩卖职位的风气已经持续很久,在高级别海军官员中尤为普遍。接任皇家海军上校职位的是正热衷炫耀的白金汉公爵乔治·维利尔斯。白金汉公爵乔治·维利尔斯是英格兰历史上是最受争议的历史人物之一。在白金汉公爵乔治·维利尔斯的管理下,皇家海军发展飞速。正是因为白金汉公爵乔治·维利尔斯亲力亲为,所以与约翰·科克爵士等兢兢业业的下属产生工作矛盾。皇家海军开始进行系统的、彻底的大变革。皇家海军财务主管、测量员、审计员和文书等人过往的办公场所都被禁止使用,皇家海军调查委员会的委员们开始负担起全部管理工作。

　　尽管皇家海军调查委员会魄力十足地整顿了皇家海军军队和管理层,但皇家海军内部监管缺位等问题并未彻底解决。在查理一世统治期间,皇家海军

约翰·科克爵士

的不良风气甚至有卷土重来的迹象。詹姆斯一世十分重视皇家海军的发展，但斯图亚特王朝的君主都存在效率低下、好高骛远的通病，他们无法与议会和谐相处，很难得到议会的巨额拨款。因此，只能对手下因工资短缺而实施的贪腐行为视而不见。善于欺诈的皇家海军官员不仅暗中掠夺国王的钱财，还榨取手下士兵和水手可怜的薪酬和食物。在达特茅斯勋爵威廉·莱格和塞缪尔·佩皮斯进餐完毕后一同回家时，达特茅斯勋爵威廉·莱格曾经一针见血地向塞缪尔·佩皮斯指出斯图亚特王朝历代君主的性格缺陷。塞缪尔·佩皮斯在日记中

塞缪尔·佩皮斯

达特茅斯勋爵威廉·莱格

写道:"达特茅斯勋爵威廉·莱格指出,国王殿下和约克公爵①虽然表现出善于发号施令和勉励手下遵守纪律的优点,但无法以身作则、为手下做出表率,导致手下官员人人自危。"斯图亚特王朝君主的上述特征在查理二世和詹姆斯二世身上体现得淋漓尽致。尽管查理二世和詹姆斯二世十分贤明,但他们统治下的皇家海军一直被贪得无厌的海军官员掌控,存在军需短缺和管理不善等问题。皇家海军中为查理二世和詹姆斯二世服役的水手,只能被海军官员尽情剥削,全部责任却被归到英格兰国王身上。

---

① 此处的国王殿下指查理二世,约克公爵指查理二世的弟弟——詹姆斯二世。——译者注

皇家海军的薪水和配给

　　如果皇家海军的士兵和官员们能够拿到薪水，他们绝不会心怀怨恨。英格兰水手的月薪从亨利八世统治初期的五先令上涨到爱德华六世统治时的六先令八便士，1585年提高到十先令。1620年出征对抗阿尔及尔的皇家海军船员可以拿到十四先令的月薪。查理一世将英格兰水手的月薪调整到十五先令。由于当时同等数额金钱的购买力比现在高得多，英格兰水手的月薪称得上十分可观。伊丽莎白一世统治时期，给已阵亡的皇家海军官兵发放工资的现象不复存在。查理一世统治时期，皇家海军上校可以领到四英镑六先令八便士到十四英镑不等的月薪，具体数额依据指挥军舰的规模而定。指挥三等以上军舰的皇家海军上尉可领到两英镑十六便士到三英镑十便士的月薪，商船船长可领到一英镑三先令四便士到两英镑四便士的月薪。皇家海军规定发放的军需配给也很充足。按规定，在皇家海军中服役的官兵每周可以领到七磅饼干、四磅牛肉、两磅猪肉、一夸脱豌豆、三品脱燕麦、六盎司黄油和十二盎司芝士，再加上军舰上捕获的所有新鲜鱼类。此外，皇家海军官兵每周还可以领到供应充足的啤酒。但由于皇家海军人员超额，六人分享四人配额供应的现象很普遍。一直以来，供应给皇家海军的军需品质量堪忧。皇家海军官兵经常抱怨领到的啤酒质量差，因为啤酒在出海时间较长的小型木制船上储存，很难维持口感，再加上酒桶破裂后，流入压舱的沙子、舱底污水和啤酒难免混到一起，何况给皇家海军供应的啤酒品质本身就十分低劣。

　　詹姆斯一世统治期间，皇家海军首次实施将国王名下的军舰划分为不同等级的分类制度。随后，英格兰军舰被规定按照军舰上装备的武器分类。到查理一世统治期间，军舰分类的依据变为船员数量。一等军舰通常配备四百人到五百人，二等军舰配备二百五十人到三百人，三等军舰配备一百六十人到二百人，四等军舰配备一百人到一百二十人，五等军舰配备六十人到七十人，六等军舰配备四十人到五十人。

爱德华·霍克男爵

自詹姆斯一世以来，英格兰王国和平的环境在一段时期内阻碍了皇家海军的发展。伊丽莎白一世统治后期，独立的皇家海军军官队伍逐渐形成。威廉·蒙森爵士就是一个很好的例子，威廉·蒙森爵士和爱德华·霍克男爵在皇家海军中的地位不相上下。威廉·蒙森爵士很早就加入皇家海军，艰苦奋斗后成为皇家海军的领军人物，他既是一个训练有素的海员，也是一个受过贵族阶层良好教育的绅士。持续爆发的海上战争令英格兰人领悟到，较高的军事技能和携带武器的习惯不应该是皇家海军官员应该具备的全部素养。如果詹姆斯一世听从以沃尔特·罗利爵士等人的意见，继续与西班牙王国保持敌对状态，也许就会涌现出一批高素质的皇家海军军官。然而，在英格兰王国与西班牙王国签署了和平协议后，英格兰王国不再需要维持一支规模庞大的海军。因此，皇家海军的军舰被弃置一旁，英格兰军舰上的工作人员也遭到解散。皇家海军军官要么从此退休，要么被詹姆斯一世安排到其他岗位上。曾经在英格兰军舰上工作的水手纷纷加入东印度公司参与海上贸易，或者前往拉丁美洲开辟殖民地。当英格兰王国需要再次装备起一支强大的海军舰队时，却因为无法召集到足够的海军军官而进展缓慢。詹姆斯一世和查理一世在位期间的情形与亨利八世相同——英格兰军舰的舰长通常是由一个缺乏航海知识的绅士担任，海员出身的人士通常只能担任等级更低的商船船长。当然，这种规则也有被打破的时候，曾被查理一世任命为英吉利海峡和爱尔兰海域海军上校的约翰·彭宁顿爵士就是海员出身。当查理一世计划打造一支强大的海军舰队时，约翰·彭宁顿爵士的职位经常被某些英格兰贵族取代。

约翰·彭宁顿爵士

远征阿尔及尔

　　1620年剿灭阿尔及尔海盗的行动是詹姆斯一世统治期间发起的关键性远征之一。行动中出航的皇家海军舰队是詹姆斯一世领导下的英格兰政府组建的全新海军。一直以来,皇家海军从未肩负起在英吉利海峡和爱尔兰海为英格兰商人提供保护的责任。虽然英格兰政府曾经打算做出此类尝试,但最终因为皇家海军过于薄弱而不得不放弃。根据1618年皇家海军调查委员会的规定,英格兰国内只保留由四艘军舰[①]组成的皇家海军舰队负责周边海域的巡逻工作。这支微不足道的皇家海军舰队连装备最简陋的海盗都无法对付,如在皇家海军前水手长克拉克的指挥下,曾被威廉·蒙森爵士在设德兰和赫布里底群岛追捕的一支海盗让皇家海军舰队保护英吉利海峡和爱尔兰海以外的英格兰商人更是无从谈起。在东印度和黎凡特开展贸易的公司权势极大,通常会将自家商船全副武装,在其他国家的法庭中也有代理人。来往于东印度群岛附近海域的多为英格兰公司的商船,很久没有出现过英格兰军舰。但前往黎凡特开展贸易的土耳其公司实力偏弱,容易被强悍的海盗攻击。詹姆斯一世统治期间,阿尔及尔海盗对来往于地中海和大西洋部分海域的商船形成严重威胁,甚至曾经残忍杀害加纳利群岛上的居民、洗劫爱尔兰南部的巴尔的摩。虽然土耳其公司具备一定的自保能力,击退过海盗攻击,但体形较小的贸易船很容易被海盗盯上。令欧洲国家蒙羞的是,大部分海盗是由欧洲各国的叛徒组成。当时的英格兰海港城市一直流传着英格兰人惨遭海盗杀掠的故事,被捕的英格兰人通常会沦为奴隶,直到他们的亲友为其赎身方才重获自由。被俘虏的英格兰水手偶尔也能抓住机会逃脱。例如,在布里斯托尔一百二十吨的商船"雅各布"号上,被俘虏的四名英格兰水手就曾成功击退海盗。起初,海盗将四名英格兰水手困在甲板上,不料海上突然狂风大作,笨拙的海盗顿

---

① 其中最大的军舰吨位为一百二十吨。——原注

时手足无措，只能向英格兰水手求助。英格兰水手在帮助海盗船长降下篷帆时，机敏地将海盗船长"丢出船外"。海盗船长借助垂在船舷外的绳索企图爬回船上，英格兰水手又用"吸水泵的把手"将海盗船长击落水中。"雅各布"号上的船员最终战胜了海盗。当"雅各布"号抵达西班牙王国的桑卢卡尔-德巴拉梅达时，英格兰船员将船上的海盗当作奴隶卖掉。一艘来自普利茅斯、四十吨重的小型商船船主约翰·罗林斯也有过类似经历。约翰·罗林斯在直布罗陀海峡被海盗俘虏，又在阿尔及尔被当作奴隶卖给一个叫约翰·古多尔的英格兰叛徒。约翰·古多尔安排约翰·罗林斯到手下的一艘海盗船上做水手。约翰·罗林斯运气不错，他机敏地组织船上的基督教奴隶发动起义，最终成功制服船长并将船驶回普利茅斯。然而，以上事例并非时常发生。大部分落入海盗手中的英格兰人很难逃走，只能等待亲友将自己赎回，否则将被迫加入海盗队伍。

1620年，英格兰王国终于组建了一支海军舰队对抗海盗。阿尔及尔海盗让西班牙人也备受困扰，在西班牙王国的游说和保护英格兰人民利益的双重因素的作用下，詹姆斯一世着手组建了一支新的海军舰队。然而，无论是西班牙人还是英格兰商人都没有从詹姆斯一世组织的远征中受益。在整个皇家海军史上，对阿尔及尔海盗的远征并非光彩之事。近代皇家海军有更多光辉事迹值得介绍，但这支英格兰远征舰队的组成十分有趣，可以向我们展示英格兰舰队的组建过程。

皇家海军军舰信息

军舰名称	吨位（单位：吨）	配备人数（单位：名）	铜炮数量（单位：门）	指挥官
"雄狮"号（海军上将所在船）	六百	二百五十	四十	罗伯特·曼塞尔爵士
"先驱"号（海军中将所在船）	六百六十	二百五十	四十	理查德·霍金斯爵士

续 表

商船名称	吨位	配备人数	铜炮数量	指挥官
"彩虹"号（海军少将所在船）	六百六十	二百五十	四十	托马斯·巴顿爵士
"持续变革"号	六百六十	一百六十	四十	亨利·帕尔默爵士
"羚羊"号	四百	一百六十	三十四	阿瑟·曼纳林舰长
"转变"号	五百	二百二十	三十六	托马斯·洛夫舰长

民用商船信息

商船名称	吨位（单位：吨）	配备人数（单位：名）	铜炮数量（单位：门）	指挥官
"金凤凰"号	三百	一百二十	二十四	萨缪尔·阿高尔舰长
"萨缪尔"号	三百	一百二十	二十二	查尔斯·哈里斯舰长
"金盏花"号	二百六十	一百	二十一	约翰·费恩爵士
"祖奇凤凰"号	二百八十	一百二十	二十六	约翰·彭宁顿舰长
"巴巴里"号	二百	八十	十八	托马斯·波特舰长
"百夫长"号	二百	一百	二十二	弗朗西斯·坦非尔德爵士
"报春花"号	一百八十	八十	十八	约翰·哈姆登爵士
"大力士"号	三百	一百二十	二十四	乌赛博·凯夫舰长
"海神"号	二百八十	一百二十	二十一	罗伯特·霍顿舰长
"圣文德商船"号	二百六十	一百一十	二十三	约翰·奇德利舰长
"复原"号	一百三十	五十	十二	乔治·雷蒙德舰长
"马默杜克"号	一百	五十	十二	托马斯·哈伯特舰长

罗伯特·曼塞尔爵士担任此次皇家海军舰队远征的指挥官。罗伯特·曼塞尔爵士是伊丽莎白一世时期的老长官，曾参与对抗西班牙无敌舰队，具有丰富的参战经验。罗伯特·曼塞尔爵士还是诺丁汉伯爵查尔斯·霍华德的亲戚，性格虽有几分贪婪，但算不上是一名腐败的海军军官，曾积极参与1613年诺丁汉伯爵查尔斯·霍华德与皇家海军调查委员会的抗争。另一个指挥官是约翰·霍金斯的儿子理查德·霍金斯爵士。在伊丽莎白一世统治时期，在一场与西班牙人的战役后，理查德·霍金斯爵士英勇被捕并遭西班牙人囚禁，在被监禁期间

成了一名虔诚的罗马天主教教徒。16世纪和17世纪初,理查德·霍金斯爵士关于太平洋的航行记录是仅次于威廉·蒙森爵士的《皇家海军手册》对航海生活最生动的描绘。上述名单中,商船船长之一的约翰·彭宁顿舰长,后来被封为约翰·彭宁顿爵士。约翰·彭宁顿舰长尽管并不是一个能力高超之人,但有其独特之处。约翰·彭宁顿舰长来自埃塞克斯的亨汉姆的一个清教徒商人家庭,常年居住在伦敦。约翰·彭宁顿舰长没有继承父母的衣钵经商,而是选择加入皇家海军。约翰·彭宁顿舰长航海生涯的起点是担任商船船长,他曾参加过卡鲁·罗利的最后一次圭亚那之旅。约翰·彭宁顿舰长一直以来都想进入东印度公司就职却未成功,尽管他的资助人是白金汉公爵乔治·利维尔斯。白金汉公

东印度公司的纹章

爵乔治·利维尔斯让约翰·彭宁顿舰长顺利当上了阿尔及尔远征行动的"祖奇凤凰"号舰长。从此以后，约翰·彭宁顿舰长经常在英吉利海峡和爱尔兰海域参加皇家海军的军事行动。有白金汉公爵乔治·利维尔斯作为赞助人，在皇家海军的军事行动中，约翰·彭宁顿舰长大赚一笔。约翰·彭宁顿舰长直接听命于查理一世，查理一世十分欣赏他身上那种极度忠诚和英勇无畏并存的性格特点。英格兰内战爆发前，查理一世甚至打算将约翰·彭宁顿舰长提拔为皇家海军上将。

1620年10月12日，远征阿尔及尔海盗的皇家海军舰队离开英格兰，随后在1621年6月返回英格兰。在这段时间里，皇家海军除了试图一次通过皇家海军舰队的一名水手乔装成英格兰领事，从而欺骗阿尔及尔总督的徒劳尝试和一次在海港放火烧毁海盗船的失败行动，没有取得任何胜利。大部分时间，皇家海军都在阿利坎特或巴利阿里群岛停留，漫无目的地来往于阿利坎特、巴利阿里群岛和阿尔及尔。皇家海军总是错过与阿尔及尔海盗交战的机会，只能一次次地无功而返。远征阿尔及尔非但没有成功打击阿尔及尔海盗，反倒助长了海盗的嚣张气焰。

詹姆斯一世去世

1625年3月27日，詹姆斯一世驾崩。詹姆斯一世留给查理一世的皇家海军的实力与1618年皇家海军调查委员会改革后相比没有任何起色。与伊丽莎白一世统治期间的皇家海军相比，詹姆斯一世时期的军舰数量减少了九到十一艘，但总吨位提高了两千三百五十吨。詹姆斯一世驾崩后的皇家海军无疑面临着严峻挑战。查理一世和白金汉公爵乔治·利维尔斯前往西班牙马德里与西班牙王室协商联姻事宜遭遇失败，自尊心深受打击的查理一世决定对西班牙王国宣战。不久后，法兰西王国也与英格兰王国开战。此时，作战任务艰巨的皇家海军本应在民用商船的协助下迅速组建一支强大的海军舰队。西班牙王国

罗伯特·曼塞尔爵士

实力受损,只希望能击退英格兰王国的进攻,法兰西王国的海军力量也十分薄弱。皇家海军若想进一步增强自身力量,需要有完善的管理机制、充足的资金支持和英格兰民众强烈的爱国热情,三者缺一不可。然而,从1625年到1629年,皇家海军发展缓慢,实力甚至还达不到罗伯特·曼塞尔爵士反击阿尔及尔海盗时的水平。皇家海军发展的政治背景非常有趣,但我在此不再赘述。1625年,英格兰王国向法兰西王国投降,将七艘英格兰军舰送给法兰西王国,助其对抗拉罗谢尔的清教徒。从这一事件中,我们可以窥得查理一世、白金汉公爵乔治·利维尔斯、约翰·彭宁顿舰长等人的性格特点。不过,上述内容与皇家海军发展史的主题并不相符,所以我不再详细说明。

查理一世统治时期的皇家海军舰队

皇家海军还参与了1625年的加的斯远征、1626年登比伯爵威廉·费尔丁率领的舰队巡航英吉利海峡、1627年攻击法兰西雷岛行动、1629年4月到5月对登比,以及1629年9月到10月对林奇无功而返的巡航行动。上述行动无任何精彩

登比伯爵威廉·费尔丁

之处，在此不再赘述。与其详细解释以上事件的来龙去脉，不如将有限的篇幅留给皇家海军史上更精彩的部分。事实证明，远征加的斯不过是对伊丽莎白一世统治期间远征行动的一次拙劣模仿。虽然在两次远征中，皇家海军舰队的组织方式完全一致①，皇家海军指挥官也同属贵族阶层，乐意听取水手顾问团的建议，但指挥官的资历和海军士气完全不同。1625年远征加的斯行动的指挥官温布尔登勋爵爱德华·西塞尔爵士只是英格兰王国驻低地国家军事团的一名普通军官，既无至高无上的权威，也没有丰富的参战经历。年轻的第三代埃塞

温布尔登勋爵爱德华·西塞尔爵士

---

① 远征舰队都由皇家海军和英格兰沿海各郡的民用商船组成。——原注

第三代埃塞克斯伯爵罗伯特·德弗罗

克斯伯爵罗伯特·德弗罗参与的1625年远征加的斯行动,不过是在重复父亲在攻击加的斯堡垒时的英勇行为。1625年远征加的斯的行动充斥着意见不合、犹豫不决、醉酒行为和彻头彻尾的失败行动。除了攻击加的斯堡垒,皇家海军舰队的所有作为不过是将皇家海军士兵载到加的斯,又载着皇家海军士兵返回英格兰王国。1626年,英格兰王国与法兰西王国的战争爆发后,在英吉利海峡,皇家海军数次成功俘获法兰西军舰。但由于法兰西海军实在太过弱小,皇家海军没有太多仗可打。鉴于皇家海军此次装备薄弱,这倒也算是件好事。1627年皇家海军对法兰西雷岛的远征不过是对1625年加的斯远征的复制,甚至过程更加糟糕。在1627年对法兰西雷岛的远征中,皇家海军的全部行为只是在

1625年远征加的斯

远征法兰西富岛

1627年6月底载着皇家海军士兵离开英格兰王国,又在1627年10月将幸存的英格兰士兵载回英格兰王国。1629年,两支皇家海军舰队启程前往拉罗谢尔。当时,胡格诺派正在最后一次抗争枢机主教黎塞留,但皇家海军舰队依旧载着皇家海军的士兵出海兜了一圈,没有取得任何胜利。

1625年到1629年皇家海军的不断衰落,一方面在于白金汉公爵乔治·利维尔斯的狂妄无能,另一方面与查理一世政府的执政背景有关。即位初始,查理

枢机主教黎塞留

一世就与议会矛盾重重，无法得到议会的财政支持，皇家海军舰队也是临时拼凑而成的，仅能勉强维持运转，工作效率非常低下。查理一世在位期间，英格兰内部的反战情绪也影响了皇家海军的日常运转。此时，皇家海军仍然处在转型时期，是正规军队和海上国民卫队的结合体。按常理，一支管理有序、训练有素并能得到充分资金支持的正规海军应该能够在战争中取得胜利，海上国民卫队也是如此。当民众爱国热情高涨、优秀的领导人才不断涌现、民众普遍渴望从战争中获利时，海上国民卫队才能发挥其重要力量，正如它在伊丽莎白一世统治期间皇家海军和西班牙无敌舰队的对抗以及1597年加的斯远征行动中表现的那样。但在查理一世统治早期，上述有利因素并不存在。英格兰王国的民间商船通常是被迫服役的，商船的船长和船员不清楚自己是否可以获得参战报酬，因此不情愿参战。英格兰商船船长和船员得知皇家海军士兵贫困的生活状况后，士气更加低落。参战的英格兰商船船长和船员都希望战争早日结束，回归正常的宁静生活，尽可能减少在战争中遭受的损失。在1625年的加的斯远征之旅中，英格兰商船表现得十分懦弱。1627年远征法兰西雷岛时，英格兰商船更是毫无作战热情，基本上所有的战斗都由皇家海军军舰完成。很显然，查理一世需要减少对英格兰商船的依赖，采取措施建立一支完全属于国家的皇家海军。

然而，查理一世已经没有机会组建一支纯粹的皇家海军了，因为他永远都得不到维持一支实力强大的海军需要的财政拨款。事实上，查理一世想要组建皇家海军舰队的迫切愿望也是导致其自身悲剧的导火索之一。查理一世十分清楚建立一支强大海军的重要性。荷兰共和国的海军实力飞速上升，法兰西王国也正在组建一支强大的海军。英格兰王国与周边邻国的关系总是动荡不安，法兰西人和荷兰人一度想要组建联盟并企图占领西属尼德兰的周边海域。在这些困境中，查理一世竭力提高皇家海军的实力。在查理一世的命令下，皇家海军新建了至少十九艘军舰，其中十艘吨位在一百二十吨左右。正是"海上主权"号等军舰的建成让皇家海军的实力大大增强。1633年，皇家海军的军舰总吨数达到两万三千六百九十五吨①，共装备一千四百三十门火炮。英格兰内战爆发时，皇家海军的军舰总数达到四十二艘，共计两万两千四百一十一吨。四十二艘军舰中有五艘属于一等军舰，平均每艘重达一千零六十吨。

造船税

在英格兰王国的历史上，查理一世筹资造船的方式十分有名。查理一世的敛财方式不是寻求议会拨款。如果查理一世可以通过在英格兰王国征收赋税组建海军，自主决定筹集资金的数额及使用方式，他就能随心所欲地利用筹集到的资金。从查理一世屡次试图逃脱议会控制的尝试来看，难怪乡村党②总是怀疑查理一世企图通过征税的方式组建海军。事实上，当查理一世号召英格兰王国沿海各郡履行保卫国家的职责③，主动为英格兰民众和民用商船参战提供薪酬④时，查理一世是在试图花费为组建皇家海军筹集到手的资金。查理一世的治国方式确实有缺陷，但在英格兰内战开始时，皇家海军的军舰都已经武装完毕。从内战时期的表现来看，在查理一世统治时期，皇家海军的实力确实大幅提升。接下来，我们可以通过阅读托马斯·海伍德对菲尼亚斯·佩特为查理一世建造的"海上主权"号军舰的详细描述，来感受皇家海军实力的提升。

> 1637年，在伍尔维奇，著名的"海上主权"号军舰最终建成。"海上主权"号的龙骨长度约为一百二十八英尺，宽度约为四十八英尺，前端撞角到军舰尾部全长约为二百三十二英尺，从底端龙骨

---

① 另一说法为两万三千九百九十五吨。——原注
② 也就是当时的反对党。——原注
③ 此时，查理一世还没有命令沿海各郡的商船正式参战。——原注
④ 稍后，查理一世将这一政策扩展到全国。——原注

"海上主权"号装饰精美的军舰头部,图上的人物是彼得·佩特

到顶端提灯的高度约为七十六英尺。军舰上共装有五盏提灯,其中最大的提灯可以让十人站立在上面。军舰上建有三层平甲板——上层甲板、中层甲板和下层甲板,还包括一个甲板室。上层火炮甲板留有三十处火炮射击孔用来布置加农炮和半加农炮;中层火炮甲板有三十处火炮射击孔用来装备重炮和半重炮;下层火炮甲板有二十六处射击孔用来装备其他火炮。船上的前甲板有十二处火炮射击孔,两个半甲板下隐藏有十三处火炮射击孔。军舰首部和尾部各装有十门大炮,军舰舱内部还有许多枪眼可供射击使用。军舰上共有十一支锚,每个重约四千四百磅,总载重量为一千六百三十七吨。彼

得·佩特辅助父亲菲尼亚斯·佩特建造了"海上主权"号。"海上主权"号两侧配有精美雕刻的瞭望台,军舰外侧刻满大炮和象征各类荣誉的战利品雕饰和与航海相关的各种象征,还刻有两枚庄严的、神圣的、象征至高无上王权的徽章,驾驶室外侧雕刻着几个抱着自己名字缩写字母的天使。舰体的所有装饰使用黑色和金色作为底色。军舰上的四条木质横梁用一整棵树制成,横梁长度为四十四英尺,顶端直径为三英尺,底端直径为十英尺。

……

"海上主权"号的艏柱头刻着骑在狮子上的丘比特,舱壁右侧伫立着六座形态各异的雕像,军舰尾部雕刻着朱庇特、玛尔斯、尼普顿和埃俄罗斯的画像。军舰尾部三角顶饰的中部雕刻着胜利女神维多利亚,撞角处刻着骑在马背上的埃德加国王,埃德加国王把七个匍匐在地的凯尔特国王踏在脚下。

"海上主权"号整体装饰十分华丽炫目,但并非徒有其表。"海上主权"号曾经多次出海。在1696年意外毁于查塔姆火灾前,"海上主权"号参与过皇家海军舰队的全部关键海战。

查理一世统治期间,皇家海军的管理架构曾被多次调整。查理一世即位时,白金汉公爵乔治·利维尔斯担任皇家海军上校。此时,皇家海军的管理工作名义上是由白金汉公爵乔治·利维尔斯负责,实际却是由1618年组建的皇家海军调查委员会的成员具体负责。当白金汉公爵乔治·利维尔斯在朴次茅斯的家中[①]遭人暗杀时,查理一世不得不恢复以往皇家海军管理体系类似的管理手段。查理一世将皇家海军上将的职责分配给皇家海军调查委员会。负责皇家海军作战指挥的皇家海军委员会也在管理皇家海军工作的办公室。当

---

① 1628年起,白金汉公爵乔治·利维尔斯就一直居住在此。——原注

伦敦大主教威廉·贾克森

然，部分皇家海军委员会的委员也在同时负责其他重要工作。例如，伦敦大主教威廉·贾克森也在担任英格兰财政大臣；林奇伯爵蒙塔古·伯蒂同时是掌礼大臣；多塞特伯爵爱德华·萨克维尔是王后亨利埃塔·玛丽亚的掌礼大臣；弗朗西斯·科廷顿男爵同时担任财政大臣；亨利·文爵士是王室财务审计官；约翰·科克爵士和弗朗西斯·温德班克爵士是国务大臣。虽然海军管理委员会的人事安排略有变动，但直到1638年，海军管理委员会才解散。

林奇伯爵蒙塔古·伯蒂

多塞特伯爵爱德华·萨克维尔

亨利埃塔·玛丽亚

弗朗西斯·科廷顿男爵

筹钱舰队

在皇家海军上校缺位时期，1636年和1637年分别有两次由筹钱舰队实施的海军行动。两次海军行动的目的是维护英格兰国王查理一世在英格兰海域的主权，禁止西班牙人、荷兰人或法兰西人在海上挑起战争，强迫所有渔民向查理一世缴纳一定费用，从而获得捕鱼许可。总而言之，筹钱舰队出航的主要目的是威慑欧洲其他国家。1636年派出的筹钱舰队是历史上[①]英格兰君主派出规模最大的一支舰队。筹钱舰队的指挥官是接任林奇伯爵蒙塔古·伯蒂工作的诺森伯兰伯爵阿尔杰农·珀西。诺森伯兰伯爵阿尔杰农·珀西是一个贵族

诺森伯兰伯爵阿尔杰农·珀西

---

① 截至查理一世统治时期。——原注

克拉伦登伯爵爱德华·海德

阶层的杰出人物。据克拉伦登伯爵爱德华·海德说，如果诺森伯兰伯爵阿尔杰农·珀西能够更谦逊一些，一定会是一个完美的英格兰人。诺森伯兰伯爵阿尔杰农·珀西本性清高，虽身处乱世却能独善其身，在危机四伏的时代，诺森伯兰伯爵阿尔杰农·珀西采取了大部分年轻贵族消极避世的态度。作为筹钱舰队的指挥官，诺森伯兰伯爵阿尔杰农·珀西没有太多机会可以为国家奉献，能做的就是讹诈少数不走运的荷兰渔民。皇家海军内部存在的弊病引起了诺森伯兰伯爵阿尔杰农·珀西的注意。诺森伯兰伯爵阿尔杰农·珀西就皇家海军改革提出了自己的建议。然而，诺森伯兰伯爵阿尔杰农·珀西的改革建议未能引起足够的重视，他强烈的贵族自尊心最终战胜了参与改革的热情。诺森伯兰伯爵阿尔杰农·珀西自觉被怠慢，声称除非被人询问，否则不会再主动提出任何改革建议。事实上，让诺森伯兰伯爵阿尔杰农·珀西不停抱怨的皇家海军的弊病，与查理一世统治下的政府性质密切相关。查理一世听从皇家律师的建议，通过筹集造船费已经筹得足够资金，用以造船和装备出航舰队。但查理一世筹集的资金仍不足以维持一支常备海军。查理一世为筹集资金所做的努力也没有坚持下去，皇家海军舰队只能偶尔得到新装备。在混乱的过渡时期，皇家海军中那些不安分守己的人自然会抓住机会大捞一笔。

1638年，查理一世再次调整皇家海军的管理制度。1638年3月，查理一世任命诺森伯兰伯爵阿尔杰农·珀西为皇家海军上将。原本海军上将的职位要留给当时年仅五岁的约克伯爵詹姆斯·斯图亚特[①]。但1638年，查理一世困境重重，不得不选择讨好英格兰北部最有权势的诺森伯兰伯爵阿尔杰农·珀西。诺森伯兰伯爵阿尔杰农·珀西和白金汉公爵乔治·利维尔斯的经历类似，诺森伯兰伯爵阿尔杰农·珀西就任皇家海军上将完全仰仗查理一世的美意，其地位并不稳固。诺森伯兰伯爵阿尔杰农·珀西上任后，皇家海军再次恢复由一名海军上将和其他皇家海军委员会成员共同管理的制度，皇家海军委员会成员承担起财务主管、审计员、测量员和文书的具体职责。

马丁·赫伯森·特龙普和西班牙人

诺森伯兰伯爵阿尔杰农·珀西的任期从1638年3月持续到1642年6月。1642年6月，在查理一世的愤怒之下，诺森伯兰伯爵阿尔杰农·珀西黯然下台。这是英格兰历史上非常重要的时刻，也是皇家海军史上最耻辱的时刻。1639年9月，西班牙王国派出一支大规模军舰加强佛兰德斯的控制。1639年9月7日，西班牙

---

① 即詹姆斯二世。——译者注

安东尼奥·德·奥肯多

海军舰队抵达英吉利海峡入口后立即被荷兰军舰攻击。随后，在英吉利海峡，西班牙、荷兰两国海军展开追击战，及时获得增援的荷兰海军迅速占据上风。西班牙海军元帅安东尼奥·德·奥肯多[①]前往唐斯避难。安东尼奥·德·奥肯多相信西班牙海军将会得到查理一世的协助和保护。令西班牙人愤怒的是，查理一世试图从前来寻求庇佑的西班牙人身上牟利，如果西班牙人不肯出钱，查理一世就放任西班牙人自生自灭。此时正在伦敦的诺森伯兰伯爵阿尔杰农·珀西没能参透查理一世的意图，将西班牙人前来避难的消息告诉了在多佛尔的

---

① 安东尼奥·德·奥肯多是曾在西班牙无敌舰队服役的米格尔·德·奥肯多之子。——原注

约翰·彭宁顿舰长。约翰·彭宁顿舰长率领的海军舰队实力薄弱,无法与荷兰海军抗衡。在向来鼓吹与西班牙王国作对的法兰西大臣枢机主教黎塞留和马丁·赫伯森·特龙普的怂恿下,诺森伯兰伯爵阿尔杰农·珀西和约翰·彭宁顿舰长采纳了他们的大胆建议计划攻击西班牙人。查理一世企图敲诈西班牙人的希望最终落空。1639年10月11日,马丁·赫伯森·特龙普对西班牙海军舰队发动攻击,摧毁了大约四分之三的西班牙军舰,完全没有将约翰·彭宁顿舰长率领的皇家海军舰队放在眼里。筹钱舰队尽管确实从敲诈荷兰捕鱼船中获得了一定收益,但因查理一世滥用王权而逐渐丧失民心,被认为在受到严重攻击时,无法承担在海上保卫英格兰荣誉的职责。

人们猜测,诺森伯兰伯爵阿尔杰农·珀西在以上事件中受的屈辱导致了其四年后的所作所为。但这种猜测缺乏事实依据。如果诺森伯兰伯爵阿尔杰农·珀西打算复仇,必然会采取一种更有效的策略。但正是来自著名的珀西家族的诺森伯兰伯爵阿尔杰农·珀西最终让皇家海军落到了查理一世的国内政敌——反对党的手上。在1650年到1653年召开的英格兰长期议会中,诺森伯兰伯爵阿尔杰农·珀西最终决定支持反对党。此前,诺森伯兰伯爵阿尔杰农·珀西因为总是毫不吝啬地向查理一世展示忠诚,所以一直深得查理一世喜爱。但诺森伯兰伯爵阿尔杰农·珀西最终将皇家海军的指挥权交给了查理一世的敌人,无疑显示出他对查理一世的敌意和不满。议会要求查理一世交出对军队的控制权[①],其中必然包括地位举足轻重的皇家海军。如果能够获得其他国家的帮助,那么查理一世的王位会更稳固。查理一世迫切希望能维持对皇家海军的控制。如果诺森伯兰伯爵阿尔杰农·珀西是皇家海军的指挥官,查理一世就可以继续让皇家海军为自己服务。查理一世本应在解雇诺森伯兰伯爵阿尔杰农·珀西后,选派其他可信赖的人统帅皇家海军。1642年夏天,英格兰内战爆发前夕,查理一世最终向议会妥协,选择了一条避免国内冲突爆发的道路。皇

---

① 指英格兰国内所有的军事力量。——原注

家海军上将不是皇家海军舰队的实际指挥者，实际指挥者通常是皇家海军上将指派的皇家海军中将。一个忠心耿耿的皇家海军中将完全可以给予查理一世极其有利的协助。关于经验丰富的罗伯特·曼塞尔爵士即将担任皇家海军中将的流言不时传出。但查理一世以罗伯特·曼塞尔爵士年龄过高为由拒绝了这一提议。查理一世最终决定让诺森伯兰伯爵阿尔杰农·珀西任命的约翰·彭宁顿舰长继续担任皇家海军中将。与此同时，议会更推崇沃里克伯爵罗伯特·里奇担任皇家海军中将。诺森伯兰伯爵阿尔杰农·珀西曾询问议会，自己是否需要在任命皇家海军中将一事上遵循查理一世的意愿。议会要求诺森伯兰伯爵阿尔杰农·珀西立刻选择沃里克伯爵罗伯特·里奇。最终诺森伯兰伯爵阿尔杰农·珀西向议会屈从，任命沃里克伯爵罗伯特·里奇为皇家海军中将。查理一世亲自组建的皇家海军舰队到头来却被政敌利用，令查理一世失去了皇家海军的控制权，成为查理一世与议会角力失败的导火索。

叛　乱

多数皇家海军军官对议会派的坚定支持导致英格兰内战的爆发。支持议会派的皇家海军军官大多来自清教势力较强的英格兰东部和南部。在查理一世对英格兰议会中谋反人员的抓捕行动失败后，皇家海军士兵急切期待能在混乱局势中获利。新教在伦敦的势力范围极大。在查理一世与英格兰议会间摇摆不定的乔治·戈林将朴次茅斯海军基地的指挥权交给议会，议会从此控制了皇家海军在泰晤士河和英吉利海峡的造船厂。除了皇家海军对议会的同情和支持，诺森伯兰伯爵阿尔杰农·珀西的配合也非常重要。查理一世组建一支强大的皇家海军舰队的目的是巩固王权，最终却加速了自身的灭亡。查理一世曾苦涩地说，他待诺森伯兰伯爵阿尔杰农·珀西像情人般殷勤，但诺森伯兰伯爵阿尔杰农·珀西用最冷酷的方式回报他。查理一世决定罢免诺森伯兰伯爵阿尔杰农·珀西的职务时，一切为时已晚。如果1638年查理一世没有过分巴结诺森伯兰伯爵阿尔杰农·珀西，而是任命约翰·彭宁顿舰长担任皇家海军上将，查理一世的下场也许会完全不同。

权威文献

威廉·蒙森爵士的《皇家海军手册》是关于詹姆斯一世统治早期皇家海军发展状况的权威之作。托马斯·莱迪亚德的《皇家海军史》阐述了皇家海军舰队与阿尔及尔海盗作战的过程，以及1620年皇家海军舰队远征始末。1618年召开的皇家海军委员会详细报告来自约翰·查诺克的《皇家海军体系》，报告的原版存放在皇家海军档案馆。皇家海军档案协会出版了约翰·霍兰撰写的《皇家海军话语》。查理一世统治后期、英格兰内战和英格兰联邦时期的历史细节均出自由格兰维尔·佩恩整理的、参考价值极高的《威廉·蒙森爵士传》。

第 5 章

内战时期的皇家海军

随着议会违背查理一世的意愿，以及将皇家海军中将的军衔授予沃里克伯爵罗伯特·里奇，查理一世在皇家海军方面的统治可谓失控了。此后，皇家海军舰队便一度沦陷，臣服于查理一世的敌对方的控制之下。这种局面直至第一次内战后才结束。查理一世曾下令解除诺森伯兰伯爵阿尔杰农·珀西的皇家海军上将职务。然而，议会对罢免一个权力如此大的官员并不感到遗憾。17世纪，即使是在武装叛乱轰轰烈烈进行的时候，人们也依然坚持恪守法律条文。海军上将的合法性毋庸置疑，若其公然以议会为敌，或者没能为维护议会利益而积极行动，那么将带来不小的麻烦。下级军官不会造成同样的后果。查理一世命令海军上将拒绝听命于议会，但遵照查理一世命令行事的人屈指可数。不过，也有人毫不犹豫地接受这一命令。查理一世的命令就如议会解读的那样——是一种方便的诡辩。当时，许多人都用诡辩来使叛乱的现实与效忠国王相调和。

议会操控皇家海军

皇家海军测量员威廉·巴滕积极协助议会获得舰队所有权。过去，威廉·巴滕借助贿赂手段才得以爬上今天的位置。在克拉伦登伯爵爱德华·海德眼中，威廉·巴滕就是个十足的"蠢货"。关于威廉·巴滕的这番描述曾遭到一些当代作家的抨击。这与诺森伯兰伯爵阿尔杰农·珀西对威廉·巴滕的任命的随笔式的描述十分吻合。威廉·巴滕如果在萨默塞特郡长大，那么与清教徒便有着密不可分的联系。不管怎么说，威廉·巴滕曾担任过商船船长，凭一己之力开展贸易活动。威廉·巴滕也当过皇家海军船长。1628年，皇家海军委员会解散，诺森伯兰伯爵阿尔杰农·珀西也被任命为最高海军上将。十年后，即1638年，威廉·巴滕担任测量员一职。官方人士普遍认为威廉·巴滕的职位是贿赂来的。这并不能完全表明在当时威廉·巴滕的提名过程中有腐败现象。1642年7月，沃里克伯爵罗伯特·里奇成功使舰队臣服，跟威廉·巴滕的帮助有很大关系。

沃里克伯爵罗伯特·里奇

1642年3月月初，议会宣称，上下两院获悉，邻国在海陆领域已经做好充分的战斗准备。一切举动足以证明邻国意图引发议院内部恐慌。若不及时采取相应对策进入防卫阶段，那么，议会公信力、持久和平、查理一世的人身安全及王国稳定都将难以得到保证。因此，议会采取行动，着手武装皇家海军。议会发布命令："查理一世的舰队中，凡是适合作战的、尚在国内的，除为当年的夏季舰队外，所有军舰都应全速推进备战任务，时刻准备出海。"与此同时，议会对诺森伯兰伯爵阿尔杰农·珀西也提出相应要求，即无论军舰在英格兰境内哪一处的海港内部及其周边区域，都要让船长、船主知晓。如果发生紧急情况，查理一世和议会需要他们作战，为维护公众安全，他们有义务随时待命接受调遣。这将是保障国王陛下和他的领土安全的重要手段。当前，皇家海军舰队已经处于待命状态。只要有任何紧急情况，收到警报后立即出海。这将在最大程度上保证查理一世的人身安全与英格兰王国主权领土的完整。

沃里克伯爵罗伯特·里奇掌权

查理一世收到"全速推进皇家海军备战"这一命令时，早已离开伦敦，身处罗伊斯顿或纽马基特。诺森伯兰伯爵阿尔杰农·珀西总是在关键时刻遭遇意外。由于病痛，诺森伯兰伯爵阿尔杰农·珀西无法亲自指挥皇家海军舰队。查理一世承诺任命约翰·彭宁顿舰长为诺森伯兰伯爵阿尔杰农·珀西的副手。然而，议会为了贯彻对民兵的管控政策，声称1642年3月10日，务必向议会提交指挥官名单。名单中大部分人获得许可后，议院明确表示"下议院要求皇家海军上将诺森伯兰伯爵阿尔杰农·珀西任命沃里克伯爵罗伯特·里奇为当年夏季舰队的总指挥官。"与此同时，命令亨利·文爵士"将未通过议会批准的指挥官名单上交给皇家海军上将，以便皇家海军上将将未通过议会批准的指挥官替换为其他人，再把替换后的名单及时送至议院。"

查理一世的愤怒实属徒劳，除剥夺诺森伯兰伯爵阿尔杰农·珀西的军衔之外，其他事都无能为力。在唐斯海域行驶的军舰中，鲜有反对沃里克伯爵罗伯特·里奇命令的声音，甚至完全遵从一些命令。如果约翰·彭宁顿舰长性情暴躁，可能会给议会带来很大的麻烦。不过，好在约翰·彭宁顿舰长性情温和、值得信赖，做事也不会刻意要求己方利益。在查理一世禁止侍从遵循议会委派的官员提出的规章命令时，沃里克伯爵罗伯特·里奇冒着丢掉官职的风险，命令唐斯海域的舰队服从自己的指挥。命令下达后，犹豫是否接受命令的船长屈指可数，仅一两个船长面露抵抗神色。因为未武装军舰上的水手可以随意登上任何军舰并将军舰据为己有，所以就算是本军舰的水手，也鲜有人支持船长。

皇家海军显然对议会有些许同情之心。近来一直有一种声音——在这场查理一世与敌对方的激烈斗争中，皇家海军保持中立态度。不过，我无法理解，当皇家海军宣称保持"中立"，在内战中却向其中一方提供大量武装协助时，"中立"一词到底意义何在。1642年到1648年，部分舰队发生了叛乱，皇家海军尽其所能地挫败了查理一世，攻击查理一世的驻军，并协助保护被查理一世的军队包围的滨海小镇。不仅如此，皇家海军同时扣押了为查理一世服役的军舰，还对王后亨利埃塔·玛丽亚展开攻击行动。很难预料皇家海军遵循的行为准则与中立态度还存在多大区别。在我看来，以上全部内容用来解释皇家海军的行动再合适不过了。皇家海军因为清教徒信仰，与议会站在同一条战线。其中一部分是出于自愿，另一部分是出于对必要性的考量。皇家海军中的水手大部分来自英国的清教地区。清教地区居民成为清教徒的原因同样作用于水手身上。在莱茵的鲁珀特亲王占领布里斯托尔之前，每一处举足轻重的海港都处于清教徒的控制之下。若水手不听命于议会，其职业生涯将会变得艰辛坎坷。那些想要证明皇家海军具有历史性重要地位的作家们也煞费苦心地想要证明，皇家海军的重要职责在宪法中有明文规定，特别是皇家海军将对自由的无私热爱与对查理一世的忠诚巧妙结合于一体。我们可以对17世纪的水手们感到钦佩和尊敬，对他们的评判也不必担心言过其实。就如那时许多英格兰人一样，水手们也曾试图强迫查理一世，夺取查理一世手中的民兵指挥权，杀了查

莱茵的鲁珀特亲王

理一世手下的士兵，伤害查理一世的朋友，把查理一世关在牢狱里。等这一切结束后，再重新建立国王的权威。换句话说，皇家海军开始了一场革命，却并没有比议会中的长老会成员更清楚地看到革命势必会带来的后果。皇家海军从组建就受到教导，要对"耶和华的受膏者"深感敬畏。在对国王下手之前，海军很高兴能有一个合法的借口。因此，他们怀着世界上最忠诚的愿望，以极大的勇气和热情努力让百姓同情查理一世。

王后亨利埃塔·玛丽亚亲临布里德灵顿

皇家海军的管理权交给两院的一个议会委员会。在这个议会委员会的领导下，皇家海军的运作比查理一世统治时期更具活力。议会即使未按时向皇家海军拨款，但至少比查理一世统治时期要好得多。此外，议会有权任命自身机构的委员会，从而行使查理一世无法企及的监督权力。皇家海军分为两个分队，于英格兰沿岸及爱尔兰沿岸履行各自的使命。但无论在哪儿，其使命都是一样的。分头行动的目的在于通过拦截搭载物资的军舰和争取并保持沿岸小镇的所有权，阻止海外敌军前来支援查理一世。对军舰更多的要求是机警巡航，而非实战需要。皇家海军虽然对舰队行动早已习以为常，但取得的成就寥寥无几。舰队行动中的大多数行动类似于莱姆镇遭到巴拉丁的莫里斯包围时给予的救援行动。当急需人手和物资时，这些军舰就会被派来增援。舰队就是通过这种救援方式在海岸线各处帮助议会。这是皇家海军的功绩之一，并且在世界上引起了不小的轰动，也引发了激烈的争论。内战初始，王后亨利埃塔·玛丽亚便离开了英格兰，一直在国外为查理一世购置军用物资。1643年，议会早早得知王后亨利埃塔·玛丽亚购置的军用物资将运往约克沿岸的布里德灵顿。纽卡斯尔侯爵威廉·卡文迪什会率领军队在布里德灵顿等候，随时准备接纳物资。但王后亨利埃塔·玛丽亚是否跟随军用物资一同到布里德灵顿尚不确定。如果王后亨利埃塔·玛丽亚来，议会便下令增强正在北部海湾巡航的威廉·巴

巴拉丁的莫里斯

纽卡斯尔侯爵威廉·卡文迪什

滕的部队的综合力量。逮捕王后亨利埃塔·玛丽亚将会带来巨大利益。王后亨利埃塔·玛丽亚葬身于舰炮之下同样符合人们的心意。议会官员带领着四艘军舰组成的小型舰队，但在海上与王后亨利埃塔·玛丽亚失之交臂。风雨大作导致王后亨利埃塔·玛丽亚迫不得已在北海上颠簸了九天，经受了一番痛苦的折磨。最终，王后亨利埃塔·玛丽亚抵达布里德灵顿，即将登陆。但此时此刻，又一轮更加严重的危险正向王后亨利埃塔·玛丽亚慢慢靠近。威廉·巴滕得知运输队已抵达港口，正在搬卸物资，便立即采取行动，阻止物资到达查理一世手中。威廉·巴滕率领舰队全速接近王后的船，朝着运输船队和码头建筑猛烈开火，展开了持续数小时的攻击。保皇派强烈指责威廉·巴滕这个"无名小卒"竟敢对王室成员大不敬。此时，王后亨利埃塔·玛丽亚已处于水深火热之中。威廉·巴滕的部队击中了王后亨利埃塔·玛丽亚的寝室。王后亨利埃塔·玛丽亚同侍女只得躲在一处沟槽内，在海岸的庇护下躺了一阵子。据说，运输船

亨利埃塔·玛丽亚在布里德灵顿登陆

遭到攻击后，王后亨利埃塔·玛丽亚光着腿，几乎一丝不挂地从房间里落荒而逃。伦敦议会的党羽们得知此事后欢呼雀跃。不管怎样，作为法兰西国王亨利四世之女，王后亨利埃塔·玛丽亚还是勇敢地经受了风暴和战争带来的危险。之后，王后亨利埃塔·玛丽亚悉心安抚了甲板上受惊的侍女——英格兰王后永远不会溺水而亡[①]。从布里德灵顿的建筑物内逃离时，王后亨利埃塔·玛丽亚突然想起自己最喜爱的哈巴狗还未逃出。尽管侍者们依然处于恐慌之中，但王后亨利埃塔·玛丽亚她还是毅然决然地回房间将狗带了出来。骑士派作家们对王后的遭遇愤愤不平，程度不亚于王后自己。无论是当时还是以后，他们都毫不留情地谴责威廉·巴滕的行为前所未闻的残暴且缺乏骑士精神。但平心而论，当时威廉·巴滕并没有更好的选择，其所作所为也是无可厚非。查理一世的军官一定没指望打着王后亨利埃塔·玛丽亚的幌子就得到进入伦敦的许可。军官同样也没指望因为王后亨利埃塔·玛丽亚这位保皇派夫人与自己同行，就能被允许随意运输和搬运军用物资。

虽然将第一次内战初始几年的整个过程一一阐述看似冗长乏味，但在海军史上，这段历史的地位举足轻重。第一次内战的初始几年形成了第一阶段的强大海军，并长久维持。伊丽莎白一世统治时期，武装大型舰队仅仅是为了特殊的远征行动。在詹姆斯一世统治时期，只有一支比较庞大的海军武装力量。伊丽莎白一世统治时期，规模较大的舰队也只为特定的远征而配备武器。詹姆斯一世统治时期已有大型舰队。查理一世在位的前十五年，多次展现出强大的海军实力。但总体而言，海军的发展断断续续。议会依然发展海军，虽然名义上不再被称为皇家舰队。1642年，由十八艘军舰、二十四艘征用商船组成的海军开始服役。1643年，这支海军的力量得以提升，在靠近英格兰海岸的地区，由二十八艘军舰、二十三艘商船及八艘运煤船组成的海军开始服役。与此同时，在爱尔兰海岸地区，拥有八艘军舰、十三艘征用商船的海军开始服役。

[①] "drowned"一语双关，既指溺水，也有沉沦、淹没的意思，王后亨利埃塔·玛丽亚以此鼓舞侍女不要灰心丧气。——译者注

舰队军舰的总数量达到八十艘。就船舷平均吨位和重量而言,实力远超伊丽莎白一世时期。正是军舰编队巡航的常态,在未来与荷兰的战斗中发挥了重要作用,使英格兰占据了巨大优势。正规海军逐渐成形,议会培养了一支训练有素的军官队伍。

第二次内战

在海军编队巡航的成效得到检验之前,国家和海军都注定要经历有史以来最剧烈的动荡。第一次内战已接近尾声。在这一时期,议会除证明了自己可以击败查理一世的保皇派之外,在其他方面一无所成。查理一世却还不认为自己已经沦落到一败涂地的境地。其实查理一世根本不了解,借助神权维护统治的自己被彻底推翻是完全可能的。对查理一世来说,虽然"邪恶的叛乱分子"现在十分强大,但查理一世坚信,从长远来看,任何政党没有自己的参与都无法运作得风生水起。因此,早在苏格兰人把查理一世移交给议会之前,查理一世就开始了一场孤注一掷的游戏——让征服者中的一方与另一方钩心斗角,相互抗衡。长老会的观点如过去开战时一样,认为他们可以彻底打败查理一世,这样不仅留下了查理一世,而且查理一世还得与长老会合作。长老会期望获得查理一世的帮助是为了压制独立派。独立派对长老会来说,如同长老会对英格兰国教一样构成威胁。但独立派是新模范军的指挥力量。由于议会的其他部队随着战争结束已经解散,新模范军代表了议会的全部武装力量。独立派下定决心——在争取脱离英国国教之后,不再听命于长老会。查理一世开始试图挑拨离间,在敌对和阴谋之下,随着苏格兰的长老会的军队提供的种种帮助,第二次内战爆发了。

在第二次内战中,海军明显受到国家分裂的影响。海军领导者渐渐发觉,在不让查理一世受到任何伤害的前提下击败查理一世并不像预期的那样简单。此外,领导职位之争对海军也产生了很大影响。军官看到英格兰的一切有

新模范军

效权力掌握在新模范军手中时，顿时愤怒到极点。海军军官发现不仅查理一世，就连他们自己也必须听命于新模范军时，极大地恢复了对查理一世的忠诚。1647年到1648年，海军内部因矛盾冲突而动荡不安。1648年春，在新模范军的帮助下，在议会中取得最高领导权的党派逐渐对舰队精神感到惶恐不安。在是否有必要与查理一世签订私人条约的问题上，存在许多危险言论。海军中也有人开始模仿那些在特里普罗普希思和其他地方组织士兵"宣言"的"煽动者"。"煽动者"对国家的出路也有自己的考量。考虑到海军的种种不可靠，议会决定移交舰队的指挥权。威廉·巴滕不再是沃里克伯爵罗伯特·里奇的副手。而威廉·佩恩虽然在战争期间一直于爱尔兰沿岸服役，最后晋升为掌握实权的指挥官，但后来遭到逮捕。上校托马斯·雷恩巴勒被派遣到唐斯附近的水

威廉·佩恩

托马斯·雷恩巴勒

域指挥中队。1648年5月,这一举措引发了局部叛乱,本应由托马斯·雷恩巴勒上校指挥的军官及船员拒绝听命于他,并将托马斯·雷恩巴勒上校丢在岸上。一项规章证明,这实属正当行为,规章称"驻舰指挥官及军官可与舰队成员进行多次改革"。这些政治人物分别陈述了自己关于英格兰王国的最优出路的看法,同意肯特的请愿者的意见,并将要求分为以下四项。

在维护安全与荣誉的前提下,查理一世应及时与议会两院展开磋商。

目前由托马斯·费尔法克斯指挥的军队立即解散,并付清欠款。

维护并沿用王国既定的法律法规,统治及审判一贯按既定法律法规进行。

保护议会特权与国民自由。

第5章 内战时期的皇家海军

舰队叛乱

1645年6月，上述声明在抗议声中得以完善。抗议内容主要针对议会不以查理一世的名义颁发军衔、一些新水手当上海军指挥官，以及"前海军中将托马斯·雷恩巴勒上校那令人无法容忍的无知和傲慢，让水手间的关系渐渐疏远"。这类政治言论没必要耽搁我们太多时间。如果这些是水手们的目的，那么水手就会像议会中的长老会派一样，试图回到1638年之前的境况。而不同的是，十年间，失策、战败及受辱好像已经使查理一世转向了他们的思维方式。就像长老会一样，议会显然将和查理一世合作一事抛在脑后。反对议会不以皇家名义颁发军衔的水手们，或者至少与水手们同一战线的人，对他们自己的努力结果感到非常惊讶。水手们对新水手被授予海军指挥官一事本就强烈不满，现在又生出新的不满。新水手既然已经担任了海军指挥官，未来几年肯定会继续担任。

很难断定水手们的不满情绪与叛乱有多大关系。如果说叛乱的确是一场反抗，那实际上是一种完全拒绝服从革命势力的表现。或许，叛乱仅是几个军官深受其指挥官及肯特郡保皇派成员影响的行为。在某些情况下，这些军官属于议会中的长老会派，在与独立派竞争的刺激下正在转变为保皇派。

无论如何，很快，这次在舰队中针对议会统治阶级政党的反抗草草结束。由此可以看出，这种反抗毫无作用，很难让人看出水手们有何不满。议会统治阶级政党凭借足智多谋的行动，结束了海军的叛乱。议会派派出了同议会中的长老会派共进退的沃里克伯爵罗伯特·里奇接替托马斯·雷恩巴勒上校，填补指挥空缺。伦敦是长老会的天下，曾代表威廉·巴滕提交了一份请愿书，但并未得到重视。沃里克伯爵罗伯特·里奇充分保证了舰队内部稳定，但叛乱的船协助肯特郡保皇派占据了迪尔堡、沃尔默堡和桑敦堡三处据点。沃里克伯爵罗伯特·里奇作为海军上将，并未采取积极行动反对叛乱一方。沃里克伯爵罗伯特·里奇终日忙于改组舰队：解雇忠诚度可疑的军官、水手，由正直之人或拿

托马斯·费尔法克斯

多少钱干多少事的战斗人员接替。舰队叛乱现象其实是托马斯·费尔法克斯终结的。1648年6月月初,托马斯·费尔法克斯横扫了肯特郡,粉碎了保皇派的力量,并且将残余势力一路驱赶到河对岸的埃塞克斯郡。由于岸上的同伴遭到沉重打击,保皇派水手获取补给物资也彻底无望。沃里克伯爵罗伯特·里奇手下的军舰情况稳定,除了横跨北海抵达荷兰,在荷兰依附于威尔士亲王查理[①],其余无能为力。那时,威尔士亲王查理早已从海峡群岛逃离到法兰西。了解到

---

① 1660年即位后为查理二世。——译者注

船队拥护自己，威尔士亲王查理深受鼓舞，急忙赶到海勒福特斯勒斯，并于1648年6月9日接下海军的指挥棒。

威尔士亲王查理在泰晤士河

对查理一世而言，他依然有权指定舰队或军队的指挥者。查理一世手下海军的统领权掌握在风华正茂的约克公爵詹姆斯·斯图亚特手中，理论上来说，是由约克公爵詹姆斯·斯图亚特担任海军上将这一职务。不过，约克公爵詹姆斯·斯图亚特还仅是个十五岁的孩子，与哥哥查理二世的关系也不好。威尔士亲王查理与其理事会作了决定，将军舰中队的指挥权移交给身处帕勒姆的弗朗西斯·威洛比。这位新上任的海军上将刚好是当时抗议内容中的主

弗朗西斯·威洛比

角,是一名"新水手"。在弗朗西斯·威洛比的领导下,1648年7月17日,保皇派的军舰中队从荷兰的港口出发,载着威尔士亲王查理向雅茅斯驶去。1648年7月22日,船队抵达雅茅斯。此行的目的是为了支持保皇派起义,从而干扰托马斯·费尔法克斯的势力。当时,托马斯·费尔法克斯正在围攻科尔切斯特。虽然保皇派已在城内集会,但议会依然气势强大、立场坚定。保皇派船队发觉,想拿下诺福克已然无望,但是又急需资金,于是就往泰晤士河去了。沃里克伯爵罗伯特·里奇依然致力于改组舰队。据说水手们都迫切地参与其中,但实际上从未有人胆敢攻击沃里克伯爵罗伯特·里奇。沃里克伯爵罗伯特·里奇说,手下的士兵都热情洋溢,无比渴望参战,但并没有冲突能让士兵大显身手。威尔士亲王查理召见了沃里克伯爵罗伯特·里奇,要求沃里克伯爵罗伯特·里奇撤下用作标明海军上将身份的皇家军旗。沃里克伯爵罗伯特·里奇拒绝服从命令,理由是他的职位授权是有法可依的,是议会传达的查理一世本人的意愿。当这两支舰队针锋相对时,威尔士亲王查理的舰队正忙着征用商船。其中一艘商船估价两万英镑,威尔士亲王查理打算将其买下来。伦敦城的所有人现在渴望与国王和解,他们本来是很愿意接待威尔士亲王查理的,但议会不答应。独立派愚弄了长老会——长老会很容易被骗。与此同时,托马斯·费尔法克斯在肯特郡的胜利和奥利弗·克伦威尔在威尔士击败保皇派人士,重新确立了议会的统治地位。议会宣称,威尔士亲王查理及其支持者已经犯下叛国罪。

威尔士亲王查理在水面上一直漂流到1648年10月月初。之后威廉·巴滕向威尔士亲王查理伸出了援助之手。威廉·巴滕从伦敦城的监管之下逃离,设法接管了议会控制下的最好的服役军舰——"永恒的沃里克"号。不过,威廉·巴滕的成功事业也到此为止了。剩余军舰中,有的一如既往地保持忠诚,而有的已经不再,并且物资也快耗尽了。保皇派的军舰还留在利附近的泰晤士河北岸。沃里克伯爵罗伯特·里奇滞留在查塔姆。此前,在查塔姆的时候,有大批军舰从朴次茅斯来增援议会的舰队。人们对威廉·巴滕十分不满,因为威尔士亲王查理曾封威廉·巴滕为爵士,并且对威廉·巴滕十分信任。曾谴责威廉·巴滕在布里德灵顿攻击王后亨利埃塔·玛丽亚的保皇派,一定觉得威尔士亲王查理对这样一个"恶棍"的恩惠令人摸不着头脑。由于物资紧缺带来的压力,威尔士亲王查理决定即刻返回荷兰。但威尔士亲王查理的舰队太过恋战,与沃里克伯爵罗伯特·里奇方面交战了一番。1648年8月月底,双方舰队各自进入攻击范围时,突然一阵暴风袭来,把双方分开了。风停后,威尔士亲王查理统率的舰队已经开始闹饥荒。这场对抗也该结束了,几个十分善战的手下认为,马上抵达荷兰才是重中之重。因此,1648年9月3日,保皇派撤退,并在戈里抛锚。最终,舰队行动一败涂地。保皇派的行动丝毫无法避免海军在科尔切斯特和普雷斯顿的惨败,只是使议会海军在短时间内弱化罢了。这场行动更直观的后果是让海军愈加反对保皇派。海军参加了士兵抗议,这便是查理一世接受审判的前奏。

沃里克伯爵罗伯特·里奇在海勒福特斯勒斯

沃里克伯爵罗伯特·里奇一心想在与保皇派的斗争中取得胜利。1648年9月19日,沃里克伯爵罗伯特·里奇离开海勒福特斯勒斯,在港口包围了威尔士亲王查理的舰队。当时,双方也曾展开过交流谈判。如果马丁·赫伯森·特龙普率领的荷兰舰队没有在二者之间抛锚,那就极有可能会发生攻击行为。双方都向荷兰舰队求助,但沃里克伯爵罗伯特·里奇成功地得到了援助。威尔士亲王查理的舰队陷入窘境。这时的威尔士亲王查理急需钱财,就算他的手下再忠诚,也抵消不了挨饿的痛苦。他们曾尝试过叛乱带来的快感,并且对这种快感异常着迷。他们用对待托马斯·雷恩巴勒上校的手段对待来自佩勒姆的弗朗西斯·威洛比和威廉·巴滕。威尔士亲王查理手下的大多数人因为莱茵的鲁珀特亲王是外国人,所以都拒绝听从莱茵的鲁珀特亲王的命令,并坚持除海军上将约克公爵詹姆斯·斯图亚特的领导之外,其他人一律不服从。其实,当时保皇

长老会的标志

派的内部分歧都在赫尔沃特斯路易斯的船队中重演了。真正的保皇派把近期加入长老会的人视为叛徒。这仅比对待独立派成员略微宽容几分。长老会成员压根不会同意保皇派提的任何要求。在这个阶段,通过威廉·巴滕发表的、十分可怜的道歉话语便可以推断出威尔士亲王查理的支持者们的种种困惑。威廉·巴滕承认自己在支持议会方面曾受了极大的误导。事实上,直到感觉到薪资津贴随时都会消失时,威廉·巴滕才"睁开了眼睛"。因为威廉·巴滕这一番可耻的背叛,所以承认无能的道歉才无法获得更多的尊敬。

在长官们彼此争吵不休,被叛乱的追随者赶上岸时,威尔士亲王查理手下的多数水手已经厌倦了拖拖拉拉的保皇派作风。他们发现这种作风代表着会被流放到国外,要么选择服役于荷兰人,要么与莱茵的鲁珀特亲王过半海盗式的冒险生活。船员将一些参与叛变的船带到沃里克伯爵罗伯特·里奇身边,其他军舰的船员也纷纷效仿。军官大多数都选择同大获全胜的议会和解。这些军官中就有威廉·巴滕。由于议会对君主不忠,威廉·巴滕便加入了保皇派。普莱德清洗之后，赶在议会斩下查理一世的脑袋之前，威廉·巴滕回归了议会。直至斯图亚特王朝复辟时期，威廉·巴滕才重新受雇。英格兰的新统治者——查理二世对威廉·巴滕这个叛乱者并不严厉。

权威文献

塞缪尔·罗森·加德纳先生在其著作《英格兰内战》中详尽地阐述了这一时期的历史境况。格兰维尔·佩恩在其书《海军上将威廉·佩恩传》中搜集了关于海军的议会条例、文选与宣言内容。保皇派相关内容参考了克拉伦登伯爵爱德华·海德的著作和埃利奥特·沃伯顿先生的《莱茵的鲁珀特亲王和骑士队》中的内容。

第 6 章

英格兰联邦初期

英格兰内战最终结束。1649年,查理一世被处决后,英格兰王国再次出现统治者缺位的情况。意志坚定的议会派在获得权力后迫不及待地开始改革。1649年2月之前,议会派就已经完成了英格兰军队重组的任务。皇家海军改革中的点滴变化都被每位士兵看在眼里。沃里克伯爵罗伯特·里奇要求皇家海军军舰的主桅挂上皇家旗帜。在查理一世统治时期,沃里克伯爵罗伯特·里奇也要求自己的军舰挂上军舰旗帜。军舰旗帜是指18世纪之前使用的联合旗帜,由象征圣乔治的红色正十字和象征苏格兰王国的交叉十字组成。英格兰商船通常悬挂象征圣乔治的白底红十字旗,苏格兰商船悬挂象征圣安德鲁斯的蓝底交叉十字旗。议会派当权后,命令皇家海军军舰悬挂红色正十字旗,不再悬挂皇家旗帜和在军舰尾部雕刻英格兰王室徽章,皇家海军军舰上只能使用两类盾形纹章,即英格兰的盾形纹章和爱尔兰的某些盾形纹章。皇家海军的"改旗易帜"必然伴随着犹豫不决和缺乏才能的皇家海军上将沃里克伯爵罗伯特·里奇的下台。1649年2月22日,沃里克伯爵罗伯特·里奇被免去皇家海军上将的职务。1649年2月32日,来自胜利方,即议会军队中的三名军官——爱德华·波帕姆上校、罗伯特·布莱克上校和理查德·迪恩上校被委以重任并提拔为将军,共同管理和指挥皇家海军。爱德华·波帕姆和罗伯特·布莱克都是来自萨默塞特郡

查理一世被押往刑场

处决查理一世

的贵族。罗伯特·布莱克曾在英格兰西部的军队服役,在马斯顿荒原战役到内斯比战役期间为议会军镇守汤顿,做出重大贡献后一举成名。理查德·迪恩出生于格洛斯特,青年时期默默无名,在内战中被飞速提拔,成为议会军的领军人物,同时也是深得独立派赏识和信赖的人物之一。据说,理查德·迪恩年轻

罗伯特·布莱克

理查德·迪恩

时曾在皇家海军服役，但职位较低。爱德华·波帕姆和罗伯特·布莱克上校无任何航海经历。爱德华·波帕姆、罗伯特·布莱克和理查德·迪恩被委以重任，主要是因为他们三人对议会派忠心耿耿，在英格兰内战中展现出果断坚毅的品质。

英格兰海军实力增强

与此同时，议会派采取积极措施，激发皇家海军的士气。根据长期议会的相关规定，皇家海军的管理权掌握在由英格兰议员组成的海军部委员会手中。海军部委员会包括由英格兰海军军官组成的英格兰海军委员会，承担着皇家海军财务主管、审计员、检验员和文书的工作职责。英格兰海军部委员会和海军委员会的工作人员能力与激情兼备，将皇家海军管理得井井有条。在英格兰联邦初期，皇家海军在军舰数量和质量方面均取得显著提升。1649年到1651年，飞速上升的军舰数量令英格兰海军的整体实力提高了一倍。建造军舰的工作主要由佩特家族完成。佩特家族在造船厂建立起无人取代的地位。尽管佩特家族成员贪婪的性格令人厌恶，但皇家海军找不到任何理由罢免他们。在英格兰政局动荡时，佩特家族一直坚持见风使舵的原则。对佩特家族来说，保住自身地位最重要。英格兰联邦早期的国家财政相对充足，还未背负英荷战争的沉重财政负担。议会派靠搜刮英格兰教会、王室和保皇派的资产获得巨额财富，还给保皇派扣上失职罪名并借机收取高额罚金。当权的议会派不仅迅速建造军舰、扩充海军力量，还定期为皇家海军的海员发放工资，极大地提高了海员待遇。英格兰内战期间，皇家海军普通海员的月薪从十五先令提升到十九先令。到英格兰联邦初期，皇家海军熟练海员的月薪提升到二十三先令；参加特殊任务，如参与追捕莱茵的鲁珀特亲王行动的海员每月可以领到二十五先令。皇家海军的海员们还可以得到一份额外奖金，这笔奖金通常会迅速发放给每位海员。英格兰联邦政府十分慷慨地将得来的战利品分配给皇家海军。威廉·蒙森爵士和理查德·霍金斯爵士留下的材料揭示出伊丽莎白一世统治时期的皇家海军水手对海军官员的公平性缺乏信心。英格兰联邦初期的统治者——议会派很快也面临同样的问题，所以不得不持续提高皇家海军和公务人员的福利待遇。与查理一世统治时期的情况类似，皇家海军内部很快开始出现贪腐行为，到威尔士亲王查理时期愈发严重。英格兰联邦的议会派不仅提高了皇家海军的工资和奖金，还改善了军粮供应质量，增加了军粮供应数量。在英格兰联邦初期，也许是出于宗教动机，新教徒居多的议会派降低了肉类在军粮中占的比重。高额工资和奖金、高质量伙食确保了皇家海军将士的忠诚度。皇家海军将士树立起阻止其他国家"蒙蔽我们"的高度责任感，这是支撑皇家海军将士战斗的主要动力。

莱茵的鲁珀特亲王

1649年英格兰联邦成立时,皇家海军发展得很顺利。英格兰保皇派依然占据着英吉利海峡附近的群岛,爱尔兰尚未被征服,驻扎美洲的英格兰军队还未归顺刚成立的英格兰联邦。清教徒所在的殖民地自然倾向于支持英格兰联邦,但弗吉尼亚仍然是保皇派的天下。英格兰联邦在西印度群岛的唯一殖民地巴巴多斯也是坚定的保皇派。接任沃里克伯爵罗伯特·里奇管理皇家海军舰队的委员的紧迫任务是收复保皇派在英吉利海峡附近群岛的要塞,镇压西印度群岛的保皇派势力。当议会控制的皇家海军从海勒福特斯勒斯撤回时,一并带走了投降的保皇派叛军军舰,但留下了效忠威尔士亲王查理的七艘军舰。威尔士亲王查理自然不会放过这个绝佳的复仇机会,虽然七艘军舰不能在海上与英格兰联邦的军舰公开冲突,但可以肆意掠夺背叛英格兰王室的英格兰商人。威尔士亲王查理启用名下的七艘海军军舰并非明智之举,但保皇派的反叛

巴巴多斯殖民地

事业急需资金支持，保皇派也有正当理由将战场转移到海上，继续捍卫王权。威尔士亲王查理任命莱茵的鲁珀特亲王为海军上将，承诺为莱茵的鲁珀特亲王空出约克公爵的头衔。威尔士亲王查理还准许莱茵的鲁珀特亲王和七艘军舰的舰长们掠夺所有的英格兰王室的敌人及其外国援助者。对威尔士亲王查理来说，任命一名海军上将并不难，但组建一支舰队绝非易事，因为威尔士亲王查理正流亡海外、资金匮乏。威尔士亲王查理希望手下的七艘军舰可以自筹资金。其中一个筹资办法是售卖"羚羊"号军舰上装备的火炮，然后用售卖火炮得来的资金装备停泊在海勒福特斯勒斯的军舰。在一次足够幸运的私掠航行中，威尔士亲王查理的军舰搜刮到足够的资金，得以装备留在海勒福特斯勒斯的六艘军舰。1649年1月，莱茵的鲁珀特亲王率领由七艘军舰和一艘掠夺来的军舰组成的海军分队，离开海勒福特斯勒斯。这是支持王室的唯一海军。莱茵的鲁珀特亲王率舰队穿过英吉利海峡，朝金塞尔港前进。在爱德华•波帕姆的建议下，议会派派人提前加强了对金塞尔港的防守。莱茵的鲁珀特亲王率领着七艘载着战利品的军舰驶入金塞尔港，随后开始攻击港口内的英格兰商船，通过掠夺商船大赚一笔。锡利群岛仍然被英格兰王室的卫戍部队占据。莱茵的鲁珀特亲王认为锡利群岛上的卫戍部队可以加入自己的队伍。其实，用"另一批阿尔及尔海盗"形容锡利群岛上的卫戍部队更贴切。不料，莱茵的鲁珀特亲王试图将锡利群岛变为对抗英格兰贸易基地的有关计划被英格兰议会派扼杀在襁褓中。当手下的船在一场激战中被英格兰联邦派出的两艘巡洋舰俘获后，莱茵的鲁珀特亲王十分紧张地逃回金塞尔港。莱茵的鲁珀特亲王准备再来一次夏季巡航时，被由乔治•艾斯丘爵士率领的一支实力强悍的海军舰队围堵。乔治•艾斯丘爵士随后被调走执行其他命令，由两位新上任的海军上将罗伯特•布莱克和理查德•迪恩执行围堵莱茵的鲁珀特亲王的军事行动。一直到1649年10月，罗伯特•布莱克和理查德•迪恩都将莱茵的鲁珀特亲王困在金塞尔港。莱茵的鲁珀特亲王被迫中止掠夺英格兰商船，手下士兵因士气低落、处境艰难而怨声四起。莱茵的鲁珀特亲王被迫解除了手下的军舰的武装。

奥利弗·克伦威尔

奥利弗·克伦威尔取得的首次胜利，表明英格兰王室已经无法控制爱尔兰，莱茵的鲁珀特亲王如果继续待在金塞尔港，将会面临严峻处境。如果对莱茵的鲁珀特亲王的封锁一直持续到英格兰议会派的清教徒部队占领金塞尔港，那么莱茵的鲁珀特亲王不是在战争中被杀，就是被推上断头台。然而，一阵突如其来的狂风解救了莱茵的鲁珀特亲王。狂风把英格兰议会派的军舰吹得七零八落，莱茵的鲁珀特亲王得以趁机逃走。莱茵的鲁珀特亲王率领七艘军舰，撇下掠夺来的商船前往葡萄牙。英格兰议会派在英吉利海峡布下强大海军，莱茵的鲁珀特亲王随后意识到自己占领锡利群岛的计划根本行不通。

罗伯特·布莱克的海军分队

在逃回葡萄牙的路上,莱茵的鲁珀特亲王在贝尔加斯附近又掠夺了数艘英格兰商船,获得的战利品可以为保皇派增加四百万英镑的收入。收获满满的莱茵的鲁珀特亲王率领军舰驶入塔古斯河。在金塞尔港,莱茵的鲁珀特亲王听到查理一世被处决的消息后,就立刻收到刚刚继位苏格兰国王的威尔士亲王查理颁发的任命书。随后,莱茵的鲁珀特亲王向葡萄牙王国申请避难。葡萄牙国王约翰四世此前就是通过发动叛乱夺得王位,当他听闻在欧洲屹立

葡萄牙国王约翰四世

不倒的英格兰王室竟然被英格兰议会派叛军推翻，不免万分震惊。由于此时英格兰联邦刚刚成立，葡萄牙人对英格兰联邦采取了较冷淡的态度。莱茵的鲁珀特亲王受到葡萄牙国王约翰四世的公开欢迎，被允许继续通过私掠获利。不久后，英格兰商人对莱茵的鲁珀特亲王的私掠行为怨声四起，英格兰商船也深受莱茵的鲁珀特亲王手下的私掠船的困扰，英格兰商人强烈批评英格兰议会未能有效保障英格兰商船的航行安全。1649年12月，英格兰议会派出一支海军分队追捕莱茵的鲁珀特亲王，海军分队由罗伯特·布莱克和爱德华·波帕姆负责提供军事建议。很快，罗伯特·布莱克就收到向里斯本行进的命令，爱德华·波帕姆被要求留在英吉利海峡，理查德·迪恩被调往苏格兰协助当地军队。追捕莱茵的鲁珀特亲王的皇家海军分队最初由"猛虎"号、"约

"猛虎"号

翰"号、"十狼"号、"图章"号和"永恒的沃里克"号五艘军舰组成,随后增加到十二艘。但从罗伯特·布莱克收到前往里斯本的命令到最终出发,中间整整隔了三个月。尽管新成立的海军部委员会已经竭尽全力,但在短时间内无法组建一支大规模海军舰队。1650年4月,三十九艘军舰在唐斯、爱尔兰和苏格兰的海岸集合,还有二十艘军舰在爱德华·波帕姆和罗伯特·布莱克的率领下向南行进。1650年1月和2月,罗伯特·布莱克一直在普利茅斯逗留,等待舰队完成出海前的准备工作。1650年3月上旬,在塔古斯河,罗伯特·布莱克率领一支

爱德华·波帕姆

对付莱茵的鲁珀特亲王和葡萄牙海军绰绰有余的英格兰联邦海军舰队露面。罗伯特·布莱克接到英格兰议会派将莱茵的鲁珀特亲王视为海盗和人类公敌的命令。1650年4月，爱德华·波帕姆也加入了罗伯特·布莱克追捕莱茵的鲁珀特亲王的队伍。爱德华·波帕姆接到命令，警告追捕行动中可能会遇到的所有欧洲国家军舰不能为莱茵的鲁珀特亲王提供庇佑。如果其他欧洲国家的王室不承认莱茵的鲁珀特亲王的海盗行径并为其提供庇佑，罗伯特·布莱克有权在这些国家的港口直接攻击莱茵的鲁珀特亲王。也就是说，任何将莱茵的鲁珀特亲王视为朋友的国家都是英格兰联邦的敌人。当罗伯特·布莱克发现莱茵的鲁珀特亲王停泊在塔古斯港，便要求莱茵的鲁珀特亲王立即投降。一个代表英格兰议会的外交特使登陆塔古斯后前去觐见约翰四世，阐明英格兰议会的要求。此时，约翰四世陷入两难。一方面，如果将莱茵的鲁珀特亲王交给罗伯特·布莱克就会颜面大失；另一方面，英格兰保皇派的海军力量对葡萄牙王国来说确实已经形成威慑。出于自身安全考虑，莱茵的鲁珀特亲王一直彬彬有礼地对待葡萄牙王室成员，葡萄牙王国宫廷内也有一股力量支持英格兰保皇派。约翰四世稍后收到来自英格兰议会的严重警告，如果约翰四世不将莱茵的鲁珀特亲王定性为海盗，英格兰议会将毁掉葡萄牙王国的海上贸易。正当约翰四世摇摆不定时，罗伯特·布莱克和莱茵的鲁珀特亲王手下的军舰因停泊距离过近，不断爆发冲突。莱茵的鲁珀特亲王手下的海军试图摧毁罗伯特·布莱克的指挥舰，但未能取得成功。当罗伯特·布莱克发现葡萄牙王国尚未做好准备协助英格兰联邦对付英格兰保皇派时，他决定继续威胁葡萄牙王国。罗伯特·布莱克率领的军舰驻扎在塔古斯港的入口处。有利的地理位置让罗伯特·布莱克可以轻易攻击进出港口的所有船，其中包括几艘被葡萄牙人雇来搬运货物的英格兰商船。经英格兰议会同意后，罗伯特·布莱克截住来往塔古斯港的英格兰商船并扣押了船上的货物。罗伯特·布莱克的举动不仅严重打击了葡萄牙王国的商贸，还传递出如下信息：如果葡萄牙人继续庇佑莱茵的鲁珀特亲王，葡萄牙王国将会遭受更严厉的惩罚。约翰四世十分愤怒，他请求莱茵的鲁珀特亲王协助自己赶走罗伯特·布莱克。约翰四世的请求正中莱茵的鲁珀特亲王的下怀。如果能得到葡萄牙王国的全力支持，莱茵的鲁珀特亲王将协助约翰四世赶走罗伯特·布莱克。葡萄牙王国的海军实力十分薄弱。当莱茵的鲁珀特亲王率领军舰起锚下海时，海面上没有爆发战争。莱茵的鲁珀特亲王命令手下的军舰升起英格兰皇家旗帜，摆出一副英勇无畏的姿态。然而，罗伯特·布莱克率领的英格兰联邦海军舰队的实力足够碾压莱茵的鲁珀特亲王的舰队。莱茵的鲁珀特亲王手下的三艘主力舰和四艘小型护卫舰无法与罗伯特·布莱克的英格兰联邦海军舰队抗衡，莱茵的鲁珀特亲王不敢与罗伯特·布莱克爆发大规模冲突。因此，莱茵的鲁珀特亲王尽管可以选择与罗伯特·布莱克近距离作战，但还是只敢在风向对自己有利的情况下对英格兰联邦军舰发动小规模攻击。

莱茵的鲁珀特亲王在里斯本

莱茵的鲁珀特亲王试图赶走封锁塔古斯港的罗伯特·布莱克的军队失败后不久，一艘从巴西返回葡萄牙王国的舰队出现在塔古斯港。这支葡萄牙舰队对葡萄牙王国的艰难处境一无所知，被塔古斯港的罗伯特·布莱克和爱德华·波帕姆当场拦截。约翰四世再次面临艰难抉择，但他还是再一次选择向莱茵的鲁珀特亲王求助。以莱茵的鲁珀特亲王为首的保皇派承诺援助葡萄牙王国，但罗伯特·布莱克和爱德华·波帕姆没有给保皇派任何可乘之机。罗伯特·布莱克和爱德华·波帕姆率领着英格兰联邦海军舰队和俘获的葡萄牙军舰一同前往西班牙王国的桑卢卡。葡萄牙王国政府终于吸取教训，趁罗伯特·布莱克和爱德华·波帕姆赶赴西班牙之际，摆脱了莱茵的鲁珀特亲王。葡萄牙人没有直接驱赶莱茵的鲁珀特亲王，而是贿赂莱茵的鲁珀特亲王，劝他自行离开。葡萄牙人重新整修和武装了莱茵的鲁珀特亲王的军舰，请求莱茵的鲁珀特亲王不要在葡萄牙附近海域开展私掠活动。莱茵的鲁珀特亲王答应了葡萄牙人，经由直布罗陀海峡逃走，随后进入地中海海域，试图寻找机会掠夺英格兰商船。

1650年9月，莱茵的鲁珀特亲王开启了航海生涯中的第三个阶段。从此，莱茵的鲁珀特亲王的人生境遇急转直下。1650年，英格兰保皇派主导的复辟事业失败已成定局。欧洲各国逐渐意识到与英格兰联邦建立外交关系才是明智之举。莱茵的鲁珀特亲王率领的海军无法继续代表英格兰政府，迅速堕落成海盗，靠掠夺海上来往的船只生存。莱茵的鲁珀特亲王将拒绝购买自己的私掠品的国家都视作对手。他迫不及待地要向全世界证明自己并非等闲之辈，试图让相对羸弱的国家在海上尊重保皇派的海军势力。极度虚弱的西班牙政府对莱茵的鲁珀特亲王极具吸引力。随后，莱茵的鲁珀特亲王与西班牙王国就西班牙南部港口的使用权达成一致。莱茵的鲁珀特亲王宣称，所有经过西班牙南部港口的英格兰商船都会被保皇派掠夺。如果保皇派海军在任何国家的港口发现停泊的英格兰商船，保皇派海军必然会攻击英格兰商船，如果其他国家出面干涉，保皇派海军也必然会对干涉的国家开火。

作为流亡中的海军上校，莱茵的鲁珀特亲王的上述声明，是对英格兰议会将自己定罪为海盗而做出的报复举动。虽然莱茵的鲁珀特亲王的声明合乎情理、表述清晰，但莱茵的鲁珀特亲王没有足够的威慑力。莱茵的鲁珀特亲王在决定将保皇派的对手都视作叛徒，并且要求其他欧洲国家不得为叛徒提供庇佑后，落入了危险境地。事实上，莱茵的鲁珀特亲王的疯狂举动令西班牙人迫切地期待他被罗伯特·布莱克率领的英格兰联邦海军舰队俘获。莱茵的鲁珀特亲王在马拉加、维莱斯-马拉加和莫里尔多次袭击英格兰商船，将那些来不及逃走的英格兰商船全部据为己有，丝毫不顾忌西班牙王国秉持的中立立场。假如西班牙王国的海军能重现往日辉煌，莱茵的鲁珀特亲王的航海生涯早已结束。但此时西班牙人根本无力自保，只能向正在桑卢卡整修受损舰船的罗伯特·布莱克求助。

罗伯特·布莱克在卡塔赫纳

罗伯特·布莱克没能阻止莱茵的鲁珀特亲王从直布罗陀海峡逃走。也许是因为罗伯特·布莱克的军舰底部附着了太多淤泥，需要及时清理，所以未能在海上拦截趁机逃脱的英格兰保皇派。罗伯特·布莱克整修完军舰，一路追踪莱茵的鲁珀特亲王到地中海。1650年11月，罗伯特·布莱克率领的舰队在卡塔赫纳与多艘英格兰保皇派的巡航艇相遇，但莱茵的鲁珀特亲王本人并不在场。这是因为莱茵的鲁珀特亲王乘坐的军舰在1650年11月5日的风暴中与其他军舰失散。莱茵的鲁珀特亲王乘坐的船和另一艘军舰正在福门特拉岛附近停泊。在福门特拉岛，莱茵的鲁珀特亲王截获了"马默杜克"号商船，将"马默杜克"号商船上的货物全部据为己有。随后，莱茵的鲁珀特亲王带着战利品——"马默杜克"号返回西班牙王国。莱茵的鲁珀特亲王发现自己的舰队已经被风吹散，于是给同伴留下信息，通知同伴自己将会前往土伦。莱茵的鲁珀特亲王抵达土伦后才得知，罗伯特·布莱克在英格兰保皇派军舰遭遇风暴后趁机发动了攻击。英格兰保皇派抱怨西班牙人破坏了国际公约，没有在西班牙王国的港口保持中立。其实西班牙人别无选择，西班牙人认为，让罗伯特·布莱克进入西班牙的港口总好过继续让莱茵的鲁珀特亲王留在西班牙王国肆虐。英格兰保皇派很快交出之前从英格兰商船上掠夺的战利品。实际上，大部分保皇派人士都已经受够了危险的流亡生活。

威廉·佩恩和爱德华·霍尔的舰队

在抵达法兰西王国海岸前，莱茵的鲁珀特亲王的军舰被狂风吹到了锡利群岛。在锡利群岛，莱茵的鲁珀特亲王受到了热烈欢迎，并且被允许出售从"马默杜克"号上掠夺的战利品。由于法兰西王国的商业贸易惨淡，法兰西官员不得不摆出顺从莱茵的鲁珀特亲王的姿态。罗伯特·布莱克听闻后，立刻决定报复法兰西王国对莱茵的鲁珀特亲王的支持，下令拦截法兰西商船。罗伯特·布莱克离开地中海地区后，威廉·佩恩继续拦截法兰西商船。威廉·佩恩在地中海地区一直巡航到1952年4月，期间截获了多艘法兰西商船。随后，威廉·佩恩被上级召回，前往爱尔兰海岸指挥一支由八艘护卫舰组成的舰队，替代由罗伯特·布莱克率领的重型军舰舰队。英格兰议会正在利用皇家海军充分展示英格兰联邦的实力。对英格兰议会来说，拥有一支强大的海军既可以向英格兰民众证明英格兰联邦有能力保护英格兰商船免受莱茵的鲁珀特亲王的侵扰，也可以向欧洲地区的其他国家证明英格兰联邦实力强大、不容小觑。为了展示英格兰联邦海军的实力，英格兰议会做了大量工作。1650年11月，威廉·佩恩率领一支由八艘护卫舰组成的海军分队前往葡萄牙王国，奉命在亚速尔群

英格兰联邦的徽章

岛拦截从巴西返航的葡萄牙商船。与此同时,威廉·佩恩也在协助罗伯特·布莱克,继续追捕莱茵的鲁珀特亲王。英格兰议会行动迅速,不等英格兰联邦海军舰队做好准备就命令威廉·佩恩前往葡萄牙王国。1650年11月,威廉·佩恩正式出发,率领手下的五艘护卫舰前往亚速尔群岛。另外的三艘护卫舰在约翰·劳森的率领下加入威廉·佩恩的队伍。约翰·劳森手下的大部分海军官兵都有丰富的航海经验,具体组成情况如下表所示。

约翰·劳森

约翰·劳森的舰队组成情况

军舰名称	船员人数	枪炮	舰长
"费尔法克斯"号	二百五十人	五十二门	威廉·佩恩（英格兰联邦海军中将）
"百夫长"号	一百五十人	三十六门	约翰·劳森
"冒险"号	一百五十人	三十六门	安德鲁·鲍尔
"远见"号	一百五十人	三十六门	塞缪尔·哈维特
"鹈鹕"号	一百五十人	三十六门	约瑟夫·乔丹
"保证"号	一百五十人	三十六门	本杰明·布莱克
"无双"号	一百五十人	三十六门	约翰·迈尔德梅
"群星"号	八十人	二十二门	罗伯特·桑德斯

1651年1月17日，威廉·佩恩率领的舰队抵达亚速尔群岛。1651年3月。在顺利经过罗卡角后，进入地中海。除了威廉·佩恩手下的英格兰联邦海军舰队，爱德华·霍尔舰长也率领一支英格兰联邦海军舰队护送英格兰商船前往地中海。爱德华·霍尔的舰队组成情况如下表所示。

爱德华·霍尔的舰队组成情况

军舰名称	船员人数	枪炮	舰长
"胜利"号	三百人	五十二门	爱德华·霍尔（英格兰联邦海军中将）
"猛虎"号	一百五十人	三十六门	詹姆斯·皮科克
"天使"号	一百五十人	三十六门	威廉·兰德
"乘风破浪"号	一百五十人	三十门	沃尔特·霍普顿
"贸易繁荣"号	一百六十人	四十四门	威廉·雅各布
"雄狮"号	一百九十人	四十四门	雅各布·比尔克
"霍普鲁克"号	一百二十六人	三十四门	威廉·古德森

得知爱德华·霍尔负责护送英格兰商船后，威廉·佩恩开始专心追捕莱茵的鲁珀特亲王。英格兰保皇派的私掠行为有所收敛。因此，英格兰议会派出的

两支海军舰队的任务仅仅是报复那些表示支持莱茵的鲁珀特亲王的欧洲国家,以及搜捕仍在海上猖狂的阿尔及尔海盗。爱德华·霍尔和威廉·佩恩率领的两支海军舰队在地中海露面,很快让南欧国家对英格兰联邦海军有了新的认识。英格兰联邦海军舰队的指挥官们十分清楚,他们巡航不仅是为了追捕英格兰保皇派。从爱德华·霍尔舰长进入地中海地区后从加的斯寄出的一封信中,我们可以窥得当时英格兰联邦海军舰队的军官对自身任务的清楚认知:

> 英格兰联邦海军在地中海巡航,其他国家有如敬佩西班牙无敌舰队那般,对英格兰联邦舰队毕恭毕敬。它们羡慕英格兰联邦海军行动迅速、实力强劲、补给充足。尽管目前我们还没发现西班牙人的态度有任何转变的迹象,但我相信,西班牙人出于畏惧和敬佩,短期内会对我们心存敬意。目前,西班牙人只是允许我们上岸,并承诺不会骚扰我们的贸易活动。

莱茵的鲁珀特亲王的航行

莱茵的鲁珀特亲王成功从罗伯特·布莱克和爱德华·霍尔的眼皮底下逃脱,后来也没有与英格兰议会派的海军舰队相遇。由于莱茵的鲁珀特亲王曾被查理一世任命为皇家海军上将,所以他的行踪依然十分重要。卡塔赫纳战役结束后,莱茵的鲁珀特亲王仅剩三艘英格兰保皇派军舰,大部分船员满腹怨言。幸好莱茵的鲁珀特亲王生性勇猛,身边的保皇派人士也忠心耿耿,逃亡中的皇家海军舰队才能够始终坚持立场,没有向英格兰联邦投降。除了高超的管理手段,莱茵的鲁珀特亲王主要凭借严厉的惩罚措施来维系手下的舰队。通过不断掠夺海上商船,莱茵的鲁珀特亲王设法购买了第四艘军舰。随后开启了有史以来海军上将参与过的、最不同寻常的航行。此次航行持续两年之久。航行结束时,莱茵的鲁珀特亲王的四艘军舰仅剩一艘。当莱茵的鲁珀特亲王率领手下航行进入地中海时,"他与贫困和绝望为伴,复仇是他活下去的唯一动力"。从土伦出发后,莱茵的鲁珀特亲王前往非洲海岸,在非洲筹划为舅舅查理一世复仇。以受英格兰联邦侮辱和手下士兵骚动为借口，莱茵的鲁珀特亲王掠夺了一艘热那亚大帆船。莱茵的鲁珀特亲王手下的士兵似乎已经习惯了海盗生涯并以此为乐。随后，莱茵的鲁珀特亲王在船上升起英格兰议会的旗帜，引诱一艘西班牙大帆船卸下武装。很快，莱茵的鲁珀特亲王的行为惹怒了所有地中海国家，他明智地率领军舰前往大西洋。莱茵的鲁珀特亲王原本计划在非洲沿岸航行后，抵达保皇派帕勒姆的威廉·威洛比勋爵控制下的巴巴多斯。或者因为航行计划并未确定，或者因为莱茵的鲁珀特亲王在航行中遭遇事故偏离航线，或者因为莱茵的鲁珀特亲王掠夺战利品的渴望和手下的捣乱行为，莱茵的鲁珀特亲王没有按照原定的计划航行。莱茵的鲁珀特亲王先是抵达马德拉，随后接受了葡萄牙王国的接待。当时，葡萄牙王国受到来自西班牙王国和英格兰议会的双重威胁，不敢过度热情欢迎莱茵的鲁珀特亲王，唯恐威胁自身安全。从马德拉出发后，莱茵的鲁珀特亲王再次前往加纳利群岛，经由佛得角群岛返回亚速尔群岛，一路掠夺英格兰和西班牙商船。在非洲沿岸地区，莱茵的鲁珀特亲王得到来自葡萄牙人和荷兰人的援助。此时的荷兰共和国正处在与英格兰联邦开战前夕，乐于看到莱茵的鲁珀特亲王率领手下破坏英格兰联邦的贸易和逮捕忠于英格兰议会的民众。但荷兰人万万没想到，几年之后，莱茵的鲁珀特亲王将会转变为自己的对手。在斯图亚特王朝复辟后，一直追随莱茵的鲁珀特亲王的罗伯特·霍姆斯舰长被任命为海军中将，率领一支皇家海军舰队驱赶非洲海岸的荷兰人。

1651年9月，莱茵的鲁珀特亲王实力急剧下降，手下载有三百三十人的指挥舰在风暴中沉没，船员用尽所有办法①也无法阻止军舰沉没。在沉舰灾难中，莱茵的鲁珀特亲王被忠诚的手下所救。不久后，在亚速尔群岛，莱茵的鲁珀特亲王手下的另一艘军舰搁浅后彻底报废。莱茵的鲁珀特亲王试图通过武装掠夺来的商船弥补损失，但他的舰队实在损失惨重，手下海员纷纷逃走，人手严

---

① 船员甚至将一百二十片生牛肉塞进船上的漏洞里。——原注

重不足。1952年5月,莱茵的鲁珀特亲王返回非洲,继续在布兰科角附近掠夺英格兰商船和摩尔人。此时,莱茵的鲁珀特亲王手下的军舰状况糟糕,装备良好的英格兰商船可以轻易避开他的攻击并免遭掠夺。葡萄牙王国也已与英格兰联邦建立良好关系,莱茵的鲁珀特亲王无法在葡萄牙获得避难所,也无法出售

摩尔人

掠夺来的商品。在一次截获英格兰商船的失败行动中，莱茵的鲁珀特亲王再次失去一艘宝贵的军舰。随后，莱茵的鲁珀特亲王便离开非洲和大西洋群岛，并向安蒂耶行进。当莱茵的鲁珀特亲王抵达安蒂耶时已太迟，巴巴多斯已落入议会派手中。第一次英荷战争正式爆发。莱茵的鲁珀特亲王毫不犹豫地加入了荷兰人的阵营，与英格兰保皇派的对手——英格兰联邦为敌。莱茵的鲁珀特亲王经常来往于尼维斯和向风群岛附近。莱茵的鲁珀特亲王将多米尼克岛屿西侧的海湾命名为鲁珀特亲王海湾。最终，在维尔京群岛，莱茵的鲁珀特亲王遭遇了航海经历中最严重的一场风暴，几乎全军覆没。灾难过后，莱茵的鲁珀特亲王彻底成为"光杆司令"。1653年年初，莱茵的鲁珀特亲王乘着手下唯一一艘军舰安全抵达南特。在一次意外事故中，这艘军舰最终被烧毁，从此，莱茵的鲁珀特亲王失去了所有军舰，身边只剩几位忠心耿耿的船员。

巴巴多斯

当英格兰王室中以莱茵的鲁珀特亲王为首的一小批海军从事海盗和私掠行为时，英格兰议会正在利用手下海军对付仍不承认英格兰联邦合法性的其他国家。1651年，除英格兰地方军、威廉·佩恩和爱德华·霍尔率领的英格兰联邦海军分队之外，英格兰议会又派出一支由乔治·艾斯丘爵士率领的海军分队。乔治·艾斯丘爵士的任务是打击驻扎在巴巴多斯的英格兰保皇派军队和接受北美洲种植园的归顺。早在伊丽莎白一世统治时期，英格兰人就将巴巴多斯占为己有。巴巴多斯从未被西班牙王国占据，也许是因为巴巴多斯从大西洋一直向东延伸到安蒂耶的独特的地理位置。巴巴多斯一直希望通过依附其他强大的国家，对付在西印度群岛的西班牙人。巴巴多斯恰好处在上风面，特别适合将安蒂耶作为攻击目标的海军舰队起航。巴巴多斯既有条件较好的港湾也有肥沃的土地。最初英格兰人悄无声息地在巴巴多斯定居，其中包括一小批英格兰资本家，他们中的一部分人是查理一世统治期间因宗教原因离开英格兰的移民。到17世纪中期，居住在巴巴多斯的英格兰人已经增长到五万人，远远超过当地的印第安人和黑人奴隶。查理一世在丧失权力和财富后，十分急切地想要保留对巴巴多斯的控制。然而，查理一世并没有选择向巴巴多斯提供军队或资金，而是决定为巴巴多斯任命一个强悍的管理者。1648年，在海勒福特斯勒斯，帕勒姆的威廉·威洛比勋爵曾被查理一世任命为皇家海军中将。然而，帕勒姆的威廉·威洛比勋爵率领的海军舰队不久后兵变。帕勒姆的威廉·威洛比勋爵被查理一世派往巴巴多斯担任总督。帕勒姆的威廉·威洛比勋爵抵达巴巴多斯后颇受当地种植园主的欢迎。只要不必被召集起来为英格兰保皇派的事业奋斗受苦，当地种植园主们都很乐意承认英格兰王室的权威。种植园主拥有一群武装良好的民兵，在卡莱尔湾也建有重要的防御堡垒。然而，他们的武装力量实际上并没有那么强大。

尽管帕勒姆的威廉·威洛比勋爵在巴巴多斯的统治非常轻松，但事实上，巴巴多斯人十分团结，他们中有一些英格兰议会的支持者。当地某些英格兰议会派领袖在帕勒姆的威廉·威洛比勋爵到来前离开巴巴多斯。其中大部分人逃回英格兰联邦向英格兰议会承诺将会帮助英格兰议会夺下巴巴多斯，一小部分人加入乔治·艾斯丘爵士的队伍。乔治·艾斯丘爵士没有马上前往西印度群岛，而是先在西班牙和葡萄牙巡航，希望能在穿越大西洋之前抓到莱茵的鲁珀特亲王。然而，莱茵的鲁珀特亲王不愿与英格兰联邦海军发生正面冲突，选择继续向南航行。寻找莱茵的鲁珀特亲王无果后，乔治·艾斯丘爵士开始执行第二个任务。西印度群岛在整个七月、八月和九月飓风肆掠，一直到十月，飓风才会逐渐消退。1651年10月16日，乔治·艾斯丘爵士抵达巴巴多斯西部的卡莱尔湾。当时卡莱尔湾停泊着数艘荷兰和英格兰商船，乔治·艾斯丘爵士以与英格兰保皇派进行商贸往来为借口，逮捕了荷兰和英格兰商船的船员。之后，乔治·艾斯丘爵士劝说帕勒姆的威廉·威洛比勋爵赶紧投降。控制巴巴多斯的英格兰保皇派拒绝了乔治·艾斯丘爵士的要求，当地的种植园主也准备好与乔治·艾斯丘爵士开战。事实上，种植园主并没有打算为保皇派的事业做出牺牲。乔

印第安人

治·艾斯丘爵士随后封锁了巴巴多斯并中止了当地的贸易活动。乔治·艾斯丘爵士的举动威胁到种植园主们的切身利益，许多种植园主转而劝说帕勒姆的威廉·威洛比勋爵及时投降。托马斯·莫迪福德就是劝说者之一。托马斯·莫迪福德是巴巴多斯的军队上校，在西印度群岛从事过各种奇特职业，也曾在英格兰加入保皇派军队。1647年，托马斯·莫迪福德来到巴巴多斯并买下一个种植园。如今，托马斯·莫迪福德不愿意再为威尔士亲王查理无望的复辟事业牺牲自己宝贵的财产，选择与乔治·艾斯丘爵士达成协议，保证为乔治·艾斯丘爵士

乔治·艾斯丘爵士

提供援助。乔治·艾斯丘爵士因为手下的士兵不多,所以不愿在孤立无援的情况下登陆。1647年11月,抵达巴巴多斯两个月后,乔治·艾斯丘爵士终于等到合适的登陆时机。西印度群岛需要从维尔京群岛运输粮食。1647年11月,西印度群岛运输供给的船抵达卡莱尔湾,运输船为了躲避海上猖狂的海盗往往选择集体航行。乔治·艾斯丘爵士误将刚刚到达卡莱尔湾的供应船认作援兵,立刻命令手下士兵登陆。乔治·艾斯丘爵士在岸上遭遇的抵抗几乎可以忽略不计。很难相信巴巴多斯的种植园主是在真心实意地抵抗入侵。乔治·艾斯丘爵士不费吹灰之力就攻下巴巴多斯的全部堡垒。如果没有得到某些种植园主的支持,乔治·艾斯丘爵士很难继续占领巴巴多斯岛屿的其他地区。托马斯·莫迪福德十分出色地完成了协助乔治·艾斯丘爵士占领巴巴多斯的任务。毫无疑问,不少种植园主也更倾向于乔治·艾斯丘爵士而非帕勒姆的威廉·威洛比勋爵。种植园主十分清楚,如果协助帕勒姆的威廉·威洛比勋爵击退乔治·艾斯丘爵士,就在不久后背负更沉重的参战负担,并且他们的日常贸易也会遭到损失。帕勒姆的威廉·威洛比勋爵很快了解到,巴巴多斯的种植园主们不愿为保皇派事业过多付出。于是,帕勒姆的威廉·威洛比勋爵在接受乔治·艾斯丘爵士提出的慷慨条款后选择了投降。随后,乔治·艾斯丘爵士率领海军舰队从巴巴多斯出发前往维尔京群岛。有传言说莱茵的鲁珀特亲王可能会在弗吉尼亚趁机作乱。但此时,莱茵的鲁珀特亲王并不在弗吉尼亚。尽管弗吉尼亚有部分人同情英格兰保皇派,但弗吉尼亚早已归顺英格兰联邦。弗吉尼亚往北的殖民地全部处于清教徒的控制下。随后,乔治·艾斯丘爵士返回英格兰向英格兰议会禀告,现今美洲殖民地都已承认英格兰议会的统治地位。

到乔治·艾斯丘爵士向英格兰议会汇报美洲殖民地对英格兰议会的归顺情况时,英格兰联邦内根除查理二世势力的进程已告一段落。罗伯特·布莱克从地中海地区撤离。威廉·佩恩继续留在地中海并接替了罗伯特·布莱克的工作。罗伯特·布莱克回国后受到热烈欢迎,不仅从英格兰议会得到诸多赞美,还得到一大笔赏金,很快又被英格兰议会派出执行新任务。尽管英格兰联邦内的保皇派的实力已被消灭殆尽，但他们仍在苏格兰奋力挣扎。英格兰保皇派掌控着锡利群岛和海峡群岛。英格兰保皇派在锡利群岛和海峡群岛的据点继续从事私掠活动，严重威胁了海上贸易。正是因为英格兰保皇派"一视同仁"地掠夺英格兰和其他国家的商船，荷兰人才找到了正当理由来取代英格兰联邦的海上霸主地位。英格兰议会派唯恐巡航于英吉利海峡的荷兰海军指挥官马尔滕·特龙普趁机进攻锡利群岛。于是，英格兰议会派采取了最有效的手段，即赶走锡利群岛和英吉利群岛上的英格兰保皇派军队。1951年4月，罗伯特·布莱克率军前去攻占锡利群岛。在乔治·艾斯丘爵士的协助下，罗伯特·布莱克的

马尔滕·特龙普

伍斯特战役

军事占领行动进展迅速。锡利群岛的英格兰保皇派总督约翰·格伦维尔爵士一直坚守到1951年5月24日，在抵抗无果后选择投降。因为威尔士亲王查理手下的苏格兰军队入侵了英格兰联邦，所以攻占海峡群岛的军事行动被迫拖延了一段时间。1651年9月，当英格兰议会派在伍斯特大胜英格兰保皇派后，前来入侵的苏格兰人就撤退了。英格兰议会派在内战中大获全胜。罗伯特·布莱克单独担任英格兰联邦海军总指挥，乔治·海恩上校担任罗伯特·布莱克的助手。海峡群岛的总督、英格兰保皇派的乔治·卡特里特爵士因为恶劣天气，得以暂时抵挡英格兰联邦海军的进攻，但结局已无法扭转。英格兰联邦派出的海军在军事实力上具有压倒性优势，再加上刚刚赶来的援军，毫无疑问，英格兰议会派很快就会夺下英格兰保皇派控制的海峡群岛。英格兰保皇派光荣地抵抗了一段时间后，为避免财产被充公，海峡群岛的总督乔治·卡特里特爵士最终选择投降。在攻占海峡群岛的军事行动中，英格兰联邦海军既没有起到关键作用，也没有参与激烈战斗，主要职能是负责海军部队的运输和登陆。但在某种意义上，英格兰联邦海军发挥了威慑作用。假如英格兰联邦海军的军事实力没有强大到让英格兰保皇派丧失信心，约翰·格伦维尔爵士和乔治·卡特里特爵士也许还会继续顽强抵抗。英格兰保皇派的节节失利重现了英格兰内战刚开始时的情形，查理一世费尽心血培育的皇家海军，最后却成为对手终结英格兰王室的武器。

即将爆发的第一次英荷战争

英格兰议会派已经高效地平复了国内纷争，接下来要面对的是其他欧洲国家。早在1651年，荷兰共和国就已经成为英格兰联邦的海上劲敌。英格兰联邦和荷兰共和国开始进行战前准备，但双方不想正式开战。1651年颁布的《航海条例》是导致英格兰联邦和荷兰共和国关系紧张的导火索。《航海条例》并非横空出世，亨利七世就曾颁布过支持英格兰王国航海运输业的法案，但当时的英格兰王国海军力量薄弱，无法肩负起在海上保护英格兰商船的责任。1651年，英格兰联邦颁布的《航海条例》公然对抗荷兰人的海上贸易，字里行间火药味儿十足。《航海条例》展示出英格兰议会意图通过禁止进口商品[①]来摧毁荷兰海上运输业的决心。英格兰联邦和荷兰共和国的海上竞争原本就十分激烈。《航海条例》没有引起英格兰联邦和荷兰共和国的公开对抗，但确实触发了两国间的敌意。17世纪初，英格兰王国和荷兰共和国各自的东印度公司曾携手对抗葡萄牙人，以争取英格兰王国和荷兰共和国在东方的贸易权益。击败实力薄弱的葡萄牙人后，英格兰王国和荷兰共和国迅速反目成仇。英格兰王国和荷兰共和国发生冲突的主要战场在印度洋，屡屡获胜的荷兰人逐渐建立起印度洋上的"东方帝国"。荷兰人在印度洋海域的岛屿驱逐英格兰人的行动

---

① 来自商品进口国商船的商品和英格兰商船运载的进口商品除外。——原注

中最臭名昭著的莫过于1623年发生在摩鹿加群岛附近的安汶岛的大屠杀——安波那大屠杀。根据1619年英格兰王国和荷兰共和国签署的条约,英格兰王国和荷兰共和国在印度洋群岛上和平共处,两国共享印度洋群岛的贸易权。根据英格兰人的描述,荷兰人编造谎言说英格兰人和日本人一起密谋屠杀荷兰人。安汶岛上的英格兰人遭到荷兰人的突然袭击,被投入监狱后惨遭折磨。荷兰人以英格兰人密谋造反为由,要求英格兰人将工厂全部迁出摩鹿加群岛。三十

安波那大屠杀

多年后，安波那大屠杀仍历历在目。詹姆斯一世和查理一世都曾试图通过外交手段向荷兰人表达抗议，但荷兰人不愿让英格兰公司取代摩鹿加群岛上荷兰人的东印度公司。

英格兰联邦和荷兰共和国之间出现摩擦还有其他原因。例如，在英格兰内战中，奥兰治亲王威廉二世对岳父查理一世的支持。奥兰治亲王威廉二世在与共和派的一次宪政冲突中去世。奥兰治亲王威廉二世的反对者掌控着荷兰共和国，激化了英格兰联邦与荷兰共和国的矛盾。英格兰联邦曾向荷兰共和国提议结盟却遭拒绝，让英格兰议会派大为光火。随后又发生了一名英格兰使节

奥兰治亲王威廉二世

海牙

在荷兰海牙被英格兰保皇派刺杀的突发事件，进一步激化了英格兰联邦和荷兰共和国的尖锐矛盾。英格兰议会意识到与荷兰共和国开战有利于收获更多英格兰民众的支持，毕竟革命性政府往往倾向将矛盾从国内纷争转移到国外战争。最终，在多种因素的综合作用下，英格兰联邦决定对荷兰共和国开战。英格兰联邦与荷兰共和国之间的贸易竞争和往日怨仇，加上英格兰联邦希望取代荷兰共和国成为贸易帝国的强烈愿望，引发了第一次英荷战争。

毫不夸张地说，第一次英荷战争是皇家海军史上浓墨重彩的一笔。第一次英荷战争尽管仅持续了二十二个月左右，但战事频发、战况激烈。第一次英荷战争对英格兰联邦海军的意义并不在于参战人数的多少，而在于参加战役的方式。第一次英荷战争是英格兰联邦海军首次持续、连贯地参与战争。此前，英格兰联邦海军参与战争的方式以派出单只军舰或小型舰队为主，规模庞大的远征仅限于占领某个特定港口或岛屿。在英格兰联邦海军辉煌的海上征战史中，英格兰联邦海军取得的辉煌战绩，往往会误导我们对其前期发展境况的解读。英格兰联邦海军在1652年时尚未取得赫赫战功，甚至经常在战争行动中失败。打败西班牙无敌舰队也不完全是伊丽莎白一世手下海军的功劳[①]。自伊丽莎白一世统治期间战胜西班牙无敌舰队后，除1596年皇家海军在荷兰海军分队的协助下取得胜利的加的斯远征外，皇家海军在1589年远征葡萄牙的军事行动、1594年弗朗西斯·德雷克和约翰·霍金斯远征西印度群岛的军事行动、1620年远征阿尔及尔海盗的军事行动、1625年远征加的斯的军事行动和1627年进攻雷岛的军事行动均以失败告终。尽管英格兰联邦海军拥有毋庸置疑的英勇战斗精神和高超航海技术，但荷兰人仍然不相信英格兰联邦海军有朝一日会成为荷兰海军的劲敌。如果荷兰共和国在第一次英荷战争爆发前畏难而退，不是因为荷兰人对荷兰海军缺乏信心，而是因为荷兰共和国繁荣的商业极易在战争中遭到沉重打击，荷兰共和国与西班牙王国的持久战也会让荷兰共和国背负沉重债务。荷兰共和国面临的前线压力让荷兰人无力维持一支规模庞大的海军。第一次英荷战争也让英格兰人对自身的海军力量改观。面对欧洲大陆上最强大的荷兰海军，英格兰联邦海军展示出的压倒性优势，极大地提升了英格兰联邦在世界舞台上的地位。

第一次英荷战争的独特性在于，它不仅检验了英格兰联邦海军舰队的物质力量，也证明了英格兰联邦海军参与海战的士气和谋略。英格兰联邦海军的组织架构在本章开始部分已经提及，在此不再赘述。虽然英格兰联邦海军在参战后调整了组织结构，但第一次英荷战争初期，英格兰联邦海军仍然沿袭了英国内战时的管理制度和基本架构。从1648年到1651年，在英格兰联邦海军中服役的军舰数量增加了一倍，刚建成的军舰质量也极高。在英格兰商船的协助下，英格兰联邦海军的军事力量与荷兰海军达到了势均力敌的水平。英格兰联邦海军舰队的规模在英格兰内战结束后没有削减。在地中海和美洲的服役任务增加了英格兰联邦海军的实战经验，造就了一批身经百战的英格兰联邦海军军官。

---

① 尽管出于民族自尊心，英格兰人往往不会同意这种观点。——原注

英格兰联邦海军的作战队形

英格兰联邦海军在第一次英荷大战中的组织方式或战争命令细节没有完整地流传下来。最普遍的观点是，英格兰联邦海军毫无整体作战方针可言，各军舰主要是凭借舰长的精神鼓舞参与战斗。我个人并不认同这种观点，因为有直接证据可以证明这种观点的错误性。首先，很难想象拥有五十甚至上百艘军舰的英格兰联邦海军，能够在没有任何海军上校和军舰舰长熟悉作战队形的情况下与荷兰海军对抗并最终取得胜利。一支缺乏指挥命令的战斗力量是难以维系的，战斗效率也得不到保障。就算最原始野蛮的部落武士也略知军事作战队形。即使是最愚昧无知的人，也知道在敌军进攻前必须采取集体行动、互帮互助，让每位士兵都能充分使用武器进攻。同理，17世纪的英格兰联邦海军必定深谙此道，除非极度愚笨，否则他们不可能毫无准备就与强大的荷兰海军开战。英格兰联邦海军就如何进攻已经形成了某些思路。英格兰联邦海军并没有留下相关战术的记录，当时战况紧急，没有时间记下全部行动步骤。皇家海军史的历史资料记载，英格兰联邦海军下达的作战命令可以精细到每分钟，证实了英格兰联邦海军作战的精确性。

然而，我们不能仅靠推测来证明英格兰联邦海军已经开始按照固定作战队形参战。事实上，有直接证据可以证实，在第一次英荷战争中，英格兰联邦海军运用了与罗伯特·布莱克作战时类似的战斗队形。第一次英荷战争结束的十五年后，也就是第二次英荷战争开战初期，威廉·佩恩曾对塞缪尔·佩皮斯说，荷兰人总是采用一字队形作战，英格兰联邦海军参战时也是如此。我们不难推测，威廉·佩恩想要表达的意思是，英格兰联邦海军在第一次英荷战争中同样采用一字队形作战。在第二次英荷战争中，英格兰联邦海军采用一字队形成功击败荷兰海军。威廉·佩恩这位经验丰富的海军官员不仅在与塞缪尔·佩皮斯的谈话中曾提到以上事实，在一封描述自己参与肯蒂什诺克战役的信中也曾写道:"我们①在肯蒂什诺克战役中与指挥舰保持着比较远的安全距离,以便我在的海军分队灵活作战。"由此可以推定,威廉·佩恩所在的海军分队在作战过程中可以随时追上前面的军舰并灵活利用舷侧空间。因此,英格兰联邦海军军舰在第一次英荷战争中并非横向一字排列,而是纵向一字排列,如此一来,每艘在船舷两侧装有火炮的军舰都可以肆意开火,不必担心误伤旁边的军舰。也有传言称英格兰联邦海军的军舰被连接在一起,以便整体移动和接受命令。就英格兰联邦海军采取何种队形的问题上,有两个确凿证据可以提供进一步解释。第一个证据来自"郁金香"号军舰舰长约瑟夫·丘比特的一封信,信中描述了第一次英荷战争的最后一场战役:

"1653年8月31日,海上风平浪静。我们②与荷兰海军舰队正在对峙。我们率先朝荷兰海军舰队行进并从荷兰海军舰队中穿过,随后将荷兰军舰包围。在行进过程中,我们有几艘军舰受损,多艘军舰沉没。我们进一步缩小包围圈,并与荷兰军舰擦肩而过。我们的军舰趁机对荷兰舰队发动攻击,某些荷兰军舰不得不降下国旗、将白手帕绑在棍子上以示投降。我的手下十分急切地想要靠近已经投降的荷兰军舰。我们的两艘军舰甚至即将与荷兰军舰擦肩而过,但突然遭到荷兰军舰的袭击。这令我怒不可遏。战争结束后,对我们实施无耻偷袭的荷兰军舰遭到了其他英格兰军舰的猛烈攻击。

"当我们与荷兰军舰相遇时,荷兰军舰仍然占据着顺风优势。我们的军舰加快速度,向荷兰军舰开火。我们截住了部分实力较弱的荷兰军舰,但并未与之过多纠缠,而是将它们遗弃在原地,其中几艘缺乏战斗力的荷兰军舰沉入大海。随后,我们对荷兰军舰再次开火,它们也迅速回击,这是整场战役中形势最严峻的时刻。皇家海军军舰'胜利'号击沉了一艘荷兰平甲板船。当时,平甲板船上的荷兰人正伺机登上'胜利'号,甚至用手中的长柄战斧杀害了若干名英格兰船员。但荷兰人最终还是死在'胜利'号船上木匠的斧下。"

---

① 此处指英格兰联邦海军。——原注
② 此处指英格兰联邦海军。——原注

肯蒂什诺克战役

纵列一字队形

　　约瑟夫·丘比特舰长关于英格兰联邦海军舰队行进方式的描述，仅在英格兰军舰排成纵列一字队形的假设下才能成立。约瑟夫·丘比特舰长描述的"我们率先朝荷兰海军舰队行进并从荷兰舰队中穿过，随后将荷兰军舰包围"和"我们截住了部分实力较弱的荷兰军舰，但并未与之过多纠缠"，恰恰符合1783年4月12日乔治·布里奇斯·罗德尼男爵采用的战术队形。当时，乔治·布里奇斯·罗德尼男爵率领的英格兰军舰呈纵向一字排开，一直延伸到法兰西沿线海岸。根据上述证据，我们有充分理由相信英格兰联邦海军在第一次英荷战争中采用了纵列一字队形。第二份证据来自1655年3月罗伯特·布莱克、阿尔比马尔公爵乔治·蒙克和威廉·佩恩签发的《关于提高英格兰联邦海军作战执行力的指导意见》。《关于提高英格兰联邦海军作战执行力的指导意见》中写道，英格兰联邦海军中将和少将在作战时必须指挥各自的军舰行驶到英格兰联邦海军上将，也就是最高指挥官军舰的两侧，以便"为英格兰联邦海军上将率领的舰队留出足够的安全空间"。也就是说，作战时，每艘军舰都要与自己所在分队的指挥舰保持在一条直线上，一旦指挥舰或其他军舰遭到袭击，其他军舰就可以迅速帮助受损军舰阻挡敌军。当然，由六十到九十艘体积各异的军舰组成的英格兰联邦海军无法保证所有军舰都能井然有序地航行。但这并不代表英格兰联邦海军在第一次英荷战争中没有采用固定的战术队形。虽然英格兰联邦海军在采用固定战术队形参战时的具体效果并非完美，但至少证明英格兰联邦海军在第一次英荷战争中采取的纵列一字队形最适合火炮武装在船舷两侧的军舰。当时，英格兰联邦海军最高指挥官提出纵列一字队形的战术策略，要求手下舰长们尽己所能贯彻实施。霍雷肖·纳尔逊子爵在特拉法尔加战役中也采用了类似战术，尽管人们普遍认为当时纵列一字队形尚未出现。

　　上文已经提及纵列一字队形的好处，此处不再过多解释。由于英格兰联

阿尔比马尔公爵乔治·蒙克

邦海军的武器都被安装在船舷两侧，纵列一字队形是最有效的队形。英格兰联邦海军军舰前端的炮座通常被安装在冲撞角处，后端的炮座也单独装备了一门大炮，当船首对准敌舰时就可以发动攻击。如果少数英格兰联邦海军军舰一起行动，他们通常会选择并肩作战，以便伺机进攻敌军或援助相邻军舰，此类队形就是横列一字队形。横列一字队形不适用于在两侧船舷装备火炮的军舰。英格兰联邦海军舰队只有在朝敌方海军移动的过程中才会采用横列一字队形，一旦敌方海军军舰位于射击目标内，英格兰军舰就会转向并将侧边船舷对准敌方海军军舰。这样的前提是所有的英格兰联邦海军军舰必须确保转向同一侧，否则整支舰队将会陷入混乱，极易发生碰撞事故。在集体朝同一侧转向后，英格兰联邦海军舰队的军舰很自然地会组成纵列一字队形。在特定情况下，也就是处于顺风时，英格兰联邦海军舰队会采取横列一字队形。此时英格兰联邦海军舰队会迅速冲入敌方海军军舰的队形中并将敌方军舰置于逆风。然而，横列一字队形仅适用于对付消极作战的敌方海军，在激烈的第一次英荷战争中没有被英格兰联邦海军采用。

当两方舰队同时前进时，迎风航行的一方才能采用纵列一字队形。在迎风航行的情况下，海军上将可以更好地控制手下海军分队的行进路线，通常会使用纵列一字队形。为确保每艘军舰在保持攻击力的情况下还可以拥有足够的行动空间，排成纵列一字队形的军舰彼此间要保持一定距离。当出现紧急情况，各军舰有足够的反应时间避免撞上前方受损的船。在海战中参与战斗的士兵越多越好，但留在甲板上的人不宜过多。这是因为甲板上的人很容易遭到敌方炮火的攻击目标。在海战中，身经百战的军舰应该尽可能地收起船帆。每艘军舰还需要随时保持加速前进的能力，如果一艘军舰已经受损，紧随其后的军舰必须迅速前进并及时跟上。为了保证军舰随时可以加速前进，每艘军舰上都有专门的人员负责松掉船帆一角，避免军舰前进的速度过于缓慢。当军舰速度提升时，船帆就会保持张平状态。舰队的速度总是受制于队伍中行进速度最慢的军舰。参与战斗的大部分军舰一般都以较缓慢的速度前进，极少有军舰可以以每小时二点五英里到三英里的速度航行。

综上所述，17世纪中叶的英格兰海员们已经了解到在战争中排列成一字形前进和进攻的好处。但当时还没有形成成熟的指挥体系，仅能避免舰队在行进中陷入一团混乱。英格兰海员的这种做法不无道理，因为在实际执行过程中，陆战和海战中采取的所有固定队形都会难以避免地僵化。战争中军事将领下达的命令必须符合参战军队的实际情况，但领导才能匮乏的军事将领有时会因固执己见，从而失去摧毁敌人的机会。在第一次英荷战争中，参战双方的海军上将都采取了较灵活的作战思路。

荷兰海军

第一次英荷战争推动了英格兰联邦海军的现代化。第一次英荷战争期间，英格兰联邦海军首次被要求遵从统一制定的纪律规定。在此之前，每位海军将领都有自创的纪律规定，其中有些逐渐变成了约定俗成的"海事惯例"。英格兰议会颁布的《简明纪律手册》虽然仅有家庭常备的《圣经》那般轻巧，却是后来繁杂的海军纪律条令的雏形。《简明纪律手册》包含了伊丽莎白一世时期皇家海军的纪律规定和海军部的指令。本书还会在查理二世部分详细介绍《简明纪律手册》。值得注意的是，第一次英荷战争中，《简明纪律手册》的颁布既巩固了海军将领和舰长们的权威，又避免了英格兰海员因上级的独断专行而遭受不公平待遇。第一次英荷战争爆发前，每艘军舰上只能载有一名三等以上，包括三等的尉官。但在第一次英荷战争中，英格兰联邦海军发现军舰上的高级指挥军官数量不足。因此，更多尉官开始被允许登上军舰。第一次英荷战争初期，在写给奥利弗·克伦威尔的信中，威廉·佩恩曾坚持要求所有英格兰军舰上配备足够数量的尉官。

如果我的请求被您驳回，我建议可以撤掉每艘军舰上的一名普通船员并增加船上尉官的人数。普通船员的日薪一先令四便士，尉官的日薪是八便士，普通船员的工资也不过一天两先令。如果在战争中尉官还不如两名普通船员重要，那真是太可悲了。

第一次英荷战争中的荷兰海军实力强大，需要英格兰联邦举全国之力应对。荷兰海军的海员和军舰数量都远远超过英格兰联邦海军，但参战人数和实际使用的军舰数量少于英格兰联邦海军。英格兰联邦当时仍然是一个以农业为主的国家。如有必要，英格兰联邦可以召集全国所有水手参战，暂停所有海上贸易。但荷兰海军不敢做这种贸然的尝试，如果这样做，荷兰共和国会因此遭受极大损失。在荷兰共和国，大约有三十六万人以捕鱼为生。根据荷兰人的古老谚语，阿姆斯特丹是一座"建造在鲱鱼上的城市"。一旦捕鱼活动中断，荷兰共和国的经济会遭遇重创。远洋贸易对荷兰共和国也至关重要，荷兰

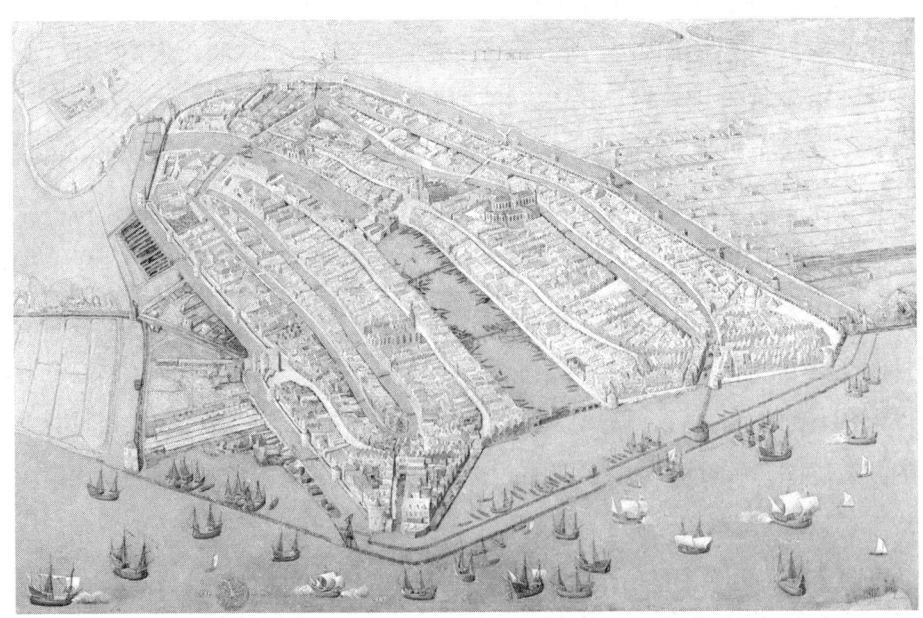

阿姆斯特丹

人几乎垄断了所有海上贸易，荷兰商船源源不断地将热带地区的产品运送到全欧洲。一旦捕鱼业和远洋贸易中止，荷兰人将无力承受这些损失，更无法将英格兰舰队驱逐出海。赶走英格兰人尽管会减缓荷兰人全面战败的进程，但会增加荷兰人为签订停战协议付出的代价。

尽管查理一世和长期议会都采取了不懈的努力增强海军实力，但荷兰共和国政府同样为提升海军实力付出了艰辛努力。然而，荷兰共和国海军实力的上升没有引起英格兰联邦的足够重视，多重因素导致了英格兰联邦的疏忽。此前，荷兰共和国海军曾单独与西班牙王国海军在海上交战，荷兰共和国海军实力大伤。同时，荷兰共和国参与了一系列陆上战争，先是与西班牙王国作战，后来又卷入涉及欧洲各国的"三十年战争"。荷兰共和国的常备军大概有五万七千人，其中多数是外国雇佣兵，还有部分人是自愿入伍。荷兰共和国的军费负担沉重，荷兰共和国海军也被迫大幅削减军费开支。荷兰共和国奥兰治家族的亲王们不仅是出色的士兵和政治家，也极富战斗精神，他们纷纷投身军队，接连在战争中赢得荣誉。由于经济因素和腐朽的军事指挥风格，荷兰共和国海军经常面临经费不足的窘境。荷兰共和国海军的军舰比菲尼亚斯·佩特为英格兰联邦海军制造的军舰尺寸小。为了能在荷兰海岸的浅滩上航行，荷兰共和国海军军舰底部通常设计成平的。荷兰共和国海军军舰逆风航行的能力远远不及英格兰联邦海军军舰，但在开放海域的航行速度比英格兰联邦海军军舰快。

荷兰共和国的内部纷争

荷兰共和国政府的自身性质也是导致荷兰共和国海军实力偏弱的原因之一。尽管我们习惯使用"荷兰共和国"的说法，但事实上，荷兰共和国由七个拥有独立边界的主权领地组成，它们出于共同利益组建成松散的联邦。奥兰治-拿骚家族的省督奥兰治亲王们负责指挥荷兰共和国的军队。他们既担任舰长也担任海军上将，是陆军和海军的最高指挥，有权任命高级军官，确保各军种

腓特烈·亨利

之间协调合作。然而，1652年，荷兰省督一席出现空缺。腓特烈·亨利的继任者、查理一世的女婿奥兰治亲王威廉二世在与荷兰共和国议会的冲突中暴毙，威廉二世的遗腹子威廉三世随后继承头衔。光荣革命后，威廉三世成为英格兰国王。奥兰治亲王威廉二世原本计划将荷兰共和国的七个主权领地整合为一个强凝聚力的强大国家，接受奥兰治-拿骚家族的统治。此前，奥兰治亲王威廉二世曾尝试占领阿姆斯特丹和控制荷兰共和国，但最终失败了。期间，奥兰治亲王威廉二世软禁了一大批地方执法官。若不是中途暴毙，或许奥兰治亲王威廉二世的计划会取得成功。当时奥兰治亲王威廉二世已经与法兰西国王组成联盟，企图分裂西属尼德兰，激怒英格兰联邦政府。然而，奥兰治亲王威廉二世在计划达成之前突然去世，他做的一切就仅是助长了荷兰共和国国内共和派的势力，让英格兰联邦政府相信，只有摧毁奥兰治-拿骚家族才能巩固自身统治。

由于海军上将一职空缺，低地国家的海军由来自鹿特丹、阿姆斯特丹、北荷兰、泽兰和弗里斯兰的五个分队组成。在荷兰共和国的国家议会中，每个共和国都享有平等的否决权，但国家议会的形式大于内容。在大议长约翰·德·威特的治理下，七个领地中最富裕的一个省——荷兰伯国势力日渐增长，在某种

约翰·德·威特

程度上取代了省督的统治地位。第一次英荷战争爆发时，大议长约翰·德·威特的政治生涯刚刚开始。荷兰共和国的各省受限于松散的联邦制度，发展速度缓慢。即使荷兰共和国的七省民众基于强烈的民族情感团结起来，荷兰共和国依然会因为政府运作方式在第一次英荷战争中失败。当时的事实更加糟糕，共和派的胜利代表荷兰共和国城镇富裕阶层的胜利。荷兰共和国城镇富裕阶层才智过人、爱国热情高涨，但属于目光狭隘和善妒的寡头集团。大部分贵族和贫苦民众都忠诚地支持奥兰治-拿骚家族，希望威廉三世可以立刻继承省督头衔，在威廉三世正式上位前，应该由一个来自奥兰治-拿骚家族的摄政统治国家。

奥兰治–拿骚家族的纹章

许多荷兰共和国的军官也抱着相同的想法，而且荷兰共和国议会一直处在濒临动乱的状态，所以支持君主制的荷兰共和国海军军官根本无法专心参战。

英格兰联邦的情形

此时，英格兰联邦的情形却完全不同，激进的英格兰革命党变成了统治者，用武力统治国家。英格兰革命党宣称有权继承英格兰王室的全部权力，他们也的确这样做了。荷兰共和国此时还面临着七个主权领地分崩离析的危险，但英格兰联邦已经建立起统一的中央权威。英格兰联邦政府由一批拥有足够斗争经验，在政治冲突中出生入死的人统治。这些人可以迅速适应政治生活中的狂风骤雨。荷兰人的重商传统令荷兰海员缺乏战斗精神。荷兰海员虽然航海技术娴熟、有吃苦耐劳的品质，但不愿直面风险。在英格兰联邦海军舰队中，有些被招募的英格兰商船船长也显露出类似的性格。残酷的战争难免会揭露人性的弱点，但总体而言，英格兰联邦海军舰队中缺乏战斗精神的人仍属少数。

此外，英格兰联邦自身的地理位置也独具优势。英格兰联邦的海岸线走势与荷兰共和国截然相反，英格兰联邦西临广阔海域。海上贸易是荷兰共和国的经济命脉。返回国内的荷兰商船不是选择经过皇家海军严阵以待的英吉利海峡，就是选择路途更远和风暴频发的苏格兰北部路线。苏格兰北部路线同样危机重重，因为苏格兰北部路线的终点位于北海，正对英格兰联邦海军在哈里奇的军事驻地。

通过对英格兰联邦和荷兰共和国综合国力的比较，我们可以发现，在第一次英荷战争中，英格兰联邦更具优势。英格兰联邦虽然腹背受敌，却拥有丰富的战争经验。何况英格兰联邦政府大权在握，可以集中力量对付荷兰共和国。英格兰联邦的海军官兵战斗精神高昂，英格兰联邦的地理位置优越，在战争中抗打击能力更强。上述优势再加上英格兰联邦海军卓越的战斗能力和战斗资源，英格兰联邦注定将在第一次英荷战争中胜出。

权威文献

本章的权威文献与第五章相同,对本章写作最有参考价值的是《威廉·佩恩传》,这是一本以主题和时间顺序为线索写成的权威汇编,但汇编者忽略了一些有趣的细节。《让·德·威特》详尽地描述了英荷战争爆发时,荷兰共和国的所处政治与军事环境。

第 7 章

第一次英荷战争

1652年年初,一场战争无可避免。英格兰王国拥有十分强大的现役舰队,船员也长期生活在一起,配合默契。乔治·艾斯丘爵士刚刚从美洲回来不久,而威廉·佩恩刚刚从地中海回来。在地中海,威廉·佩恩的地位被海军上校理查德·巴德利取代。罗伯特·布莱克耗费大量精力训练出了一支只听罗伯特·布莱克号令的夏季护卫队。大约在这时,爱德华·波帕姆去世。而当时,理查德·迪恩正和军队在苏格兰。1652年3月,国务委员会忙于尽快组建船队。因为国务委员会认为,雇佣来自外界商船的人员会严重阻碍贸易发展,所以禁止雇佣来自外界商船的人员。但国务委员会利用所有其他可能的方式来增强海军力量。国务委员会任命威廉·佩恩为海军中将并任命尼古拉·伯恩为海军少将以发布高层指令。在作战时,尼古拉·伯恩主要担任哈里奇港海军工厂的专员。议会为维护和平付出了艰苦的努力,但国务委员会坚持认为,如果荷兰共和国不投降,和平便无法实现。

第一次行动

荷兰共和国大议长波夫·德·海姆斯泰德被派往增援大使。但在商议时,一支强大的海军部队正悄然建成。荷兰共和国急需这样一支海军部队。荷兰商船护航队靠近多佛尔海峡，英格兰人认为半路拦截荷兰护航队的把握很大。为保护商船，马尔滕·特龙普受命率四十多艘舰艇前往多佛尔海峡。大约1652年5月中旬，马尔滕·特龙普抵达多佛尔海峡，发现尼古拉·伯恩已带领八艘舰艇在等候。在拉伊，罗伯特·布莱克率领了十五到十六艘舰艇。由于对致敬权的历史争议，两国军队早已在多佛尔海峡发生冲突。1652年5月12日，向西航行去指挥西部护卫队的海军上校杨与一支南方驶来的舰队不期而遇。海军上校杨最初以为这些舰艇是乔治·艾斯丘爵士的舰队。但后来发现是荷兰商船的护航队，商船来自热那亚和来航①并由三艘军舰护航。海军上校杨立即坚持要求荷兰军队致敬。一名荷兰人屈服了，但随后一艘炮舰艇拒绝致敬。紧接着就是一场激烈的冲突，英

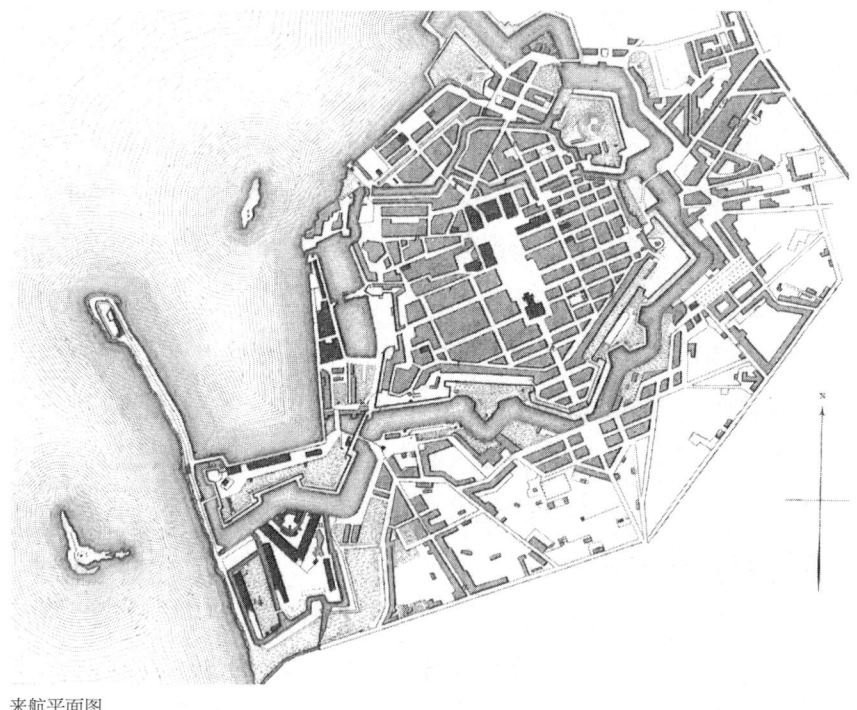

来航平面图

---

① 　里窝那旧称。——原注

格兰王国的所有六艘军舰都积极应战。海军上校杨报告说，他最终迫使顽抗的荷兰人放弃抵抗，但当他想要将俘虏带回英格兰时，荷兰船宣布事已至此，荷兰人将准备再战。于是，海军上校杨在两名下属雷诺兹和查普曼的建议下离开了。这场战斗看起来似乎不具决定性意义。但海军上校杨对自己的行动很满意。海军上校杨写道："对我而言，我祝福上帝，我很好。我相信我已经给了荷兰人很大的教训。荷兰人告诉我，政府命令他们奋起抵抗，不惜战死，最终荷兰人确实抵抗过了，这让我相信荷兰人已经受够了。"荷兰确实想要拒绝致敬。而且由发生的事情可以知道，荷兰人很有可能认为升旗致敬并没有什么用处，因为表示尊重似乎对他们并没什么好处。受到海军上校杨攻击的护航队继续沿海峡向前行进。马尔滕·特龙普进入多佛尔路并在此向海军上将尼古拉·伯恩致敬。英格兰方疑心病严重，而且很有可能从马尔滕·特龙普的行为中感到受冒犯。皇家海军可能回忆起了十四年前马尔滕·特龙普在此处对奥昆多发起的蛮横攻击。无论如何，皇家海军明白，马尔滕·特龙普是奥兰治党的忠实成员，曾被查理一世封爵，但绝对不是英格兰联邦的朋友。尼古拉·伯恩向正在拉伊的罗伯特·布莱克发去消息。随后，海军上将罗伯特·布莱克立即出发前往多佛尔海峡。1652年5月19日一早，在多佛尔路附近，尼古拉·伯恩发现马尔滕·特龙普抛锚停泊。罗伯特·布莱克离马尔滕·特龙普不到三里格路程时，马尔滕·特龙普稍做权衡便坚持顺着东北风继续往东行进。英格兰人并没有抛锚停泊，而是选择继续顶风停船，监视着马尔滕·特龙普继续前行了大约两小时的路程。然后，有人看见一艘小船开来，小船上有人和荷兰海军上将马尔滕·特龙普说话。随后，马尔滕·特龙普立即改变航向并亲自率领旗舰"布雷德罗德"号向罗伯特·布莱克发起攻击。当时，罗伯特·布莱克在舰队的最前方。在前方，罗伯特·布莱克盯着荷兰海军上将，并发现马尔滕·特龙普的行为确实没有一点想要避免战争的意思。致敬权是引发战事的导火索。当马尔滕·特龙普进入步枪子弹射程时，罗伯特·布莱克命令向马尔滕·特龙普的旗帜开火。第三次射击时，马尔滕·特龙普以舷侧回击。这代表着最短暂，但最激烈的一场海战的开始。

这场冲突发生在古德温暗沙的最南端——南沙角和法兰西海岸上的格里斯-内兹角之间的某地。冲突发生在下午,并且一直持续到黑夜。罗伯特·布莱克迎风停船,舰队的前几艘舰艇大概朝向英格兰海岸。罗伯特·布莱克在"詹姆斯"号旗舰上,航行在战线的最前方。马尔滕·特龙普在"布雷德罗德"号上与排列在其身后的中队一同发动攻击。正如霍雷肖·纳尔逊子爵和卡思伯特·科林伍德在特拉法尔加战役中一样,按照18世纪教科书式的标准做法,在这场战争中,海军上将依然战斗在舰队的前线,而非将自己放在战线的中间。

罗伯特·布莱克与马尔滕·特龙普

海军上将战斗在前线是皇家海军史早期和晚期的一个相似之处,这个相似之处将两个时期连接起来,并与中间那个死板又拘谨的时代区分开来。如果当时马尔滕·特龙普只需要对付罗伯特·布莱克,那么他们之间的这次战斗可能会成为那场冲突的结束。荷兰海军上将向英格兰旗舰发动进攻。罗伯特·布莱克位于航线的迎风端。这使荷兰人能够在脱离航路的英格兰舰队前来援助之前,集中火力攻击"詹姆斯"号和附近的军舰。但还要考虑到第三支战斗力量。尼古拉·伯恩在发现马尔滕·特龙普的挑衅行为后,从唐斯赶来,尼古拉·伯恩的位置正好可以攻打荷兰战线的后方和北方。因此,各方军队打成一团。马尔滕·特龙普攻打罗伯特·布莱克的背风处时,己方的上风处受到尼古拉·伯恩的攻击。我们对战争的细节或各艘军舰的行动知之甚少。"詹姆斯"号军舰被"布雷德罗德"号军舰和其他荷兰军舰攻击得严重受损,几乎无法操纵。罗伯特·布莱克派人报告道:"我们所有的索具和帆全都严重受损,后桅也被打掉了。"罗伯特·布莱克在报告中写道,人员损失惨重,六人死亡,"九至十人受伤严重,超过二十五人有生命危险,其中包括舰长、大副和其他指挥官"。一个世纪之后,在同样的劣势下,被同等力量的对手攻击的战列舰在半个小时内就能被碎尸万段。当时,在疯狂的射击下,罗伯特·布莱克仓皇离开战场,但船并没有被彻底

古德温暗沙战役

摧毁。在海峡，剩下的军舰尽最大努力相互炮轰，艰苦地奋战到天黑。夜幕降临，军舰渐渐退散。在其他舰长的建议下，罗伯特·布莱克在距离邓杰内斯三四里格处抛锚停泊。马尔滕·特龙普停靠在法兰西王国的海岸上。一艘荷兰军舰仍在英格兰人的手上。这艘军舰被打得支离破碎。捕获者约翰·劳森甚至觉得这艘军舰毫无保留价值，虏走了船员后便抛弃了这艘军舰。

这场战斗的消息传到伦敦，引起了一阵骚动。国务委员会认为有必要派出大量军队保护切尔西的荷兰大使馆。协商并未完全停止，但继续协商只是徒劳。英格兰联邦政府坚持让马尔滕·特龙普道歉、赔偿并受到处罚。荷兰议会自然是拒绝了这一要求。最后，仅存的一丝协商的意向也被放弃了。双方都准备全力展开武装斗争。英格兰政府积极地采取措施应对这场不可避免的战争，并命令沿海各郡的海军中将，也是海事治安法官加速招募水手。表决认为，除英格兰联邦现役军舰外，还需征用四十艘军舰。指挥苏格兰军队的理查德·迪恩接到命令，迅速拿下保皇派卫戍部队负隅顽抗的邓诺特城堡，采取措

邓诺特城堡

施保护渔业,并掌握奥克尼和设得兰的港口,用以军事。同时,国务委员会还关注军纪问题。1652年5月19日雇佣的瑟罗古德和吉布斯被指控行为不当,并被要求对其"失误"负责。这只是为使英格兰联邦舰队的舰长树立正派的军队精神采取的必要措施之一。在海峡交战后的两周内,威廉·佩恩向奥利弗·克伦威尔发来信,说明被委托指挥雇佣军舰或强征军舰的商船船长都不是可靠之辈,并详细地解释了商船船长不值得信任的原因。

阁下,鄙人以为,如果让以往的指挥官指挥雇佣的商船,那么国家会受益更多。因为现在雇佣的指挥官都是各自船的所有人,而且恐怕有些人不会那么尽职尽责。我认为在攻打对手时,现在雇佣的指挥官不会像其他人一样勤勉。尤其现在雇佣的指挥官安静地拿着相同的酬劳,但在交战时不仅会浪费弹药,还有可能使桅杆、船帆、索具和船体受损,甚至失去整艘船。如果现在雇佣的指挥官受到压制或胁迫,可能就会为保护他们的船的安全而战。我认为,无论国家认为谁更适合承担指挥官的职责,职责的履行都应建立在更好的纪律之上。

军纪不严

威廉·佩恩讨论的那些人未必是懦夫,但他们毕竟不是专业的士兵。即将提到的两位英雄的鼎鼎大名令人震惊。我怀疑这段文字中的每一个字都不适用于约翰·霍金斯和弗朗西斯·德雷克。他们中的任何一人都未曾"在时机不对时"继续战斗。也就是说,约翰·霍金斯和弗朗西斯·德雷克在清楚地看到眼前有利可图时,会毫不犹豫地投入战斗。约翰·霍金斯和弗朗西斯·德雷克的行为准则尽管对掠夺远征和私人冒险来说十分受用,但绝对不适合大型战争。大型战争需要受雇军队的全体成员随时待命、全力以赴,否则就应受到惩罚，或者将导致战败。国务委员会更加需要向多佛尔的市长、地方法官和水手们表示感谢。在近期英格兰舰队与马尔滕·特龙普的交战中，他们自愿增援罗伯特·布莱克的舰队。国务委员会正式地对他们表达谢意，鼓励他们坚持下去，并承诺预先拿出四千英镑中的一部分为他们修建新桥墩。

如果不花时间准备，英格兰王国和荷兰共和国都没有完全准备好发动一场大规模战争。两国都在装备舰队，1652年的6月就这样过去了。1652年5月月底，乔治·艾斯丘爵士抵达普利茅斯。在去往普利茅斯的路上，乔治·艾斯丘爵士收获了大量的荷兰战利品。和平条约不过是权宜之计。早在放弃和平条约之前，英格兰联邦海军就已经踏上了复仇之路。乔治·艾斯丘爵士接到命令，如果他的舰队在远航后仍有能力继续航行，那就应立即准备好增援罗伯特·布莱克。在普利茅斯稍做停留后，乔治·艾斯丘爵士继续前行。在路上，乔治·艾斯丘爵士与一支荷兰护航队展开了激烈的交锋，最终惜败于荷兰护航队。1652年6月中旬，乔治·艾斯丘爵士率领十一艘军舰抵达唐斯。与此同时，罗伯特·布莱克得到了大量增援。此时，罗伯特·布莱克的舰队大约拥有四十七艘国家舰艇和二十七艘商船。但他实际掌管的船舰并没有这么多。事实上，当时的海军机构尚不健全。舰队通过增加外来军舰而突然扩张时，国家很难确定可用军舰的数量，而且奇怪的是，由海军上将带回的军舰的数量常常与其他官员直接汇报给政府的军舰的数量有所出入。1652年6月月底或1652年7月1日，英格兰组织了足够的兵力并派罗伯特·布莱克率领拥有六十艘军舰的"雄伟舰队"北上。而乔治·艾斯丘爵士带领十五到十六艘军舰留在唐斯。第二中队包含乔治·艾斯丘爵士从西印度群岛带回的军舰和几艘新增军舰。

四分五裂的英格兰舰队

对手荷兰也毫不懈怠。荷兰议会，或者更确切地说是五个海军部，武装起尽可能多的军舰，以弥补近年来的疏忽。1652年7月月初，一支由一百零二艘军

米歇尔·德·勒伊特

舰和十艘火战船组成的舰队准备在马尔滕·特龙普的带领下从泰瑟尔岛起航。在马尔滕·特龙普身后，另一支舰队正在准备之中，将在米歇尔·德·勒伊特的带领下单独服役。荷兰的目标是保证来自英吉利海峡和爱尔兰海的出航护航队和回国商船的安全。荷兰还负责保护在北海捕鱼的大型鲱鱼捕捞船队。如果马尔滕·特龙普在唐斯能够及时赶上罗伯特·布莱克，就有可能向罗伯特·布莱克发动攻击并取得胜利，目标就都会得以实现。打败最大的英格兰舰队后，荷兰护航队就能够自由出入，荷兰的鲱鱼捕捞船队也能不受影响。但马尔滕·特龙普没能及时准备好，而且起航后发现，将要沿哪条航线航行也并不明确。马尔滕·特龙普离开泰瑟尔岛后，收到了刚刚从英格兰返回的大议长波夫·德·海姆斯泰德的通知，得知乔治·艾斯丘爵士在唐斯，而且只带领着十六艘军舰。马尔滕·特龙普是否知道罗伯特·布莱克已经向北航行，我们不得而知。如果马尔滕·特龙普知道，那么他仍可能认为，既然他无法确定是否能遇见议会的海军上将，而且无法预估自己的舰队会有多大损失，那么将目标放在已经知道弱点且在攻击距离之内的对手身上才是上策。罗伯特·布莱克启程后不久，马尔滕·特龙普的一部分兵力便出现在古德温沙洲的背面。乔治·艾斯丘爵士显然陷入了危险的境地。但这一次，乔治·艾斯丘爵士全身而退。乔治·艾斯丘爵士有多佛尔提供的增援，荷兰官员没有足够的信心能在攻打乔治·艾斯丘爵士后全身而退。荷兰军队潜伏几天后，马尔滕·特龙普的整支舰队出现了。很明显，荷兰方面缺乏军队精神。在这段时间里，乔治·艾斯丘爵士抓住机会突围并俘获了一支商船护航队。马尔滕·特龙普出现在多佛尔时，乔治·艾斯丘爵士的舰队处于极大的危险之中。国务委员会赶紧将这一危险通知了罗伯特·布莱克，但让罗伯特·布莱克自行决定应当返回还是继续前行。得知马尔滕·特龙普的行动前，罗伯特·布莱克已途经邓巴，而且看起来并不急于返航。往返的路上，罗伯特·布莱克履行了被派北上的义务。罗伯特·布莱克攻击了荷兰鲱鱼捕捞船队，压倒性地炮轰了由十五艘护卫舰组成的以抵御海盗的中队，并俘获了荷兰鲱鱼捕捞船队。在当时的战斗中，荷兰渔民并没有遭到惨无人道的对待。英格兰要求在距英格兰海岸十里格，也就是三十英里的海域内捕鱼的外国渔船缴纳鲱鱼税。荷兰渔民在交税之后就被允许回国了。但英格兰毁掉了荷兰1652年的鲱鱼渔业。荷兰因此受到重创。毫无疑问，仅从军事角度来看，马尔滕·特龙普的行动是正确的，但他在指挥攻打乔治·艾斯丘爵士时犯了一个错误。如果马尔滕·特龙普盯着罗伯特·布莱克，那他多半可以救下荷兰鲱鱼捕捞船队，而且即使会牺牲少量商船护航队的军舰，这一损失也比荷兰不得不忍受的实际损失少得多。

  罗伯特·布莱克毁掉了1652年荷兰的鲱鱼渔业。马尔滕·特龙普也没能成功摧毁乔治·艾斯丘爵士的中队。光线和无定向的风使马尔滕·特龙普无法发起进攻。而且就在马尔滕·特龙普束手无策之后，更加不利的天气条件出现了。马尔滕·特龙普的军舰被风暴吹离了海岸，未能按照计划在唐斯发起进

荷兰的鲸鱼捕捞船队

攻，马尔滕·特龙普向北航行，去保护荷兰的商业利益。波罗的海贸易对荷兰来说利益重大，而且当时一些与印度、东印度群岛或西印度群岛进行贸易的荷兰商船应该会沿北方航线返航。荷兰海军上将在北上之路和高纬度地区都未曾遇见罗伯特·布莱克。马尔滕·特龙普整顿好护航队并返回了荷兰。但在这次行动中，马尔滕·特龙普注定没有好运气。在北海，马尔滕·特龙普遭遇了暴雨，护卫队被吹得七零八落。荷兰舰队陆陆续续回到了荷兰，几个散兵落入了英格兰巡洋舰之手。人们对马尔滕·特龙普的抗议声不断。大多数人认为马尔滕·特龙普应当为鲱鱼渔业的损失负责。经验丰富的海军上将马尔滕·特龙普对自己的表现不甚满意，就算自己有不走运的成分也不可否认他的管理也加剧了这次失败。马尔滕·特龙普因小失大，因远失近。坏运气毫不留情地打击

一艘正在收网的鲱鱼捕捞船

了他和他的国家。马尔滕·特龙普辞去了荷兰海军上将一职，由两名知名度较低的水手代替。其中一个是科尔内留斯·威特·德·维斯。我们经常把科尔内留斯·威特·德·维斯的名字与著名的大议长约翰·德·威特的名字搞混。科尔内留斯·威特·德·维斯是一个粗野、勇敢、直言不讳的人，他在战争中获得荣耀后，在与瑞典人的战斗中不幸阵亡。另一个是米歇尔·德·勒伊特，绰号"冲锋兵"。米歇尔·德·勒伊特是一个身材矮小、蓝眼睛、尽职尽责的绅士，在后来的二十年里为保护荷兰而战，获得了更大的荣耀。

海峡中的乔治·艾斯丘爵士

就在马尔滕·特龙普向北航行后，乔治·艾斯丘爵士就立即或不久后被派往群岛海峡执行两项任务。第一项任务就是保护英格兰贸易不受荷兰的攻击。第二项任务就是攻击荷兰的护航队。乔治·艾斯丘爵士的舰队扩增到四十艘军舰以上。在乔治·艾斯丘爵士向西航行的同一时间，米歇尔·德·勒伊特从荷兰起航去执行类似的任务。米歇尔·德·勒伊特率领的护航队安全驶过了兰兹角。接下来，米歇尔·德·勒伊特要做的就是等待并护送船队回国。因为当时英格兰的大部分军力集中在群岛海峡，所以米歇尔·德·勒伊特大概可以确定，回荷兰的途中，英格兰会派留守的英格兰主力舰队的增援部队来监视自己。1652年8月16日，在普利茅斯，乔治·艾斯丘爵士和米歇尔·德·勒伊特发生冲突。乔治·艾斯丘爵士发现了海上处于上风向的荷兰船队。乔治·艾斯丘爵士坚持发起进攻，并在下午开始了与米歇尔·德·勒伊特的战斗。荷兰海军上将米歇尔·德·勒伊特有着良好的判断力，他知道此时发动进攻的优势。他于是果断放弃自己护航的船队，借助风的优势，逼近乔治·艾斯丘爵士并向其发起攻击。同时，自己的船队能毫不受干扰地向前航行。米歇尔·德勒伊特看到乔治·艾斯丘爵士并未完全掌控自己的舰队，于是对自己大胆的举动更加充满信心。乔治·艾斯丘爵士身边只有一部分军舰能够立即听令，其他军舰在后方的海岸附近，离乔治·艾斯丘爵士有一定的距离。英格兰联邦海军上将们向来大胆，正是倚仗着英格兰舰队素来更稳健这一点，在半路上，乔治·艾斯丘爵士毫不犹豫地发起进攻。对战斗行动的记录是含糊不清的。据说，乔治·艾斯丘爵士凭借一部分舰队冲破了米歇尔·德·勒伊特的防线并占据了上风位置。若事实如此，那么我们便可断定，两方舰队的舷风相反。乔治·艾斯丘爵士亲自打头阵，逆风而上，在敌方战线上打出或发现了一个缺口，顺势转移到了荷兰的背风向。中队的大部分兵力无法赶来支援，导致乔治·艾斯丘爵士的军力不足以在战争中占据任何的优势。如果情况如此，那么乔治·艾斯丘爵士的战线可能被拦腰斩断且有着被击败的危险。但英格兰舰队有一定的实力优势，而且此时夜幕降临了。米歇尔·德·勒伊特可能认为继续战斗并非明智之举。米歇尔·德·勒伊特已经给了乔治·艾斯丘爵士沉重一击，使乔治·艾斯丘爵士无法继续追逐护航队。米歇尔·德·勒伊特成功实现了最初的目的。原本一路跟随乔治·艾斯丘爵士英勇战斗的爵士的绳索被严重毁坏。天亮后，米歇尔·德·勒伊特重新占据了上风位置。乔治·艾斯丘爵士还准备着迎接下一次攻击，但敌方并没有发动进攻。米歇尔·德·勒伊特满意地带走了护航队。乔治·艾斯丘爵士的这次行动与他的胆量不相符。国务委员会也明显因此认为乔治·艾斯丘爵士没有能力指挥大舰队。随后，国务委员会暂停了乔治·艾斯丘爵士的职务，并向乔治·艾斯丘爵士发放了一笔金额体面的抚恤金作为补偿。

威廉·佩恩和米歇尔·德·勒伊特

或许是出于对指挥官在西面出师不利的怀疑，国务委员会首先增强了罗伯特·布莱克的军力，然后派罗伯特·布莱克独自前往海峡。削弱荷兰的最有效的办法就是让罗伯特·布莱克率领一支有能力实行海上封锁的军队，在荷兰海岸附近游弋。但国务委员会不是没想到这个办法，就是觉得自己舰队的力量不够强大。国务委员会宁愿将强大的兵力集中在海峡，以保护己方贸易并扼制荷兰贸易。1652年9月中旬，罗伯特·布莱克率领主力舰队沿海峡向西航行。在西方的博尔特角，罗伯特·布莱克的先锋舰由海军中将威廉·佩恩指挥。从西方和西南方的暴风雨天气来看，罗伯特·布莱克最好带大部队驶向下风向的托贝。威廉·佩恩仍然带着一部分船在海上航行。1652年9月15日，威廉·佩恩发现两艘处于上风向、正在打信号的荷兰船。桅顶的瞭望员看到两名荷兰人在甲板上，这两艘船的后面，有一大队处于上风向的船正在远方。据威廉·佩恩自己说，尽管对手的数量明显更占优势，但他还是准备交战。海军少将尼古拉·伯恩同意威廉·佩恩的决定，并建议召集可联络的所有舰长召开委员会，让舰长知道对手就在附近。但当时信号规则尚不成熟，不然威廉·佩恩就能更迅速地通知各位舰长，而不是慢吞吞地在军舰上开会。威廉·佩恩不想按照尼古拉·伯恩的意愿行动，他说"恐怕嘴碎的人会说我召集大家是为了商议是否应该开战"。在稍做推辞之后，后桅纵帆的横桁索上挂起了委员会旗帜，随后正式召集舰长，通知海军中将威廉·佩恩开战的意愿。威廉·佩恩看到十八到二十艘商船和火战船。1652年9月15日14时，舰长开完委员会并回到了各自的军舰上。舰长向风停靠军舰，正视着远处的海面，等待荷兰人过来。这是因为英格兰人无法逆风而上去迎接对手，而且如果英格兰人为了前往对手在的方向抢风航行去到海峡的另一面，就好像为对手让开了一条通路。对手大约有三十五到四十艘军舰，但米歇尔·德·勒伊特没有发起进攻。米歇尔·德勒伊特航行到距敌舰三四英里的范围内，然后突然改变航道去往海峡的另一侧。威廉·佩恩紧随其后，直到对手意外地被尼古拉·伯恩的船拦截。与此同时，海上狂风大作，下起暴雨，视线模糊不清。当时，风为西南偏南风。临近半夜，天气转晴，从西边来的一阵烈风吹散了薄雾。但光线很暗，月亮直到后半夜才升到高空。因此，威廉·佩恩转而迎风停舰，在黑暗中停在海上。二十四时三十分左右，威廉·佩恩在露天尾舱上看到远处有炮火的火光，立即通过开枪和照灯发出信号，召集中队跟随他朝战火的方向驶去。战火在十五分钟内就停止了，一切又变得宁静又黑暗，威廉·佩恩依然处于上风向。1652年9月16日清晨，威廉·佩恩的一艘由罗伯特·桑德斯指挥的瞭望护卫舰——"保证"号驶向威廉·佩恩的军舰尾部，好让威廉·佩恩了解开战的情况。交战双方是罗伯特·桑德斯和一艘坚固的军舰。罗伯特·桑德斯看到这艘军舰向东拐弯驶向自己的北方。罗伯特·桑德斯开了两枪以让对手停下来，但对手没有理会。此时罗伯特·桑德斯升起上桅帆，不久就追上了对手。罗伯特·桑德斯问对手，军舰从何处来？对手回答说弗拉兴。罗伯特·桑德斯命令对手收帆并向英格兰联邦致敬，但对手的回答很无礼。双方开始互相开火，直到罗伯特·桑德斯视野内看不到英格兰的灯光才命令停止。大约一小时后，佛兰芒人出现了。在战斗期间，佛兰芒人一直向南行驶。大约在罗伯特·桑德斯离开佛兰芒人时，佛兰芒人看到他们的南方有几盏灯，并且确定其中一盏灯来己方的主桅楼。佛兰芒人清楚地感知到这几艘军舰会转向东行驶，并且确信它们是荷兰舰队。荷兰舰队利用前半夜的黑暗从英格兰舰队旁边经过。威廉·佩恩失望苦涩地认为这种行为"既卑鄙又懦弱"。事实上，英格兰联邦的谋略完全更胜一筹。灯光从米歇尔·德·勒伊特的主桅楼照射过来。威廉·佩恩迎风停了下来，等待敌方发动攻击时，罗伯特·布莱克位于托贝，在猛烈的西风到来之前向南巡视并带领护航队沿海峡而上。

肯蒂什诺克

在返回英格兰联邦并遇到马尔滕·特龙普的那天之后和西行替换乔治·艾斯丘爵士的那天之前，罗伯特·布莱克被召唤去处理与法兰西王国的小型战争。英格兰联邦并非对法兰西国王存有敌意，但英格兰联邦确实有理由对法兰西国王的官员提出控诉。法兰西国王的官员乘人之危，利用英格兰联邦政府的弱点，帮助过莱茵的鲁珀特亲王，而且掠夺了士麦那公司的船。比较而言，西班牙王国的表现大体上都很友好。1652年9月月初，低地国家的西班牙州长企图重新占有当时由法兰西王国驻军占领的敦刻尔克和马尔代科的城镇。而法兰西王国的海军由旺多姆公爵塞萨尔带领，正在去解救法兰西王国士兵

旺多姆公爵塞萨尔

的路上。英格兰联邦发现了一个打击袭击者的机会。罗伯特·布莱克向旺多姆公爵塞萨尔发起进攻，攻占了旺多姆公爵塞萨尔的七艘军舰并将其他军舰打得七零八落。法兰西政府抱怨连连，英格兰国务委员会进行了询问。尽管法兰西政府并不满意英格兰国务委员会的询问结果，但在当时众多其他暴力冲突和不寻常的事务中，这件事情就这么暂时过去了。被围困的敦刻尔克和马尔代科的城镇向西班牙人投降了，并且一直被西班牙人控制。直到时来运转，这些城镇才落入护国公奥利弗·克伦威尔之手。

海军中将威廉·佩恩因未能遇见米歇尔·德·勒伊特而感到失望的一两天后，在托贝外与罗伯特·布莱克会合。重聚的英格兰舰队追随荷兰舰队沿海峡而上，但没能赶上荷兰舰队。米歇尔·德·勒伊特与科尔内留斯·威特·德·维斯成功会合，并一同目送护航队安全进入港口。完成贸易后，米歇尔·德·勒伊特与科尔内留斯·威特·德·维斯返回英格兰海岸，对英格兰舰队耀武扬威。

1652年9月29日，抛锚停泊在唐斯的罗伯特·布莱克收到通知，荷兰人出现在了北边。于是，罗伯特·布莱克立即离港出海。1652年9月30日，英格兰舰队分散开来。由威廉·佩恩指挥的先锋舰及舰队中部的一部分军舰，包括罗伯特·布莱克的旗舰，一同横跨泰晤士河的河口。舰队中部的一部分和后方的军舰尚未完全驶离唐斯。当时，风为西偏北风。就在英格兰舰队呈这种分散状态时，威廉·佩恩中队的瞭望舰发现荷兰舰队正向肯蒂什诺克的东面背风处行驶，最远的军舰已经驶离埃塞克斯和萨福克海岸的浅滩。英格兰舰队努力来到上风向并占据了上风位置，也就是说，借助身后的风力，逐渐压制对手。如果我们只相信威廉·佩恩自己的报告，那么威廉·佩恩已经准备好和一个月以前在博尔特角附近一样，攻击更占优势的对手。威廉·佩恩请求罗伯特·布莱克动身发动攻击。罗伯特·布莱克让威廉·佩恩等舰队的其他军舰赶上来。于是，威廉·佩恩延长战线来到总指挥官的前方，在自己与罗伯特·布莱克之间留出足够的空间，以便自己的军舰能插进来并排列整齐。在延长战线的时候，威廉·佩恩离肯蒂什诺克太近，他的旗舰和两艘其他舰艇在肯蒂什诺克浅滩上发生了碰撞。威廉·佩恩发现有必要抢风航行，而且之前他的船一定要面向北方，这样风会将他带到想去的地点，所以威廉·佩恩向南航行。与此同时，舰队中部和后方的其他军舰与罗伯特·布莱克会合了，罗伯特·布莱克沿着航线向北航行，完全离开肯蒂什诺克去往背风向。荷兰舰队抛锚停泊，排成一队，从北向南延伸。罗伯特·布莱克向北航行时，荷兰舰队从罗伯特·布莱克的背风面驶过，向南航行。就在两条军舰擦肩而过并相互开火时，威廉·佩恩指挥的先锋舰与荷兰舰队开往同一方向，但在罗伯特·布莱克船队的另一侧。因此，荷兰舰队驶离英格兰舰队的中部和后部时，用威廉·佩恩的话来说，开往同一方向的先锋舰觉得"应该接待一下他们"，并且在荷兰舰队旁边一直守到晚上。我们必须假设,英格兰舰队的中部和后部也抢风航行并跟在威廉·佩恩舰队的后面。

荷兰人败北

这一举动一点也不果断。一方面,英格兰联邦指挥官本该奋力突破荷兰防线,插到对手身后,使其无法退回荷兰。但英格兰指挥官没有作为,失去原本的上风优势。英格兰指挥官炮轰对手,对自己仍然占领上风位置已经心满意足,或许还试图用火战船发动进攻。另一方面,荷兰的作战配不上它的名声。如果说荷兰舰队与英格兰舰队有什么不同,那也只是在数量上略胜一筹。但舰队因职业猜忌和山头林立而四分五裂。马尔滕·特龙普的友军对科尔内留斯·威特·德·维斯和米歇尔·德·勒伊特这两位继任者充满敌意。据说,"布雷德罗

肯蒂什诺克战役

第 7 章 第一次英荷战争 | 317

德"号的船员拒绝让米歇尔·德·勒伊特升起"布雷德罗德"号舰的旗帜。一些似乎是被雇佣来担任军舰舰长的商船船长[①]展示出了彻头彻尾的懦弱。科尔内留斯·威特·德·维斯一气之下说出,如果一些舰长想要被绞死,荷兰的木材用来做绞刑架绰绰有余。很明显,荷兰舰队仅是因为开战时间较晚且夜幕即将降临才逃过一场浩劫。如果英格兰指挥官从荷兰战线中转向,由上风向转为背风向,并插入荷兰的撤退路线,那么英格兰舰队就能将大量战利品带回英格兰港口。英格兰的海军上将尽管在本次战斗中从背风向转移到上风向并突破了战线,但似乎放弃了另一个更有效的行动。暮色四合,荷兰舰队得以撤退,损失微不足道。英格兰方面声称确实击沉了几艘荷兰军舰,但没有信心发布这种声明。人们常常断言击沉了敌方军舰,但事实上只是在烟雾中失去了对手的踪迹。这种事情再常见不过了。1652年10月1日清晨,荷兰舰队被发现向东航行。因为风向在夜里发生了变化,所以荷兰舰队现在处于上风位置。罗伯特·布莱克努力重新发动攻击,但科尔内留斯·威特·德·维斯和米歇尔·德·勒伊特对自己的舰队没有信心,撤回到荷兰港口。英格兰舰队跟随其后,直到看见荷兰海岸并发现对手消失在视线范围之内,才返回唐斯。

英格兰联邦赢得太容易,所以稍有误导性。英格兰联邦政府认为对手被打得精疲力竭,于是放松了戒备。很大一部分舰队受命由威廉·佩恩指挥,被派从北部港口出发,护送载有伦敦供应燃料的运煤船。1652年整个10月和11月的大部分时间似乎都很安静。罗伯特·布莱克带领四十多艘军舰停泊在唐斯。但荷兰正在准备一场激烈的反杀。荷兰议会发现马尔滕·特龙普是唯一一个有能力带领舰队执行任务的人,于是决定恢复马尔滕·特龙普的指挥官一职。与此同时,荷兰正大力组建一支强有力的军队。组建一支强有力的军队确实需要大量努力。为目送出航的护航队成功离开海峡,荷兰需要组建一支能够对付英格兰主力舰队的军队。随着1652年11月接近尾声,荷兰军队组建完成。1652年11月29日,马尔

[①] 雇佣商船船长担任军舰舰长的这种惯例在英格兰也很盛行。——原注

滕·特龙普带领八十艘军舰出现在"古德温的后方",也就是古德温暗沙与法兰西海岸之间。马尔滕·特龙普的身后是商船的护航队。罗伯特·布莱克手下的兵力有限,真的无法阻止对手带领护航队穿过海峡。但英格兰指挥官向来斗志昂扬,所以罗伯特·布莱克果断努力,将不可能变为可能。罗伯特·布莱克起航出海。风最初是西南风,罗伯特·布莱克占上风位置。这使马尔滕·特龙普无法让庞大的军舰队伍和商船围绕在南福尔兰角周围。后来,风力突变并急转为猛烈的西北风,在夜晚来临前,双方舰队都抛锚停泊。罗伯特·布莱克抛锚在多佛尔路,马尔滕·特龙普抛锚在距多佛尔路大约三里格远的地方。1652年11月30日清晨,风力稍稍减弱,风向没有变化。双方舰队纷纷起锚。马尔滕·特龙普带领护航队驶向海峡,将军舰小心地保持在商船和英格兰舰队之间。罗伯特·布莱克跟随其后,同时注意占领上风位置。双方舰队一同驶过海峡,直到靠近邓杰内斯。由于罗伯特·布莱克的胜算不大,所以他选择避免冲突是很有道理的。但在旗舰上召开的委员会上,英格兰决定必须做出一些尝试。英格兰舰队尚未从乔治·艾斯丘爵士的轻率行为和威廉·伯恩的草率想法中缓过劲来。这两位爵士遭受的教训对他们来说是有意义的,而在这场战争中,英格兰没有受到更严重的伤害是因为幸运。1652年11月30日,星期二,下午,罗伯特·布莱克带领的四十艘英格兰军舰与马尔滕·特龙普带领的八十艘荷兰军舰展开了战斗。多亏了罗伯特·布莱克占有上风位置,英格兰舰队才没有被彻底摧毁,但舰队被打得四分五裂。"花环"号和"博纳旺蒂尔"号这两艘军舰落入荷兰敌军之手。"花环"号和"博纳旺蒂尔"号分别由阿克森和巴滕指挥。"花环"号和"博纳旺蒂尔"号大胆地冲向了马尔滕·特龙普的旗舰,但立即被包围并征服了。罗伯特·布莱克试图营救"花环"号和"博纳旺蒂尔"号,但没有成功。因为英格兰舰队不甘失去上风位置,所以只能远远地观望和炮轰。进入"虎穴"的两艘军舰为自己的过分大胆付出了代价。夜幕再次降临,战争暂时结束。最初,英格兰舰队抛锚在多佛尔附近,后来索性返回了唐斯。马尔滕·特龙普带领护航队离开了海峡,然后巡航而下,一边来到我们的海岸进行恐吓,一边等待回荷兰的商船。

邓杰内斯附近的海战

罗伯特·布莱克返回了唐斯。罗伯特·布莱克因军力不够，没能成功击败马尔滕·特龙普而受到了惩罚。罗伯特·布莱克甚至带有一丝沮丧，申请辞去指挥官一职。国务委员会没有接受罗伯特·布莱克的辞职。相反，国务委员会让罗伯特·布莱克放心，国务委员会仍然对他充满信心，并授予他全权决定各种行动的权力，同时尽一切努力强化他的舰队。国务委员会首先采取措施整顿纪律，并培养舰长树立良好的军事精神。罗伯特·布莱克抱怨道："不仅是商人，就连很多国家舰队中都存在着大量的腐败现象。"罗伯特·布莱克请求成立调查委员会，这一请求立即得到了执行。沃尔顿上校、莫利上校和查尔姆先生被立即下派对舰队的行动和情况展开全面调查，并对因腐败现象而激怒海军上将的舰长进行审讯。几位舰长受到了审讯。罗伯特·布莱克的弟弟本杰明·布莱克也被撤职查办。本杰明·布莱克随后被重新雇用，而另外三位舰长也仅仅缴纳罚款。可以推测出，他们的行为不是十分恶劣。事实可能是，如果所有的舰长都像阿克森和巴滕那样轻率，那么可能更多舰长同样会落入敌手。与处罚犯错的舰长相比，更加有效的措施是召回在北边的威廉·佩恩并雇佣更多的军舰。招募水手并不是一件容易的事。罗伯特·布莱克在被首次派遣时便抱怨过"私人军舰"，即私掠船的数量庞大，能够巡视并对抗荷兰贸易，但会吸引士兵离开军舰。比起军舰中严厉的纪律，水手们更愿意加入私掠船，因为有机会进行掠夺。在外港，也很难加强强行征兵的力度。地方法官通常是船的所有者，不愿意失去自己的船员。就算地方法官不是船的所有者，他们也很同情自己的镇民，这使地方法官在履行责任时十分懈怠。英格兰联邦政府通过承诺给予更丰厚的薪水及更大金额的奖金来努力吸引人们从军。除此之外，还不得不充分利用王权的旧特权，促使所有国民加入保卫祖国的队伍。但这样仍旧没能招募到足够的士兵。大量水手必须被招募到军舰上作为海军陆战队员，尽管海军陆战队员这一称谓根本没有被使用。毫无疑问，招募海军陆战队员是为

邓杰内斯海战

了对人手不够的水手进行补充,因为海军陆战队员被要求尽量做与水手相同的工作。

波特兰之战

1652年12月到1653年2月,马尔滕·特龙普率领的舰队在海峡畅行无阻。据说,此时,马尔滕·特龙普在主桅的顶端升起了扫帚,作为他想要横扫海峡外界的可见标志。在这三个月的早期,国务委员会感觉海军的力量尚不足以与马尔滕·特龙普抗衡,便派官员拆掉了南海岸的灯和浮标,以制造危险,使荷兰无法靠近英格兰海岸。事实上,政府和海军上将都已经明白,要想与荷兰对抗,就必须组建一支能征善战的海军,而且海军作战时要团结一致。为加强指挥,英格兰召回了在苏格兰王国的理查德·迪恩,并且点名让阿尔比马尔公爵乔治·蒙克担任因爱德华·波帕姆去世后空缺的职位。理查德·迪恩、阿尔比马尔公爵乔治·蒙克与罗伯特·布莱克组成委员会,作为最高海军上将掌管海上指挥事务。威廉·佩恩继续担任海军中将。但尼古拉·伯恩暂停服役,去管理哈里奇港海军工厂。尼古拉·伯恩的海上职位由因技巧和勇气而享有盛誉的建行约翰·劳森代替。据说,威廉·佩恩和尼古拉·伯恩可能曾担任理查德·迪恩、阿尔比马尔公爵乔治·蒙克和罗伯特·布莱克的海事公证人,被委任负责决定舰队的一般军事事务。

临近1653年2月中旬,英格兰和荷兰的全部海军兵力都沿海峡而下。马尔滕·特龙普在兰兹角等待荷兰护航队,而英格兰方面在等待马尔滕·特龙普返回东边并发动进攻。

1653年2月18日,双方舰队在距离波特兰大约十五英里的地方发现了彼此。那时,风从西边吹来且风力不大。马尔滕·特龙普带领八十到九十艘军舰,身后跟着一大队商船。英格兰方面有七十到八十艘军舰,背风向东而行,并且较分散。英格兰只有一小部分船聚在一起,接受海军上将罗伯特·布莱克和理查德·迪恩的直接指挥。大部分舰队都离东边有一段距离。对比之下,马尔滕·特龙普发现自己附近的一部分英格兰舰队实力较弱且孤立无援,于是立即决定向英格兰舰队发起进攻,这一决定既坚决又明智。罗伯特·布莱克和理查德·迪恩也没有退缩。下午早些时候,两军发生激烈交战,英格兰舰队的指挥略显粗糙。荷兰占领了三艘英格兰军舰,但没有能力将其带回。就在处于攻击之下的军舰被占领之际,背风向的剩余舰队整装待发。1653年2月18日4时许,英格兰的剩余舰队获得有利位置,能够抵挡荷兰战线并对马尔滕·特龙普展开两面夹击。为了避免这一危险情况,荷兰海军上将马尔滕·特龙普抢风航行,将舰队聚集在一起,并努力来到上风向,这足以证明当时双方舰队并没有打作一团,而是完全能够遵守信号,听从调遣。英格兰重新夺取了先前落入荷兰之手的三艘军舰,但第四艘军舰——"桑普森"号中弹严重且损失了很多士兵,包括"桑普森"号的舰长。于是,英格兰决定救回军舰上的幸存者后任由"桑普

波特兰之战

森"号沉入海底。晚间，英格兰忙于用较小的军舰上的船员填补较大的船上因人员伤亡而空缺的职位，以及修理损坏的索具。在夜里，双方舰队都向东航行并能看到对方的灯火，英格兰位于海峡的北侧，旁边是守卫商船的荷兰军舰，而商船及荷兰军舰航行在英格兰军舰与法兰西的海岸之间。

1653年2月19日清晨，浩浩荡荡的舰队经怀特岛离去。荷兰舰队组合起来比来自埃芬尼姆的萨福克伯爵托马斯·霍华德和梅迪纳·西多尼亚公爵阿隆索·佩雷斯·德古兹曼·索托马约尔的舰队组合起来的数量及吨位还要大。风为西北偏西风，英格兰占领上风位置。风很轻柔，而且英格兰联邦海军上将还未发动进攻，白天就要过去了。对手已掌握全部兵力，而马顿·特龙普只是保护着他的护航队。马尔滕·特龙普让商船先行，并将军舰排成半月形或钝角。马尔滕·特龙普的"布雷德罗德"号旗舰位于尖端，其他军舰呈两条斜线，延伸在马尔滕·特龙普旗舰的左右两侧。这样一来，若不打破荷兰军舰的战线，英格兰无论从西北方还是东南方都无法袭击商船。即使英格兰声称占领了几艘小船，也无法掩盖这一天因行动过晚而导致未能取得决定性结果的事实。人们不难相信，英格兰成功扰乱了荷兰的队形——一个很难维持的队形。而且从几位荷兰舰长在肯蒂什诺克附近的糟糕行为来看，有些舰长当时一定也有指挥不当的过错。荷兰议会没有坚定地按照科尔内留斯·威特·德·维斯的想法来绞死不服从命令的舰长。

第三日的战斗

"三日海战"的最后一天具有决定性的意义。1653年2月20日清晨，风力增大。英格兰舰队没有重载商船的拖累，能够轻而易举地打败对手。1653年2月20日9时，两军就开始近距离交战。双方舰队向多佛尔海峡的入口前进。英格兰要去往对手的北面，所以英格兰舰队转向，尽可能在荷兰舰队到格里斯-内兹角前赶到荷兰舰队前面，以切断荷兰舰队回国的道路。荷兰舰队没有也无

第三日的战斗

法为商船提供有效的保护。马尔滕·特龙普将船队组成战线，无比坚定和勇敢地履行自己的职责。但英格兰舰队还是突破了荷兰舰队的战线。这次的功劳属于率领先锋舰的海军中将威廉·佩恩。五十到六十艘荷兰商船落入了英格兰舰队的手中。加上军舰，英格兰舰队一共俘获了近七十艘船。但英格兰联邦没能实现主要目标，没能成功赶在荷兰船队之前到格里斯-内兹角。天黑前，马尔滕·特龙普的全部兵力乱作一团，抛锚停泊在加来路。马尔滕·特龙普在黑夜的掩护下，巧妙地利用退潮在海岸上造成的东北水流及日落后的浓雾和大风天气，带走了剩下的全部护航队。尽管英格兰舰队在1653年2月20日取得了成功，但荷兰商船的数量依然庞大。

　　这三天的战斗让英格兰联邦付出了沉重的代价。罗伯特·布莱克和理查德·迪恩都受了伤，舰长和水手损失都很惨重。胜利并没有想象中那么圆满，但至少让英格兰感到有一点高兴。这一战证明了英格兰无论是在指挥明智的情况下，还是在敌众我寡的情况下，都比敌方更胜一筹，而且英格兰有理由相信，如果尽全力与荷兰战斗，荷兰将会在海上无立足之地。当时，英格兰舰队位于海峡口，无法追上荷兰舰队。1653年2月21日黎明，荷兰舰队消失了。英格兰舰队发现海上已经没有人，而己方获得了大约六十艘船的战利品。英格兰舰队的桅杆和帆横杆都受损严重。风为西北风，英格兰舰队位于下风向。一阵狂风，甚至一阵稍强一点的微风都能将英格兰舰队吹到比较危险的地方。向英格兰的港口进发的决定既自然又合适。把战利品放到一个安全的地方，然后指望战利品带来更多的奖励是人的本性。马尔滕·特龙普有足够的时间将护航队带到危险的荷兰海岸浅滩，再追着马尔滕·特龙普不放也不会有什么收获。因此，将军们回到了圣海伦斯，并且在1653年2月23日抛锚停泊。英格兰向怀特岛的东面和西面都派出了中队，但荷兰舰队已经不在海上。

　　"三日海战"是英荷战争的转折点。在此之前，荷兰和英格兰平分秋色。但自从"三日海战"以后，英格兰舰队明显更占优势。英格兰舰队更加壮大了，大体上，船员的战斗力也变得更好了。战争的结果，决定了哪一方有能力在实际交战的那一瞬间占据上风。这次是英格兰拥有占据上风的能力，而非荷兰。因此，马尔滕·特龙普及其副将科尔内留斯·威特·德·维斯和米歇尔·德·勒伊特只能推迟最后灾难的到来，并假想着，就算荷兰战败，至少也要有尊严地战败。

整修舰队

最后决定性的一战到来之前，是暴风雨之前的宁静，双方都没有积极发动攻击。双方舰队都需要休养生息。如果说荷兰损失惨重，那英格兰联邦的很多军舰也是好不容易才拖着损伤严重的舰体摇摇晃晃地回到了普利茅斯。这些军舰也需要彻底整修。修复英格兰舰队，使其能够再次起航的过程也遇到了很多困难，并且起航多次被推迟。海军委员会需要克服很多阻碍才能整治好中队，从而继续投入战争。人员大量稀缺，不再有大量水手自愿加入军舰，强行征兵也很难实行。赫尔地方长官奥弗顿上校发现地方法官在履行职责时十分懈怠，一气之下便恐吓说要把地方法官派到海上充当水手。人们不愿意加入海军的原因由来已久。其中一个原因贯穿英格兰战争的全程。人们发现，在英格兰联邦的统治下，与军舰相比，海员们和在伊丽莎白一世统治时期一样，更青睐私掠船。罗伯特·布莱克在战争伊始便表达了对私掠船带来的竞争的抱怨。政府被迫对散兵游勇严加控制，一边限制向特定大小的船发放私掠许可证，一边授予军舰舰长强行征用私掠船水手的权利。另外，出于一些真实存在的不满，人们不愿意为国家效力。英格兰联邦在巨大的国库需求压力下，在发放薪资方面变得十分抠门。不仅官员和士兵的薪资受到拖欠，承包商的薪资发放得也十分缓慢。而且承包商倚仗国家债权人这一地位给予的权力，供应过期且质量低下的货物。1653年夏，约翰·泰勒向海军部汇报，查塔姆的船的船员拒绝做与运入和运出压仓物有关的任何工作。这些船员忙着装备船出海，给出的理由是国家发放的粮食和啤酒不足。约翰·泰勒不得不承认："他们提供了啤酒、面包和黄油，但质量比我在最惨淡的时候见到的都差。"啤酒特别肮脏，但酿造师抗议说自己无法酿造出更好的啤酒,因为每桶啤酒只能赚三先令六便士。士兵发现啤酒质量太差,宁愿去喝水。船员认为自己生病是因为食物质量不好,而且船员的想法很有可能是对的。

很多证人都能够证明船员的伤病状况很严重。因此,丹尼尔·惠斯勒医生被派往普利茅斯照顾罗伯特·布莱克,并讲述在"三日海战"中受伤后登陆普利茅斯的士兵糟糕的身体状况。普利茅斯没有医院。海军军官为受伤的士兵找到私人住宅的出租房前,受伤的士兵在街上待了好几个小时。士兵入住后,外科医生经常找不到士兵的住处且缺乏亚麻布、药物、健康食物和良好的护理。普

丹尼尔·惠斯勒

利茅斯的酒很烈，水很咸。房子里拥挤不堪，没人能够阻止士兵想要喝烈酒的欲望。四个月后，阿尔比马尔公爵乔治·蒙克在伊普斯威奇、阿尔德伯勒、绍斯沃尔德和邓尼奇发现的士兵的受伤情况也好不到哪里去。支付给居民用于供给士兵的付款不定期发放。有些居民跟水手们一样贫穷，还有一些残忍又贪婪。据说，居民们也对士兵感到厌烦了。阿尔比马尔公爵乔治·蒙克不得不自己冒险做出担保，募集资金，帮助躺在居民房屋里的、受伤的不幸水手们。

薪水和承诺

首先，这些不幸无疑是因为缺钱，但还可能只是因为缺少一个有能力处理空前规模的战争需求的组织。国务委员会努力满足士兵生活必需品的需求。1653年4月19日，奥利弗·克伦威尔解散长期议会后，国务委员会被横扫出局，随后，护国公委员会代替国务委员会继续努力满足士兵生活必需品的需求。因此，1652年12月，许多激励海员的建议书被提交并被接受。建议书分为三类。一类是关于生病和受伤的士兵的。士兵被承诺继续获得薪水，直到恢复健康，而且国家决定在迪尔建立一所综合医院。伦敦的一些医院已经完全用于救治生病和受伤的海员，英格兰其他地方的半数医院也是如此。另一类是1653年4月19日当天，"能够负责舵柄、指挥、桅盘和帆桁"的健康海员的工资从每月十九先令涨到了二十四先令。根据传统习惯，牧师和外科医生的工资减少了一先令。国家在给出这一实质性利益的同时，还慷慨地承诺未来会提供更加优厚的待遇。还有一类建议书关注战利品的分配。国家为自战争开始已经服役六个月及以上，并且自愿来年继续服役的每个士兵提供一个月的工资奖励。为消除"当前奖品分配方式造成的众多不满情绪"，规定对俘获的每艘军舰的每吨重量支付十先令，并且为每件军火支付六英镑十三先令四便士，"钱币应根据士兵在军舰上的职务及海上习俗按比例分配给士兵"。水手对自己可以拥有掠夺物的规定再同意不过了，也就是说，水手们有权立即将他们在作为战利品的军舰的炮台上找到的任何物品作为战利品占为己有。同时，每摧毁一艘敌方军舰，就会得到十英镑的奖励。如果政策能够得以公正地实行，那将会大大有助于让人们自愿加入海军。但正如前面所说，国务委员会和后来的护国公都长期缺少资金。这使他们没能兑现付款的承诺，并且将希望寄托在战利品委员会拥有的资金上。然而，政府已经很努力地去做到收支平衡，并且竭力扼杀海军行政部门中的偷窃行为。通过各种权宜之计和辛勤工作，政府设法在海上保有了强大的军舰并使军舰保持有效运作。

权威文献

对这一历史阶段来说，《威廉·佩恩传》价值非凡，可与杰勒德·勃兰特的《米歇尔·德·勒伊特传》媲美。海军上将菲利普·霍华德·科洛姆的《海军战争》从科学视角对战争做出了关键分析。英格兰联邦议会首先开始出版官方版事件文献，查理二世政府随即效仿。《威廉·佩恩传》对相关事件做了精彩的介绍。《国家文件日历》呈现了舰队发出的重要信函的完整内容，以及其他信函的大致内容。

第 8 章

第一次英荷战争下半场

　　1653年2月月底到1653年5月月底，是英格兰联邦海军和荷兰海军的休战期，英格兰联邦海军和荷兰海军的战场也从群岛海峡转移到北海。英格兰联邦海军十分清楚，击败荷兰海军最有效的方式，就是在荷兰共和国附近发动攻击。英格兰联邦海军已经修复了雅茅斯战役和哈里奇战役后受损的英格兰联邦海军基地。奥利弗·克伦威尔粗暴地解散长期议会后，第一次英荷战争仍在继续。1653年4月19日，亨利·文爵士慷慨激昂的演讲结束后，奥利弗·克伦威尔大发雷霆，声称自己终于受够了英格兰议会。随后，奥利弗·克伦威尔戴上帽子迅速离开，并命令托马斯·哈里森上校率领的火枪团将尊贵的议员赶到街上。奥利弗·克伦威尔解散长期议会的举动没有引发激烈反抗，一些英格兰联邦海军军官已经提前预料到长期议会即将解散。1653年4月22日，在斯皮特黑德停泊的"决心"号军舰上，英格兰联邦海军军官召集了一次会议。他们在会上起草了一份向奥利弗·克伦威尔表达忠心的宣言。毫无疑问，此时英格兰联邦海军已经做好迎接奥利弗·克伦威尔统治英格兰联邦的准备。上述宣言被呈至议会，具体内容如下：

　　尊敬的先生们，如今英格兰正经历剧变，在此紧急关头解散议
　　会实乃明智决定。英格兰联邦海军上将、指挥官和军官代表英格兰海

奥利弗·克伦威尔解散议会

士兵将议员赶到大街上

军舰队声明：在深入分析当下局势、竭力反省自身职责后，我们坚信基于国家使命，英格兰联邦海军将会继续竭尽全力抵抗外敌侵犯，不管侵犯者来自荷兰共和国还是其他国家。借助上帝的神力，我们将破釜沉舟、不负众望，一如既往地对抗外敌。我们希望诸位议员也能恪守职责、团结一致。要相信一切均是福泽大众的上帝的旨意。我们不过是上帝手下卑微的仆人，只有我们恪尽职守，上帝才会庇佑虔诚和谦卑的我们。让我们一同祈求上帝的恩典降临。

以上宣言被奥利弗·克伦威尔分发到英格兰联邦的其他海军基地。于是，英格兰联邦海军都知道以上宣言。因为正在岸上疗伤，所以罗伯特·布莱克没有在决议书上签名。然而，此时，罗伯特·布莱克依旧担任着英格兰联邦海军上将和总指挥。

护国公奥利弗·克伦威尔

1653年5月月底，英格兰联邦和荷兰共和国再次爆发战争。荷兰海军尽管于1653年2月刚遭遇重创，但仍然采取了先发制人的策略。一百多艘荷兰军舰驶往唐斯，对英格兰联邦海军位于多佛尔的堡垒发动攻击。在第一次英荷战争中，荷兰海军最后一次入侵英格兰海岸时，阿尔比马尔公爵乔治·蒙克和理查德·迪恩率领着一支英格兰联邦海军舰队在雅茅斯严阵以待。尽管罗伯特·布莱克的伤病尚未痊愈，但他依然再次担起指挥的重任。罗伯特·布莱克下令将七艘破败不堪的军舰送到泰晤士河的船厂整修。据说，此时马尔滕·特龙普正在海上巡航，但他的具体行踪成谜。负责运送补给的英格兰货船收到英格兰联邦海军发来的警告，要求他们保持警惕，因为荷兰海军上将马尔滕·特龙普率领的军舰正在北海出没。英格兰联邦海军派出若干艘小型军舰，四处搜寻马尔滕·特龙普。1653年5月28日，就在马尔滕·特龙普离开唐斯率军北上的那天，英格兰联邦海军接到马尔滕·特龙普对多佛尔发动猛烈攻击的消息。英格兰联邦海军将领们被打得措手不及，只能一路沿着英格兰海岸线航行到绍斯沃尔德湾。1653年5月31日，英格兰联邦海军舰队在邓尼奇停泊。邓尼奇曾是英格兰东部海岸沿线最繁华的贸易城镇，如今却仅剩残缺不全的砖墙和一座被废弃的教堂，丝毫不见往日的繁荣景象。英格兰联邦海军将领们在邓尼奇得到消息，马尔滕·特龙普曾在长沙洲附近出没。长沙洲从泰晤士河入海口延伸至奥福德角的浅滩终点。阿尔比马尔公爵乔治·蒙克和理查德·迪恩听闻后，立刻率军追赶马尔滕·特龙普。1653年6月2日，阿尔比马尔公爵乔治·蒙克和理查德·迪恩目睹马尔滕·特龙普乘坐的荷兰军舰在海面上露面。1653年6月1日，阿尔比马尔公爵乔治·蒙克和理查德·迪恩一直在等待罗伯特·布莱克率领整修完毕的七艘军舰加入追捕队伍。如此一来，英格兰军舰就可以增加至一百二十六艘。然而，罗伯特·布莱克尚未做好出发准备，而且当时海面上雾气朦胧、无法出行。到1653年6月2日，海雾才渐渐飘散，马尔滕·特龙普率领的军舰正位于背风向，英格兰联邦海军军舰凭借顺风优势迅速对荷兰海军展开追击。

马尔滕·特龙普知道自己手下的荷兰军舰实力不足，便采取了一种18世纪为法兰西海军广泛采用的独特作战方案。马尔滕·特龙普接受自己身处背风的不利事实，命令荷兰军舰朝斜后方撤退。如此一来，当英格兰联邦海军舰队顺风而下，马尔滕·特龙普所在的荷兰军舰就可以迅速接近英格兰联邦海军舰队的核心位置或尾部，发动近距离攻击。这样一来，英格兰联邦海军舰队的导航舰将会暴露在多艘荷兰军舰的火力范围内，英格兰联邦海军舰队也会面临整队瘫痪的危险。马尔滕·特龙普率领的荷兰海军舰队在深知敌强我弱的情况下，实施了这种更加谨慎的战术。马尔滕·特龙普采取的战术的绝妙之处在于，如果敌军的数艘导航舰严重受损，敌军指挥官就会产生畏惧心理、下令中止进攻。事实证明，在英格兰联邦海军上将们固守成规、坚持采用僵化的战斗阵形的情况下，马尔滕·特龙普的战术虽然不能令处于下风的荷兰海军反败为胜，但能避免惨败。

荷兰海军舰队的撤退

1653年6月2日下午,英格兰联邦海军舰队开始采取军事行动,主动向荷兰海军舰队施压。由约翰·劳森率领的英格兰联邦海军蓝色分队率先向米歇尔·德·勒伊特所在的荷兰军舰发起攻击。追求迂回战术的荷兰海军舰队出于畏惧心理不敢应战,一边火速撤离,一边炮轰紧随其后的英格兰军舰,企图毁坏英格兰军舰的桅杆。马尔滕·特龙普立刻前去支援米歇尔·德·勒伊特。马尔滕·特龙普命令自己的军舰调整方向,向英格兰联邦海军舰队靠拢以便随时开火。当英格兰联邦海军蓝色分队和其他英格兰军舰对荷兰海军舰队穷追不舍时,海上风向骤然转变为东风,两支海军的相对位置改变,荷兰海军舰队开始处在优势地位。英格兰蓝色海军分队自身难保,无暇顾及身后被荷兰军舰逐渐逼近的其他英格兰军舰。经验丰富的马尔滕·特龙普选择远离英格兰联邦海军舰队的主要力量,集中火力对付约翰·劳森的英格兰联邦海军蓝色分队。受到猛烈攻击的英格兰联邦海军蓝色分队得到了英格兰联邦海军红色分队和白色

1653年6月2日的战斗

分队的及时支援。不料风向再次转变，英格兰联邦海军舰队重拾优势。英格兰联邦海军舰队和荷兰海军舰队距离很近，荷兰海军舰队已无法避免卷入战斗。荷兰人慌忙向佛兰德斯海岸撤退，但很快被英格兰联邦海军舰队包围。战斗一直持续到1653年6月2日21点。如果英格兰联邦海军官员的描述准确，那么荷兰海军舰队的数艘军舰早已被烧毁或击沉。英格兰联邦海军舰队虽然遭受轻微损失，但与阿尔比马尔公爵乔治·蒙克一同率领"决心"号舰的理查德·迪恩不幸遇难。理查德·迪恩被荷兰海军军舰上的加农炮射发的炮弹击中身亡，鲜血溅了阿尔比马尔公爵乔治·蒙克一身。阿尔比马尔公爵乔治·蒙克虽然目睹了这一切，但依然保持着难得的冷静。为了避免"决心"号舰上的英格兰士兵看到理查德·迪恩面目全非的遗体后惊慌失措，也为了维持理查德·迪恩的尊严，阿尔比马尔公爵乔治·蒙克用身上的斗篷迅速盖住理查德·迪恩的遗体。

夜幕降临，交战双方都察觉到敦刻尔克近在眼前。荷兰人利用浅水舰的优势迅速靠岸，摆脱了英格兰军舰的追踪。随即，泰晤士河河口响起罗伯

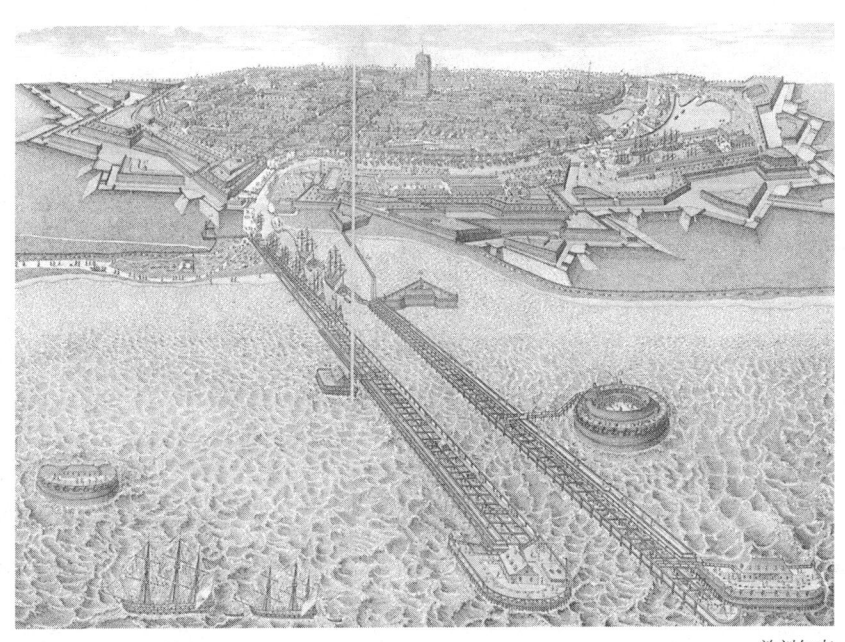

敦刻尔克

1653年6月3日的战斗

特·布莱克下令发射的炮火声。罗伯特·布莱克虽然重病缠身、身体虚弱,但仍全力协助海上战友。1653年6月3日下午,罗伯特·布莱克终于可以带领手下的英格兰军舰驶离泰晤士河。由于当时风力过于微弱,罗伯特·布莱克无法及时抵达战场。与此同时,微风也令英格兰联邦海军舰队和荷兰海军舰队被迫暂停军事行动。一直到1653年6月3日下午,独自指挥"决心"号的阿尔比马尔公爵乔治·蒙克才得以再度攻击荷兰军舰。1653年6月3日的战事的激烈程度比前一天减弱了一些。荷兰海军舰队深知自身力量羸弱,所以采取边撤退边应战的战术,尽可能地沿着佛兰德斯海岸的浅水区域撤离,前往荷兰共和国的港口寻求庇护。战斗即将结束时,罗伯特·布莱克终于赶到战场。但罗伯特·布莱克和阿尔比马尔公爵乔治·蒙克都未能制止马尔滕·特龙普率领荷兰军舰躲入瓦尔赫伦岛和大陆之间的封闭海域避难。

士气低下的荷兰海军舰队

英格兰联邦海军报告对荷兰海军舰队在第一次英荷战争中的损失的描述略显夸张。虽然英格兰联邦海军对其摧毁的荷兰军舰的数量估计过高,但荷兰海军舰队遭到了沉重的打击是不争的事实。荷兰海军舰队的失败并非因为管理失灵或时运不济,而是由于荷兰军舰质量低下。荷兰海军舰队中勇敢非凡、能力高超的海军指挥官们也充分意识到军舰的质量问题。马尔滕·特龙普告知荷兰议会,如果荷兰海军想要战胜英格兰联邦海军,就必须制造出高质量的军舰。向来直言不讳的科尔内留斯·德·威特声称,英格兰联邦海军是

科尔内留斯·德·威特

"荷兰海军和大海"的掌控者。战败后,荷兰共和国的贸易和捕鱼业面临毁灭性的损失,荷兰人元气大伤。上千名荷兰商人破产、捕鱼业百废待兴。须德海挤满因恐惧英格兰军舰而不敢继续航行的荷兰商船。与此同时,奥兰治-拿骚家族内部已经分崩离析。威廉二世去世后建立的寡头政府正面临着有史以来最严峻的考验。在国内外的双重压力下,荷兰共和国政府渴望尽快恢复和平。奥利弗·克伦威尔坚持让荷兰人接受英格兰议会提出的全部要求。已经承受巨大损失的荷兰人拒绝向英格兰人屈服,英格兰联邦的强硬态度也激起了荷兰人的爱国热情。宣称宁可战死也不屈服的荷兰人,决心为争夺制海权拼死一战。荷兰人开始竭力装备一支强大的海军舰队,甚至不惜为此暂停全部海上贸易活动。

英格兰人同样不愿过久维持现状,助长荷兰人的气焰。英格兰联邦海军舰队仍然驻守在荷兰海岸,目的是封锁荷兰的所有港口。食品和战事供给源源不断地从英格兰送到阿尔比马尔公爵乔治·蒙克手中。因为罗伯特·布莱克在战斗结束后彻底病倒,所以阿尔比马尔公爵乔治·蒙克不得不独自指挥英格兰联邦海军舰队。幸好有约翰·佩恩和约翰·劳森在旁协助,阿尔比马尔公爵乔治·蒙克才得以更好地履行职责。阿尔比马尔公爵乔治·蒙克虽然不是海员出身,但极富指挥才能和战斗精神,深知如何利用强悍而团结的英格兰联邦海军舰队精准打击荷兰海军舰队。到1653年7月月底,阿尔比马尔公爵乔治·蒙克率船穿越北海获取更多供给,再次巡航到位于北荷兰省、连接须德海与大陆首要通道的泰瑟尔岛。约有三十艘属于阿姆斯特丹分队的荷兰军舰此时正在泰瑟尔岛停泊。马尔滕·特龙普率领着八十艘军舰驻扎在位于瓦尔赫伦岛和内陆中间位置的弗拉兴。马尔滕·特龙普计划将以上两支荷兰海军舰队整合起来,以求在军舰数量上险胜英格兰联邦海军舰队。阿尔比马尔公爵乔治·蒙克的目标是阻止马尔滕·特龙普成功整合荷兰海军舰队。如有可能,阿尔比马尔公爵乔治·蒙克还会在两支荷兰海军舰队会合时择机将荷兰海军舰队一举摧毁。由此可见,在第一次英荷战争的收官之战中,英格兰联邦海军舰队和荷兰海军舰队均是悉心策划，谨慎出击。马尔滕·特龙普凭借超乎寻常的魄力和指挥才能在战事初期略胜一筹。1653年7月26日，若干艘荷兰海军军舰在英格兰联邦海军舰队停泊处以南地区露面，随后在泰瑟尔岛外围区域出没。1653年7月28日，阿尔比马尔公爵乔治·蒙克开始追捕荷兰军舰，很快锁定了荷兰海军军舰的具体位置。当时西风肆虐，英格兰联邦海军无法大规模出动。1653年7月29日，荷兰人仍然在英格兰联邦海军舰队驻地以南持续出没，一旦英格兰人靠近，荷兰人就迅速撤退。阿尔比马尔公爵乔治·蒙克率领英格兰联邦海军舰队步步紧逼，命令轻便灵活的高性能英格兰军舰在前方带队。英格兰联邦海军舰队的领航舰在瞄准荷兰海军舰队的末端舰后发动猛烈攻击。高性能的英格兰联邦海军舰队领航舰火力全开，迫使马尔滕·特龙普率军舰掉头援助被攻击的荷兰军舰。1653年7月29日当晚，英格兰联邦海军舰队和荷兰海军舰队在坎珀当附近停泊。这场战役的决定性时刻即将到来。英格兰联邦海军舰队意图借助风力战斗，并且因为荷兰海军军舰靠岸的速度更快，所以英格兰联邦海军舰队选择在比荷兰海军舰队稍远一些的地点停泊。两支舰队最终停泊完毕，荷兰人的军舰距离大陆更近，而英格兰人停泊的地点比原定计划略微偏南。在1653年7月29日夜晚和7月30日白天，海上一直刮着西北风。狂风的威力太大，导致双方军舰的上桅帆几乎升不起来。由于双方军舰都处在下风岸，军舰之间很难保持安全距离，移动时难免撞上附近的军舰。1653年7月30日下午，荷兰海军阿姆斯特丹舰队与马尔滕·特龙普率领的舰队成功会合，极大地增强了荷兰海军舰队的实力。迄今为止，马尔滕·特龙普已经实现了预期目标，其高超的指挥水平着实名不虚传。1653年7月31日清晨，英格兰联邦海军舰队和荷兰海军舰队都已驶离岸边。海上依旧刮着西北风，荷兰海军舰队占据着风向优势。英格兰联邦海军舰队和荷兰海军舰队一大早就陷入交战状态，拼杀程度远比此前的任何一场战役都激烈，因为双方都知道，这将是至关重要的最后战役。阿尔比马尔公爵乔治·蒙克拿定主意要与荷兰海军舰队决一死战，他选择主动出击并成功打乱了荷兰海军舰队的阵脚。

最后的战役

1653年7月31日6点，英格兰联邦海军舰队和荷兰海军舰队正式开战。双方朝着西南方向行进。英格兰联邦海军舰队稍稍领先，荷兰海军舰队位于英格兰联邦海军舰队北侧。阿尔比马尔公爵乔治·蒙克通过命令英格兰军舰改变航向，将交战双方原本处于平行的相对位置调整成交叉状态。这样一来，大部分荷兰军舰处在英格兰联邦海军舰队阵形的最前面，原本排在最后的荷兰海军军舰被英格兰联邦海军军舰分隔开来。根据当时英格兰人的描述，"我们的队伍横穿荷兰共和国的整支舰队，并将荷兰海军舰队分隔开来"。马尔滕·特龙普决心守住风向优势。发现阿尔比马尔公爵乔治·蒙克的行动意图后，马尔滕·特龙普被迫调整了荷兰海军舰队的行进方向。随后，阿尔比马尔公爵乔治·蒙克下令要求英格兰联邦海军舰队也调整方向。交战双方都谨慎地改变了三次航向。在第二次调整航向的时候，荷兰军舰与英格兰军舰几乎擦肩而过，双方交火激烈。英格兰联邦海军舰队损失惨烈，荷兰海军舰队将火力集中在破坏英格兰联邦海军军舰的桅杆上。六名英格兰联邦海军舰长遇难，一名英格兰联邦海军舰长身负重伤，大量英格兰士兵阵亡。英格兰联邦海军舰队伤亡惨重的原因在于在风向上荷兰海军舰队更占优势，英格兰联邦海军派出的火攻船近乎失灵。此外，此次战役中，荷兰海军使用了极具破坏力的新型武器。事实证明，装备精良、指挥得当的荷兰海军实力不容小觑。英格兰联邦海军舰队派出的火攻船很容易被行进中的荷兰军舰躲开，还会被荷兰海军舰队拖走并转移到背风面任其燃烧殆尽。如此一来，英格兰舰队就无法对荷兰海军舰队造成任何威胁。

马尔滕·特龙普之死

很难想象各自拥有超过一百艘军舰的英格兰联邦海军舰队和荷兰海军舰

1653年7月31日的战斗

队能够在变更航向时维持队形。1783年4月12日,在与法兰西海军舰队作战时,英格兰海军上将乔治·布里奇斯·罗德尼曾命令英格兰军舰打乱法兰西海军的队形。在第一次英荷战争的收官战役中,英格兰军舰和荷兰军舰沿着荷兰海岸线排成了三个大型的"之"字,从滨海埃赫蒙德一直延伸到马斯河入海口,约五十英里长。荷兰海军舰队没有显示出丝毫畏惧。英格兰联邦海军舰队竭尽全力抵抗荷兰海军舰队的进攻。走投无路的英格兰联邦海军舰队将军舰锁在一起,以此驱赶不断登上英格兰军舰甲板的荷兰士兵。1653年7月31日15点,英格兰联邦海军舰队开始占据上风。马尔滕·特龙普周围的荷兰军舰受到英格兰联邦海军舰队的猛烈攻击,大多受损严重、无力还击,只能竭尽全力逃往戈里和马斯河。处在下风向的英格兰联邦海军舰队恰好在荷兰军舰的逃亡路径上,堵住了荷兰军舰。荷兰海军舰队被迫朝东北方向的泰瑟尔岛行进。纷纷逃窜出几

一艘被击中的荷兰军舰

马尔滕·特龙普被一颗子弹击中心脏

英里的荷兰人全然不顾身后一片狼藉,荷兰海军上将马尔滕·特龙普的遗体还留在荷兰军舰的残骸里。马尔滕·特龙普被一颗火枪子弹击中心脏,没有经受过多痛苦就光荣阵亡。为了争取赢得胜利,马尔滕·特龙普毫无保留地为荷兰共和国奉献了谋略和勇气。马尔滕·特龙普的失败只能归因于战争中采取错误策略的奥兰治-拿骚家族的亲王们,以及在萧条经济背景下向荷兰海军提供低劣军舰的寡头商人。当一个英格兰人了解到,要战胜马尔滕·特龙普这位最著名的荷兰海军军官不仅需要无畏的勇气,更需要深思熟虑的计谋时,他就会对赢得胜利的英格兰联邦海军肃然起敬。

英格兰联邦海军舰队没能从击败荷兰人的战斗中得到任何奖励,自身也遭受了巨大损失。但战役的胜利具有关键意义。不久后,荷兰共和国再次提出和解,奥利弗·克伦威尔意识到自己不能继续坚持苛刻的要求,英格兰和荷兰两国在几个月后终于达成和平协定。

尽管北海和英吉利海峡附近战事连连，但波罗的海的入口和地中海附近只发生过几次小规模冲突。在英格兰海军史上，第一次冲突发生在波罗的海。这次冲突称不上大事，甚至小到不值一提。但第一次冲突暴露出英格兰联邦政府参与海战时存在的弊端。制造军舰需要的沥青和焦油、麻质绳索、制造圆材和铺板需要的松木及橡木等材料，主要从斯堪的纳维亚和俄罗斯进口。随后，美洲种植园也与波罗的海国家展开贸易竞争。但17世纪中期时，造船用的原材料只能从北欧国家获得，一旦北欧国家出于敌意切断材料供应，组建舰队出海就成了一桩难事。意识到自己掌握着组建舰队的重要命脉的北欧国家有时会摆出一副盛气凌人的态度。在第一次英荷战争中，丹麦王室曾公开挑衅英格兰联邦，希望与荷兰共和国维持友好关系，怀疑英格兰联邦有争夺海上霸权的野心。如果荷兰共和国赢得第一次英荷战争的胜利，必然会要求丹麦王室制裁英格兰联邦。1652年秋天，为讨好荷兰人，丹麦王室找借口逮捕了一个驻扎在埃尔西诺的英格兰特使。英格兰联邦派出十八艘军舰前往丹麦，向丹麦王室施压，要求释放英格兰特使。英格兰海军舰队半路上被一阵突如其来的狂风吹散后无功而返。丹麦王室和英格兰联邦政府开启了漫长又激烈的协商。此时，丹麦王室虽然尚未与英格兰联邦政府爆发直接冲突，但已经意识到，英格兰联邦比荷兰共和国的态度更加强硬。

来航的英格兰人

在第一次英荷战争中，地中海海域曾发生过一些有趣又特别的事件。1652年年初，威廉·佩恩离开地中海。威廉·佩恩的职务由理查德·巴德利舰长接任。理查德·巴德利舰长奉命率领一支英格兰联邦海军舰队前往地中海护送英格兰商船，使其免遭莱茵的鲁珀特亲王和法兰西人攻击。英格兰人在地中海地区的主要贸易中心位于黎凡特、威尼斯和来航。土耳其贸易公司在士麦那和伊斯肯德伦也设有工厂。第一次英荷战争爆发后，六艘英格兰军舰开始常驻地

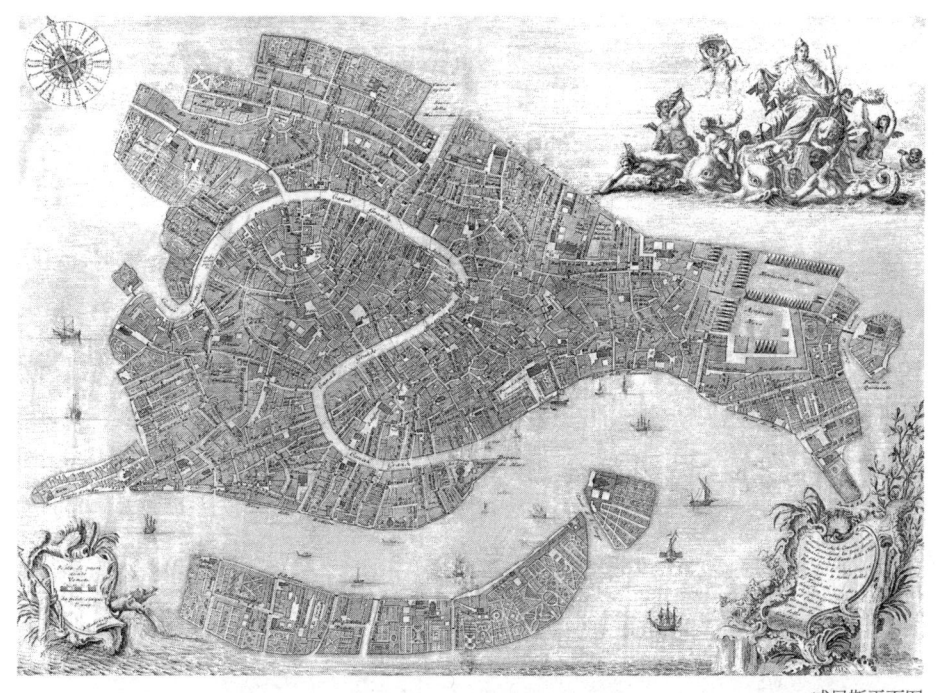

威尼斯平面图

中海地区。六艘英格兰军舰的功能不再局限于护送地中海各港口出发的商船顺利通过英吉利海峡。理查德·巴德利舰长率领三艘军舰在伊斯肯德伦停泊。亨利·阿普尔顿舰长率领两艘英格兰军舰驻扎在来航。英格兰军舰"永恒的沃里克"号停靠在热那亚。当时,"永恒的沃里克"号已经开始腐烂,正在修理。按照原定计划,亨利·阿普尔顿舰长本应在返回英格兰前与理查德·巴德利舰长会合。但第一次英荷战争的突然爆发打乱了理查德·巴德利舰长的计划。一支荷兰海军舰队出现在地中海地区。这支荷兰海军舰队军舰尽管尺寸都较小,但在数量上完胜英格兰联邦海军舰队。荷兰海军舰队正是利用军舰的数量优势摧毁了英格兰的海上贸易。1652年6月,地中海地区爆发战争。由于种种原因,直到1652年6月月底或7月,战争爆发的消息才传到意大利。位于地中海西部和亨利·阿普尔顿舰长所在地区附近的荷兰海军军舰共十四艘。由于荷兰海军舰队人多势众,亨利·阿普尔顿舰长只能向中立港口寻求保护。当时,来航处

托斯卡纳大公费迪南多二世

于托斯卡纳大公费迪南多二世的控制下。亨利·阿普尔顿舰长只能向托斯卡纳大公费迪南多二世请求庇佑。托斯卡纳大公费迪南多二世不愿答应亨利·阿普尔顿舰长的请求。此前，亨利·阿普尔顿舰长为了讨好托斯卡纳大公费迪南多二世，在来航港外截获了一艘法兰西商船作为礼物送给托斯卡纳大公费迪南多二世，反倒为托斯卡纳大公费迪南多二世惹来不少麻烦。在一场规模浩大的海战中，任何中立国家都难逃尴尬的处境。参战双方要么利用中立国家的港口作为避难所，要么在中立国家的海域里追捕对手。足智多谋的国际律师们创造出许多巧立名目的条例，规范参战双方和中立国家的行为。不幸的是，除非迫不得已，任何国家都不愿遵守国际法。在国际纠纷中受到伤害的往往是弱国，它们没有能力制裁破坏国际法的强国。夹在强国和弱国之间的中立国经常陷入进退两难的境地，常常被弱国指责没有提供足够的保护。此外，中立国家往往很难分辨参战双方谁的实力更胜一筹。亨利·阿普尔顿舰长带着掠夺的法兰西商船抵达来航时，为托斯卡纳大公费迪南多二世带来许多困扰。英格兰或许此时略占上风，但法兰西人一定会因为英格兰人寻求帮助的举动对托斯卡纳大公费迪南多二世实施报复。当亨利·阿普尔顿舰长前来寻求庇佑时，托斯卡纳大公费迪南多二世无法分辨英格兰联邦和荷兰共和国谁的实力更强。托斯卡纳大公费迪南多二世竭力在两个剑拔弩张、争取海权的大国间维持平衡。托斯卡纳大公费迪南多二世向英格兰人保证，如果荷兰人进入来航港，他将为英格兰联邦海军舰队提供保护，但在来航以外的海域他无能为力，因为他手下没有任何海军。为了让英格兰人安心，托斯卡纳大公费迪南多二世允许英格兰商船进入来航卸货，还让当地强大的家族势力保护英格兰人。亨利·阿普尔顿舰长当时试图取得来航港内停泊的英格兰商船的支持，打算等手下军舰实力足够强大后再与荷兰人开战。英格兰商船上基本都配有火枪，船员队伍庞大。然而，怯懦的英格兰商人不敢向亨利·阿普尔顿舰长提供任何形式的帮助，声称他们没有收到来自英格兰联邦要求提供援助的命令。英格兰商人害怕自己的商船在与荷兰人的战事中得不到任何保障。1652年夏天和秋天，亨利·阿普尔顿舰长和驻佛罗伦萨的英格兰联邦代表查尔斯·朗兰争取来航和威尼斯的英格兰商船支持的全部努力均以失败告终。

理查德·巴德利舰长的失败

　　向英格兰商船寻求援助的希望最终破灭。亨利·阿普尔顿舰长只能等待理查德·巴德利舰长率领其他英格兰舰队前来救援。亨利·阿普尔顿舰长希望手下的英格兰联邦海军舰队在理查德·巴德利舰长加入后实力大增，从而更

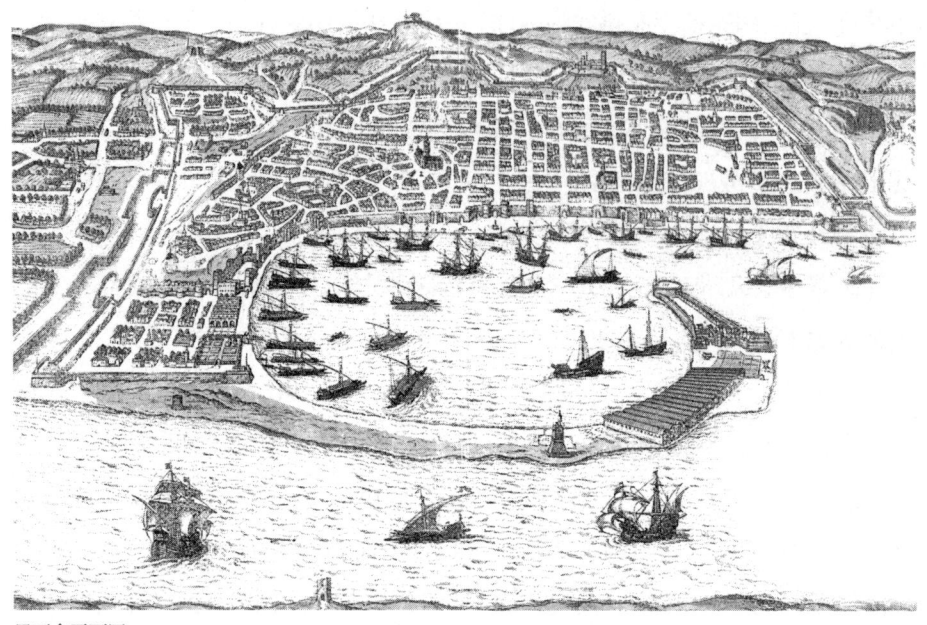

墨西拿平面图

有把握地对付荷兰海军舰队。鉴于理查德·巴德利舰长在路上极有可能被荷兰海军舰队的封锁军舰围堵,为了降低风险,亨利·阿普尔顿舰长派出欧文·考克斯舰长前去提醒理查德·巴德利舰长潜在的风险。通常来说,从黎凡特出发的英格兰联邦海军护航队会首先前往赞特接上当地停泊的英格兰商船,随后依次抵达墨西拿和那不勒斯,与两地的英格兰商船汇合,沿着意大利海岸线一路直上,到达来航后穿过英吉利海峡。欧文·考克斯舰长在伊奥尼亚群岛最南端的赞特找到理查德·巴德利舰长。理查德·巴德利舰长正在等待从士麦那和塞浦路斯出发的英格兰商船。收到亨利·阿普尔顿舰长的提醒后,理查德·巴德利舰长绕过墨西拿和那不勒斯,选择直线航行,但仍未能避开灾祸。负责封堵的荷兰海军舰队刚刚更换了指挥官。约翰·范·盖伦是新一任指挥官。当理查德·巴德利舰长率领的英格兰联邦海军护航队抵达埃尔巴和科西嘉岛附近的岛屿时,约翰·范·盖伦发现了他的行踪。约翰·范·盖伦命令手下的四艘荷兰军舰留下来继续监视亨利·阿普尔顿舰长,自己带领其余十一艘荷兰军舰开始攻击理查德·巴德利舰长。1652年8月27日,约翰·范·盖伦下令攻击理查德·巴德利舰长率领的英格兰联邦海军护航队。理查德·巴德利舰长率领的英格兰联邦海军护航队共由八艘船组成,其中仅有三艘是军舰,余下的五艘是商船。商船虽然全副武装,但作战时仅能应付一艘小型私掠船或阿尔及尔海盗船,对军舰毫无招架之力。荷兰军舰体形较小,而理查德·巴德利舰长在的军舰"模范"号比任何一艘荷兰军舰都重。如果土耳其公司的商船足够勇猛,英格兰联邦海军护航队兴许可以与荷兰海军舰队一战。事实上,土耳其公司商船没有给予理查德·巴德利舰长足够的支持,另外两艘英格兰军舰同样无能为力。1652年8月27日下午,荷兰海军舰队对英格兰联邦海军舰队实施远距离攻击:1652

约翰·范·盖伦

年8月28日上午，交战双方火力全开。为了保护英格兰联邦海军护航队，理查德·巴德利舰长所在的"模范"号不得不与荷兰海军舰队拼死搏斗。最终"模范"号被火炮攻击得千疮百孔，约有八十一名船员伤亡。这令总人数不过三百多人的英格兰联邦海军护航队元气大伤。与此同时，土耳其公司下属的商船没有参与战斗，其余的两艘英格兰军舰更是如此，其中一艘英格兰联邦海军军舰"凤凰"号被荷兰海军舰队俘虏。假如理查德·巴德利舰长所言不虚，英格兰联邦海军护航队的失败主要是因为他的渎职和下属操作失误。"凤凰"号上的三十名船员逃生到"模范"号，引起"模范"号船员的极度恐慌。理查德·巴德利舰长一度认为自己的军舰即将失控。幸运的是，"模范"号上的慌乱很快平息。随后，理查德·巴德利舰长趁着风向改变带领手下的五艘商船和一艘军舰向阿祖罗港进发。

阿祖罗港的统治者为理查德·巴德利舰长提供了保护。即使后来荷兰人企图通过重金贿赂阿祖罗港的统治者掠夺停泊在此处的英格兰联邦海军军舰，阿祖罗港的统治者仍然不为所动。理查德·巴德利舰长侥幸死里逃生，但两支英格兰联邦海军舰队被荷兰海军舰队封锁。约翰·范·盖伦的实力进一步加强，可以同时监视被困在来航的亨利·阿普尔顿舰长和阿祖罗港的理查德·巴德利舰长。接到上级命令后，1652年年底和1653年年初，理查德·巴德利舰长试图与查尔斯·朗兰合作，增强手下英格兰联邦海军护航队的军事实力，以期重组两支舰队并再次反击荷兰海军军舰。但理查德·巴德利舰长最终没能实现目标，因为他和查尔斯·朗兰的舰队急需资金支持，土耳其公司的商船又过于怯懦。荷兰人始终对理查德·巴德利舰长保持高度警惕，英格兰联邦海军护航队无计可施。随后荷兰人放松了对阿祖罗港的守卫，理查德·巴德利舰长得以在来航和阿祖罗港之间往来。理查德·巴德利舰长此前率领的军舰"永恒的沃里克"号也进入来航港停泊。"永恒的沃里克"号受损十分严重，无法再度出航。1653年在英格兰联邦海军舰队无谓的挣扎中转瞬而过。罗伯特·布莱克在邓杰内斯角战败的消息传到意大利后，托斯卡纳大公费迪南多二世对英格兰联邦海军舰队的态度变得更加冷漠。一大批在外流亡的英格兰保皇派不遗余力地追杀英格兰议会派官员。荷兰人也付诸外交手段，一个声称被"查理二世"派来的使节及时出现，表露了对荷兰人外交立场的支持。

俘获"凤凰"号

与此同时，被困在来航的英格兰人正处于水深火热中。荷兰人大张旗鼓地改造俘获的英格兰联邦海军军舰"凤凰"号，改造完成后，由科内利斯·特龙普[①]担任"凤凰"号军舰的新任舰长。英格兰人，尤其是欧文·考克斯舰长看到改装后的"凤凰"号军舰时，心中难免酸楚。由于"乘风破浪"号军舰舰长在战争中不幸遇难，欧文·考克斯舰长接任了"乘风破浪"号舰长的职位。欧文·考克斯舰长计划从荷兰人手中夺回"凤凰"号军舰。但亨利·阿普尔顿舰长害怕欧文·考克斯舰长的行动将会冒犯托斯卡纳大公费迪南多二世，对欧文·考克斯舰长的计划十分震惊，甚至下令逮捕欧文·考克斯舰长。理查德·巴德利舰长在关键时刻解救了欧文·考克斯舰长，让欧文·考克斯舰长继续谋划夺回"凤凰"号的相关行动。理查德·巴德利舰长为夺回"凤凰"号的计划赋予了简明易懂的正当理由，理查德·巴德利舰长解释道："如果互为仇敌的两人进入第三人的房子并向第三人承诺他们绝不会制造骚乱，他们自然会遵守自己许下的诺言。然而，如果其中一个偷了另一个的宝剑，被偷窃的人有权夺回自己的武器。如今荷兰人偷走了我们的利器——'凤凰'号军舰，托斯卡纳大公费迪南多二世不能质疑我们夺回'凤凰'号军舰的行为。"但在夺回"凤凰"号军舰之前，理查德·巴德利舰长对托斯卡纳大公费迪南多二世是否会被自己说服没有十足的把握。虽然理查德·巴德利舰长的理由听起来十分充分，但英格兰人认为最好还是采取先斩后奏的方式将"凤凰"号军舰夺到手。理查德·巴德

[①] 著名荷兰海军上将马尔滕·特龙普的儿子。——原注

利舰长等人决定尽可能静悄悄地采取行动。基于对国际法的理解,英格兰人认为在中立海域采取行动更合法,而且必须在几个小时内结束行动,行动过程中不得鸣枪放炮,以免惊扰酣睡中的当地居民。

理查德·巴德利舰长的夺船计划实施得非常顺利。科内利斯·特龙普对英格兰人的骚扰开始变本加厉。1652年11月中旬,科内利斯·特龙普出海巡航,几天后带着掠夺来的战利品返程。为了羞辱英格兰联邦海军,科内利斯·特龙普将英格兰联邦海军的军旗拴在军舰尾部任其在海水中漂荡。1652年11月20日晚,科内利斯·特龙普对英格兰联邦海军的粗鲁举动最终遭到惩罚。三艘英格兰联邦海军军舰的官兵在亨利·阿普尔顿舰长的领航船"猎豹"号上举行聚

科内利斯·特龙普

会，其中包括欧文·考克斯舰长带领的十四名手下、"猎豹"号的副官扬带领的三十三名手下，以及"乘风破浪"号的副官林恩带领的三十三名手下。一番深思熟虑后，英格兰人选择在圣安德鲁斯日，即1652年11月30日前夜采取行动。荷兰海军舰队的官兵们通常会在欢庆宴会上喝得酩酊大醉。理查德·巴德利舰长得到消息，为了讨好意大利人，荷兰海军舰长们特意要求在晚餐前听天主教修士布道。理查德·巴德利舰长应景地念了一段祷告词："跟随我吧，你们将成为我的使徒。你们残忍杀害'凤凰'号上数百名英格兰联邦海军官兵的滔天罪行最终会受到上帝的严厉审判。""猎豹"号上的聚会结束之后，三艘英格兰军舰悄悄离开，消失在夜色中。直到"晨星闪烁"时，三艘英格兰军舰才聚集到被荷兰海军舰队掠夺的"凤凰"号附近。"凤凰"号很快就重新被英格兰联邦海军舰队控制。此时，大部分荷兰海军舰队官兵都在岸上喝酒狂欢，留在"凤凰"号上的官兵也已经醉得不省人事。英格兰联邦海军官兵们登船后，破舱门而入。科内利斯·特龙普刚结束完一场狂欢宴会。他在抓捕行动中狡猾地从军舰尾部跳入海里，企图游向另外一艘荷兰军舰。即使科内利斯·特龙普跳船动作足够迅速，一名英格兰联邦海军士兵还是在他落水前将一柄弯刀丢给科内利斯·特龙普，要求他解开系在荷兰海军军舰尾部的英格兰联邦海军舰队军旗。欧文·考克斯舰长在登上甲板后立刻砍断缆绳，乘坐"凤凰"号军舰离开。在夺船过程中，"凤凰"号军舰上一度陷入混战。"猎豹"号的上尉被荷兰人杀害，但英格兰人最终还是控制住了局面。如果不是提前答应托斯卡纳大公费迪南多二世不会使用任何火枪武器，英格兰人会更加迅速地制服"凤凰"号上的荷兰海军官兵。几艘荷兰海军军舰追了上来，但它们并未竭尽全力。"凤凰"号最后还是逃脱了荷兰军舰的追踪。欧文·考克斯舰长指挥着"凤凰"号向那不勒斯行进。

被驱逐的英格兰人

成功夺回"凤凰"号军舰令来航和阿祖罗港的英格兰人欣喜若狂，但他们很快产生了新的忧虑。托斯卡纳大公费迪南多二世听到英格兰人抢夺"凤凰"号军舰的故事后捧腹大笑,愤怒的荷兰人很快开始向托斯卡纳大公费迪南多二世施加压力。托斯卡纳大公费迪南多二世找借口将亨利·阿普尔顿舰长关进比萨监狱,随后又将亨利·阿普尔顿舰长移送给驻扎在阿祖罗港的理查德·巴德利舰长。为了给托斯卡纳大公费迪南多二世一个交代,英格兰联邦海军在军事法庭上宣布撤销亨利·阿普尔顿舰长的职务并判刑,理由是亨利·阿普尔顿舰长曾经收留过一个从托斯卡纳大公费迪南多二世管辖下的莫莱监狱逃走的犯人。托斯卡纳大公费迪南多二世对判决结果很满意,甚至要求由自己负责监禁亨利·阿普尔顿舰长。然而,托斯卡纳大公费迪南多二世开始厌烦英格兰人,尤其在英格兰人不断为他制造麻烦的情况下。此时正值第一次英荷战争的高潮,理查德·巴德利舰长请求增援英格兰联邦海军舰队,但没能得到及时回复。托斯卡纳大公费迪南多二世在一番深思熟虑之后发现自己最好还是和荷兰人保持友好关系。于是,托斯卡纳大公费迪南多二世开始向英格兰人施压,要求英格兰人交回"凤凰"号或撤军离开。1653年3月,理查德·巴德利舰长下定决心率领英格兰联邦海军护航队离开。托斯卡纳大公费迪南多二世态度的转变是促使理查德·巴德利舰长离开的重要原因。理查德·巴德利舰长命令亨利·阿普尔顿舰长装备好手下的两艘军舰和四艘英格兰商船在莫莱等待会合。荷兰海军舰队加强了对阿祖罗港和来航的封锁。理查德·巴德利舰长的计划是自己先在港口露面,随后将船驾驶到周边海域,入夜后,亨利·阿普尔顿舰长趁机偷偷溜走。但亨利·阿普尔顿舰长并未按照理查德·巴德利舰长的原定计划行动。理查德·巴德利舰长对此给出的解释是,自己严格规定在莫莱停泊的英格兰联邦海军军舰不能随意露面,除非它们发现理查德·巴德利舰长正与荷兰人发生冲突。理查德·巴德利舰长抱怨说,懒散的亨利·阿普尔顿舰长及其手下破坏了原定计划。事实上,亨利·阿普尔顿舰长等人在白天驾船离开莫莱的举动已经引起荷兰海军舰队的注意。理查德·巴德利舰长认为亨利·阿普尔顿舰长的失误是造成后续灾难的主要原因。当亨利·阿普尔顿舰长等人顺风驶离莫莱时,荷兰海军舰队早已严阵以待,从阿祖罗港前来援助的英格兰联邦海军军舰陆续到位。荷兰海军舰队不会放过将英格兰联邦海军舰队一网打尽的绝佳机会。由于理查德·巴德利舰长率领的英格兰联邦海军护航队距离较远且处在下风向,荷兰海军舰队先对亨利·阿普尔顿舰长和英格兰联邦海军舰队发动猛烈攻击。如果荷兰海军舰队选择率先攻击理查德·巴德利舰长,也许英格兰联邦海军舰队还有一线生机。但亨利·阿普尔顿舰长率领的两艘军舰和四艘英格兰武装商船远远不是荷兰海军舰队的对手。理查德·巴德利舰长宣称他无法为亨利·阿普尔顿舰长提供任何有效援助,英格兰议会接受了他的说法。"猎豹"号军舰尚能在战争中坚持一会儿,其他英格兰联邦海军军舰和商船根本无法抵御荷兰海军舰队的猛烈攻势。

亨利·阿普尔顿舰长等人在来航被捕后,理查德·巴德利舰长无法继续在意大利北部停留,理查德·巴德利舰长于是先抵达那不勒斯,随后前行到英吉利海峡。理查德·巴德利舰长本应率领英格兰联邦海军护卫队继续航行,但他的手下早已筋疲力尽,强烈要求返回英格兰。理查德·巴德利舰长对意志坚决的手下们束手无策,无论是试图唤起手下的爱国主义热情,还是以英格兰议会近期颁布的第十一条战时规定恐吓他们,均以失败告终。无论理查德·巴德利舰长采取何种手段,手下们都高喊着"回家!回家"。最终,理查德·巴德利舰长只能顺从手下的意见,允许他们返回英格兰。理查德·巴德利舰长的手下在返回查塔姆后表现出的狂喜引发了英格兰国内的诸多非议。负责为理查德·巴德利舰长的手下发放薪水的海军委员会委员苦不堪言。不过,随后海军委员会报复了理查德·巴德利舰长的手下,命令他们在领取完薪水后再次出海,参加英格兰联邦海军舰队在1653年6月和7月的决定性战役。

亨利·阿普尔顿舰长和理查德·巴德利舰长

理查德·巴德利舰长回到英格兰后,英格兰联邦与托斯卡纳大公费迪南多二世爆发了外交矛盾。在此之前，英格兰联邦海军舰队内部也起了龃龉，演变成英格兰海军史上的早期争端。自认为被顶头上司理查德·巴德利舰长抛弃的亨利·阿普尔顿舰长在呈给奥利弗·克伦威尔的一本册子中，公开指责理查德·巴德利舰长背信弃义、临阵逃脱。亨利·阿普尔顿舰长对理查德·巴德利舰长的控告得到了手下的证词支持。理查德·巴德利舰长随后专门撰写了一本书，书中给亨利·阿普尔顿舰长扣上了无能、以下犯上和道德低下的帽子。双方各执一词，愤怒异常，向读者们展现了脾气火爆的英格兰联邦海军军官不择手段、相互辱骂的讽刺场面。现在看来，如果亨利·阿普尔顿舰长能够更加警觉和机敏，其实可以为理查德·巴德利舰长提供更加有效的协助。因此，奥利弗·克伦威尔下令，撤去亨利·阿普尔顿为英格兰联邦海军舰队舰长的职务。由于亨利·阿普尔顿舰长和理查德·巴德利舰长双方都怒不可遏、血口喷人，我们无法偏信任何一方。

权威文献

到目前为止，我读过有关1653年海战和来航战役最贴切的描述，出自1653年英格兰过渡时期的《国家文件汇编》中的几封信，除了前几章提到的权威文献，本章的构思主要来源于这几封信。

第 9 章

护国公时期

奥利弗·克伦威尔是一个篡位者，严格意义上说，是一个暴君。从根本上来说，奥利弗·克伦威尔尽管的确是用武力而不是法律来统治着当时的英格兰，但并不是故意残忍地使用他的权力。虽然奥利弗·克伦威尔是一个篡位者和暴君，但他的目的绝不是为了放纵自己的激情。从奥利弗·克伦威尔的欲望、野心，甚至偏见来看，奥利弗·克伦威尔就是个十足的英格兰人。颠覆正规政府之后，奥利弗·克伦威尔想要对国家进行补偿，这种补偿的形式是扩大国家的威望和促进利益的发展。这种补偿形式有可能也影响了奥利弗·克伦威尔制定的外交政策。奥利弗·克伦威尔走的道路与他先向雅各宾派，然后又向拿破仑·波拿巴自诩的道路大相径庭。奥利弗·克伦威尔并不是为了把英格兰联邦从对自己统治的不满中解脱出来，而是把英格兰联邦投入一系列战争，以追求荣耀和难以实现的世界统治。奥利弗·克伦威尔针对的是大多数英格兰人，无论是保皇派还是清教徒都知道且认同奥利弗·克伦威尔的统治符合英格兰联邦的真正利益。奥利弗·克伦威尔为成功执政做了三件事。首先，奥利弗·克伦威尔再次着手教训外国民族要尊重英格兰联邦。由于斯图亚特王朝软弱的统治和内战时期的混乱，外国民族早已把这个教训忘得一干二净。有一句老话说："奥利弗·克伦威尔政府虽然和暴君政府很像，但能使英格兰联邦强大，让对手战栗。"在当时，奥利弗·克伦威尔做的是每一个保皇派人都希望看到查理二世做的事。其次，奥利弗·克伦威尔决心为英格兰的海上贸易争取安全保障。在这方面，英格兰上下没人是不赞同的。最后，奥利弗·克伦威尔打算为英格兰争取贸易和殖民帝国的扩张。之后，英格兰联邦的野心已经开始变得越来越膨胀了。有人批评奥利弗·克伦威尔的计划太大，超出了财力允许。这种批评或许是有充分根据的。然而，如果奥利弗·克伦威尔能活到建立起自己牢固的政府，那前面的计划对英格兰联邦来说就不算过分。奥利弗·克伦威尔政府在海战上花的钱并不比查理二世统治时滥用和浪费的钱多。但无论怎样，不可否认的是，奥利弗·克伦威尔仍然是第一个指出18世纪的英格兰联邦要走什么道路的人。如果非要说奥利弗·克伦威尔在实践中犯了错误，那只能说奥利弗·克伦威尔的外交政策理念超前于那个时代。

当上护国公

护国公奥利弗·克伦威尔有两种可以执行的外交政策，一种是与西班牙王国结盟，另一种是与法兰西王国结盟。西班牙王国和法兰西王国之间发生战争的可能性与日俱增。法兰西王国的成功和资源日益增加，西班牙王国的弱点却日益显露。一些原因可能使护国公奥利弗·克伦威尔有兴趣与西班牙王国结盟。法兰西王国日益强大的实力对英格兰联邦构成了威胁。处于弱势的西班牙王国的确需要一个值得依赖的盟友，也就是说，如果西班牙王国能够按常理思考，就会选择与英格兰联邦结盟。斯图亚特家族和波旁家族之间的密切关系必然会使法兰西王国更倾向于支持反对护国公奥利弗·克伦威尔政府的人。但西班牙王国并没有如英格兰联邦期望的那样。若想要奥利弗·克伦威尔帮助西班牙人对抗法兰西人，奥利弗·克伦威尔必然会让西班牙王国做出两种妥协：第一是免除英格兰人受宗教裁判所管辖，第二是允许英格兰贸易进入西班牙在新大陆的领地。西班牙人的骄傲和盲目的执拗使西班牙国王腓力四世和议会不可能屈服

奥利弗·克伦威尔当上护国公

于奥利弗·克伦威尔的要求。作为与护国公奥利弗·克伦威尔结盟共同对抗法兰西王国让西班牙王国做出的这两种妥协的代价,有个众所周知的故事:西班牙大使阿隆索·德·卡德纳斯回应说:"我的国王腓力四世只有两只眼睛,而你竟一次性就要他的两只眼睛。"事实上,西班牙王国宁愿无望、倔强固执地继续战斗,也不愿放弃捍卫自己信仰的权利,也不会放弃自己对新大陆垄断地位的骄傲。奥利弗·克伦威尔无法通过条约达到目的,便准备改用武力对西班牙王国进行敲诈。奥利弗·克伦威尔转向与法兰西王国联盟,准备向西班牙王国开战。

腓力四世

罗伯特·维纳布尔斯

对西班牙王国的袭击将在三条战线上进行。无论如何，奥利弗·克伦威尔终于明白，除非英格兰联邦在海上拥有强大的力量，否则西班牙王国是不可能屈服的。后来，英格兰军队被派去与法兰西盟军一起攻占西属尼德兰。在此之前，西班牙王国已经在海上遭到袭击。英格兰联邦部署了两次远征战队。第一次是在罗伯特·布莱克的指挥下驶向地中海，完成某些初步任务后，直接向西班牙王国攻击。第二次是在海军将军威廉·佩恩和陆军将军罗伯特·维纳布尔斯的联合指挥下，在新大陆向西班牙人发起进攻。在英国的殖民历史上，第二次远征标志着一个重要时代的开始，并且在某种程度上，第二次远征是以抢占时机为契机的，所以可以作为一个单独事件来讲述。

西印度群岛

从现代人的观念来看,奥利弗·克伦威尔的远征政策是非常不道德的。一支庞大的舰队奉命出动,不宣而战就攻击西班牙人。但在17世纪中叶,在当时的情况下,护国公奥利弗·克伦威尔的所作所为是很正常的。我们有必要从整体上了解欧洲国家与西班牙王国在新大陆的关系,为此必须稍做回顾。15世纪末期,航海家克里斯托弗·哥伦布横渡大西洋和瓦斯科·达·伽马绕过好望角的航行几乎是同时进行的。这似乎赋予了西班牙王国和葡萄牙王国拥有先

克里斯托弗·哥伦布

瓦斯科·努内兹·德·巴尔沃亚

前发现的、通往东方的贸易路线的权利。千万要记得，人们一直相信克里斯托弗·哥伦布已经到达亚洲的东端。克里斯托弗·哥伦布至死都对此坚信不疑。直到瓦斯科·努内兹·德·巴尔沃亚越过巴拿马地峡、斐迪南·麦哲伦穿过后来以麦哲伦命名的海峡，在麦哲伦海峡和亚洲之间发现了一片广阔的海洋，人们才发现美洲大陆的存在。1494年，人们认为已经到达真正的亚洲，在我们现在所称的各自势力范围的界限上，西班牙王国和葡萄牙王国发生冲突似乎并非不可能。西班牙王国和葡萄牙王国竟然请教皇亚历山大六世裁决。教皇亚历山大六世在西班牙王国和葡萄牙王国之间画了一条分界线,从两极之间一直到佛得角群岛以西一百英里。对葡萄牙人来说,仲裁员教皇亚历山大六世的决定似乎并不令人满意,因为这样划分就会把葡萄牙人限制在离非洲海岸太近的地方。葡萄牙人提出抗议,卡斯蒂尔女王伊莎贝拉一世和阿拉贡国王斐迪南二世也听取了葡萄牙人的抗议。教皇做出决定后的一年,在托德西利亚斯镇举

卡斯蒂尔女王伊莎贝拉一世

阿拉贡国王斐迪南二世

行了一次会议,会议决定分界线应该在亚速尔群岛以西三百里,也就是地球另一边相应的子午线上。随着时间的推移,人们渐渐发现托德西利亚斯镇会议的决定已经使两个美洲大陆的大部分地区都划入了西班牙王国的版图。事实上,其他国家拒绝承认教皇颁布的通谕,也就是拒绝承认所谓的"教皇通谕"给予西班牙王国拥有的任何专有权利。但西班牙政府不认为自己拥有了什么特权。实际上,教皇通谕迫使西班牙王国放弃了干涉贫穷而遥远的殖民地的权利,比如,在新英格兰的英格兰殖民地和在加拿大的法兰西殖民地。迄今为止,自身的软弱迫使西班牙王国不得不默许一些无法阻挡的事情。西班牙王国从未承认外国殖民地的合法性，无论外国殖民地中的任何一个人胆敢接近西班牙统治力度较强的地区，都可能会受到攻击。即使在欧洲和平的时期也是如此。事实上，西班牙人不承认这条分界线之外有任何和平可言。这条分界线是从北到南的分界线，而不是人们有时认为的赤道。

西印度群岛长期处于一种无法无天的暴力局面。构成大安的列斯群岛和小安的列斯群岛的大部分岛屿根本没有被西班牙人占领。欧洲探险家们不承认教皇颁布的通谕，也不觉得通谕可以让他们甘愿被禁锢在无人居住的土地上。17世纪上半叶，英格兰人、法兰西人、荷兰人都卷入了与西班牙人争夺岛屿的纷争。虚弱的西班牙王国不可能有力量把英格兰人、法兰西人、荷兰人都阻挡住。殖民地的早期历史是非常模糊的。例如，在洪都拉斯海岸的普罗维登斯岛上，有一个非常奇特的殖民地。这个普罗维登斯岛殖民地是由一个清教徒公司建立的。皮姆是这家清教徒公司的董事之一。关于这家清教徒公司现在只剩下几本书信册，没有其他信息。巴巴多斯被英格兰人和平占领，并迅速繁荣起来。其他英国探险家，有的持有查理二世的特许权，有的没有。这些探险家定居在安提瓜岛、蒙特塞拉特岛、尼维斯岛和圣基茨岛的一部分地区。圣基茨岛的另一部分被法兰西人占领。荷兰人也生活在西印度群岛。与其说荷兰人是殖民者，不如说是与法兰西人和英格兰人做生意的商人。殖民地尽管在不断扩大和繁荣，但从来没有完全免受西班牙的攻击。1629年，一支由巴尔杜埃萨侯爵法德里克·德·托莱多领导的西班牙军队横扫西印度群岛。其他小的袭击也很常见。终于，经历了许多惊心动魄的冒险之后，在第一次内战早期，普罗维登斯岛的殖民化进程被终止了。可以看出，在没有正式宣布对新大陆的敌对行动的情况下，西班牙人遭到了奥利弗·克伦威尔的攻击。根据西班牙人的先例，宣战是完全合理的。

攻击西印度群岛

1654年，新成立的英格兰政府迫于压力，不得不紧急派遣常备军迎战。一

巴尔杜埃夫侯爵法德里克·德·托莱多（左一），背景为攻打圣基茨岛

个英格兰罗马天主教教徒和强大的保皇派家族的儿子——托马斯·盖奇，曾劝告英格兰人要进军西印度群岛，并在一本名为《西印度群岛新调查》的书中揭露了西印度群岛的真正弱点。1648年，《西印度群岛新调查》出版，并且在17世纪大受欢迎。托马斯·盖奇曾是一名神父，后来改信基督教，在英国以清教徒的身份传教。托马斯·盖奇是为数不多的能够访问西班牙属地的英格兰人之一。同时，至少在巴巴多斯的种植园主中，有些人正在说服英格兰政府采取一项侵略政策，并承诺会为英格兰政府提供有效的支持。

西印度群岛的调查者托马斯·盖奇

在所有这些的刺激下，1654年夏秋两季，奥利弗·克伦威尔政府组织了一次远征。远征由三十八艘军舰组成，载有一千一百三十四门火炮和四千三百八十名海员。有一支三千名士兵组成的陆军，分成五个团，每个团六百人。一切准备就绪，准备驶向西印度群岛，从越过北回归线的那一天起，英格兰人就要和西班牙人开战了。正如国务委员会和奥利弗·克伦威尔通常做的那样，向远征队下达的命令就是最好的例子——在确定目标时要绝对精确，在确定采取何种手段时要明智地扩大范围。"我们不会，"奥利弗·克伦威尔说，"用任何特别的指示把你们束缚在一种方法决策上。"可事实上，这样一种可以让将军们自由选择最合适方法的说辞剥夺了将军们失败的一切借口。这次远征的目标毫无疑问地体现了这个说辞。首先，奥利弗·克伦威尔派出的远征军到西印度群岛惩罚法兰西人，因为法兰西人对英格兰的贸易进行了过分的破坏。其次，远征军要对一直在英格兰岛屿间进行交叉贸易的荷兰人实施《航海法》。最后，也是远征的主要目的，远征军要在西班牙属地中建立一个殖民地。至于具体用什么样的方法决策，将军们得根据当时的场景和情形做出判断。远征军可以选择在岛上登陆，优先占领伊斯帕尼奥拉岛，如果不行，就选择圣约翰岛，也就是波多黎各的圣胡安，或者远征军可以经过这些岛屿然后进军奥里诺科河口和贝卢港之间的大陆。南美洲这片区域通常被称为西班牙主干道。第三条路线是同时进攻岛屿和大陆。但很明显，那些负责这项任务的士兵不愿受奥利弗·克伦威尔说的过于明确的指示的束缚。

威廉·佩恩和罗伯特·维纳布尔斯

本来"将在外，军令有所不受"，但从各个方面来说，远征的条件都不怎么成熟。奥利弗·克伦威尔选出的领导人并不尊重他的选择。指挥官罗伯特·维纳布尔斯一定做了些什么，使奥利弗·克伦威尔认为他适合领导人这一职务。在这次远征中，罗伯特·维纳布尔斯表现出自己是一个软弱无能又自命不凡的草包。罗伯特·维纳布尔斯带着妻子伊丽莎白一同前行。当妻子伊丽莎白不能陪伴在身边时，罗伯特·维纳布尔斯看起来很痛苦。威廉·佩恩无疑是一个勇敢和熟练的海员，但他需要聪明、性格强硬的人的协助，以弥补罗伯特·维纳布尔斯的不足。奥利弗·克伦威尔政府的弱点在罗伯特·维纳布尔斯和威廉·佩恩两人在夏季的行动中暴露无遗，看起来两人似乎没有达成任何一致。罗伯特·维纳布尔斯和威廉·佩恩均写信给流亡在外的查理二世，表示愿意为查理二世效劳。在这个时候，站在奥利弗·克伦威尔政府这一边并不光彩，加之不能满怀热情地为政府服务，将士就很可能会左顾右盼寻求安全的退路，并且与奥利弗·克伦威尔政府的对手交好，因为现今政府的对手有可能会成为未来的统治者。威廉·佩恩和罗伯特·维纳布尔斯提出，如果查理二世能在国外为他们找到一个港口，他们就可以把全部常备军送到查理二世那里。但因为查理二世满足不了威廉·佩恩和罗伯特·维纳布尔斯的条件，所以拒绝了这个提议。这个提议给威廉·佩恩增添了非常不光彩的一面。就在威廉·佩恩提出要背叛信任他的奥利弗·克伦威尔之后，有人发现威廉·佩恩向奥利弗·克伦威尔索取爱尔兰的土地。而事实上，爱尔兰的土地是查理二世支持者收入囊中的财产。威廉·佩恩和罗伯特·维纳布尔斯相处得并不融洽。起航前，在英格兰，威廉·佩恩和罗伯特·维纳布尔斯发生了一次口角，看起来像是朋友之间的争吵，但他们之间的关系可能并不像看起来那样亲密。不仅是因为等级关系的矛盾，而且因为他们的关系真的不是很好，所以很有可能会影响远征的效率。食物供应不足，可能是因为政府的贫穷。大部分货物没有及时准备好，所以不得不推迟发货。培养出来的大部分士兵素质较差。奥利弗·克伦威尔不得不派出一直以来支持他统治的精锐部队。这五个团是专门为服役而组建的，主要由查理二世和议会之前的退役士兵组成。这些士兵早就丧失或在许多情况下从未拥有过真正的军人品质。计划规定需要达到的三千人从未实现过，远征军人数没有超过两千五百人。在纪律约束的情况下，一半人有可能成为阻碍而不是提供帮助。

1654年12月20日，海军少将戴金斯率领十四艘军舰提前出发。大部分远征队都是在圣诞节那天出发的，部分原因可能是出于清教徒对圣诞节的不尊重。在海上，那些妨碍舰队速度的较重的军舰被远远地抛在后面。威廉·佩恩和罗伯特·维纳布尔斯与相对较好的舰队继续向前行进。1655年1月29日，所有的常备军都在巴巴多斯的卡莱尔湾集结。

也就是这个时候，远征队开始让人失望了。

人们发现，那些一直敦促政府派遣海军进入西印度群岛，并承诺提供有效帮助的种植园主说话并不算数。巴巴多斯的种植园主对英格兰远征队的出现并不感到高兴。将军们被授权在岛上组建一个团，但种植园主们担心，如果自由人大批入伍，他们的"仆人"会在海军离开后就起义。无论是黑人奴隶，还是白人，无论是罪犯，还是战俘，都必须通过仆人来了解他们。要克服种植园主们的反对意见，必须施加很大的压力。不过，将军们最终还是克服了反对意见，部队被成功组建起来。与此同时，消息传遍了英格兰的各个岛屿。到处都是漂泊的探险者、逃跑的"仆人"、从船上逃跑的水手。这些人都是后来形成的、强大的海盗组织——"海岸兄弟"的最初人员。这些人开始集结成团，迫不及待地要去服役。这似乎预示着他们的掠夺行动的开始。这些边界的流动人口，外强中干，在自己的地盘上十分蛮横，在战斗中却极其软弱，实际上，在军事中没有什么真正的可用价值。然而，他们被成千上万的人接受。不幸的是，远征队被置于国务委员会的指挥之下。可能是害怕将过多权力交到一个人手中，奥利弗·克伦威尔也遵循了议会的惯例。不仅有威廉·佩恩和罗伯特·维纳布尔斯，还有海军中将威廉·古德森、海军少将戴金斯和两名特别委员温斯洛和格雷戈里·巴特勒，以及其他一些人，都加入了总指挥部。少数明智的人，本来是愿意抛弃岛上的乌合之众的，但他们的意见未被采纳。远征队被一群全副武装、纪律更差、完全不值得信任的乌合之众阻碍。还要指出的是，在西印度群岛，这种陌生的、不正常的服役方式并不受水手们的欢迎。在卡莱尔湾的时候，海军军官成群结队地来到威廉·佩恩那里，向他表达自己的愿望，希望自己在服役期间付出的艰辛能够换来微薄的报酬和奖金。英格兰已经决定好的方法可以说是没有任何瑕疵的。于是，一个水手团成立了。这个团由海军中将威廉·古德森出任上校，海军军官负责指挥。

圣多明各

在巴巴多斯待了两个月，在西班牙人还没有准备好之前，用这个水手团来攻击西班牙人也许会更好一些。1655年3月31日，远征终于开始了。远征队经过安提瓜岛、蒙特塞拉特岛、尼维斯岛和圣基茨岛，到达伊斯帕尼奥拉岛的东南端，并于1655年4月13日到达圣多明各。圣多明各坐落在一条叫奥萨马的小河的西侧，位于一个大海湾的中央，宽约二十八英里，深约十英里。海岸地势低，多岩石，被强大的海浪拍打着。从海面上看，浪花像大炮的烟柱一样从海滩上喷出来。靠近圣多明各镇的西边有一座堡垒。在堡垒的西面，离圣多明各大约五英里的地方，有另一条被西班牙人称为贾那、被英国人称为比那的河流流入大海。当有静风或北风时，可以从这里登陆，但在其他时候，海浪对船来说太危险了。这样的环境使士兵不得不在一定距离内从圣多明各的西面和背风面登陆。在西印度群岛，信风或真正的微风，总是从东方吹来。在波涛汹涌的海岸，除圣多明各西端的尼索角之外，还有几处登陆点。1655年4月14日，罗伯特·维纳布尔斯率领大部分远征队在其中的一个登陆点，也许是卡塔利娜湾登陆。与此同时，威廉·佩恩带着大部分舰队和两个团的士兵留在了圣多明各前方。留下这两个团的目的是想让他们从贾那河口登陆，配合罗伯特·维纳布尔斯到达上岸地点。这两个团的士兵带着物资和爬梯，准备进攻圣多明各。这些可谓大张旗鼓的准备工作，在英格兰历史上空前未有。罗伯特·维纳布尔斯在登陆的第二天，即1655年4月15日就开始了行军。果然不出所料，罗伯特·维纳布尔斯带领的士兵的情况是最可悲的。

尽管威廉·佩恩将军下了命令，士兵在海上的最后两个星期吃的仍然是坏面包。食物和面包都很少，因此，士兵登陆时非常虚弱。在着陆后，走了三天，但有些人只有在一天中能吃上些东西，五天后只能吃酸橙、橘子、柠檬等。士兵最终患上了流感并开始发烧。前面那些士兵虽然拥有两个星期的食物份额，但几乎无法忍受如此残酷的折磨。

士兵凄凉地、艰难地穿过茂密的热带森林的狭窄小路，没有遇到西班牙人的丝毫抵抗。1655年4月16日，士兵到达了贾那河。在贾那河一直待到1655年4月24日，消磨度日。罗伯特·维纳布尔斯将军回到旗舰，一方面是为了"呕吐一会儿"①，另一方面是为了找自己的妻子伊丽莎白。当罗伯特·维纳布尔斯返回岗位时，他的妻子伊丽莎白就一直跟着他。士兵断其粮草、爬上舷梯、洒火药等，采取各种手段阻止西班牙人的进攻。看来在战场上，组成水手团的士兵并不是完全没有勇气。在1655年4月18日的一次伏击中，他们中的一部分人被猛烈地伏击。但他们重整旗鼓，最后击退了对手。远征的艰辛中最令人难以忍受的是口渴，这使他们精神沮丧。但毫无疑问，对他们影响最大的是，他们发现自己是因为领导者的无能才变得既吃力又愚蠢。军队得从贾那向杰罗尼莫堡推进。在一次草率的、虚张声势的攻击之后，又撤退到原来的阵地。1655年4月24日，在真正的进攻终于到来的时候，因为军队装备简陋，纪律不严明，而且大部分士兵一开始素质都很差，所以他们能做的战斗准备就只剩恐慌了。

节节败退

1655年4月25日，星期三，对杰罗尼莫堡进行最后攻击的时刻到来了。部

---

① 此处引用了罗伯特·维纳布尔斯将军自己的话，以说明他在此逗留的借口有多滑稽，竟用晕船来掩盖自己的无能。——译者注

队向前推进,起初没有遭到抵抗。部队驻扎在杰罗尼莫堡的东侧,但杰罗尼莫堡的东侧没有装火炮。一个先遣队,在当时被称为"孤军",将在一个"改良军",即被镇压或解散并与其他人合并的部队的军官的支持下发动攻击。远征队的其他团躲在先遣队后面。当"孤军"逼近堡垒,进攻即将开始时,有一小队西班牙长矛兵——据所有目击者估计,大约有四五十人——突然袭击了英格兰人。领导者们的罪行是通过这个"孤军"体现出来的。孤军突遭袭击,陷入一团混乱,然后望风而逃,逃到"改良军"那里。"改良军"的任务本该是为军队树立榜样。但不光彩的是,"改良军"也同样感受到了一阵恐慌。"孤军"和"改良军"在混乱中退到支援团那里,他们的怯懦也感染了支援团。全体畏惧的结果是队伍只能在彻底溃败的喧闹声中撤退。有些军官确实表现得很有英格兰人的绅士风度。少将赫齐卡亚·海恩斯——就是那个曾与罗伯特·布莱克合作,为议会夺取海峡群岛的军官——从逃亡的人群中冲了出来,只带着一把短剑,扑向了几个追来的西班牙长矛兵。随行的是一个叫布拉格的少尉,布拉格亮出了国旗,希望能得到一些支持,但这是徒劳的。那些本应该作为榜样的"改良军"已经与惊恐万状的乌合之众逃得无影无踪。结果,少将赫齐卡亚·海恩斯被西班牙长矛兵按在地上杀掉了。布拉格身上被扎了很多伤口,他从旗杆上扯下国旗,把国旗裹在自己身上,倒地而亡。少将赫齐卡亚·海恩斯和布拉格的举动似乎完全出乎西班牙人的意料。像少将赫齐卡亚·海恩斯和布拉格这样的人寥寥无几。据说,远征军虽然杀了三四百人,但并没有得到支持,毕竟势单力薄。有英格兰人被劝服进行抵抗时,也很容易就被击退了。有幸拯救远征军免于灭绝的军队是威廉·古德森指挥的水手团。这个水手团的团员是英荷战争的老兵,毫无疑问,他们已经习惯了冒险。水手团让逃亡的懦夫们先过去,然后聚集起来掩护他们撤退。水手团刚想直面战斗,四五十个西班牙长矛兵就撤退了。到当时为止,西班牙长矛兵已经"处决"了成千上万的英格兰人。

逃亡出来的一些英格兰人还坚信他们并未失去什么,他们认为第二次战斗的尝试也许会取得很大的成功。但大部分军官都被吓坏了。大部分军官除以最快的速度逃回登陆点，躲在船上外，什么也不敢想。大部分军官也不再相信会有能打赢这一战的人了，军心已彻底涣散。在夜间撤退的时候，士兵被灌木丛中的陆蟹发出的声音吓坏了，并向灌木丛开火，胡乱射击一通。

士兵处在这种可怜的状况时，船也只是在圣多明各前来回游弋，并且偶尔和杰罗尼莫堡进行零星的交火而已。威廉·佩恩将军宣称自己本可以轻易摧毁杰罗尼莫堡，并横扫圣多明各的海堤。威廉·佩恩为自己没有采取行动辩解说，他的同事们不同意自己的做法。罗伯特·维纳布尔斯将军尤其反对摧毁杰罗尼莫堡，理由是杰罗尼莫堡作为一所医院会很有用。然而，目前还不清楚威廉·佩恩是否有必要停止对圣多明各的袭击。威廉·佩恩的行为当然是欠缺进取精神的。威廉·佩恩和他的同事之间的区别似乎是，虽然罗伯特·维纳布尔斯做错了但至少做了，威廉·佩恩在行动上做得太少。

征服牙买加

不幸的是，远征队在刀剑下损失了数百人，而且还有更多的人正死于热带疾病。远征军还在寻找各种理由来免受责备。其中有一些胆小鬼准备返回巴巴多斯，再从巴巴多斯返回英格兰联邦。大多数人还不想返回英格兰，不是因为他们勇敢，而是因为与可怕的对手和气候相比，他们更惧怕奥利弗·克伦威尔，所以他们决定背水一战。赔偿金可以轻易到手。牙买加几乎位于圣多明各西端的正西方，距离约一百英里。曾跟随罗伯特·维纳布尔斯，《西印度群岛新调查》的作者托马斯·盖奇，混在来自巴巴多斯和圣基茨岛的英国种植园主之中，很容易就可以把岛上几乎无人居住的消息告知将军们，从而轻易地换取些许奖励。1655年5月4日，威廉·佩恩和罗伯特·维纳布尔斯离开圣多明各湾；1655年5月10日，到达牙买加南部的西班牙小镇前。对威廉·佩恩和罗伯特·维纳布尔斯来说，来到这里是幸运的，因为他们没有遇到反对势力。事实上，那里的人口非常少，几乎无法击退一次大规模的海盗袭击。仅在1655年5月9日、10

日和12日进行了抵抗之后,这个西班牙小镇就被占领了,西班牙总督立即投降。西班牙总督的同胞们则更勇敢些,他们离开了这个小镇,在山上避难。

牙买加的早期历史是非常悲惨的,在这里就不讲述了。英格兰将领们终于还是决定放弃自己的指挥权,跑回英格兰联邦。这样他们就等于丢掉了个人荣誉。也许这一切最好由查理二世复辟后写下以下这段话的目击者告诉我们。目击者如是写道:"西班牙人看到英格兰人死得这么快时非常惊讶,但当西班牙人知道自己喝了多少酒后,又惊讶地发现英格兰人中有人还活着。军队和海军领导人争吵不休,士兵和水手们争斗不止。"最后,决定由威廉·佩恩带着大部分舰队返回英格兰,把十二艘较轻的军舰留给威廉·古德森。1655年6月25日,威廉·佩恩带着舰队启航,从古巴西端和佛罗里达海峡返航。在牙买加,一艘名为"发现"号的英格兰军舰被意外炸毁。返航途中又发生了一场灾难。"模范"号是理查德·巴德利在地中海上的军舰,着火爆炸,造成一百人丧生。可以看出,威廉·佩恩回到英格兰时是非常郁闷的。威廉·佩恩更倾向于相信这一切是耶和华因罪恶之名以灾祸的方式攻击远征队。威廉·佩恩神秘地称这种罪恶为"英格兰的罪恶",认为是上帝降罪给那些不相信上帝的人的。很显然,威廉·佩恩很紧张。威廉·佩恩因为很有可能即将面对奥利弗·克伦威尔的召见,所以在回到家之前,开始喋喋不休地为自己辩解。威廉·佩恩,可能还有他的同事——对罗伯特·维纳布尔斯我们掌握的证据较少——期待面见奥利弗·克伦威尔,并非毫无理由。关于奥利弗·克伦威尔的愤怒,过去的解释是当牙买加的将军们奉命攻占圣多明各时,威廉·佩恩惩罚了将军们,而现在的解释是威廉·佩恩无视将军们的请示。但无论怎样,奥利弗·克伦威尔都有充分的理由对远征军将领们生气。无论是因为远征军领导者在圣多明各表现出的无能,还是因为他们匆忙放弃了对牙买加的征服。由于奥利弗·克伦威尔的间谍机构既谨慎又高效,至少奥利弗·克伦威尔有可能已经得知威廉·佩恩和罗伯特·维纳布尔斯两人偷偷写信给查理二世的事情。1655年8月31日,威廉·佩恩和罗伯特·维纳布尔斯抵达英格兰联邦,在斯

伦敦塔

皮特黑德抛锚停泊。不到两个星期,根据奥利弗·克伦威尔的会议的建议,威廉·佩恩和罗伯特·维纳布尔斯两人都进了当时的监狱——伦敦塔。直到他们低三下四地屈服,才得以逃脱牢狱之苦。威廉·佩恩被迫退隐,为自己乞求到了从查理二世的朋友那没收来的爱尔兰的一处庄园。在奥利弗·克伦威尔的一生中,威廉·佩恩没有被再度起用。

地中海的海军上将罗伯特·布莱克

威廉·古德森在牙买加待了近两年,负责与西班牙的战争。威廉·古德森指挥的部队规模较小,不可能进行大规模的行动。事实上,古德森做的事情与后来的海盗战争非常相似。威廉·古德森两次航行到西班牙主干道,烧毁和掠夺小镇,在未设防的地方取水和补给,但没有试图攻击卡塔赫纳的港口。对在牙买加的一些英格兰军官来说,这种敌对行动是不可接受的。他们认为这是海盗行为,英格兰这样一个强大的国家不至于做这么可耻的事。但这是威廉·古德森能做的一切,而且非常有用。在牙买加建立殖民地的最初两年是极其脆弱和痛苦的时期。总督们一个接一个地死去,他们的跟随者因发烧而瘦得可怕。如果在这段时间内,西班牙人发动猛烈的进攻,威廉·古德森带领的远征队也不可能失去牙买加,因为西班牙人已经习惯了丛林作战,而且精于丛林作战。威廉·古德森的军舰的出现和作战行动避免了失去牙买加的风险。因此,必须把牙买加这块殖民地得以保住的功绩归功于威廉·古德森。

在威廉·佩恩率领的舰队离开西印度群岛,去经历各种各样的命运之前,另一支海军常备军在罗伯特·布莱克的指挥下从英格兰起航。1655年9月29日,罗伯特·布莱克指挥的舰队开始远征,比远征西印度群岛的时间略早一些。罗伯特·布莱克最终要做的是进攻西班牙人。但当时在欧洲对西班牙人采取敌对行动的时机尚未到来。罗伯特·布莱克在地中海有很多事情要做。首先,用现在的话来说,英格兰军舰到外国的港口进行正式访问,也就是说,罗伯特·布莱克想要让外国人看到,英格兰拥有一支足以称霸海洋的海军,这支海军有能力赢得尊重。接着,奥利弗·克伦威尔从国务委员会那里接手了与意大利王子的一些外交争端问题。在地中海排布一支强大的英格兰舰队可能能使奥利弗·克伦威尔的外交官对意大利王子的劝说更加可靠且有分量。果然,罗伯特·布莱克带着舰队沿着地中海的西班牙和意大利海岸慢慢游弋,处处受到尊重。有个故事是这样说的,在马拉加,罗伯特·布莱克向西班牙人证明了英格兰的统治者为保卫臣民而佩剑并非是徒劳的。据说,一个在马拉加岸上休假的英格兰水手侮辱了主人,以此来表达自己的清教徒的情怀。在一个修士的鼓动下,这位英格兰水手因此受到了暴徒的虐待。据说罗伯特·布莱克坚持要惩罚那个修士。而马拉加总督告诉罗伯特·布莱克,他无权惩罚那个修士。如果有人觉得这个故事是不真实的，那就错了。当时的罗伯特·布莱克威胁马拉加总督说，除非把修士交给他，否则就要在马拉加开火。罗伯特·布莱克的威胁，加上目睹了罗伯特·布莱克的能力使西班牙人恢复了理智。于是，修士被送上了军舰，如果这个修士是一个狂热的信徒，那他大概只能期待着殉道了。让人没想到的是，罗伯特·布莱克只是责备了下这位过分热心的修士，然后宣称会让英格兰人像罗马人一样受到尊重。在这个故事里，没有什么是不可能的。这完全取决于吉尔伯特·伯内特主教的权威。无论这个故事的准确性如何，罗

吉尔伯特·伯内特主教

伯特·布莱克的使命无疑是使地中海地区的英格兰人受到尊重，而这一使命也完成了。意大利王子们发现不能再拖延下去了，他们与英格兰政府的争端越来越激烈。海军的影响力是无穷的，就像最强大的军事力量一样。地中海沿岸的国家也许会蔑视新模范军的威胁，但毫无疑问，新模范军有能力在整个意大利行军。但舰队的确可以在军舰能到达的任何地方展现国威。奥利弗·克伦威尔的震慑力一直延伸到地中海的尽头。

在地中海海域，有一项任务是英国海军长期以来被迫忽视的。巴巴里海岸的海盗长期以来都是欧洲商业的害虫和威胁，甚至对基督教国家的海岸也是如此。在地中海地区，敢打击破坏巴巴里海盗的人还没有出现。的确，巴巴里海盗不再像在巴巴罗萨时代那样使用规模庞大的舰队作战。海盗将领的时代已经被升职者或海盗船长的时代取代，但如果升职者或海盗船长不再试图占领城镇和征服领土，就仍然难以进行商业活动。英格兰在地中海日益增长的贸易受到了严重影响。当英格兰国教在祈祷文中加入为囚犯和俘虏祈祷的内容时，这些祈祷文就没什么意义了。1620年，为了制止这种可耻的暴行，英格兰做了努力，并且有记录在案。但努力的方式软弱得可笑，结果也不过是使海上流浪者相信英格兰并不可怕罢了。让海盗看清现实是英格兰交给罗伯特·布莱克的任务之一。

巴巴里海盗

经过西班牙王国和意大利海岸之后，罗伯特·布莱克继续履行职责。1620年3月，罗伯特·布莱克首次乘船前往阿尔及尔，开启了谈判。罗伯特·布莱克此行的目的是，如果可以，在避免战争的情况下，就让英格兰俘虏被释放，并为英格兰船今后免于被袭击提供一些保障。巴巴里王国名义上仍然是苏丹领土的一部分。以巴巴里海盗为代价采取的严厉措施总是有可能会对士麦那和斯坎达隆的黎凡特公司的雇员和财产造成损失。于是，在阿尔及尔，罗伯特·布莱克试图与阿尔及尔总督进行和平谈判，甚至在圣约翰骑士团的团长面前竭力表现自己。阿尔及尔总督很固执，或者是由于他习惯性地生活在海盗臣民的恐惧中，也许更确切地说，他不敢按照罗伯特·布莱克的要求做出安排。虽然阿尔及尔总督没答应罗伯特·布莱克的要求，罗伯特·布莱克最后还是与阿尔及尔总督握手言和。在对阿尔及尔采取敌对措施之前，罗伯特·布莱克决定先访问看起来没那么可怕的海盗之城突尼斯，没想到作为海盗头领的突尼斯总督也同样难以对付。这时的罗伯特·布莱克已经没有任何耐心。罗伯特·布莱克回到西西里岛的特拉帕尼几天后，又带着舰队来到突尼斯，扑向海盗船。突尼斯是强大的，突尼斯总督也觉得突尼斯是固若金汤的。突尼斯位于法里纳角和邦角之间的深海湾的最南部。进入突尼斯的道路被法里纳堡垒和戈莱塔堡垒保护着。这两处堡垒在神圣罗马皇帝查理五世和西班牙国王腓力二世的战争中非常出名。海盗船被拖到了防御工事的炮火下，海盗船的主人们或许有理由相信这些船是可以保护他们安全的。但毕竟海盗们从未受到过罗伯特·布莱克这种风格的攻打方式。1655年4月4日①，罗伯特·布莱克勇敢地站了出来，向突尼斯的船开火。要塞的作用没有多大，船的火力很快就被压制。然后英格兰人就登上了海盗们的船，并将船开走了。英格兰人很快夺下海盗船这样的战利品并毫不迟疑地把船烧掉了。罗伯特·布莱克首先从突尼斯前往黎波里，然后回到阿尔及尔。结果，阿尔及尔总督终于做出了令罗伯特·布莱克满意的安排。事实上，东方人已经发现，罗伯特·布莱克这位英格兰联邦海军上将一开始的温和并非出于恐惧或软弱。阿尔及尔海盗们发现罗伯特·布莱克不好欺负后只能立马向武力屈服。罗伯特·布莱克此次的行动是受到奥利弗·克伦威尔的批准的。从那时起，罗伯特·布莱克可以自由地在地中海履行他最后的职责了。

与此同时，英格兰联邦与法兰西王国的同盟关系也日趋成熟。再也没有任

---

① 请注意：此处为了便于比较在威廉·佩恩和罗伯特·维纳布尔斯不光彩地从圣多明各出发之前的一个月。——原注

何理由推迟公开宣布对西班牙王国的敌对行动。事实上，由于当时威廉·佩恩和罗伯特·维纳布尔斯要对西印度群岛发动进攻，阻止西班牙人派遣增援西印度群岛的部队的方法非常可取。而这可以通过迫使西班牙人出不了国门来实现。因此，罗伯特·布莱克奉命离开加的斯，以便截击那些从美洲返回的宝藏船，并阻止西班牙舰队前往西印度群岛。这样的封锁很成功，西班牙人束手无策。但罗伯特·布莱克带领的舰队没有因此尝到什么甜头。随着秋天的临近，罗伯特·布莱克的军舰的状况也越来越糟糕。1655年10月，罗伯特·布莱克回到英格兰联邦。到那时，与西班牙王国的战争还没有取得非常成功的胜利。在圣多明各的失利是一个巨大的耻辱。从舆论来看，在牙买加的胜利也几乎无法洗刷在圣多明各失利的耻辱。对加的斯的成功封锁虽然在一定程度上给对手造成了巨大损失，但并没有给国家带来多少像战利品或金银财富这样看得见、摸得着的利益。奥利弗·克伦威尔决心将对西班牙王国的战争坚持到底。

圣克鲁斯

1656年，罗伯特·布莱克只好回到西班牙海岸。这次巡航由爱德华·蒙塔古陪同。爱德华·蒙塔古是后来的第一个桑威奇伯爵。罗伯特·布莱克和爱德华·蒙塔古的目标是再次俘获人们渴望已久的西班牙宝藏舰队。1656年，罗伯特·布莱克和爱德华·蒙塔古成功的可能性很大。1655年，西班牙政府停止了西班牙宝藏舰队的航行，但由于急需资金，西班牙政府不得不冒险将船运回本国。1655年夏天，西班牙第一支分遣队抵达加的斯附近，结果落入英格兰封锁舰队的手中。罗伯特·布莱克和爱德华·蒙塔古并没有出现在这次行动中，因为他们已经撤退到葡萄牙的友好港口去整修。但罗伯特·布莱克和爱德华·蒙塔古留下了一个中队在理查德·斯泰纳的指挥下监视着港口。事实证明，这个中队的力量足以完成这项工作。在当时，西班牙王国的宝藏船虽然体积大，但战斗力并不强，甲板上堆满的货物也阻碍了航行。在微不足道的损失下，理查

爱德华·蒙塔古

德·斯泰纳中队几乎将那艘宝藏船掠夺一空。金银和货物的价值超过二百万英镑,与英格兰联邦一年的财政收入差不多。爱德华·蒙塔古带着战利品回到英格兰联邦,还带走了理查德·斯泰纳。虽然大量的金银已经被水手们掠夺了,但还有足够的战利品装载三十辆马车。这三十辆马车穿过伦敦,驶向伦敦塔,奥利弗·克伦威尔的臣民们对此甚是满意。

  1656年秋冬到1657年春,罗伯特·布莱克一直留在加的斯城外,等待下一批西班牙宝藏舰队的到来。那个时候,让舰队出海过冬是一件闻所未闻的事。即使那些重型军舰已经连同爱德华·蒙塔古和理查德·斯泰纳一起被送回英格兰联邦,

理查德·斯泰纳

但坚持留在英格兰联邦外的军舰也表明了英格兰海军军舰在适航性和耐用性方面都在逐渐增强。1657年4月,坚持不懈的罗伯特·布莱克终于得到了回报,罗伯特·布莱克得知一支满载财宝的西班牙大中队已在圣克鲁斯-德特内里费避难。

一般来说,在圣克鲁斯的港口攻击西班牙舰队是最危险的一次行动。圣克鲁斯湾很深,岛上丘陵起伏,因此进入圣克鲁斯的港口的军舰可能会永远止步于一片死寂的平静中,也有可能会被来自陆地上的狂风吹得七零八落。天然的障碍,加上圣克鲁斯也加强了防御使舰队难以进入。事实上,人为和自然的力量使圣克鲁斯变得强大,西班牙人不认为有人能成功进攻圣克鲁斯。因此,与罗伯特·布莱克同时代的人把罗伯特·布莱克的胜利看作是一种前所未闻的大胆成就。然而,罗伯特·布莱克只是像其他许多意志坚定的人一样,对徒有其表的武力不是表现出害怕,而是表现出强者的勇敢。罗伯特·布莱克能估计出西班牙人的无能才是真正的作战价值所在。此外,罗伯特·布莱克还看到,如果要塞受到连续攻击,很可能无法阻止一支可以乘风破浪的舰队进入。一旦舰队进入港口,在西班牙的军舰中间,就比较安全了,因为舰队可以帮助抵挡岸上的炮火。随着潮水的转向,在离岸的风共同作用下,舰队很有可能得以安全撤退。毫无疑问,这种作战方法存在一个很大的风险,可是哪一场残酷的战争行动不存在风险呢?别忘了,这是一个勇敢人物指挥的高效战斗部队,所以不存在仓皇逃跑的可能。

进攻发生在1657年4月20日凌晨。罗伯特·布莱克带领的舰队在黎明前就看见了港口。护卫舰报告说,西班牙王国的军舰还在海湾里。罗伯特·布莱克几乎是立即做出了进攻的决定,英格兰舰队也跟着做好了勇猛前行的作战准备。结果正如我们所料:罗伯特·布莱克经过精心算计,认为可以这样作战。英格兰军舰经过要塞时几乎没有损坏。差不多1657年4月20日8时,英格兰军舰已经到了西班牙军舰的中间,并展开了激烈战斗。西班牙的盖伦船和加的斯城外的军舰一样不适合作战。天亮时,英格兰人还留在海湾里,但英格兰人只损失了五十名,一百二十人受伤,受损的船只需要几天就能修好。但西班牙人的命运则大不

英格兰舰队进入圣克鲁斯

英格兰舰队攻击西班牙宝藏舰队

相同。到了1657年4月20日19时,西班牙人的军舰不是沉没了,就是被赶到岸上,或者是被火烧了。战斗快要结束时,英格兰人准备在落潮时开军舰出去。白天已经过去了,在黄昏和随后的黑暗中,英格兰人很可能全部毫发无伤地通过了要塞。幸运之神通常眷顾那些拥有大胆而巧妙的开拓精神的人。风从西南方向刮来,英格兰人很快地又回到了海上,没有造成更大的损失。

罗伯特·布莱克之死

在圣克鲁斯对西班牙人的袭击不仅是奥利弗·克伦威尔时期海军最辉煌的成就,也是17世纪到19世纪最出色的一项壮举。尽管后来也出现过类似壮举,但它在时间上遥遥领先,从未被超越。即使是1801年霍雷肖·纳尔逊子爵与哥本哈根的海战也无法与之相提并论。所有英格兰人,无论什么党派,都感受到了无尽的欢喜。奥利弗·克伦威尔送给罗伯特·布莱克一件"珠宝"——罗伯特·布莱克的一幅肖像。这幅肖像是用黄金和钻石镶嵌的。皇家历史学家克拉伦登伯爵爱德华·海德也对罗伯特·布莱克赞不绝口。的确,罗伯特·布莱克绝对配得上这件珠宝和克拉伦登伯爵爱德华·海德的美誉。除了罗伯特·布莱克对突尼斯总督堡垒的轰炸之外,从来没有人对圣克鲁斯发动过完全相同的袭击。相比之下,第二代埃塞克斯伯爵罗伯特·德弗罗和其子第三代埃塞克斯伯爵罗伯特·德弗罗分别在1597年和1625年对加的斯邦塔尔城堡的占领就显得微不足道了。在伊丽莎白一世时期,军舰不是在攻击堡垒时退缩,就是像弗朗西斯·德雷克攻击波多黎各圣胡安那样被击退。在雷伊岛,英格兰军舰没有表现出进攻法兰西防御工事的意图。正如克拉伦登伯爵爱德华·海德公正地指出的那样,首先让舰队体现出能力的功劳非罗伯特·布莱克莫属。但对罗伯特·布莱克来说,他的工作已经结束了。摧毁西印度舰队让罗伯特·布莱克完成了被派往西班牙海岸的任务。任务完成后,罗伯特·布莱克被召回国。但罗伯特·布莱克未能活着回到自己的祖国。1657年8月7日,罗伯

罗伯特·布莱克之死

特·布莱克在开到普利茅斯湾进口处的旗舰"乔治"号上因坏血病去世。罗伯特·布莱克和他的老朋友——海军上将理查德·迪恩一起葬在亨利七世的礼拜堂里。复辟时期,他们的尸体被拉到其他清教领袖的尸体旁边,一起被扔到修道院北面的一个坑里。

在奥利弗·克伦威尔短暂的余生中,海军除了协助法兰西大元帅蒂雷纳子爵亨利·德·拉图尔·奥弗涅围攻敦刻尔克的军队外,几乎没什么事可做。随着奥利弗·克伦威尔的去世,奥利弗·克伦威尔政府也被连根拔起并推翻。奥利弗·克伦威尔政府是建立在奥利弗·克伦威尔个人优势的基础上的,并且有着强大的、足以震慑敌对势力的政府成员的支持。当时的英格兰人愿意服从奥利弗·克伦威尔政府,因为如果不服从,就会陷入无政府状态。奥利弗·克伦威尔死后,他竭力避免的无政府状态迅速蔓延到全国。从1658年年底到1660年年初,权力被一个个软弱无能的领导者抢来抢去,直到阿尔比马尔公爵乔治·蒙克在苏格兰率领军队镇压了所有的对手后才得以终结。到了这时,绝大多数英格兰人已得出了这样的结论:要摆脱接连不断的军事专政,唯一的办法就是恢复古代的君主制。幸运的是,阿尔比马尔公爵乔治·蒙克比英格兰人更清楚地看清了这一事实。在阿尔比马尔公爵乔治·蒙克睿智、冷静的指导下,1660年5月,君主制复辟得以实现。一个海军历史学家强烈地想要证明,自己的研究对实现君主制的复辟也起到了实质性的帮助。然而,没有任何证据表明这是事实。一支海军虽然有强大的力量阻止外国干涉本国的事务,但几乎没有能力影响这个国家。海军只能通过拦截贸易和在港口外巡航向外国施加压力,换句话说,在封锁的艰难和乏味中,因为舰队无法从国外获得补给,在国内的时候也只能靠本国人民的善意才能争取到补给,所以在某些情况下也不可能进行有效的封锁。在内乱中,一支海军无法发挥重要作用。1648年,保皇派在舰队中的起义完全失败,未能阻止独立派的胜利。这就是最好的案例。在战争时期,海军一直是跟随者,而不是领导者。这就是海军在奥利弗·克伦威尔政府垮台到查理二世复辟的十四个月的混乱时期所扮演的角色。

权威文献

托马斯·卡莱尔的《奥利弗·克伦威尔书信演说集》对这一时期有所描绘。虽然对事实的了解有偏颇,但克拉伦登伯爵爱德华·海德的智慧和洞察力使他能够正确地看到行动的宗旨。奥利弗·克伦威尔对威廉·佩恩和罗伯特·维纳布尔斯的指示、所有相关官员的信和圣多明各会议记录的记事本,已被收集在《威廉·佩恩传》中。关于罗伯特·布莱克在地中海地区和相关海洋实施的海战,我将在国务委员会大臣约翰·瑟洛的论文集、书信集和由奥利弗·克伦威尔的议会指示攻占西班牙宝藏舰队及圣克鲁斯海战的故事中予以描述。

第 10 章

查理二世统治下的皇家海军

在皇家海军史上,有三位英格兰国王曾对皇家海军产生过深远影响。第一位是约翰一世,他组建了第一支常备海军并充分发挥了其作用。第二位是亨利八世,他制定了皇家海军的日常管理制度。第三位是查理二世,他是"前人栽树,后人乘凉"的典型代表。查理二世在位时,皇家海军的运作体系已经初步建立。虽然查理二世之后的英格兰君主进一步完善了皇家海军的运作体系,但在查理二世之后,皇家海军持续一个半世纪的战火与荣耀都与他紧密相关。后世对查理二世性格缺陷的评价过于吹毛求疵。查理二世终生奉行"享乐主义",被称作"快活王"。查理二世曾直言不讳地向克拉伦登伯爵爱德华·海德抱怨英格兰民众对克利夫兰女公爵芭芭拉·帕尔默①过度尖酸刻薄。查理二世认为,英格兰人应该向法兰西人学习如何尊重一国之君钟情的女子。查理二世坚信,作为英格兰王国的君主有权尽情享乐,他的臣民应该尊重这种与生俱来的权利。查理二世没有起到良好的示范作用,在工作中,他手下的仆人和大臣都沾染上了享乐风气。但查理二世依旧称得上是一个明君。查理二世清楚地了解自身职责,遇事冷静而果断,凡事论功行赏。查理二世的致命缺点在于他不

---

① 查理二世的情妇之一。——原注

愿意在统治中主动牺牲任何享乐机会。因此，即使他曾实施过许多绝妙的政策，但很难做到善始善终。

斯图亚特王朝复辟

查理二世主要通过弟弟约克公爵詹姆斯·斯图亚特，也就是后来的詹姆斯二世掌控皇家海军。约克公爵詹姆斯·斯图亚特的性格与查理二世类似，但不如查理二世机智和耐心。约克公爵詹姆斯·斯图亚特在少年时期就被任命为皇家海军上将。斯图亚特王室在外逃亡时，约克公爵詹姆斯·斯图亚特曾一度将王位继承权让给莱茵的鲁珀特亲王。斯图亚特王朝复辟后，约克公爵詹姆斯·斯图亚特的继承权得以恢复。在查理二世的支持下，约克公爵詹姆斯·斯图亚特为皇家海军做出了巨大贡献。查理二世之后的很长一段时间内，皇家海军在海上航行和陆上管理中实施的军事法规均出自约克公爵詹姆斯·斯图亚特之手。毫无疑问，后人多少会对查理二世和约克公爵詹姆斯·斯图亚特的美德添油加醋。斯图亚特王朝统治时期，皇家海军无法再延续和平时期懒散悠闲、战争中畏难不前的不良风气。在和平时期，皇家海军仅需承担两大任务，即护送外国使节和追捕海盗。随着英格兰商贸的迅速发展，英格兰民众寻求保护的呼声不断高涨，建设一支持久和大规模的海军成为英格兰的重要议题。在长期议会和奥利弗·克伦威尔统治时期，海军军力增长了十倍，刚刚复辟的斯图亚特王朝自然也不能在这方面有所松懈。要长期维持一支海军，就必须培养一批能够参与常规作战的海军军官和海员。查理二世和约克公爵詹姆斯·斯图亚特为建设皇家海军队伍做的工作虽然不能与法兰西国王路易十四和让-巴蒂斯特·科尔贝相提并论，但对斯图亚特王朝来说意义重大。路易十四和让-巴蒂斯特·科尔贝出于政治目的打造了强悍的法兰西海军，缔造了法兰西海军的后续繁荣。皇家海军的发展也与英格兰王国和时代的发展紧密相连。值得庆幸的是，皇家海军的建设工作仅需要在原有基础上进一步调整，不需要一切从头开始。

路易十四

查理二世在位期间也为皇家海军的发展做出其他贡献。英格兰保皇派一直竭力复辟斯图亚特王朝，他们在很大程度上取得了成功。但查理二世在位时期的皇权制度与查理一世在位时期有显著差异——皇权不再像曾经那样至高无上。保皇派阅读着罗伯特·菲尔默的书，告诫民众要更恭顺服从，对"君权神授"高谈阔论，但上述主张都不过是空谈。在议会中，英格兰保皇派对查理二世的态度远远不及他们的父亲对伊丽莎白一世，甚至是詹姆斯一世那般恭敬。保皇派意志坚决地干涉、控制和影响国家的日常治理。保皇派怒不可遏时，会直言不讳、言辞尖锐。英格兰议会本应是咨询机构，用来展现英格兰理智辩论的优良传统。无论高高在上的保皇派如何高谈阔论，下议院的议员们都会在激情辩论中将所有政治理论抛到脑后，直接干涉国家治理。

1660年，在斯海弗宁恩，当约克公爵詹姆斯·斯图亚特被委任为皇家海军上将并护送查理二世回国时，组建皇家海军舰队需要的物质力量基本成熟。在泰晤士河畔和朴次茅斯的港口都停泊着军舰并建有造船厂，皇家海军舰队也已拥有一定数量的海军官兵和工作人员。约克公爵詹姆斯·斯图亚特需要建立一套长期实施的军事制度并培养一批常备军官。随着英格兰内战的爆发，组织一批常备军官的任务对约克公爵詹姆斯·斯图亚特更加困难，因为所有海军高级指挥官都在奥利弗·克伦威尔的控制下。虽然海军舰队中的低级军官对奥利弗·克伦威尔的统治颇有微词，但斯图亚特王室没有足够的资金笼络心怀不满的海军低级军官。跟随查理二世和莱茵的鲁珀特亲王的少数海军官兵无法组成一支强大的海军舰队，他们中的大部分人不是缺乏足够的航海经验，就是在逃亡过程中早已丧失斗志。斯图亚特王室只能从跟随的海军军官和舰长中挑选不热衷参与内讧的若干人，并且要求他们效忠斯图亚特王室。1654年，在前往牙买加之前，威廉·佩恩曾为斯图亚特王朝服务。爱德华·蒙塔古和约翰·劳森在斯图亚特王朝复辟的过程中扮演过积极角色。因为当时英格兰王国正处在无政府状态和斯图亚特王朝复辟的过渡时期，所以我们理解他们的行为。从塞缪尔·佩皮斯的著作中可以得知，爱德华·蒙塔古不像古

1660年，查理二世从斯海弗宁恩起航回国

代骑士那般忠诚。在布雷达会议召开前的混乱时期,爱德华·蒙塔古曾对自己的亲属谈起过斯图亚特王朝复辟的可能性。爱德华·蒙塔古必须更加注意行为举止,否则他的政治生涯将会很快结束。爱德华·蒙塔古的言辞不符合斯特拉顿的约翰·伯克利男爵或乔治·戈登·拜伦提倡的忠诚精神。当时绝大多数理智人士秉持左右逢源的政治立场,宗教和政治观点随个人利益随时转变。除了极少数人,大部分海军舰队的高级军官都与爱德华·蒙塔古一样,准备好为查理二世效忠。少数人因过于恪守清教徒的职责,无法得到查理二世的信任。约克公爵詹姆斯·斯图亚特试图分辨哪些海军军官值得依赖,哪些又是出于生计被迫效忠查理二世。被约克公爵詹姆斯·斯图亚特最终挑选出的忠诚人士组成最初的常备海军军官,他们开始为查理二世服务,在出海作战和岸上备战时都能领到薪水。

斯特拉顿的约翰·伯克利男爵

全新的皇家海军军官队伍

皇家海军舰队实力的不断壮大和构建一支持久海军的迫切需要令查理二世和约克公爵詹姆斯·斯图亚特意识到，他们需要建立一套选用人才的有效机制，以便在皇家海军舰队的重要席位空缺时及时选拔值得信赖的海军军官。人才选拔工作变得日益紧迫，皇家海军舰队不能等到开战后再临时任命舰长和商船船长，必须在开战前预先选拔出合适的人才。法兰西国王路易十四和其大臣让-巴蒂斯特·科尔贝在组建法兰西海军舰队时也曾遇到类似

让-巴蒂斯特·科尔贝

难题，他们决定在法兰西海军舰队内部培养一批专门的海军人才，主体是在军事院校接受过专业培训的年轻人为主。约克公爵詹姆斯·斯图亚特却选择了一种与法兰西海军舰队截然不同的人才选拔方式，他曾给理查德·斯泰纳写过一封信。具体内容如下：

尊敬的理查德·斯泰纳：
　　陛下正在鼓励志向高远的年轻人加入皇家海军舰队，为他们在军舰上学习航海知识提供机会。每位愿意献身航海事业的志愿者都应有机会到皇家海军舰队的军舰上体验和学习，他们的薪资水平应当与皇家海军少尉的候补军官一致，可以被视为负担更轻的海军少尉候补军官。为了贯彻陛下的旨意，我现向你推荐托马斯·达西先生。希望你能按照陛下的旨意，允许托马斯·达西先生登上你的军舰，在日常工作中学习一个绅士应该具备的品格。你将负责监督和帮助他的成长。

你最忠实的朋友
1661年5月7日

托马斯·达西是皇家海军史上第一个海军少尉候补军官。随后一大批在皇家海军水手长手下学习航海知识的皇家海军军官都被赋予皇家海军少尉候补军官的头衔。皇家海军少尉候补军官的称谓被持续使用了一段时间。

根据约克公爵詹姆斯·斯图亚特的规定，只有在海上服役超过七年的人才能被提拔为皇家海军少尉候补军官。我们不知道为什么在理查德·斯泰纳的军舰上学习航海知识、立志投身海军事业的年轻人会被称为海军少尉候补军官。这也许是一种约定俗成的称呼。设立皇家海军少尉候补军官为后续组建专业海军军官队伍奠定了基础。皇家海军少尉候补军官又被戏称为"国王的送信男孩"。尽管他们没有权利要求被提拔，但他们完全有资格被提拔为上尉。相比路易十四组建法兰西海军舰队的方式，约克公爵詹姆斯·斯图亚特的方法更接地气，卓有成效。17世纪末和整个18世纪的法兰西海军军官比皇家海军军官更具书卷气，知识更渊博，更热衷于理论构建和撰写著作，但在航海实践方面略逊一筹。法兰西海军军官认为，指挥国王的军舰是一种道德义务而非法律义务。法兰西海军军官性格善妒、个性自私，甚至会做出为维护自身特权损害国家利益的举动。与法兰西海军军官恰恰相反，皇家海军军官通常略显无知。皇家海军军官虽然无法将自己的身心得和感悟撰写成书，但实际上对航海生活了如指掌。此外，被送上军舰学习航海知识的年轻人不能主动要求晋升。因此，与法兰西海军军官相比，皇家海军少尉候补军官的性情更加朴素平和。值得注意的是，查理二世的皇家海军少尉候补军官与军舰上其他年轻人的不同主要体现在选拔方式上。皇家海军少尉候补军官是否能得到提拔不取决于他们能否获得查理二世亲自签发的命令，而是取决于他们的服役经历和能力。皇家海军军舰上的其他官兵只要拥有足够资历，也可以被查理二世提拔。但在实践中，有能力获得查理二世推荐信的年轻人更有可能获得提拔。17世纪和18世纪的英格兰军舰上存在许多贪腐和滥用职权的问题，其中一个典型是那些仍然在上学或尚未登船的皇家海军少尉候补军官的名字已经出现在皇家海军军舰的账目上。不过，这是理论运用于实践时难以避免的情况。无论最初构想在实践过程中出现多大偏差，约克公爵詹姆斯·斯图亚特的关键思想——在皇家海军舰队中，任何想要被提升为军官的人，都必须在查理二世的军舰上从学徒做起——没有改变，以此保证任何皇家海军军官都能为查理二世长期服务。当然这一构想的实现不可能一蹴而就。在约克公爵詹姆斯·斯图亚特的方法实施初期，受过训练的皇家海军学徒仍然十分有限，只能延续过去从其他领域指派海军军官的旧方法。虽然新的海军人才培养制度的建立绝非短时间内可以完成，但约克公爵詹姆斯·斯图亚特为该制度的建立和完善打下了坚实基础。因此，查理二世称得上是推动英国海军军官现代化的第一人。

约克公爵詹姆斯·斯图亚特的上述构思是其深思熟虑的结果。从塞缪尔·佩皮斯的书中可以得知，约克公爵詹姆斯·斯图亚特在担任海军上将初期，经常谈论皇家海军人才培养的相关话题，声称要让皇家海军享受与陆军同等尊贵的荣耀。毫无疑问，托马斯·达西的任命正是约克公爵詹姆斯·斯图亚特构思的具体体现。从皇家海军史的后续发展来看，约克公爵詹姆斯·斯图亚特的贡献比他自己能想象到的更伟大，他的成就在很久之后才得以彰显。1668年，皇家海军开始在部分皇家海军领航船上实施半薪制度，即没有出海参战的皇家海军军官可以领取一半薪水。半薪制度随后才被适用于全体皇家海军军官。在查理二世之前，因为从未实施过半薪制度保障皇家海军军官的收入，所以常任海军军官制度一直未能建立。

查理二世在位期间，皇家海军舰队的另外一个重要改变是颁布纪律条例。此前，每位上任的皇家海军上将都有权发布自己制定的纪律条例，其中一些普遍适用的惯例被称作"海事惯例"。查理二世在位期间，皇家海军舰队将"海事惯例"进一步细化，上升到法律条令的高度。1652年，英格兰议会通过并颁布了《战事和海事管理法令》，据说该法令是建立在伊丽莎白一世的海军纪律条例和皇家海军部指导条例基础之上的。奇怪的是，共包括三十九条纪律规定的《战事和海事管理法令》的主要内容并非纪律要求或对官兵职责的描述，而是训导官兵如何提高作战能力和禁止官兵与敌军建立任何关系。此外，三十九条纪律条例还直截了当地指出何时皇家海军军官可以将私掠船占为己有，以及参与护送商船的皇家海军舰长需要担负何种责任。皇家海军舰队官兵不得随意掠夺私掠船上的财物，皇家海军舰长不能在负责护送商船的过程中谋取私利。《战事和海事管理法令》要求，在战场上，皇家海军官兵面对对手时要勇猛，服从命令时要坚定。多数皇家海军纪律条例规定都以"任何过失和错误会受到最严厉的惩罚"这句话结尾。

约克公爵詹姆斯·斯图亚特的指令

当约克公爵詹姆斯·斯图亚特开始制定《战事和海事管理法令》时,毫无疑问,他必须遵守英格兰议会通过的相关法律。《战事和海事管理法令》中使用的很多表达和要求一直沿用至今,例如,禁止咒骂他人、酗酒、仪表邋遢的行为,以及其他有辱上帝荣耀和有违优良品德的举止。然而,在英格兰议会发布的正式《战事和海事管理法令》中,许多约克公爵詹姆斯·斯图亚特的原始指导意见都被修改了。此次颁布的《战事和海事管理法令》与其说是一系列规章制度,不如说是要求皇家海军官兵遵守纪律和拼死战斗的劝诫。约克公爵詹姆斯·斯图亚特发布了两套相辅相成的纪律指令,其中一套包含五十四项条例,是主要针对皇家海军舰长的"普遍要求";另一套则是名为"关于国王陛下的军舰管理,以及为国王陛下效忠的皇家海军指挥官、军官和海军士兵的日常规定"。

上述纪律条例也有制约造船公司和造船工人的目的。皇家海军舰长需要监督那些抓住一切机会贪污腐败的人。如果皇家海军舰长自己犯了同样的罪行,也会受到严厉惩罚。如今看来,约克公爵詹姆斯·斯图亚特颁布的《战事和海事管理法令》使用的语言和具体要求未免有些尖锐苛刻。例如,《战事和海事管理法令》规定,皇家海军舰长只有在得到其上级长官的认可后才能获得酬劳,如果皇家海军舰长曾隐瞒的过往失误被揭发,那么他必将遭受重罚。从以上条例可以看出,查理二世手下的政府迫切期望皇家海军舰长勤勉工作、专注战斗,不做出任何欺诈国王的恶行。其他条例则重申了皇家海军的纪律和组织架构。例如,第十五项条例规定,皇家海军舰长必须在任职年限达到七年后才能被任命为皇家海军少尉候补军官(尽管托马斯·达西等人不符合这条规定)、皇家海军舰长在没有接到特殊命令前不得出海航行。第二十二项条例规定,皇家海军舰长必须要求海上出航时遇到的外国船向英格兰军舰鸣炮致敬,确保对方遵从后方可回礼。第三十九项条例尤其重要,它规定了皇家海军炮手如何参加训练。皇家海军舰长必须保证"第一个月监督炮手们一周训练两次，每次训练发射六枚炮弹；第二个月监督炮手们每周训练一次，每次训练发射六枚炮弹；此后，炮手们每两个月训练一次"。皇家海军炮手的每次训练必须确保射击的精准度。第四十项条例严禁皇家海军舰长在船上私藏除"金、银或珠宝"以外的其他货物。查理二世和詹姆斯二世在位期间，关于皇家海军舰长走私货物的抱怨此起彼伏。我们稍后会再次提到形同虚设的第四十项条款。

《关于国王陛下的军舰管理及为国王陛下效忠的皇家海军指挥官、军官和海军士兵的日常规定》仅包括十项条款，大部分涉及禁止辱骂等冒犯行为，实际此项形同虚设；禁止酗酒，实际只有部分人遵守；禁止值勤时打瞌睡和无故离开等。违反以上规定的官兵将被扣掉部分薪水。当然，也有一些除扣钱以外的惩罚措施。例如，第三项条款规定，任何被发现有说谎行为的皇家海军士兵将被吊起来，背上绑上铲子和扫帚，其他官兵必须对说谎士兵高呼"骗子！骗子"。第八项条款提到可以使用鞭刑来惩罚某些违反《航海条例》的皇家海军官兵。

皇家海军部

除了建立皇家海军常任军官制度和设置纪律条例，皇家海军舰队还有许多其他工作急需完成，其中最关键的是建立造船厂和完善海军管理系统。在英格兰联邦和奥利弗·克伦威尔担任护国公时期，海军舰队处于海军管理委员会的领导下。海军管理委员会的功能是管理海军舰队的所有海军上将。同时，海军舰队接受海军部的管理。斯图亚特王朝复辟后难免要恢复过去的王权统治体系。因此，约克公爵詹姆斯·斯图亚特担任皇家海军上将，将所有权利揽于一身。与此同时，海军部的成员构成也有较大变化。负责监督和管理日常工作的两名新的委员——斯特拉顿的伯克利男爵约翰·伯克利和威廉·佩恩加入了海军委员会。1662年，约克公爵詹姆斯·斯图亚特的秘书威廉·考文垂加入海军委员会。此外，皇家海军还设立了查塔姆造船厂委员会、哈里奇委

威廉·考文垂

员会^①和独立于海军委员会的朴次茅斯委员会。就任皇家海军上将初期,约克公爵詹姆斯·斯图亚特被迫延续奥利弗·克伦威尔统治时期的旧制度,只有在皇家海军的遗留问题解决后,约克公爵詹姆斯·斯图亚特才能开始改革皇家海军的旧管理制度。约克公爵詹姆斯·斯图亚特制定的规章制度是诺森伯兰伯爵阿尔杰农·珀西在1638年担任海军上将时颁布的一系列措施的延续,约克公爵詹姆斯·斯图亚特在自己颁布的规章前附了一则有趣的声明。从信中可以得知,在皇家海军舰队人员调整的过程中,不少无才无德之人趁机挤进了这个队伍。皇家海军高级将领需要定期听取皇家海军舰长的报告,以便了解

---

① 哈里奇委员会在1668年被撤销。——原注

情况、撤掉不称职的下属。1717年，约克公爵詹姆斯·斯图亚特制定规章的正式版本发布，是一本名为《海军部规章制度》的薄书。《海军部规章制度》采用更加严谨的叙述方式，先是阐述皇家海军舰队军官的共同职责，随后分别解释各类皇家海军舰队军官的具体职责，书中内容前后呼应、逻辑清晰。虽然《海军部规章制度》中大部分命令与诺森伯兰伯爵阿尔杰农·珀西在1638年颁布的基本一致，而且书中没有提到海军委员会的两名新委员——斯特拉顿的伯克利男爵约翰·伯克利和威廉·佩恩的具体职责，但我们依然可以从中了解到，在蒙特罗斯侯爵詹姆斯·格雷厄姆改革海军体制前，皇家海军财政大

蒙特罗斯侯爵詹姆斯·格雷厄姆

臣、皇家海军检验员、皇家海军审计员和皇家海军文书等职位曾具备何种功能。我们先来看一下《海军部规章制度》中的第十八项条款对海军委员会的职责是如何界定的:"海军委员会各委员必须相互监督、相互核查。每位委员尽管具体职责和工作地点有所差别,但都肩负着同样的监察责任。"总而言之,在海军委员会中,委员的监察内容由他们的具体职责决定。

接下来第一个要介绍的皇家海军官员是皇家海军财政大臣。皇家海军财政大臣的主要职责是管理海军财政。具体来说,皇家海军财政大臣需要制定财政预算并征得其他人同意。因此,财政预算越详细越好。皇家海军财政大臣需要与"掌玺大臣"协调,换句话说,皇家海军财政大臣必须从英格兰财政大臣手中获取财政支持并每年向皇家财政大臣汇报情况。皇家海军财政大臣不能为任何有损皇室利益的行动拨款,必须知晓手下每笔拨款的去处,做财政预算时也需考虑周全、留有余地。

下面要提到的皇家海军检验员虽然在《海军部规章制度》一书中被列在第三位,但他的职责同样非常重要。皇家海军检验员需要在每年年末估计出下一年需要的军备库存;向皇家海军上将汇报军舰状况;确保自己或手下购入高品质且价格适中的军备物资;记录紧急情况和征用商船时出借的军备物资;支付皇家海军舰队所有水手长的薪水,确保所有水手长都能获得足够的军备物资和合理使用军备物资。到了每年年末,皇家海军检验员必须要求其他部门的海军工作人员监督和检查自己的工作成果。此外,皇家海军检验员在每年年末会根据账本记录,汇报下一年需要修缮的装备。随着皇家海军实力的壮大和巡航范围的扩张,皇家海军检验员很难在皇家海军舰队每次出航前都精确地备好物资。因此,皇家海军检验员的部分职责被分配给皇家海军调查文书。皇家海军调查文书的职责不包括出票,不需要时刻听从下属的意见。

接下来介绍的海军官员是皇家海军审计员。简单来说,皇家海军审计员的工作职能主要包括检查皇家海军财务大臣和皇家海军检验员的账本。因此,皇家海军审计员必须分类保存所有账目、监督皇家海军部的所有支出和核查军需库存。皇家海军审计员必须告知皇家海军委员会军需物资的市场价格、每季定期检查英格兰军需保管员的账本、出席所有会议、监督其他海军部门的工作、向皇家海军上将汇报库存的数量和状态、记账追踪所有的预付款项、保留所有预算和拨付给皇家海军财政大臣款项的副本。此外，皇家海军审计员需要计算皇家海军财政大臣和军需供应者账目上的余额，以便年底向皇家海军上将汇报本年度拨款是否有结余。

皇家海军委员会里最后一个关键职位是皇家海军文书。皇家海军文书的地位与现代英国政府中的国务次卿类似，是秘书处的主要领导，负责所有日常办公事宜。皇家海军文书需要参加皇家海军委员会的所有会议，记录所有会议细节。从《海军部规章制度》中可以得知，皇家海军文书还负责购买办公需要的日常用品和家具等。《海军部规章制度》中描述道，由于皇家海军文书手中的工作任务愈加繁杂，他们可以将任务分配给下属完成。此外，皇家海军文书需要确保"军需物资供货商多样化"。这意味着皇家海军文书需要保证皇家海军检验员和皇家海军委员会中的其他官员不会因长期只与一名供货商打交道而出现任何形式的贪腐行为。

除了上述提到的皇家海军委员会高级官员，皇家海军委员会还有大量级别稍低的工作人员。例如，负责接收、保管和根据上级命令分发军需物资的皇家海军仓库管理员。皇家海军仓库管理员需要检查所有与军需物资相关的账单；核查军需是否符合要求；确保接收的全部军需物资都配有相应的合同副本；记录账目；尽可能地确保独自完成全部工作，只在必要时寻求下属帮助。皇家海军仓库管理员不仅必须管理所谓的"仓库内"的货品，还要照料所有存放在"仓库外"的货物，如木材、金属等，时刻监测木材的消耗情况，确保在任何军舰腐烂时都可以提供足够的木材供维修使用。

皇家海军检查员主要负责核查工作人员的数量和工作时间，可以随时召集人员开会，每月召开一次固定会议。皇家海军检查员还负责监督搬运工和仓库管理员，要关注的内容与大型商铺和工厂的管理者类似，防止"上班迟到早退、工作时间饮酒、私下挪用建船木材等"。造船厂时常会有私下挪用建船木材的事情发生。曾有一个广为流传的笑话是造船厂周围的好房子用的木材全部来自造船厂。皇家海军检查员还需要及时为新建的军舰绘图,将图纸上交给皇家海军财政大臣。

皇家海军随员是在造船厂而非在军舰上工作的指挥人员,主要负责造船厂内所有与航海有关的工作,如指挥停泊的军舰调换位置、监督修船工和维持纪律秩序等。

皇家海军修船师主要负责建造军舰。值得注意的是,皇家海军修船师被禁止建造过于华丽的军舰,因为这意味着大量浪费查理二世的军需物资,例如把军需物资用于在舰体上雕绘过多的花纹或对舰体外部大面积镀金。一些还原当时英格兰军舰外形的模型清楚地展示出,不仅英格兰军舰的舰头和舰尾处有大量优美的雕刻,就连舷窗处也布满精心雕刻的镀金花冠。

造绳厂文书是负责造绳厂财务的工作人员。门房也是一个比较重要的工作职位,主要负责检查和杜绝小偷小摸的现象,主要职责包括"随时关注是否有走后门的行为,检查海上所有私人运输船,包括造船师乘坐的私人小艇;时刻监视任何不遵循制定路线航行的船;提醒皇家海军文书最新的检查和修缮情况"。私人运输指的是私下的不正当交易行为。在不到一个半世纪的时间里,几百万拨款在私人运输的过程中流失。此外,门房还需要时刻确保禁酒条例的顺利实施。

英格兰造船厂的水手长们负责管理库存,需要遵从造船师的指令行事、管理停泊的军舰。英格兰造船厂的炮手负责照看库存,每三天值班一次。英格兰造船厂的事务长需要管理粮食储备、分发军需品,同样需要每三天值班一次。

如果通过精心的制度设计就可以确保皇家海军内部秩序井然,那么由诺森伯兰伯爵阿尔杰农·珀西颁发、后来被约克公爵詹姆斯·斯图亚特正式确立下来的规章制度应该能够达到管理效果。严格的规章制度要求皇家海军官员相互监督,甚至到了人人自危的程度,似乎不应有人在众目睽睽下"顶风作案"。但事实恰巧相反，在查理二世统治期间，皇家海军的腐败问题十分严峻，甚至一直延续到18世纪。18世纪初，皇家海军内部的贪腐愈演愈烈，圣文森特伯爵约翰·杰维斯担任皇家海军部负责人时不得不为皇家海军委员会再添加一个委员。造成皇家海军规章制度失灵的原因无疑是道德败坏。如果负责监督贪腐行为的军官本身品行欠佳，那么任何制度都无法发挥作用。查理二世在位期间，从国王到下层军官，所有人都在绞尽脑汁地将国家的钱财挪进自己的腰包，最诚实的人也心安理得地收受贿赂。根据当时的道德标准，塞缪尔·佩

圣文森特伯爵约翰·杰维斯

皮斯称得上是一个极其诚实的官员，塞缪尔·佩皮斯虽然从不干任何倒卖军需物资或低价购买低劣物资的勾当，但在工作中也不曾放过任意捞钱的机会。我们可想而知，道德水平不及塞缪尔·佩皮斯的官员行为有多恶劣。这些官员不满足于收受信誉良好的供货商的礼物，还与品行恶劣的供货商狼狈为奸、购入大量残次商品。足够诚实的人在骗取皇家海军的资金时也绝不踟蹰，目睹他人的恶劣行为不会出面指责。在皇家海军造船厂里，弄虚作假和无端浪费的风气逐年盛行，最严重时导致皇家海军造船厂几年内流失了上百万英镑。

　　虽然英格兰政府对皇家海军官员的道德要求十分严厉，但仍无法防止浪费和管理不善等问题出现。这是因为皇家海军部存在固有缺陷。诺森伯兰伯爵阿尔杰农·珀西在拟定相关规章条例时，英格兰皇家海军的规模和取得的成就很有限。因此，由皇家海军委员会的四位官员根据纪律条例来监督手下行为并非难事。然而，随着17世纪中叶皇家海军的不断壮大和英格兰联邦时期朴次茅斯旱坞的建成，皇家海军委员会的管理难度日益增加。仅监督皇家海军财政大臣、皇家海军文书、皇家海军检验员和皇家海军审计员经手的全部款项就已经是一项庞杂的工作任务，更不用说核查所有的财政和库存。事实上，约克公爵詹姆斯·斯图亚特和手下的顾问意识到了开展工作的难度。皇家海军文书在按规章规定工作时也察觉到开展工作的难度，但没有引起足够重视。期待皇家海军委员会的四位委员事无巨细地监督所有工作进度、对所有工作担负直接责任，是不切实际的。皇家海军委员会的四位委员无法完成皇家海军规章制度的所有要求，只能将实际监管的责任丢给下属。下属也只能遵从上级要求。皇家海军委员会的委员们以无法事必躬亲为由逃避责任，他们的下级也以迫于上级权威为由继续逃避责任。上级和下级相互推诿，腐败现象由此产生。皇家海军内部的腐败根源还是在于皇家海军高级官员的懒惰。由于当时的道德要求过低，任何国家机构都很难遏制腐败风气。皇家海军内部存在敲诈勒索和铺张浪费等问题是不争的事实。许多建船木材被用来搭建私人房屋，私自挪用公款的现象也时常发生。在查理二世和随后几代英格兰君主的统治时期，皇家海军内部的腐败程度达到顶峰，因未能及时修葺而腐烂的军舰和低劣军需物资随处可见。但皇家海军舰队的出航活动照常进行。随后，皇家海军内部的贪腐行为更加倾向于铺张浪费，而不是提供低劣军需物资。英格兰人逐渐认识到，敲诈国家绝非道德行为。

皇家海军试图让皇家海军委员会的委员共同承担起责任同时遏制贪腐现象。不过，在需要委员们共同承担责任的时刻，特殊情况总会发生，不是委员们都采取消极工作的态度、拒绝采取行动，就是委员中一人享有极高权威、实际统领着其他委员。要求皇家海军委员会的委员共同担负责任是皇家海军部的第二次尝试。原本只能监督皇家海军财政大臣和皇家海军检验员的皇家海军审计员，逐渐成为皇家海军委员会中最有权势的职位，就连皇家海军上将和皇家海军委员会的委员也要听取皇家海军审计员的工作意见。虽然皇家海军上将和皇家海军委员会委员属于同级，事实上却是皇家海军委员会的统领。

随着皇家海军的工作日益复杂化，其他部门也开始与皇家海军委员会开展协作。英格兰认为设立一个服务伤残军人的部门十分必要。因此，皇家海军伤残军人办公室成为皇家海军管理系统中的常设机构，归属查塔姆造船厂。最早在伊丽莎白一世时期，约翰·霍金斯将因违反纪律而征收的罚金和部分掠夺金集中起来，用以资助在海战中不幸伤残的皇家海军官兵。到威廉三世统治时期，一笔向所有皇家海军官兵征收的额外资金被用来资助皇家海军伤残官兵，后来这部分资金却被挪作他用。为皇家海军提供军粮的工作原本由某位皇家海军检验员负责，随后却逐渐超出皇家海军检验员独自管辖的范畴。在查理二世统治末期，1683年，皇家海军成立了军粮供应委员会。皇家海军部随后成立了一些独立部门，如几经重设的交通委员会和薪酬办公室。尽管皇家海军部在管理改革中保留了主要部门，但仍然时常会有暂时和灵活的部门调整。当皇家海军部的管理改革最终完成时，皇家海军委员会下属的管理部门不超过十五个，各部门分散的地理位置增加了管理难度。例如，皇家海军部设在塞思英，伤残军人办公室和军粮供应委员会设在塔丘，薪酬办公室则设在宽街。

还有其他证据表明皇家海军在查理二世统治时期最终成型，即皇家海军上将直辖团，因其制服为黄色又被称为黄色制服团。皇家海军上将直辖团是世界上最早的正规海军部队。尽管皇家海军舰队曾经招募过大批士兵，但此前从未明确区分在国王的军舰上战斗的海军士兵和为英格兰战斗的其他士兵。皇家海军上将直辖团隶属于皇家海军舰队，是现代皇家海军的前身。皇家海军上将直辖团的雏形是1664年第二次英荷战争爆发前夕，伦敦组建的一支训练有素的队伍，光荣革命时一度被解散。因为关于皇家海军军官是海上战斗者而非海员的旧观念根深蒂固，所以皇家海军上将直辖团的军官和普通皇家海军军官的职能经常被混为一谈。

皇家海军实力逐渐达到顶峰的过程也是艰苦卓绝的战斗过程。查理二世在即位苏格兰国王后的第十一年，即1661年，再次夺回王位。在这十一年里，皇家海军的实力在战争中逐渐提升。奥利弗·克伦威尔曾命令爱德华·蒙塔古率领一支海军舰队北上，目的是介入瑞典和丹麦之间的海战。阿尔杰农·悉尼等人组成的委员会跟随爱德华·蒙塔古一同前进，负责监督爱德华·蒙塔古的行为是否得当。鉴于当时英格兰国内的复杂局势，爱德华·蒙塔古和下属不敢航行太远，中途找借口返航并将阿尔杰农·西德尼等人甩在身后。由于奥利弗·克伦威尔政权不稳，无法对爱德华·蒙塔古等人追责。随后，爱德华·蒙塔古不再担任海军上将，由约翰·劳森接任。约翰·劳森是一名再洗礼派教徒，自称是英格兰北部的小商船船长出身。在英格兰内战期间，约翰·劳森曾在海陆两地为英格兰议会派作战。基于约翰·劳森的过往经历及其信奉的宗教，人们猜测约翰·劳森是斯图亚特王朝复辟的坚决反对者。但约翰·劳森对海军舰队推进斯图亚特王朝复辟的请愿书持支持态度，还曾与阿尔比马尔公爵乔治·蒙克开展合作。查理二世重新恢复统治后，一些保皇派提议清查和惩罚约翰·劳森。然而，对查理二世来说，约翰·劳森和其他皇家海军将领十分重要。

因此，明事理的查理二世将约翰·劳森等人形容为"曾经得过瘟疫并已痊愈、不会再度感染的人"。根据忠实保皇派克拉伦登伯爵爱德华·海德对约翰·劳森性格的描述，我们可以了解到，再洗礼派教徒约翰·劳森毫无保留地拥护着王权统治。

巴巴里海盗

斯图亚特王朝复辟后，查理二世手下的皇家海军军官有大量工作要做，其中最迫切的就是保护英格兰王国在地中海地区的贸易。然而，在皇家海军舰队出航对抗巴巴里海盗前，皇家海军尚未在约克公爵詹姆斯·斯图亚特的管理下发展成熟。1660年年底和1661年，查理二世正忙着组建新政府，议会在为付清此前欠款的提案投票，无暇顾及皇家海军。然而，当英格兰议会为皇家海军提供足够的资金和皇家海军军官队伍的调整也已经完成后——这意味着赶走狂热的清教徒并尽可能地起用对查理二世更忠心的保皇派人士——一支皇家海军舰队在桑威奇伯爵爱德华·蒙塔古和约翰·劳森的率领下出海远航。皇家海军舰队背负着双重任务。一是严惩猖狂的巴巴里海盗。巴巴里海盗已经从在突尼斯时罗伯特·布莱克的打击中重新恢复，再度开始在地中海地区掠夺英格兰商船。二是将查理二世的妻子布拉干萨的凯瑟琳带回英格兰王国，占领作为其部分嫁妆的非洲海岸哨所。

占领丹吉尔

皇家海军舰队试图剿灭巴巴里海盗的有关行动进展得并不顺利。桑威奇伯爵爱德华·蒙塔古率领十八艘军舰和两艘火攻船前往阿尔及尔并于1662年7月抵达，通过一名英格兰领事与阿尔及尔当地人展开协商。阿尔及尔人拒绝停止在海上掠夺英格兰商船，桑威奇伯爵爱德华·蒙塔古率领的皇家海军舰队

布拉干萨的凯瑟琳

的实力不足以轰炸整个阿尔及尔城镇。进退两难的境地中，桑威奇伯爵爱德华·蒙塔古决定让手下的舰队分头行动。约翰·劳森和手下的十二艘军舰被要求集中火力向巴巴里海盗开战，桑威奇伯爵爱德华·蒙塔古开始付诸外交手段。作为布拉干萨的凯瑟琳嫁妆的军事哨所位于非洲沿海的丹吉尔，毗邻直布罗陀海峡，地理位置极佳。查理二世统治时的英格兰政府虽然经常招致非议，但在维护英格兰王国的海外商贸利益方面非常称职。当时英格兰政府迫切想要在地中海附近占据一个交通便利的港口。早在伊丽莎白一世时期，某些军官就对失去对加的斯的管辖权悔恨莫及，因为加的斯对英格兰王国在海外开展贸易有重要意义。奥利弗·克伦威尔曾命令英格兰联邦海军舰队逼近西班牙海岸，尝试夺下直布罗陀。英格兰政府要求将丹吉尔列入葡萄牙公主布拉干萨的凯瑟琳的嫁妆，为了英格兰新教徒和罗马天主教徒的婚姻费尽心思协调，其

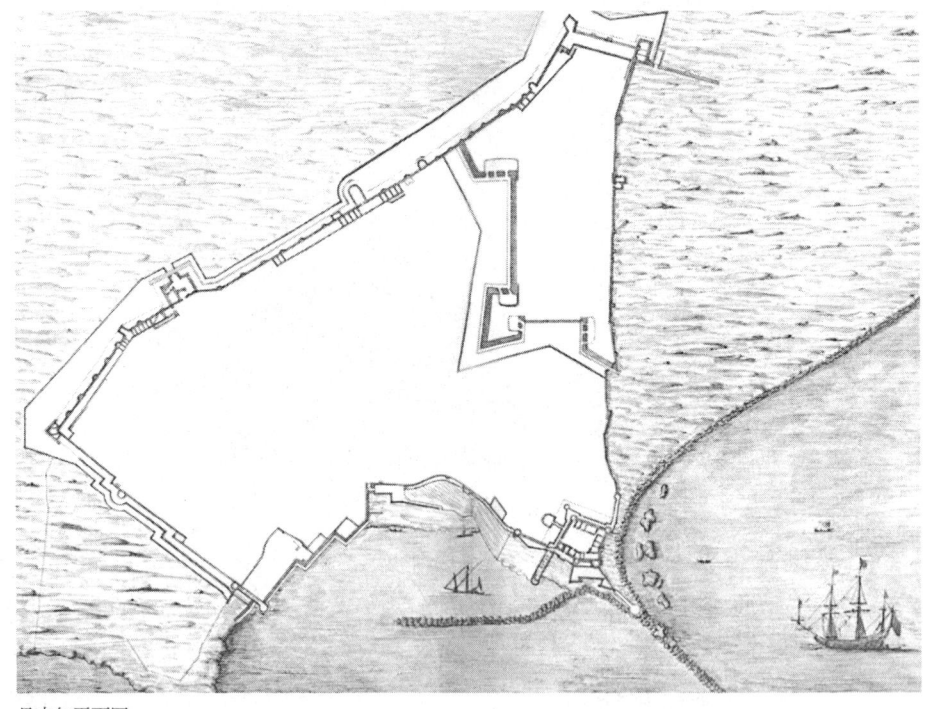

丹吉尔平面图

葡萄牙移交给英格兰的孟买岛殖民地

至还将敦刻尔克送给法兰西王国。被一并作为布拉干萨的凯瑟琳的嫁妆移交给英格兰王国的还有孟买岛。在当时的观点看来，孟买岛的意义没有丹吉尔重要，但对皇家海军来说，占据孟买岛和丹吉尔同样重要。此前，皇家海军从未打算将孟买岛变成军事基地。孟买岛先是由莫尔伯勒伯爵詹姆斯·利管理，后来又被移交给东印度公司。如今，终于有正当理由使孟买岛成为英格兰的海外领土。虽然战略意义重大的丹吉尔从葡萄牙人手中移交给英格兰人后，最终还是还给了摩尔人，但查理二世占据着两个军事要塞的事实显示出他已做好准备为英格兰的国家利益将皇家海军派往世界各地。这也显示出皇家海军作为一支常规军事力量的强大实力。如果桑威奇伯爵爱德华·蒙塔古占领孟买岛的时间再长一些，也许葡萄牙人会伺机夺回孟买岛。当桑威奇伯爵爱德华·蒙塔古率领皇家海军抵达孟买岛后，葡萄牙的白色卫戍部队被摩尔人伏击，几乎全军覆灭。桑威奇伯爵爱德华·蒙塔古将葡萄牙白色卫戍部队的幸存者救回，留下一支英格兰军队守住孟买岛。桑威奇伯爵爱德华·蒙塔古前往里斯本迎接布拉干萨的凯瑟琳并护送她到英格兰。桑威奇伯爵爱德华·蒙塔古此行肩负着外交和军事双重任务。桑威奇伯爵爱德华·蒙塔古要负责接收布拉干萨的凯瑟琳的嫁妆，与葡萄牙政府达成最终协议。这部分工作对桑威奇伯爵爱德华·蒙塔古来说更棘手。葡萄牙王国政府承诺的嫁妆远远超过了偿付能力，所有的嫁妆都是货物而非现金。桑威奇伯爵爱德华·蒙塔古将布拉干萨的凯瑟琳护送回英格兰后，曾暂时陷入尴尬境地，因为布拉干萨的凯瑟琳没能带回丈夫查理二世期望的高额嫁妆。随后，布拉干萨的凯瑟琳发现查理二世情妇众多，大闹英格兰宫廷。事实上，所有参与协调这桩婚事的人都成了查理二世的发火对象。

当桑威奇伯爵爱德华·蒙塔古占领丹吉尔与葡萄牙大臣就布拉干萨的凯瑟琳的嫁妆讨价还价时，约翰·劳森爵士正在与阿尔及尔海盗展开激战。整体而言，约翰·劳森爵士的进展比想象中的迅速。海盗人数更少的突尼斯和的黎波里不是皇家海军舰队的对手，但阿尔及尔海盗是劲敌。当时，约翰·劳森爵士面前摆着两种解决办法，但他无法选择其中任何一个。一是派出一支足以攻破敌方堡垒的部队放火烧掉孟买，二是在海上对阿尔及尔海盗实施全面封锁。约翰·劳森爵士率领的部队的实力不足以采取这两种解决办法。在一番深思熟虑之后，约翰·劳森爵士强迫孟买政府释放了近一百五十名英格兰、苏格兰囚犯和数艘英格兰商船。由于英格兰商船对阿尔及尔海盗来说不实用，约翰·劳森爵士的要求没有遭遇过多阻挠。约翰·劳森爵士要求阿尔及尔海盗归还之前抢夺的货物时，却被蛮横拒绝。约翰·劳森爵士被阿尔及尔海盗的行为和态度惹怒，恰好找寻到一个机会给阿尔及尔海盗一点教训。一艘配有三十四门火炮的阿尔及尔巡洋舰被皇家海军拦截，约翰·劳森爵士立即扣下这艘军舰。出于报复心理，约翰·劳森爵士将船上的摩尔人和土耳其人作为奴隶贩卖

布拉干萨的凯瑟琳抵达英格兰海岸

给正在地中海航行的法兰西海军上将旺多姆公爵塞萨尔。约翰·劳森爵士的大胆举动让阿尔及尔海盗有所收敛。查理二世在位期间，皇家海军舰队多次出征对抗阿尔及尔海盗，直到阿尔及尔海盗意识到英格兰商船不能随意冒犯。

约翰·劳森和米歇尔·德·勒伊特

约翰·劳森在地中海区域一直待到1663年才返航。之后，他曾与荷兰海军上将米歇尔·德·勒伊特合作过一段时间。荷兰海军上将米歇尔·德·勒伊特因为负责驱逐阿尔及尔海盗的任务被派遣到地中海地区。导致皇家海军和荷兰海军反目成仇的原因与19世纪基督教世界里的纷争原因相似。欧洲大国一直处于激烈的竞争和喋喋不休的争吵中，持久的内耗使欧洲大国无力镇压伊斯兰国家的海盗行为。当荷兰海军上将米歇尔·德·勒伊特在海上遇到约翰·劳森爵士时，米歇尔·德·勒伊特命令荷兰海军军舰向约翰·劳森率领的皇家海军军舰鸣炮致意、对皇家海军军旗敬礼、降下荷兰海军军旗以示尊重。随后，约翰·劳森爵士要求皇家海军军舰鸣炮回礼，但没有对荷兰海军军旗敬礼。荷兰海军上将米歇尔·德·勒伊特认为自己受到羞辱。自1653年以来，荷兰共和国已经承认了英格兰人在大不列颠附近海域的主权，但在其他海域，荷兰人不认为自己比英格兰人低一等。荷兰海军上将米歇尔·德·勒伊特愤愤不平地向荷兰共和国大议长约翰·德·威特抱怨皇家海军舰队傲慢无礼的举动。荷兰海军上将米歇尔·德·勒伊特暗下决心，如果与约翰·劳森在海上重逢，自己绝不会向皇家海军旗帜敬礼。然而，荷兰共和国国内要求荷兰海军上将米歇尔·德·勒伊特在海上尽量避开皇家海军舰队，遇到约翰·劳森时必须降旗致敬。荷兰海军上将米歇尔·德·勒伊特为了避免被约翰·劳森爵士羞辱，不得不尽量远离皇家海军舰队。荷兰海军和皇家海军共同对抗阿尔及尔海盗的合作基础开始出现裂痕。

约翰·德·威特的民族自尊心极强，若不是因为过分恐惧皇家海军舰队，他绝不会对荷兰海军上将米歇尔·德·勒伊特下达有损荷兰海军尊严的命令。约翰·德·威特的无奈之举是为了避免英格兰王国主动挑起战争。事实上，第二次英荷战争爆发的导火索与第一次英荷战争如出一辙。英格兰人想要在荷兰人的海上商贸活动中分一杯羹，但英格兰王国和荷兰共和国不愿平心静气地商讨对错、解决争端，矛盾积累到一定程度难免引发战争。第一次英荷战争的结局不是英格兰人期望的。奥利弗·克伦威尔对西班牙王国采取的敌对策略，令英格兰王国与西班牙王国的海上贸易都被荷兰共和国抢走。荷兰共和国成功插手丹麦王国和瑞典王国之间的战事，令荷兰共和国的声望大幅提升。莱文斯坦派对荷兰共和国的日常运转虽然心存质疑，但在推动荷兰共和国

荷兰共和国的徽章

商贸发展方面非常称职。查理二世回英格兰后，荷兰人在海上贸易方面仍然是英格兰人的强劲对手。在远东地区，荷兰东印度公司拥有极大的权势。荷兰人愿意履行对奥利弗·克伦威尔许下的承诺，却无法控制荷兰东印度公司在摩鹿加群岛的所作所为。在远东地区航行的英格兰商船抱怨说，他们经常被荷兰人中途拦截后遣返回国。英格兰商船的说法不乏夸张成分，但英格兰人在远东地区开展贸易时确实时常被荷兰人阻挠。为了维护英格兰人在远东地区的利益，英格兰王国在与荷兰共和国的谈判中据理力争。乔治·唐宁爵士是英格兰王国在荷兰海牙的谈判代表，他曾效忠奥利弗·克伦威尔，后来归顺查理二

乔治·唐宁爵士

世。乔治·唐宁爵士虽然生性傲慢无礼，却懂得通过贬低荷兰人来迎合查理二世。乔治·唐宁爵士毫不犹豫地决定与某位荷兰共和国议会成员——事实上是约翰·德·威特的对头——联手策划一场阴谋。

第二次英荷战争

英格兰王国与荷兰共和国的商贸竞争因政治上的龃龉变得愈发激烈。约翰·德·威特曾在奥利弗·克伦威尔的威胁下推动荷兰共和国议会通过剥夺奥兰治-拿骚家族权力的永久法令。尽管约翰·德·威特不愿迫于奥利弗·克伦威尔的权势行动，但驱逐奥兰治-拿骚家族符合莱文斯坦派的利益。年轻的奥兰治亲王威廉三世是英格兰国王查理二世的侄子，血缘纽带虽然从来不会成为任何亲王实现远大抱负的绊脚石，但有时候可以成为推三阻四的借口。此前，荷兰人在奥利弗·克伦威尔的要求下禁止查理二世进入荷兰共和国。查理二世对此始终耿耿于怀。1660年，查理二世复辟后，自觉理亏的荷兰人试图通过提供大笔资金和不吝赞美的方式安抚查理二世。查理二世生性乐观宽容，但对荷兰人迫于恐惧而摆出的讨好姿态十分介意。荷兰共和国议会曾隆重宴请过查理二世，查理二世对宴会的打趣，显示出他对荷兰人真实意图的深刻了解："荷兰共和国议员们确实奉上了丰盛的大餐，但其中几个议员总是时不时地来品尝美食，他们似乎觉得自己有权分上一杯羹。"查理二世从荷兰共和国带回的巨额贸易利息足够引发英格兰全体国民的嫉妒，查理二世和弟弟约克公爵詹姆斯·斯图亚特成为皇家几内亚公司最大的两位股东。皇家几内亚公司是为了向西印度群岛和美洲供应奴隶而建立的，在安的列斯群岛设有代理人，目标是垄断奴隶贸易。皇家几内亚公司在西印度群岛的当地代理人强迫西班牙人从英格兰人手中购买黑人奴隶。西班牙人不甘愿将高利润的黑人奴隶贸易从自己的热那亚公司拱手转让给英格兰人。查理二世在牙买加的治安官曾派出海盗攻击西班牙人的种植园。因此，西班牙人不得不让步。荷兰人也在黑人奴隶贸易中占有一席之地，在非洲西海岸有诸多交易据点。我们可以想象，荷兰人同样急切地想要垄断美洲的黑人奴隶贸易，但荷兰人也想和英格兰种植园主做生意。英格兰种植园主意图购入价格低廉的黑人奴隶，如果荷兰人出售的黑人奴隶价格远远低于英格兰人，英格兰种植园主不介意与荷兰人开展交易。久而久之，皇家几内亚公司的黑人奴隶价格持续下跌，摆脱价格方面的恶性竞争成为皇家几内亚公司的工作难题，黑人奴隶贸易竞争成为推动第二次英荷战争爆发的重要原因。

第二次英荷战争爆发的原因

欧洲各国在殖民地扶持本国贸易企业的行为极易引发国际争端。殖民地管辖范围由遥远的各国政府划定，手下拥有武装力量的贸易竞争对手们更容易爆发冲突。因为地理位置相隔遥远，任何殖民地公司和宗主国之间的往来动辄要花费一两年时间，所以欧洲国家对本国殖民地公司的控制权非常微弱，国内关于本国殖民地公司的最新消息通常从外国大使的抱怨中得来。一般要等到事情发生几个月后，欧洲各国才会获得事态发展的相关证言。这些证言往往掺杂着目击者的主观色彩。因为各国贸易公司在各自权利、财产和影响力等问题上难免产生争端，所以欧洲各国的贸易公司之间经常会在殖民地爆发一定规模的战争。即使在19世纪，中央政府也有责任阻止遥远大陆上各国探险家之间的冲突。某些时候，当中央政府开始采取行动时，事态往往已经超出了可控范围，正如17世纪的荷兰共和国议会和英格兰王室难以制止英格兰人和荷兰人在非洲西海岸和摩鹿加群岛爆发冲突。某一方殖民探险家的爱国情绪极其高昂时，一场冲突就在所难免。当时，英格兰人对荷兰人的敌意快要达到顶峰，只要查理二世一声令下，英格兰民众就会立即投身于与荷兰共和国的战争。英格兰商人对荷兰人此起彼伏的抱怨传到了英格兰议会，英格兰上议院和下议院都向查理二世说明了相关情况，督促查理二世尽快采取行动惩罚在殖民地犯下滔天罪行的荷兰人。据称，英格兰人的损失高达七八十万英镑。

随后，荷兰共和国放任荷兰贸易公司主动挑起争端，令事态进一步恶化。英格兰王国和荷兰共和国迅速决定支持各自的贸易公司开战，甚至省略了以国家身份对彼此宣战的环节。从奥利弗·克伦威尔派遣英格兰联邦海军舰队远征西印度群岛的举动中可以看出，当时的战争属于所谓的"局部战争"，即国家之间可以在世界任意角落爆发局部冲突，而不是大规模的全面战争。当查理二世和约克公爵詹姆斯·斯图亚特发现与荷兰共和国开战符合当下英格兰王国民意时，他们选择效仿奥利弗·克伦威尔对荷兰共和国宣战。在罗伯特·霍姆斯的率领下，一支皇家海军舰队攻击了非洲西海岸的荷兰种植园。正如之前提到的，罗伯特·霍姆斯是一名曾追随莱茵的鲁珀特亲王的英格兰保皇派海军军官。在一路跟随莱茵的鲁珀特亲王的过程中，罗伯特·霍姆斯曾经到访非洲西海岸，甚至被荷兰人怂恿攻击当地的英格兰人。出于罗伯特·霍姆斯的过往经历和其对非洲西海岸地区的熟悉程度，查理二世认为罗伯特·霍姆斯是带领皇家海军舰队出征非洲西海岸的不二人选。1663年10月，罗伯特·霍姆斯带领一支小规模的皇家海军分队从英格兰起航。罗伯特·霍姆斯被要求在航程中尽可能避免与荷兰人爆发冲突。

罗伯特·霍姆斯的航行

我们可以大胆猜测，查理二世和约克公爵詹姆斯·斯图亚特对罗伯特·霍姆斯的要求不过是出于外交考虑而非真心实意。罗伯特·霍姆斯在航行全过程中的举动表明，他已经事先知晓，只要能找到合理的借口向荷兰人开火，他绝不会受到任何惩罚。不过，想要找到一个正当理由开战绝非易事。当罗伯特·霍姆斯抵达冈比亚河时，他发觉英格兰商人和当时已经成为英格兰盟友的葡萄牙人早已对荷兰人的过分举动满腹怨言。在继续航行的路上，罗伯特·霍姆斯偶遇一艘荷兰海军军舰。搜查完这艘荷兰海军军舰后，罗伯特·霍姆斯宣

罗伯特·霍姆斯

称自己在船上发现荷兰共和国要求荷兰海军攻占英格兰堡垒的命令。我们不清楚罗伯特·霍姆斯在收到避免发生冲突的要求后为何还要选择搜查荷兰海军军舰。在荷兰人看来，罗伯特·霍姆斯的举动是赤裸裸的强词夺理和主动挑衅。荷兰人和英格兰人就贸易问题剑拔弩张。罗伯特·霍姆斯是否曾经真的对荷兰人主动挑衅已无须辨明。罗伯特·霍姆斯在佛得角群岛附近掠夺了大量战利品，随后一路扫荡到塞拉利昂。罗伯特·霍姆斯对荷兰军事基地的袭击引起轩然大波。罗伯特·霍姆斯还占领了一些小的荷兰军事基地。罗伯特·霍姆斯接下来的举动显示出他是有备而来的，他挑起的全部战斗绝非违心之举。罗伯特·霍姆斯先是穿过大西洋，袭击了美洲大陆上的荷兰人，虽然他和手下不小心进入荷兰殖民地新阿姆斯特丹，但最终毫发无损地成功逃走了。随后，罗伯特·霍姆斯返回英格兰。在荷兰共和国驻英格兰大使的强烈要求下，罗伯特·霍姆斯被投入伦敦塔。这表明英格兰政府当时还没有做好对荷兰共和国正式宣战的准备，更倾向于让荷兰共和国主动宣战。但这不意味着罗伯特·霍姆斯的挑衅是自发行为。

当约翰·德·威特发觉英格兰人正在挑衅西印度公司，他的反应是不动声色地以同样的手段实施报复。约翰·德·威特没有利用自身影响力劝说荷兰共和国议会发动战争，他心里清楚战争迟早会爆发。组成莱文斯坦派的商业寡头们竭力避免战争，他们宁愿以可接受的代价采取让步来平息查理二世的怒火。如果战争确实无法避免，他们希望尽量把战火控制在殖民地范围，但这些想法非常不切实际。傲慢专横的乔治·唐宁爵士正密切关注着荷兰共和国议会的一举一动，假如荷兰海军舰队在荷兰的港口有追踪罗伯特·霍姆斯的任何迹象，乔治·唐宁爵士马上就会收到消息，第二次英荷战争一触即发。应荷兰共和国议会的要求，正在地中海地区巡航的米歇尔·德·勒伊特手下的荷兰海军舰队准备好随时待命。与此同时，乔治·唐宁爵士随时等待上级下达命令。约翰·德·威特通过巧妙安排，成功避免了战争爆发。约翰·德·威特听从了手下顾问团关于应该如何应对罗伯特·霍姆斯来犯的意见，随后将指令悄悄送到正在举行常规集会的荷兰共和国议会。根据手下顾问团的建议，约翰·德·威特需要装备好一年的军需物资前往西班牙海岸，一路追随罗伯特·霍姆斯的行踪，趁机收复皇家海军舰队攻下的占领区和对英格兰破坏荷兰贸易的行为采取报复行动。约翰·德·威特收服了荷兰海军在非洲西海岸建立的军事基地，随后率领手下舰队前往西印度群岛。途中，约翰·德·威特的舰队曾在巴巴多斯试图对英格兰人发动进攻，虽然进攻最终没有成功，但确实打击了英格兰王国在巴巴多斯的贸易活动。约翰·德·威特的舰队沿着北美洲海岸线一直航行至纽芬兰。在纽芬兰，约翰·德·威特没能成功收复新阿姆斯特丹，也就是英格兰人口中的"纽约"。于是，他决定从纽芬兰启程返回荷兰共和国。

荷兰共和国的反击点燃了英格兰王国的怒火，也许这是因为英格兰人一向无法做到"己所不欲，勿施于人"。荷兰政府和英格兰政府都下达了宣称采取报复行动的通知。双方紧随其后各自展开的私掠行动更是起到火上浇油的作用。荷兰共和国内的寡头阶层依旧试图避免战争，但英格兰王室最终找到合理借口并决心与荷兰共和国开战。英格兰王室提出的苛刻要求突破了荷兰人求和的底线。1665年3月，英格兰王国和荷兰共和国正式公开宣战。

皇家海军舰队与荷兰海军舰队

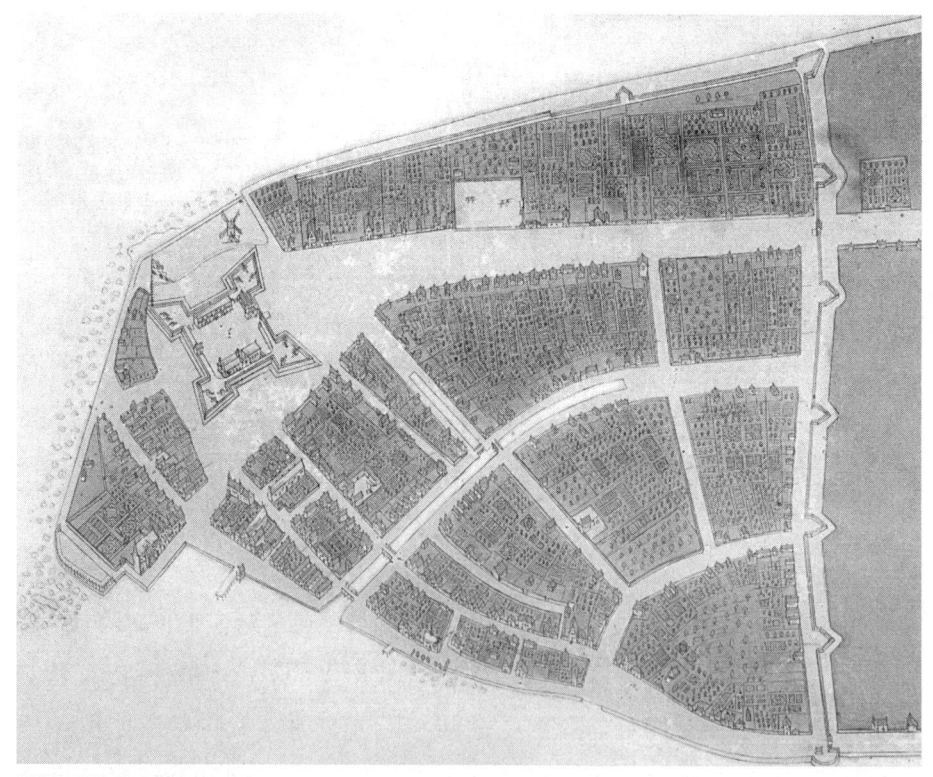

新阿姆斯特丹示意图

自第一次英荷战争结束，荷兰海军和皇家海军的力量对比没有发生太大变化。皇家海军仍然凭借高度协调的指挥水平和更加强大的军舰实力略胜一筹。荷兰共和国没有采取任何措施改进荷兰海军舰队在组织方面的致命缺陷。事实上，统治荷兰共和国的莱文斯坦派对如何提升荷兰海军舰队的战斗力根本无计可施。改善荷兰海军舰队团结度的唯一手段是将领导权集中到一个被任命为荷兰海军上将的总督手中。但此类措施对莱文斯坦派来说无异于政治自杀。所以在第二次英荷战争中，荷兰海军舰队的分裂程度与第一次英荷战争中并无二致，莱文斯坦派还是提高荷兰海军舰队的参战士气。

复辟后的斯图亚特王朝仍然得益于奥利弗·克伦威尔和英格兰议会此前为提高海军舰队实力付出的努力。到查理二世执政后期，虽然皇家海军内部愈演愈烈的贪腐问题已经渗透到皇家海军日常管理的方方面面，但皇家海军舰队的士气不减。皇家海军舰队任命了部分毫无参战经验的年轻人担任皇家海军舰队舰长，但绝大多数舰长和军官是参加过第一次英荷战争的老兵，他们习惯并肩作战，彼此间很熟悉。对他们来说，第一次英荷战争不过刚刚结束，这有助于约束皇家海军，在接下来的第二次英荷战争中，继续保持严厉的纪律。

奥利弗·克伦威尔留给查理二世的皇家海军舰队包括总重五万七千四百六十三吨的一百五十四艘军舰，平均每艘军舰的规格在三百七十吨左右，其中二三十艘军舰为外国人建造，也就是说，这二三十艘军舰是从荷兰人、法兰西人和西班牙人手中掠夺来的战利品。大部分皇家海军军舰由佩特家族制造。有趣的是，虽然查理二世曾经对改进皇家海军舰队军舰的外形和质量非常上心，但皇家海军的制船工艺似乎在持续倒退。虽然退步趋势不明显，但皇家海军的制船工艺已经远远落后于法兰西海军。查理二世在位期间，皇家海军造船师经常模仿法兰西海军军舰模型造军舰，但常以失败告终。在查理一世统治时期，菲尼亚斯·佩特和弟子们的造船水平可称得上是世界第一。查理二世即位后,皇家海军的造船技术优势逐渐消失。通常凭经验造船的荷兰人也能建造出比皇家海军舰队军舰质量和实力更强的军舰。塞缪尔·佩皮斯曾经写道:"1663年和1664年,荷兰人和法兰西人已经建造出有双层甲板的军舰,军舰上可以装备六十到七十门火炮,最低一层的火炮离水面仅有四英尺。他们的军舰上可以装载四个月的军需物资,而我们在敦克尔刻制造出来的护卫舰外形更狭长,最低一层的火炮离水面不到三英尺,仅能装载十周的军需物资。"察觉到以上差距后,安东尼·迪恩设计并建造了"鲁珀特"号和"决心"号,希什先生建造了"剑桥"号,约翰逊先生建造了"战鸳"号,卡斯尔先生建造了"挑战"号。"战鸳"号和"挑战"号可装载六个月的军需物资,最低一层的火炮距离水面约四英尺半。安东尼·迪恩等人为推动皇家海军发展做出了巨大贡献。然而,皇家海军在造船工艺上的飞速发展只是暂时的。在九年后,即1672年爆发的第三次英荷战争中,皇家海军发现,由三十艘军舰组成的法兰西海军舰队中有数艘军舰在尺寸和质量上都超过了皇家海军舰队中的同类军舰。与第三次英荷战争中出战的法兰西海军军舰相比,皇家海军军舰体形更窄,承载军需物资的数量更少,火炮位置离水面更近。于是,海军俘获了一艘军舰上装备七十四门火炮的法兰西海军军舰"卓越"号作为模型改进自身造船工艺。很快安东尼·迪恩就根据"卓越"号军舰仿造出"哈里奇"号。皇家海军还改造了现有的三十艘海军军舰,但当时皇家海军内部普遍存在的腐败令上述努力收效甚微。用查理二世拨付的资金建造的军舰质量堪忧,后续维护难以跟进,再加上造舰用的原材料绝非上乘,很多军舰在正式启用之前船锚就已腐烂。一味只注重造舰数量而非质量的发展理念本身就存在问题。当可供花费的造舰资金有限时,过于注重建造数量会限制建造军舰的尺寸。在保证配备火炮数量的情况下,军舰的尺寸往往是最小的。17世纪后半叶和整个18世纪,皇家海军建造出的军舰在尺寸上均小于法兰西海军军舰。在18世纪,皇家海军的军舰制造水平一度落后于欧洲其他国家,两艘装备有七十四门火炮的皇家海军军舰不如相同型号的西班牙海军军舰威力大。一艘装备有八十门火炮的法兰西海军军

安东尼·迪恩

舰的尺寸与装备有一百门火炮的皇家海军军舰尺寸相同。但这是皇家海军后续的发展变化。查理二世在位期间，皇家海军舰队在整体数量上仍然比荷兰海军舰队更具优势。第二次英荷战争爆发前期，约克公爵詹姆斯·斯图亚特曾在朴次茅斯写信抱怨皇家海军造船厂建造的军舰尺寸过小，他认为荷兰海军舰队总是能在军舰数量上取胜。因此，皇家海军舰队应该通过提升军舰尺寸来抗衡荷兰海军舰队。此外，还要增加每艘皇家海军军舰上装载的火炮数量。

尽管这种观点在当时并不流行，但我们在谈到皇家海军发展史上的两大分支[①]时，约克公爵詹姆斯·斯图亚特的观点仍然具有宝贵价值。

权威文献

约克伯爵詹姆斯·斯图亚特撰写的《一般指示》《指令》《皇家海军部经济状况》等作品介绍了皇家海军机构的主要运作方式。塞缪尔·佩皮斯的作品展示了皇家海军在执行命令时的精神风貌和工作方式。《国家文件汇编》提供了皇家海军部下发给驻外皇家海军军官的指令和驻外皇家海军军官上交的报告。克莱登伯爵爱德华·海德的回忆录从英格兰王国的视角出发，展示出第二次英荷战争爆发的全貌。M.彭塔利斯以现代法兰西历史研究学者清晰、全面和批判的风格，叙述了第二次英荷战争爆发时荷兰共和国的具体情形。

---

① 一支认为增加军舰数量最重要，另一支认为增强军舰实力最关键。——原注

第 11 章

第二次英荷战争到四日海战

第二次英荷战争开始

荷兰共和国按兵不动,让英格兰王国有了能够修整好舰队并准备出海的时间就是荷兰共和国尚未准备好开战的最好证据。如果荷兰共和国真的想要借着某个由头开战,那么罗伯特·霍姆斯巡航中的挑衅便是一个再充分不过的理由。但一年的时间过去了,直到英格兰王国发动攻击之前,荷兰共和国也没有发起战争。荷兰共和国一定没忘记米歇尔·德·勒伊特反击巡航的范围被严格限制在罗伯特·霍姆斯已经覆盖的范围之内,所以反击只能被限制在殖民地中。约翰·德·威特及其党派如果真的想要与英格兰王国展开新的战斗,那么可能很容易就能给英格兰王国措手不及的一击。直到1665年年初,英格兰王国才准备好开战。荷兰共和国的情况也没有好到哪里去。商业寡头倾其所有发展经济,他们的战斗舰队尚未就绪。因此,英格兰政府有时间装配武器。对手荷兰共和国延迟的每个小时都很宝贵。到1664年11月,准备好或被动地准备好出海的英格兰舰队的全部兵力仍仅限于爱尔兰海岸的三艘军舰、驻守在海峡中的十三艘军舰,以及在丹吉尔执勤的一艘军舰。去往纽芬兰渔场的护航队雇佣了两艘军舰,加上派往新英格兰的三艘军舰和在牙买加的两艘军舰,一共有七艘军舰位于美洲海岸。有三艘军舰位于非洲的几内亚海岸,一艘军舰位于梅德韦履行运输职责,一艘军舰位于东印度群岛,莱茵的鲁珀特亲王带领十四艘军舰位于北海,还有二十四艘军舰位于英吉利海峡。共六十七艘军舰已经准备就绪，但三分之一无法用于欧洲，另外有三十七艘船正在装配并准备出海。在查理二世政府对荷兰共和国发动袭击的一年后，事情的状态就是这样。很明显，如果英格兰王国还没有准备好，那么一定是因为英格兰王国的统治者缺乏远见，如果荷兰共和国还没有准备好，那么一定是因为荷兰共和国还没能找到发起战争的借口。

  实际上，将舰队装配到能与荷兰共和国战斗的程度并不容易。议会确实热衷于战争，而且有能力提供资金。英格兰王国很容易就能拿出二十四万三千多英镑用来给两万名士兵提供一年的食物，并且从城市商人中不难筹集到资金。但招募士兵及装配船需要的可不只是资金。招募士兵困难重重。强行征兵无疑是高压政治下的有力手段，但被授权执行强行征兵的人办事不力。腐败盛行已久，国家严重怀疑负责征收税收的官员们接受贿赂，帮助那些有能力行贿的人逃跑，被逮到的逃跑的人只能更惨。1664年年底，查塔姆海军工厂专员彼得·佩特写了一封投诉信："那些被强行征用的可怜人啊，什么也做不了，只能被塞到充斥着寄生虫的船上。"几乎与此同时，位于普利茅斯的约克公爵詹姆斯·斯图亚特抱怨普利茅斯空无一人，而且除非从"泰晤士"号下派人员，否则自己的几艘军舰就会被留在岸上，或者以人手不够的状态出海。就算征到了士兵，也很难将他们留住。约克公爵詹姆斯·斯图亚特抱怨说，短短几天内，已经有两百多名士兵逃走了。皇家海军部大肆扬言要惩罚逃跑行为，海员们被告知要是胆敢逃跑，就会被绞死示众。高压手段似乎并没有什么作用，查理二世政府像英格兰联邦国务委员会那样开始发布鼓励成为海员的法案，也就是说做出奖金担保的承诺。这多少有一些效果。同时，查理二世暂停了迫使船主给船配置英格兰人的《航海条例》。这是大战前适时的常规准备，因为英格兰王国没有足够的海员来满足国家贸易和战斗舰队的需求，而战斗舰队是战争的基础。政府竭尽全力强行征兵，付出巨大努力来吸引苏格兰水手。但这一措施并不完全令人满意。查理二世是否能依法强行征收苏格兰海员还尚有疑问。因为战争使苏格兰东海岸与大陆的贸易遭受重大损失，而且鉴于苏格兰人并不认为自己与英格兰王国的殖民地有什么关系，所以苏格兰人感到愤愤不平。许多苏格兰人毫不犹豫地去荷兰舰队上作战。荷兰的工资很稳定，而在查理二世的舰队中效力并没有稳定工资。然而，鼓励成为海员的法案还是取得了良好的效果，截止到1665年春，一支真正意义上的强大舰队建立起来了。

海峡中的托马斯·阿林爵士

英格兰国内的主力舰队已经蓄势待发，英格兰军舰也正在国外挑起荷兰的战意。海峡中的舰队——现在我们应该称之为地中海中队——由曾经与莱茵的鲁珀特亲王一同作战的老保皇派海员托马斯·阿林爵士指挥。托马斯·阿

托马斯·阿林爵士

林爵士接替约翰·劳森指挥舰队,受命保护英格兰黎凡特公司的贸易不受阿尔及利亚海盗的骚扰。托马斯·阿林爵士在执行任务时取得了不少成功,有一次捕获了至少五艘海盗巡洋舰。但第二次英荷战争的到来叫停了托马斯·阿林爵士的这项任务。托马斯·阿林爵士从地中海中央撤军并驻守在海峡中,等待荷兰舰队的到来。考虑到政府想要享受互相开战但不明确宣告敌意的矛盾优势,托马斯·阿林爵士收到的命令相互矛盾也就在意料之中了。托马斯·阿林爵士被告知可以攻击荷兰舰队或士麦那舰队,但不能攻击从一旁经过的、不成舰队的荷兰或士麦那船。做出这种区别的意义并不是很明显。托马斯·阿林爵士还抱怨说,政府不允许他攻击在西班牙港口的荷兰军舰。这在某种程度上说明了当时皇家海军军官倾向于保持中立的态度。托马斯·阿林爵士一开始的指挥并不是很成功。托马斯·阿林爵士在追逐所谓的荷兰舰队——无疑是商船护航队——时,他的由九艘军舰组成的中队中的几艘军舰在海滨搁浅了,其中有两艘军舰彻底遗失了,其他军舰都离开了。1664年12月19日,托马斯·阿林爵士对不幸的遭遇感到一点释怀。托马斯·阿林爵士遇到了在三艘军舰保护下返回荷兰的士麦那护航队。护航队总共有十四艘船。托马斯·阿林爵士立即率领剩余的七艘军舰发起攻击,沉掉了两艘荷兰军舰,并俘获了两艘荷兰军舰。两艘战利品中的一艘来自士麦那并满载货物。免遭摧毁或俘虏的荷兰船逃到了加的斯。在英格兰的后期历史阶段中,这一举动很少甚至根本不会引人注意,但在当时,这被认为是一个十分大的成就,甚至被过分夸张,以凸显国家的荣耀。十四艘荷兰军舰被夸张成了四十艘。事实上,英格兰人并没有真心认为英格兰比荷兰更具优势,也做不到对与荷兰对战的历次胜利不以为意,或者应该说,英格兰人没有庸俗的自夸。最终,通过强行征兵和承诺,英格兰舰队满载船员并在约克公爵詹姆斯·斯图亚特的指挥下集中在北海。约克公爵詹姆斯·斯图亚特亲自担任最高海军上将。威廉·佩恩在旗舰中担任约克公爵詹姆斯·斯图亚特的海军顾问。约翰·劳森担任约克公爵詹姆斯·斯图亚特在中央或红色分队的副官。白色分队由莱茵的鲁珀特亲王指挥。克里斯托弗·迈恩斯

克里斯托弗·迈恩斯爵士

爵士和罗伯特·桑森担任莱茵的鲁珀特亲王的第二副官和第三副官。蓝色分队由桑威奇伯爵爱德华·蒙塔古指挥。卡蒂斯和乔治·艾斯丘爵士是桑威奇伯爵爱德华·蒙塔古的属下。

荷兰海军上将雅各布·范·瓦桑奈尔·奥伯坦

英格兰舰队似乎比荷兰舰队更快就绪。1664年5月月初,约克公爵詹姆斯·斯图亚特穿过北海来到荷兰海岸并驻守在泰瑟尔岛对面,试图激怒荷兰共和国,让荷兰共和国出来开战。如果达不到这一目的,也要给荷兰的商业造成严重损失。然而，荷兰舰队并没有立即出海，约克公爵詹姆斯·斯图亚特也因粮食匮乏不得不返回英格兰王国。关于食物供给不足的抱怨已经持续了数月。英格兰王国迟迟没有给出解决办法，这一点就足以生动形象地证明英格兰政府行政效率有多么低下。英格兰舰队返回萨福克海岸准备着。在萨福克海岸，女官造访了舰队，还有大量志愿者加入了舰队。后来，如果有贵族绅士申请在英吉利海峡的旗舰中任职，他得到的答复很可能会像莎士比亚《暴风雨》中的水手长的回答那样："你们妨碍了我们的工作。你们到舱里别出来了，你们简直是跟风浪一起来和我们作对的。"但17世纪的人们还没有完全明白，热情饱满又心甘情愿参军的绅士若不经过战事培训，可能会为战斗添乱。约克公爵詹姆斯·斯图亚特的舰队被参加战役的贵族和绅士塞满了。给舰队装储粮食的工作开始了，但进行得很慢，而且关于征用士兵的困难还没有解决。威廉·考文垂是约克公爵詹姆斯·斯图亚特的大臣，他抱怨无处招募水手，而且说水手不足是因为对能够在运煤船上每月赚到八英镑的人——因战争的压力工资已经涨到如此之高——来说，在查理二世的船上赚二十三先令很难满足他们，而且这二十三先令还要他们等待一年的时间。工资低且发放缓慢并没有因食物津贴不足、啤酒不足，以及在某些情况下的水源不足而变得更容易让人接受。威廉·考文垂发现"公爵夫人和她漂亮的女仆们"离开了舰队，感到既严肃又诙谐。尽管伦敦早已出现了瘟疫，但她们一定很开心又回到了伦敦。

英格兰舰队艰难地装满了食物和水，荷兰共和国最终不得不出海迎战。荷兰舰队由雅各布·范·瓦桑奈尔·奥伯坦指挥，属下有考特尼尔、艾弗森和科内利斯·特龙普。雅各布·范·瓦桑奈尔·奥伯坦的首要目的是带领一支护航队护送米歇尔·德·勒伊特回国，然后寻找英格兰舰队并与之战斗。尽管随后的行动说明荷兰海军上将有着无畏的勇气，但在不占优势的情况下，荷兰共和国不太可能与英格兰王国交战。荷兰海军上将知道己方舰队的规模较小，而且一些舰长信心不足。因此，尽管荷兰海军上将雅各布·范·瓦桑奈尔·奥伯坦完成了首要任务，甚至俘虏了大量英格兰商船，但还是迟迟不愿开战。同时，约克

雅各布·范·瓦桑奈尔·奥伯坦

公爵詹姆斯·斯图亚特尽管缺少士兵，但在听说雅各布·范·瓦桑奈尔·奥伯坦已出海迎战，并且从汉堡俘虏了一些英格兰商船时并没有畏缩不前后，于1665年6月1日从索莱贝出海。当时运煤船正从北部港口向南航行，约克公爵詹姆斯·斯图亚特于是行动得更加积极。如果荷兰俘虏这支英格兰的运煤船护航队，会给伦敦带来巨大的不便，而且会给约克公爵詹姆斯·斯图亚特本人带来大麻烦。因为这样一来，约克公爵詹姆斯·斯图亚特就失去了从运煤船上强行征兵来填充军舰的绝佳机会。英格兰王国行动敏捷，避免了这一不幸的发生。1665年6月1日，约克公爵詹姆斯·斯图亚特遇到了运煤船队，并征用运煤船船员扩充了自己的舰队。舰队大概在一两名看守人的指挥下停泊在了海岸附近。当时为东风，并有可能转为西南风。雅各布·范·瓦桑奈尔·奥伯坦对自己的指挥不太自信，不愿交战。但约翰·德·威特下发的强硬指令让雅各布·范·瓦桑奈尔·奥伯坦不得不开战。没有接受过海上或陆上军事训练的大议长约翰·德·威特或许低估了雅各布·范·瓦桑奈尔·奥伯坦担忧的困难。但作为政治家，约翰·德·威特明白，有时候就算会被打败，正面迎战也强过坐以待毙，而且约翰·德·威特的常识告诉他，如果荷兰舰队足够努力，也一定会让英格兰王国为胜利付出惨重的代价。约翰·德·威特隐约意识到必须充分解决士气不足的问题，采取措施使舰长坚守职责。这也可能是科尔内留斯·威特·德·维斯以前扬言要做但没能做到的事。为了弄清哪些人尽职尽责、哪些人玩忽职守而发起战争的做法真是一言难尽。

洛斯托夫特之战

1665年6月3日，第二次英荷战争的第一次大战在洛斯托夫特东南方向的三四十英里处发生。1665年6月1日，约克公爵詹姆斯·斯图亚特驻守在索莱贝时听闻荷兰舰队出现在东南偏南方向。约克公爵詹姆斯·斯图亚特立即权衡考虑并航行到更远处，在傍晚时抛锚停泊。当时为东风。1665年6月2日的一整天里，英格兰舰队都在朝着仍然拒绝开战的荷兰舰队航行。当时风向南吹，但仍或多或少偏向东面，荷兰舰队占据上风位置，英格兰舰队无法强迫荷兰舰队发起进攻。天黑时，英格兰舰队再次抛锚停泊。1665年6月2日夜间，风转为西南偏南风。1665年6月3日清晨，英格兰舰队处于上风向。约克公爵詹姆斯·斯图亚特立即发令攻击对手。雅各布·范·瓦桑奈尔·奥伯坦受到约翰·德·威特命令的刺激，没有拒绝战斗。如果雅各布·范·瓦桑奈尔·奥伯坦在占据风向优势时利用火战船发动袭击，可能会对荷兰舰队更好。1665年6月3日3时30分，战斗打响。莱茵的鲁珀特亲王带领先锋舰作战。约克公爵詹姆斯·斯图亚特率领红色分队位于舰队中央,桑威奇伯爵爱德华·蒙塔古在蓝色分队的后部指挥。荷兰好像想要努力重获前一天占据的上风位置,但没能禁得住英格兰前线的攻击。英格兰和荷兰的舰队彼此近距离驶过,航向相反,英格兰舰队朝向北面,荷兰舰队朝向南面。两支舰队擦肩而过后,暂停开火。英格兰舰队和荷兰舰队双方随后均抢风航行,掉转中队的顺序,以便在第二次"冲锋"时让桑威奇伯爵爱德华·蒙塔古指挥的后部或蓝色分队在前方引领英格兰战线。1665年6月3日6时,双方再次擦肩而过,朝向与之前相反,英格兰舰队朝向南面,荷兰舰队朝向北面,战争再次暂停。英格兰和荷兰的舰队均由八十到一百艘军舰组成,从最前方到最后方覆盖八到十海里。因为速度确实很慢,不超过每小时三或三点五英里,所以不难理解双方仅仅互换位置或进行当时所谓的冲锋就会花费两个半或三个小时。英格兰和荷兰的舰队一同抢风航行,第三次擦肩而过,荷兰舰队有希望禁受住再次处于领头地位的莱茵的鲁珀特亲王的中队的攻击。但带领红色分队的约克公爵詹姆斯·斯图亚特占据了上风向,能够抵挡住荷兰舰队的进攻,荷兰舰队腹背受敌。因此,荷兰舰队落入了莱茵的鲁珀特亲王的下风向。英格兰舰队经过时,约克公爵詹姆斯·斯图亚特命令蓝色分队在前,带领舰队抢风航行,以此让英格兰舰队与荷兰舰队朝着同一方向前进。这时,英格兰舰队强行进行猛烈攻击,阻止了荷兰舰队抢风航行。雅各布·范·瓦桑奈尔·奥伯坦带领自己的军舰勇敢作战,直到军舰的一侧被英格兰旗舰炸毁。然后,位于舰队中部的一些荷兰军舰在约克公爵詹姆斯·斯图亚特及其海军中将约翰·劳森的攻击下退缩了。荷兰中部舰队逃到了下风向。因此,战线中出现了缺口,约克公爵詹姆斯·斯图亚特借此缺口打破了荷兰战线。此时,战斗变成了激烈的混战,荷兰舰队在战斗中被彻底击败并逃回了荷兰海岸。如果没有科内利斯·特龙普凭借与其父亲马尔滕·特龙普相媲美的航海技术和不屈不挠的勇气保护荷兰舰队撤退,荷兰的损失会更加惨重。

英格兰旗舰中发生了一件匪夷所思的事情,帮助对手荷兰逃跑了。就在荷兰舰队奋力逃跑、英格兰舰队紧追不舍时,夜幕降临了。约克公爵詹姆斯·斯图

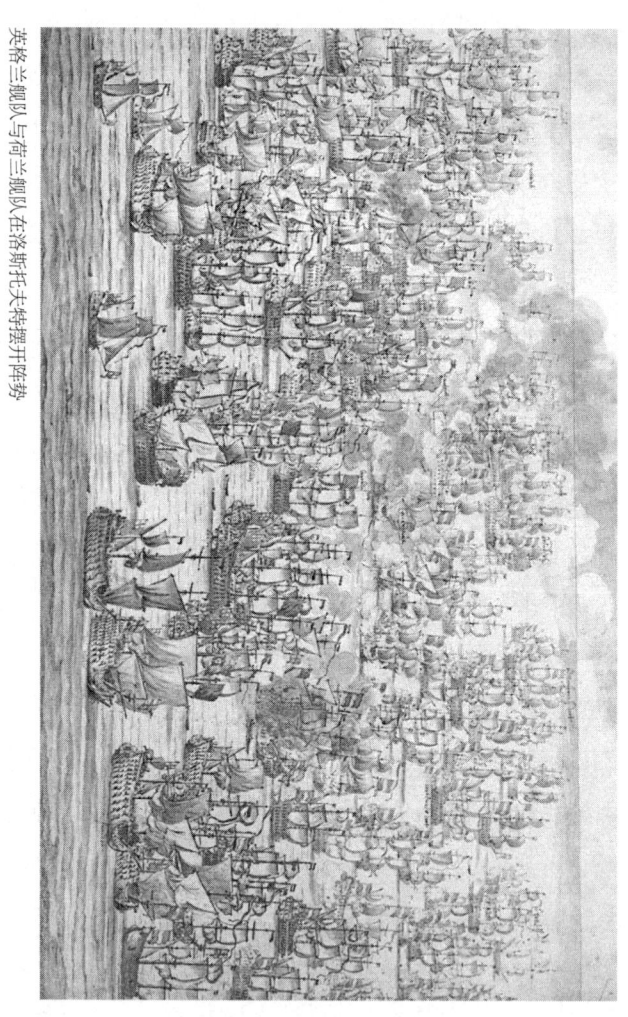

英格兰舰队与荷兰舰队在洛斯托夫特摆开阵势

英格兰舰队与荷兰舰队交战

亚特所在的有八十门火炮的"皇家查理"号航行在舰队的前方。约克公爵詹姆斯·斯图亚特命令其他军舰都跟随他军舰上的亮光。战争造成英格兰舰队将近一千名士兵伤亡，对高级职位的军官和约克公爵詹姆斯·斯图亚特身旁的士兵来说尤为致命。海军上将罗伯特·桑森阵亡。约翰·劳森被火枪射中，变为残疾。火枪打碎了约翰·劳森膝盖上方的腿骨，留下了致命的创伤。被派去为查理二世收服孟买的莫尔伯勒伯爵詹姆斯·利也阵亡了。波特兰伯爵查尔斯·韦斯顿也是如此。为约克公爵詹姆斯·斯图亚特服务的法尔茅斯伯爵查尔斯·伯克利、马斯克里子爵查尔斯·麦卡蒂和理查德·博伊尔爵士等绅士都在约克公爵詹姆斯·斯图亚特旁边一同死于连环射击。约克公爵詹姆斯·斯图亚特身上沾满了他们的鲜血，并被理查德·博伊尔爵士的一块头骨碎片刺伤了手部。尽管乔纳森·斯威夫特无情地讥笑约克公爵詹姆斯·斯图亚特是"一个懦弱的天主教国王"，但就连荷兰的对手都称赞约克公爵詹姆斯·斯图亚特的勇气。

洛斯托夫特之战中的"皇家查理"号

亨利·布龙克尔

我们更无权质疑约克公爵詹姆斯·斯图亚特的勇敢。可以理解的是，比起战争的疲惫与前一周的焦虑，这一惊悚的场面对一个未曾久经鲜血和战争考验的人来说有些过分了。约克公爵詹姆斯·斯图亚特肯定在王室官员的劝说下离开了甲板。同样可以肯定的是，不久之后，一个叫亨利·布龙克尔的绅士从船舱中上来并找到仍然坚守在后甲板上的军舰舰长约翰·哈曼，命令约翰·哈曼收帆。约翰·哈曼在或长或短的犹豫后选择服从命令。旗舰收起了船帆，并且因为其他军舰被严格命令不得超过海军上将的军舰，所以英格兰舰队整体落后了，荷兰舰队逃到了泰瑟尔岛。后来，这件事的真相在种种矛盾的迷雾中被掩盖了，在我们相信的合理声明中，一定有一部分是谎言。约克公爵詹姆斯·斯图亚特否认自己向亨利·布龙克尔下达过命令，并最终将亨利·布龙克尔撤职。亨利·布龙克尔是一个可能会误用约克公爵詹姆斯·斯图亚特的名字传达命令的、不起眼的小人物。但奇怪的是，亨利·布龙克尔在误用约克公爵詹姆斯·斯图亚特的名字传达命令后竟没受到惩罚。英格兰对此的解释是，亨利·布龙克尔对约克公爵詹姆斯·斯图亚特来说还有服务价值。这一解释就如同约克公爵詹姆斯·斯图亚特在这场糟糕的经历中表现得不够坚定一样，简直有损约克公爵詹姆斯·斯图亚特的形象。有关约克公爵詹姆斯·斯图亚特的真相或许就是，约克公爵詹姆斯·斯图亚特的勇气属于弗雷德里克·马里亚特定义的那种

弗雷德里克·马里亚特

比较消极的勇气。约克公爵詹姆斯·斯图亚特拥有直面即将到来的已知危险的勇气，但没有进攻和冒险的"爆发式勇气"。

收帆命令

出于胜利的喜悦，荷兰共和国在第一次大战中遭受的损失被过分夸大了。据说，英格兰王国几乎杀死了所有荷兰官员，而且过高地估计了被俘虏或烧毁的荷兰军舰的数量。事实上，荷兰丧生的主要官员还不如英格兰多。英格兰舰队带回哈里奇的战利品总共有十五艘，加上沉没和烧毁的军舰，总数是否超过二十艘还不一定。历史学家认为远远达不到二十艘这个数量。荷兰共和国的失败在一定程度上是由于英格兰舰队的质量及领导人的技巧更胜一筹。但至少在同等程度上，应归咎于一些舰长明显的指挥不当。战败对爱国的荷兰人来说，比任何单纯的物质损失更令人悲痛。从第一次英荷战争中就可以看出，荷兰舰队中雇佣的一些荷兰舰长无疑是优秀海员，但缺乏军事热情。这种情况在1665年6月3日的战争中再次出现。这激怒了约翰·德·威特，约翰·德·威特开始采取十分严苛的措施。战线中擅自离岗的舰长中，有四位舰长因懦弱而被枪决。罪行没有那么严重的其他舰长被解雇了。一些不友善的批评者认为，这些措施只是为了将战败的责任丢给各位官员。但不可否认，一些舰长在1665年6月3日的这场战斗中确实指挥不当。约翰·德·威特从荷兰议会为自己争取到作为副官加入舰队的机会。无数反对约翰·德·威特的人以此为据指控约翰·德·威特这么做只是为了愚蠢的虚荣心。职业法官、海员和士兵自然无法容忍平民出现在军事行动中，但有时，国家代表的干预有着巨大的效果。委员会如果妨碍海军上将或将军，那么无疑是一个麻烦。但如果国家代表成立委员会的目的是协助指挥官加强军纪及督促指挥官有力实施措施，那么国家代表可能会为舰队带来少许急需的热情。如果约翰·德·威特是王子，那么人们会认为他的行为很英勇，而且约翰·德·威特的行为确实为荷兰舰队的指挥注入了一种果敢的精神,而这种果敢正是当时荷兰舰队缺失的。在舰队中,如果约翰·德·威特没有设置能够向自己提供有效帮助的总指挥官,那么他的做法可能不会那么成功。这位总指挥官就是米歇尔·德·勒伊特。科内利斯·特龙普认为自己有权担任总指挥官这一职位。米歇尔·德·勒伊特荣获总指挥官提名时,科内利斯·特龙普感到十分失望。这加深了科内利斯·特龙普对莱文斯坦派的敌意。科内利斯·特龙普对约翰·德·威特怀着特殊的敌意,并且在约翰·德·威特和他的哥哥科内利斯·德·威特被暴民残忍杀害后,公然对着两位死者的尸体表现得幸灾乐祸,以一种极其无耻的方式展现了这种敌意。科内利斯·特龙普并没有辞去职务。政府虽然很清楚科内利斯·特龙普的敌意,但没有唐突地撤去他的指挥官一职。

约克公爵詹姆斯·斯图亚特退役

因为英格兰政府并没有特别积极地关注战争,所以也没有妨碍约翰·德·威特为增强荷兰舰队军纪而采取措施。约克公爵詹姆斯·斯图亚特并没有在荷兰海岸停留太久。实际上,约克公爵詹姆斯·斯图亚特舰队的帆樯杆和索具受损严重,急需整修。英格兰在发现荷兰设法在泰瑟尔岛避难时,轻而易举地展开了封锁,但随后又立即返回了英格兰海岸。舰队被带到位于洛斯托夫特和哈里奇之间的一个港口进行整修,并没有进入泰晤士河。不到一个月,英格兰舰队就又整装待发了。但这次不是由约克公爵詹姆斯·斯图亚特指挥。需要注意的是,尽管约克公爵詹姆斯·斯图亚特作为海军上将享有盛誉,但在海战服役期间他的表现既勉强又不稳定。这种情况下,约克公爵詹姆斯·斯图亚特在指挥了一场胜仗之后,被突然撤去了指挥官一职。这件事情令人难以相信,而且完全背离约克公爵詹姆斯·斯图亚特的意愿。虽然约克公爵詹姆斯·斯图亚特和哥哥查理二世的关系并不是一直都很好,但难以相信,如果约克公爵詹姆斯·斯图亚特真的渴望留在海上作战,查理二世会强迫弟弟约克公

约翰·德·威特利科内利斯·德·威特被暴民残忍杀害

爵詹姆斯·斯图亚特回到岸上。事实就是，查理二世才是王位继承人，而且据说约克公爵詹姆斯·斯图亚特的夫人——安妮·海德对约克公爵詹姆斯·斯图亚特的仆人下达了严格的禁令，不允许约克公爵詹姆斯·斯图亚特参加太多战事。查理二世受到安妮·海德的影响，阻止了约克公爵詹姆斯·斯图亚特再次出海。对被妻子禁锢在安全"牢笼"中的勇士，世人往往会轻视他的勇气。如果约克公爵詹姆斯·斯图亚特的生命因他与查理二世的关系而变得弥足珍贵且冒不得险，那么约克公爵詹姆斯·斯图亚特根本一开始就不应该出海。桑威奇

安妮·海德

伯爵爱德华·蒙塔古接任了约克公爵詹姆斯·斯图亚特的指挥官一职。桑威奇伯爵爱德华·蒙塔古本曾联系过莱茵的鲁珀特亲王，但莱茵的鲁珀特亲王不愿共担职责，所以他便独掌指挥大权。

桑威奇伯爵爱德华·蒙塔古航行到荷兰海岸，但发现荷兰尚未准备好出海。荷兰议会发布了商业禁令，一方面是为了促进荷兰舰队的人员配备，另一方面是为了减小商船被俘虏的风险。因此，对泰瑟尔岛的封锁无利可图。查理二世政府一如既往地缺钱，桑威奇伯爵爱德华·蒙塔古因此十分乐意听到关于如何利用部队获得更多利益的建议。王室同样乐意批准任何可能获得掠夺品的行动。此时，一个巨大的诱惑出现了。尽管荷兰对出口贸易颁发了禁令，但自然没有阻止来自东印度群岛和黎凡特公司的护航队回国。这两支舰队的商船被命令避开通往海峡的危险路线并从苏格兰北边回国。据报告，满载而归的两路荷兰贸易船队的二十艘军舰会停泊在挪威的卑尔根港。船队可能是为遵守荷兰的警告，才在卑尔根港避难。当时，挪威还是丹麦王国领土的一部分，而

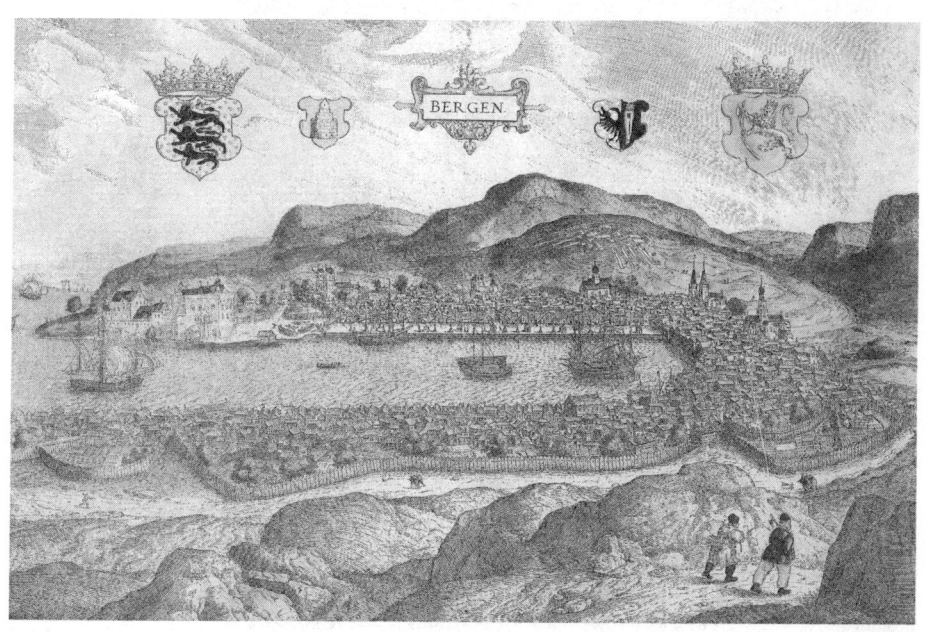

卑尔根港

丹麦王国与荷兰共和国结为联盟。就在前几年,丹麦王国还确确实实因荷兰共和国的介入而逃过了瑞典人的摧残。众所周知,在政客面前,感激之情微不足道。丹麦国王腓特烈三世并不认为自己因为欠荷兰人情债就有义务放弃试图从荷兰舰队的不幸中谋利。英格兰王国和丹麦王国正准备着抢劫卑尔根港的荷兰舰队。究竟是英格兰使节吉尔伯特·塔尔博特爵士暗示了腓特烈三世,还是腓特烈三世暗示了吉尔伯特·塔尔博特爵士,我们不是很确定,而且这一点也

丹麦国王腓特烈三世

无足轻重。事实的关键在于，一场对荷兰舰队的抢劫正在谋划之中，而且荷兰舰队寻求避难的东道主——丹麦王国也参与其中。桑威奇伯爵爱德华·蒙塔古正向北航行，好像很希望能够确定腓特烈三世会与自己合作。实际上，如果桑威奇伯爵爱德华·蒙塔古有意驶入卑尔根港并攻击在丹麦王国炮台保护下的荷兰舰队，那么很明显，桑威奇伯爵爱德华·蒙塔古应该事先确定腓特烈三世的官员会与自己配合。尽管腓特烈三世已经完全准备好参与抢劫荷兰舰队，但仍然很绅士地表示不愿意当一个低俗的流氓。腓特烈三世拒绝签订书面协议，并坚持认为应当在一种既正直又模糊的共识的基础上执行抢劫计划。桑威奇伯爵爱德华·蒙塔古对腓特烈三世的这种做法甚是不满，因为计划一旦失败，腓特烈三世很有可能否认自己的责任，而且如果腓特烈三世发现与英格兰反目并与荷兰结成统一战线更有利，那整个罪名就得由自己一人承担了。桑威奇伯爵爱德华·蒙塔古还知道，荷兰舰队肯定会努力地安全带离舰队，而且是米歇尔·德·勒伊特受命指挥舰队离开。桑威奇伯爵爱德华·蒙塔古肯定很清楚，荷兰对手不会因为缺少人手或精力不足而失败。要捉住位于卑尔根港的荷兰舰队，必须一招制胜。

卑尔根事件

如果桑威奇伯爵爱德华·蒙塔古决心立刻进攻并亲自指挥作战，英格兰舰队可能会获得更多利益。或许是因为桑威奇伯爵爱德华·蒙塔古认为米歇尔·德·勒伊特的到来让危险增多，亦或许是出于对万一计划失败自己会充当替罪羊的焦虑，桑威奇伯爵爱德华·蒙塔古委任自己的下属托马斯·泰德曼指挥作战方向。吉尔伯特·塔尔博特爵士派克利福德先生从哥本哈根前来与托马斯·泰德曼会合，保证腓特烈三世尽管不想公开参与，但对这次冒险表示支持。托马斯·泰德曼与克利福德先生一同航向卑尔根港。克利福德先生前来通知卑尔根郡郡长克劳斯·范·阿勒费尔特，英国准备好开展已经被批准的抢劫行动。克劳斯·范·阿勒费尔特明白自己应该怎么做，但还没接到上级，即克里斯蒂安尼亚①的丹麦总督足够明确的指示。克劳斯·范·阿勒费尔特请英格兰方面少安毋躁。但托马斯·泰德曼并不打算等待。或许托马斯·泰德曼信不过对流氓行为态度如此明确的丹麦官员，也或许是托马斯·泰德曼害怕米歇尔·德·勒伊特的到来。托马斯·泰德曼决定1666年6月4日袭击荷兰船。同时，荷兰护航队采取有力措施来保障自己的安全。荷兰舰队将大部分货物交给克

托马斯·泰德曼

① 奥斯陆的旧称。——原注

英格兰舰队袭击卑尔根港

劳斯·范·阿勒费尔特保管。由于卑尔根港的水很深,荷兰舰队能够将军舰拉近岸边且港口被大量岩石阻断了,所以托马斯·泰德曼袭击荷兰船变得更加困难。如果丹麦王国积极配合,荷兰船便会乖乖就范,但克里斯蒂安尼亚的丹麦总督并未向托马斯·泰德曼提供任何援助。在参与抢劫的人中,双方之间存在不信任也是合理的。在发现托马斯·泰德曼如此急于发起进攻时,克劳斯·范·阿勒费尔特完全有可能认为英格兰打算不经过自己的同意便开始行动,从而借机带走所有战利品。说克劳斯·范·阿勒费尔特的这种想法是错的,也太过于草率了。这次行动的结局就是,当英格兰舰队发动攻击时,遭到了激烈且毁灭性的炮火反击,而这炮火不仅来自荷兰舰队,还来自丹麦王国炮台。最终,英格兰舰队被赶到了海里。桑威奇伯爵爱德华·蒙塔古的侄子爱德华·蒙塔古①及几位舰长都在夜间被杀。

1666年6月5日,克里斯蒂安尼亚的丹麦总督从克里斯蒂安尼亚赶来。克里斯蒂安尼亚的丹麦总督看起来对发生的一切感到遗憾,他努力劝说桑威奇伯爵爱德华·蒙塔古再次发动进攻并保证这次一定会及时提供有效援助。然而,他还建议,英格兰舰队在带走战利品之前应当与丹麦王国进行公平分配。首选方案是英格兰舰队带回所有战利品,然后查理二世再将一部分战利品分给腓特烈三世。沉思片刻后,丹麦人最终机智地认为,还是直接在丹麦瓜分战利品比较稳妥。但桑威奇伯爵爱德华·蒙塔古并无意这样安排,或许桑威奇伯爵爱德华·蒙塔古已经开始怀疑丹麦人是不是真心想要帮助自己。桑威奇伯爵爱德华·蒙塔古从挪威海岸起航。至此,第二次英荷战争告一段落。

桑威奇伯爵爱德华·蒙塔古向南航行返回英格兰王国,在索莱贝抛锚停泊时遇见了带领卑尔根港的荷兰舰队驶往挪威海岸的荷兰舰队。米歇尔·德·勒伊特担任指挥官,随行的还有约翰·德·威特。荷兰舰队抵达卑尔根港,他们的到来对荷兰同胞们来说正是时候。

桑威奇伯爵爱德华·蒙塔古回国

克劳斯·范·阿勒费尔特得出结论,他没有理由不去做被告知在英格兰人的合作下应该做的事情。克劳斯·范·阿勒费尔特曾试图恐吓荷兰舰队,如果荷兰舰队不交出十万克朗②的勒索金,就用大炮将荷兰船击沉。米歇尔·德·勒伊特的到来及荷兰舰队中最强大的政客约翰·德·威特的出现让克劳斯·范·阿勒费尔特感到这种流氓行为是多么可耻。克劳斯·范·阿勒费尔

---

① 爱德华·蒙塔古的父亲第二代布顿的蒙塔古男爵爱德华·蒙塔古是桑威奇伯爵爱德华·蒙塔古的哥哥。——译者注
② 丹麦货币单位。——译者注

特放走了荷兰护航队，他只能握着荷兰舰队为感谢丹麦王国的保护而放在岸上的几门炮来安慰自己。约翰·德·威特带领护航队返回了荷兰共和国。1665年9月月初，多暴风雨天气，荷兰舰队被吹打得四处分散，一部分荷兰护航队的军舰落入了英格兰王国之手，但大部分护航队安全地回到了荷兰共和国。

到了1665年9月，按照17世纪的惯例，把大量军舰放在海上将不再安全，必须暂时将舰队搁置。就算有任何荷兰护航队在年末回国，英格兰舰队也不能再执行俘获护航队的任务了。整体来说，夏天的战斗结果不如人意。虽然英格兰舰队的确战胜了荷兰舰队，但荷兰舰队尚未被摧毁。在胜利的钟声及众人的喜悦中，受雇于英格兰政府的、颇有远见的士兵已经清楚地意识到荷兰舰队在不久之后便会再次出海。从荷兰舰队手中带回的战利品远远达不到英格兰王室的期待。尽管议会表示没有问题，但查理二世感到十分尴尬。查理二世希望战争能让英格兰舰队自给自足，但几乎未曾实现过的这一期待再次落空了。桑威奇伯爵爱德华·蒙塔古的这次回国并没有受到好评，并且大臣通通指责桑威奇伯爵爱德华·蒙塔古精力不够充沛。威廉·考文垂作为约克公爵詹姆斯·斯图亚特的大臣兼海军军官，可以通过很多方式觐见国王。威廉·考文垂便是批评桑威奇伯爵爱德华·蒙塔古的最苛刻的人之一。桑威奇伯爵爱德华·蒙塔古在回国的路上犯了一个错误，这使桑威奇伯爵爱德华·蒙塔古受到敌对者的公开攻击。桑威奇伯爵爱德华·蒙塔古的海军将官向他请求："看在士兵整个夏天都在海上作战，身体极度疲劳且参加了很多危险战斗的分上，把印度船上的一些战利品分给他们作为奖励。"

海军将官说的印度船便是因暴风雨而落入桑威奇伯爵爱德华·蒙塔古之手的、来自卑尔根的荷兰护航队的一部分。桑威奇伯爵爱德华·蒙塔古认为这一请求合理，于是向查理二世致信，请查理二世批准。鉴于桑威奇伯爵爱德华·蒙塔古一向品行良好，查理二世便同意了。但海军上将桑威奇伯爵爱德华·蒙塔古在得到国王查理二世批准的消息之前，便向每位海军将官分发了名义上价值一千英镑的下等货物，并且自己占有了两千英镑的货物。无论桑威奇伯爵爱德华·蒙塔古的动机如何，他的行为无疑是不合法且很不明智的。从荷兰人手里带回的战利品，除非经海军部判定，否则一概不得沾手，而且应按照常规制度分配。这是一项长期以来众所周知的规则。即使查理二世个人同意，桑威奇伯爵爱德华·蒙塔古违反法律的行为也是不正当的。但桑威奇伯爵爱德华·蒙塔古的行为不仅涉及海军部，还自然地在舰长和海员中掀起了一股愤怒之潮。舰长对海员们说，劫掠的战利品完全只是为了海军上将和海军将官们中饱私囊，而且从表面上看，他们是对的。对东印度公司感兴趣的商人们的愤怒并不比舰长和海员们少。商人们抱怨说，分配给海军将官的印度货物会低价上市，对商人们自己从印度带回的货物的销售造成影响。群众的抗议声震耳欲聋，查理二世被抱怨困扰。查理二世刚刚批准了一个随从的行动，现在这个随从似乎会给他带来不便。按照英格兰王室的一贯作风，查理二世立即革职查办了这个随从。阿尔比马尔公爵乔治·蒙克下令，在各港口查封分配给海军将官的货物。阿尔比马尔公爵乔治·蒙克一方面凭借总指挥官一职，另一方面凭借查理二世复辟时期做出的巨大贡献，在查理二世统治早期不定期地发挥着重大影响。约克公爵詹姆斯·斯图亚特作为最高海军上将，完全有理由认为自己因桑威奇伯爵爱德华·蒙塔古无礼的越权行为而受到了羞辱，他大发雷霆。桑威奇伯爵爱德华·蒙塔古被撤去了指挥官一职。桑威奇伯爵爱德华·蒙塔古尽管受命去往国外执行外交任务，并仍对查理二世有着足够的影响力，但再也没有参加过任何战争。

桑威奇伯爵爱德华·蒙塔古的耻辱

这是桑威奇伯爵爱德华·蒙塔古故事的最佳版本。即使如此，这也是公共服务的每个部门开始干枯腐烂的丑恶象征。舰队水手们的工资一拖就是数月。储粮服务败坏得很彻底。即使粮食得到供应，也是最次品，士兵怨声载道。就算是劣质的粮食也不是一直都有，事实正是如此。桑威奇伯爵爱德华·蒙塔古尽管仅仅出海数周，但从挪威海岸回到索莱贝时，粮食也已经用尽。这种时候,再有抱负的总指挥官也一定抓住机会不定期地中饱私囊。经过时间的检验,桑威奇伯爵爱德华·蒙塔古并不是一个无耻之徒。但那次桑威奇伯爵爱德华·蒙塔古一反往常,想要攫取一点点钱财。历史文件记录下了桑威奇伯爵爱德华·蒙塔古与塞缪尔·佩皮斯的对话,从对话中可以看出,桑威奇伯爵爱德华·蒙塔古一定是受到了中饱私囊的欲望的影响。桑威奇伯爵爱德华·蒙塔古对自己的男性亲戚说,比起指望获得查理二世承诺的奖品,最好先拿着这些钱,然后再获得查理二世的同意。还有一个迹象也体现了桑威奇伯爵爱德华·蒙塔古当时的道德状况。桑威奇伯爵爱德华·蒙塔古告诉塞缪尔·佩皮斯,腓特烈三世是一个"榆木脑袋",他欠国家一大笔钱,却没有抓住机会在卑尔根港劫掠荷兰舰队。这些都是骗子才奉行的原则。想必对其他人的行为抱有如此放纵看法的人,对自己也严格不到哪里去。我们从塞缪尔·佩皮斯那里了解到,实际上,桑威奇伯爵爱德华·蒙塔古将侵吞的那价值两千英镑的货物以五千英镑的高价卖给了一个伦敦商人。当时,塞缪尔·佩皮斯发现,无论查理二世已经穷到何种地步,各大官员们总是会小心翼翼地私吞钱财。于是,塞缪尔·佩皮斯对当时的道德状况做了非常精确的记录。我们思考一下舰长和海员常见的例子就会发现,那些哭诉海军将官们得到了好处的舰长和海员们自己也背负着侵吞战利品的罪责。这一点不足为奇。实际上,侵吞钱财是服役人员的一贯作风。从上到下,无人不贪。高级士兵非法占有大量的钱财。下属小偷小摸地挥霍钱财。议会投票表决用于战争的钱财完全满足不了第二次英荷战争的开支是理所当然的。这些钱财如果由英格兰联邦国务委员会或奥利弗·克伦威尔掌控,对战争就绰绰有余。我们无须怀疑,塞缪尔·佩皮斯说到英格兰王室不情愿再举行一次议会会议时,塞缪尔·佩皮斯自己已经了解了一切,并且对王室成员发现官员侵吞国家钱财时可能会产生的愤怒感到恐惧。政府因管理不当而困难重重。1665年全年蔓延的瘟疫又大大加大了困难的程度。瘟疫不仅蔓延到泰晤士河的海军工厂,还波及东海岸、海峡的港口,甚至舰队。在腐败官员造成的混乱及查理二世自身满是缺点的管理中,1665年年底,查理二世险些破产。海军工厂的工人们太久没有拿到工资，大量工人在收割期去往农田为农民工作，以摆脱饥饿。

1665年冬天暂时休战。但春天来临时，英格兰王国又要忙于重整舰队以便出海。因为桑威奇伯爵爱德华·蒙塔古已经名誉扫地，约克公爵詹姆斯·斯图亚特又因担心他个人安危的人而无法出海，所以必须再寻找一个领导人。查理二世将舰队交给了阿尔比马尔公爵乔治·蒙克。阿尔比马尔公爵乔治·蒙克一定是查理二世能够找到的最佳人选了。总指挥官的名声和影响力一定会让所有人听从号令。阿尔比马尔公爵乔治·蒙克有着丰富的海战经验，并且有能力成为一名优秀的指挥官。1666年5月，经过拼死努力，在唐斯，阿尔比马尔公爵乔治·蒙克组建了一支七十七艘军舰的舰队。阿尔比马尔公爵乔治·蒙克与莱茵的鲁珀特亲王共同指挥。过去，莱茵的鲁珀特亲王十分不情愿与桑威奇伯爵爱德华·蒙塔古共事，但他无法拒绝总指挥官。

阿尔比马尔公爵乔治·蒙克和莱茵的鲁珀特亲王的指挥

荷兰共和国奋力与英格兰王国站在同一起跑线上，组建了一支有八十到一百艘军舰的舰队，已准备好在米歇尔·德·勒伊特的指挥下出海。在这次战役中，英格兰王国的对手荷兰共和国有望得到法兰西王国的援助，但希望渺茫。1662年，约翰·德·威特曾成功与法兰西王国约定，若荷兰共和国和法兰西两国中的任何一国被第三方攻击，两国愿意向对方提供援助。1665年，英格兰向荷兰共和国宣战，约定的情况出现了。荷兰议会请求法兰西国王路易十四履行义务。法兰西国王路易十四再三推诿、犹豫不前。路易十四痛恨荷兰共和国，一方面是因为荷兰人是共和党人，另一方面是因为路易十四知道，荷兰共和国是自己征服西属尼德兰路上的最大阻碍。最后，路易十四不再逃避，至少显示出自己愿意履行诺言。为了不让自己颜面扫地，路易十四承诺派出一支中队与荷兰共和国共同抵抗英格兰王国。

因此，1666年5月，阿尔比马尔公爵乔治·蒙克在发号施令时，不得不直面需要对付荷兰和法兰西两支舰队的可能。不出所料，米歇尔·德·勒伊特动身与法兰西舰队会合，他穿越海峡来到英格兰海岸，并停留在多佛尔海峡附近。法兰西舰队沿海峡上行的传闻令英格兰王室感到十分恐惧，导致英格兰王室采取了一项很可能对英格兰舰队致命的措施。莱茵的鲁珀特亲王受命率领中队的二十艘军舰进入海峡寻找法兰西舰队的踪迹。这样一来，阿尔比马尔公爵乔治·蒙克的舰队的军舰就缩减到了五十七艘。由于舰队重新做了划分，相应的指挥官也做了必要的调整。曾经担任红色分队海军中将的克里斯托弗·迈恩斯爵士作为副官与莱茵的鲁珀特亲王一同出海。阿尔比马尔公爵乔治·蒙克手下剩余的军舰仍然被分为三个中队。约瑟夫·乔丹接替克里斯托弗·迈恩斯爵

约瑟夫·乔丹

士担任红色分队的海军中将，海军少将是罗伯特·霍姆斯。蓝色分队由海军上将乔治·艾斯丘爵士指挥，威廉·伯克利担任海军中将，约翰·哈曼担任海军少将。杰里迈亚·史密斯担任白色分队的海军上将，托马斯·泰德曼爵士担任海军中将，尤特巴舰长担任海军少将。

英格兰舰队重新划分后不久，就迎来了一段时间的阴天，而且东南风大作，荷兰舰队不得不撤离海岸。当时是1666年5月月底，米歇尔·德·勒伊特害怕大风将自己的船吹回北海，便抛锚停泊在了奥斯坦德和敦刻尔克之间的某

杰里迈亚·史密斯

处佛兰芒的海岸的浅滩上。1666年5月的最后一天，瞭望舰告诉阿尔比马尔公爵乔治·蒙克荷兰舰队正抛锚停泊在附近时，阿尔比马尔公爵乔治·蒙克正在海上，从唐斯去往甘福里特。阿尔比马尔公爵乔治·蒙克凭借一个将军的直觉立即意识到，数量较多且就在自己附近的荷兰舰队一旦占据上风位置，可能会对不占优势的自己发动进攻。当时，风为西南风，阿尔比马尔公爵乔治·蒙克占据上风位置。带着可能会使以后两代海军将领都感到惊骇的果敢，阿尔比马尔公爵乔治·蒙克决定在自己仍有权选择攻击点的时候在指定地点集中兵力并发起进攻，以此弥补人数上的不足。

1666年6月1日的战斗

接下来的战争就是1666奇迹之年的四日海战。英格兰舰队和荷兰舰队双方的第一次相遇发生在奥斯坦德到敦刻尔克之间的佛兰芒的海岸与唐斯北端之间的某个地方。荷兰舰队分为三个中队抛锚停泊在海上的不远处，从西南方向向东北方向延伸。西南方向的中队由科内利斯·特龙普指挥。在科内利斯·特龙普的旁边，再往东北方向，便是米歇尔·德·勒伊特的中队。最东北面是扬·埃沃茨松的中队。当时风是西南风，米歇尔·德·勒伊特和扬·埃沃茨松处于科内利斯·特龙普的下风向。这为阿尔比马尔公爵乔治·蒙克提供了契机。1666年6月1日，星期五，阿尔比马尔公爵乔治·蒙克从西面或西北面而下，指挥向科内利斯·特龙普的中队发动袭击。英格兰舰队通过右舷侧抢风航行，也就是说，风在右侧，舰队向东南方向航行。英格兰舰队经过荷兰战线的中央，距离扬·埃沃茨松的中队很远，以便集中全力攻打科内利斯·特龙普的舰队。英格兰战线秩序井然，但后部军舰有走散的趋势，这种情况很常见。后部军舰与领先军舰的距离太远，导致阿尔比马尔公爵乔治·蒙克前方的军舰能看到荷兰船甲板上的观察员。科内利斯·特龙普受到攻击后，立即割断绳索向南航行。战争大约于1666年6月1日15时打响，双方舰队断断续续地炮轰对方。但双方如果走得太远，就会顺着航线搁浅在敦刻尔克附近。因此，科内利斯·特龙普和阿尔比马尔公爵乔治·蒙克几乎同时向着航线的反方向掉头，向北或东北偏北而非向南航行。掉头的过程中，双方战线逐渐紧挨，一贯坚持攻击到底的英格兰舰队不断攻击荷兰舰队。几艘英格兰军舰冲破了荷兰战线，其中包括威廉·伯克利和蓝色分队的约翰·哈曼两名海军将领。威廉·伯克利是在1665年6月3日的战斗中阵亡的法尔茅斯伯爵查尔斯·伯克利的弟弟。威廉·伯克利的船——"敏捷"号一度失去了所有英格兰方面的支援，并在受到几艘荷兰船的攻击后被征服了。"敏捷"号缴械投降，舰体尚未被碎尸万段时，威廉·伯克利倒下了。在枪林弹雨中，威廉·伯克利被一颗火枪子弹射中了喉咙，蹒跚地走进舰长室，倒在桌子上死去。荷兰人占领船后发现了倒在血泊中已经死去的威廉·伯克利。约翰·哈曼一路厮杀，处境同样危险。约翰·哈曼的军舰着了火，船员惊慌失色。在彼得·利利的肖像画中，约翰·哈曼看起来非常强悍。约

1666年6月1日的战斗

约翰·哈曼

翰·哈曼以身作则、重建秩序并积极地用剑与敌方厮杀。军舰上的火势得到了控制,但上桅帆掉落并砸断了约翰·哈曼的腿。约翰·哈曼并没有离开甲板,并在被荷兰官员大声训喝投降时回答:"不,不。"现在还没到投降的时候,约翰·哈曼船侧的火势足以驱赶荷兰人。约翰·哈曼重整舰队。随着英格兰舰队后退了,米歇尔·德·勒伊特航行到足够远的上风向开始调动军舰。米歇尔·德·勒伊特与科内利斯·特龙普会合后,集中精锐兵力攻打阿尔比马尔公爵乔治·蒙克战线的后方。此时,战争最激烈、荷兰舰队损失最惨重。战火停止前,暮色四合。但夜幕降临时,荷兰舰队仍能看到阿尔比马尔公爵乔治·蒙克率领军舰并维持着良好的秩序向西航行,而英格兰舰队的损失极少。

这就是四日海战第一天的战况。英格兰遭受了损失，但战斗和指挥都更胜一筹。荷兰一定因人数更多但优势很小而感到失落。英格兰做得也并非面面俱到。前几日的焦虑使英格兰王室急于知道英格兰舰队的战况。托马斯·克利福德爵士被派来了解情况。在哈里奇，奥蒙德公爵詹姆斯·巴特勒在勇敢的儿子奥索里伯爵托马斯·巴特勒的陪同下登上一艘小型军舰，于1666年6月2日与阿尔比马尔公爵乔治·蒙克会合。从奥索里伯爵托马斯·巴特勒处获悉，当时阿尔比马尔公爵乔治·蒙克仅带领着三十五艘军舰。这一弱势的出现是因为一些较小的军舰逃跑了。糟糕的前例、拖欠的工资和劣质的食物开始对士兵产生影响。英格

托马斯·克利福德爵士

奥索里伯爵托马斯·巴特勒

兰舰队中尽管有很多英勇的士兵及一些贪婪、肆无忌惮但为人勇敢的士兵,但有些士兵开始效仿受约翰·德·威特惩罚的荷兰舰长的做法。伺机偷盗的士兵可能很勇敢,但一种不正直的行为自然会导致另一种不正直的行为。通过贿赂得到指挥权并通过偷盗中饱私囊的舰长也自然会在危险关头毫不犹豫地脱逃。

1666年6月2日的战斗

1666年6月2日,星期六,战争打响。此时,奥索里伯爵托马斯·巴特勒和托马斯·克利福德爵士还未抵达阿尔比马尔公爵乔治·蒙克的"皇家查理"号旗舰前。从1666年6月2日8时起,战争就一直在进行。黎明时分,双方舰队能够相互看到,英格兰舰队位于荷兰舰队的西面。双方舰队均位于奥斯坦德和北佛兰德斯之间的某处。风仍然为西南偏南风。荷兰更靠南一些,所以稍微处于上风向。双方舰队相向而行,较庞大且更能够抢风航行的英格兰舰队占据了上风位置,也就是说,两条战线相遇时呈大钝角,英格兰穿过荷兰航线去往荷兰舰队的南边,然后向内弯曲,两条战线的舷风相反,路过时相互开火。这场战役中,荷兰战线后方的船由科内利斯·特龙普指挥。英格兰舰队向内转向时失去了上风,科内利斯·特龙普见状抢风航行占据了上风位置,但因此与米歇尔·德·勒伊特的大部队分开了。与此同时或随后不久,荷兰战线冲锋队中的一些船便表现得不如人意。如此看来,1665年夏天采取的措施并没有产生完全令人满意的效果。这些军舰顺风转向并逃跑了。因此,米歇尔·德·勒伊特发现自己同时因一个海军上将的倔强和其他士兵的不当行为而被自己的后部及先锋抛弃了。米歇尔·德·勒伊特别无选择,只能心生怨恨,但他努力压制住心中的不满,振作起来驶向下风向,想要追上逃跑的军舰,重建舰队的秩序。但这给了阿尔比马尔公爵乔治·蒙克切断科内利斯·特龙普中队的绝佳时机。阿尔比马尔公爵乔治·蒙克只能转移到荷兰舰队的下风向,而且自己必须与大部舰队分离。或许阿尔比马尔公爵乔治·蒙克认为上风位置更有利,所以并没有采用这一航线。至少英格兰舰队看起来转移到了科内利斯·特龙普的上风向。同时,已经追回逃跑的军舰的米歇尔·德·勒伊特掉头后退,前去支援任性又不守规矩的科内利斯·特龙普。荷兰舰队的两个中队得以会合,但仍然处于英格兰舰队的下风向,并且挤作一团,难以描述具体情况。

　　此时,战争暂停。或许是因为荷兰一如既往地猛烈炮轰,使英格兰舰队需要修补帆桅杆和索具;或许是阿尔比马尔公爵乔治·蒙克因自己人数不足而感到十分焦虑,所以不想与敌方混战太久。米歇尔·德·勒伊特抓住时机重整战线。随后在白天的最后几个小时内,双方舰队再次擦肩而过,舷风相反。战争在徒劳的炮轰中结束了。

1666年6月2日的战斗

在这场持久战中，英格兰舰队强烈地感受到了莱茵的鲁珀特亲王的舰队不在场带来的影响。在战斗中，阿尔比马尔公爵乔治·蒙克展现了非凡的无畏精神和作战技巧。虽然阿尔比马尔公爵乔治·蒙克让对手受到了惨重的惩罚，但他明白自己的舰队也因亏损和逃亡而变弱了很多。如果莱茵的鲁珀特亲王没有立刻返回，或者如果风转为北风或东北风，或许全部的荷兰舰队就会聚集起来，那么阿尔比马尔公爵乔治·蒙克就再也无法选择自己的攻击点。1666年6月3日，星期天，阿尔比马尔公爵乔治·蒙克决定退回泰晤士河。阿尔比马尔公爵乔治·蒙克挑选了最好、最强的十六艘军舰，并让这些军舰从北向南并排排成一行，也就是说肩并肩排列。受损及力量较弱的军舰位于前方，整个舰队向着泰晤士河撤退。荷兰舰队紧追不舍，但力量不够或至少速度不快。如果不是因为一次判断失误及乔治·艾斯丘爵士在一定程度上缺乏勇气①，英格兰可能会成功撤退且损失极小。乔治·艾斯丘爵士将他的旗帜挂在英格兰舰队最好的军舰"王子"号上，而"王子"号位于阿尔比马尔公爵乔治·蒙克战线的最右或最北端。

1666年6月3日的战斗

为了防止对手试图打翻英格兰的军舰，将强大的船置于战线的端点当然是可取的。一排排的浅滩使向泰晤士河航行的过程变得十分艰难。其中一处浅滩就是加洛珀沙滩，狭长的加洛珀沙滩坐落于北佛兰德斯的东北方，从东北向东南延伸，并且位于内兹河上的沃尔顿和克拉克顿之间的埃塞克斯海岸的正对面。"王子"号的领航员或航行指挥员误算了"王子"号的规模，使舰体撞向了加洛珀沙滩的南端。其他几艘军舰也轻微搁浅了，但最终又脱离了沙滩。双方舰队立即察觉到了这次意外。荷兰舰队在科内利斯·特龙普的直接指挥下

---

① 我恐怕一定要说明这一点。——原注

"王子"号投降

蜂拥而上,攻击搁浅的军舰。英格兰舰队转向支援"王子"号,但在舰队实施有效援助前,乔治·艾斯丘爵士便早早投降了。乔治·艾斯丘爵士被强烈指责缺乏志气,或许这种指责是不公平的。但我们不得不相信,如果"王子"号挂上约翰·哈曼的旗帜并由约翰·哈曼指挥,或许能抵抗得久一点,甚至成功抵抗对手的进攻,"王子"号毕竟是一艘装有九十门火炮的全副武装的军舰。终于,莱茵的鲁珀特亲王出现了。莱茵的鲁珀特亲王带着二十艘新军舰经过北佛兰德斯,向前航行与阿尔比马尔公爵乔治·蒙克会合。然而,舰队力量的增强对拯救"王子"号来说太晚了。这使英格兰对痛失"王子"号感到更加愤怒。荷兰舰队看到莱茵的鲁珀特亲王的旗帜后,放弃了带走"王子"号的全部希望。荷兰舰队带走了"王子"号上的官员和船员,并一把火将"王子"号烧了。英格兰舰队眼睁睁地看着"王子"号葬身火海。

对比之下，阿尔比马尔公爵乔治·蒙克一如既往的勇猛和强硬体现得淋漓尽致。大战三天之后，就连最刚毅勇敢的士兵都可能觉得已经为荣耀付出得够多了。但阿尔比马尔公爵乔治·蒙克决定再次战斗。阿尔比马尔公爵乔治·蒙克命令舰队在夜间抛锚停泊。1666年6月4日，星期一，阿尔比马尔公爵乔治·蒙克率领舰队起航，前去与对手再次交战。荷兰舰队也抛锚停泊，起航后左舷受风，而风仍然为南风。英格兰舰队朝着与荷兰舰队同一方向航行，这样一来，军舰更能抢风航行，从而主动与荷兰舰队短兵相接。前三天，英格兰和荷兰舰队都打得十分精彩。但在最后一天，据说双方好像都有着破釜沉舟之势。英格兰舰队乘着风奋力冲破荷兰战线，由于荷兰船处于下风向且指挥不当，英格兰舰队成功了。激烈的混战持续了几个小时，莱茵的鲁珀特亲王的中队全力奋战，好像要弥补前几天的缺席。在几个小时战斗的最后，双方舰队都被打得十分混乱，一会儿荷兰在这边占据上风向，一会儿英格兰在那边占据上风向。英格兰舰队航行在荷兰战线的前方，一些荷兰船紧追在后。与此同时，在英格兰舰队的中部和后部，米歇尔·德·勒伊特与阿尔比马尔公爵乔治·蒙克打得不可开交，而米歇尔·德·勒伊特仍然占据上风位置。科内利斯·特龙普带着他在1666年6月2日的战役中展现出的全部力量和更多判断力召回了追赶部分英格兰舰队的军舰，将这些军舰编入自己的队伍，攻打位于英格兰与米歇尔·德·勒伊特交战位置对面的英格兰主力舰队。这是漫长的殊死搏斗的最后阶段。阿尔比马尔公爵乔治·蒙克的处境暂时十分危险。阿尔比马尔公爵乔治·蒙克四面楚歌，失去了己方的所有支援，但最终突破了重围。即使战斗明显对英格兰不利时，英格兰士兵也顽强地抵抗着。英格兰的火战船摧毁了敌方的两艘军舰，所有英格兰军舰全力以赴，用尽全部力量抵抗荷兰舰队。两军在黑夜、迷雾和疲惫中结束了四日海战。英格兰撤回到中间，荷兰在外面驻守片刻后也撤军了，回去整修舰队。

四日海战与罗伯特·布莱克和马尔滕·特龙普在邓杰内斯附近的交战有着某种共同之处。两次战争英格兰舰队都失败了，但丝毫没有减弱英格兰海员的傲气，或者他们认为自己天生优于荷兰舰队的信念。英格兰舰队自己选择以

四天战斗结束后被俘获的英格兰军舰

少对多，往往取得了成功，从来没有所谓的"溃败"。战争结束时，英格兰舰队损失了大约二十艘军舰，据估计，伤亡士兵有三千到五千人。一个海军上将阵亡了，还有二十位舰长战死或负伤。英格兰舰队退回到河中，敌方在海上停留片刻。但敌方伤亡十分惨重，无法乘胜追击，只得回国准备下一场战斗，因为敌方很清楚英格兰舰队会在几周内再次发动战争。

战争的影响

现在，我们能在《塞缪尔·佩皮斯日记》中读到这场大战的消息对伦敦和英格兰王室产生的影响。塞缪尔·佩皮斯对任何声明真相的叙述都并不权威，因为他只是听取了当时的所有小道传闻并照实记录下来。正因为这样，塞缪尔·佩皮斯成了当时人们情绪起伏的重要见证人。据塞缪尔·佩皮斯记录，在英格兰王国了解到己方战败之前，米歇尔·德·勒伊特一度成为泰晤士河的霸主，全世界都在庆祝我们将战胜荷兰共和国。我们完全可以相信这一报道。《塞缪尔·佩皮斯日记》记录的当时的传闻互相矛盾，记录了对阿尔比马尔公爵乔治·蒙克轻率表现的抱怨，对某位官员指挥不当的嘲笑，以及下舱和军官室中的争吵和闲谈。但同样的，这些也具有佐证价值。士兵责怪阿尔比马尔公爵乔治·蒙克以少打多，这也预兆着下一代海军士气减弱、气势不再。当时的不幸体现在民族志气因追逐私利和腐败而逐渐堕落。这一点从塞缪尔·佩皮斯的所有记录中都能够看出。我们发现塞缪尔·佩皮斯记录到，人们怀疑舰长抛弃了海军上将，而且没有感到一丝一毫的羞耻。塞缪尔·佩皮斯尽管以自己的方式充满爱国热情地为查理二世服务，但不允许舰队的不幸影响到自己为增加私人财富而制定的无数个小计划，并且满意地记录着财富的增长情况。如果其他人与塞缪尔·佩皮斯不同，那么其他人一定是不够爱国、更想追逐私利。多亏了塞缪尔·佩皮斯，我们才能了解当时最英勇的场面。莱茵的鲁珀特亲王的副官克里斯托弗·迈恩斯爵士在四日海战的最后因受致命伤而阵亡了。克里斯托弗·迈恩斯爵士被射中了喉咙,他并拢手指捂住伤口,但第二次射击使他完全失掉了性命。一开始,人们认为克里斯托弗·迈恩斯爵士的伤并不致命,但他在战争后的几天内去世了。之前,国务委员会和奥利弗·克伦威尔分别将理查德·迪恩和罗伯特·布莱克光荣地葬在了亨利七世的礼拜堂里。查理二世同意将克里斯托弗·迈恩斯爵士葬在克里斯托弗·迈恩斯爵士自己的墓穴中。墓穴仅由威廉·考文垂和塞缪尔·佩皮斯照料,威廉·考文垂照料墓穴是因为他对克里斯托弗·迈恩斯爵士有着莫名的好感,而塞缪尔·佩皮斯照料墓穴是因为威廉·考文垂的出席。在克里斯托弗·迈恩斯爵士的葬礼上,威廉·考文垂和塞缪尔·佩皮斯作为国家的官方代表出席。还有一些人以海军的名义自愿前来缅怀这位勇敢的海员。塞缪尔·佩皮斯记录自己在离开教堂时,因见证了一幕真实又感人的场景而感到无比欣慰。"这是我一生中听闻的最浪漫又不可思议的事情。但这件事真实地发生在我的眼前。大约十二个能干、健壮又正派的士兵热泪盈眶地来到马车的一侧。其中一个士兵代表其他士兵向威廉·考文垂说:'我们这十二位士兵一直仰慕、敬爱并服务着我们逝去的指挥官克里斯托弗·迈恩斯爵士,现在我们将他葬入大地,完成最后一项任务。如果克里斯托弗·迈恩斯爵士后继有人,能让我们为他报仇,那么我们会感到很高兴。我们愿意以命相搏。如果您愿意,请让陛下给我们这十二个士兵一艘火战船,我们愿意推选您作为指挥官并为您服务。如果可能,我们要表达对已逝指挥官克里斯托弗·迈恩斯爵士的缅怀,并为他报仇。'"威廉·考文垂为之动容,塞缪尔·佩皮斯也流下了眼泪。但后来是否有任何实质性的举动,我们不得而知。

新舰长和老舰长

英格兰王室允许将克里斯托弗·迈恩斯爵士不受重视地送去墓穴时,经英格兰王室授权指挥军舰的年轻舰长并没有因在战争中抛弃海军上将而受到惩罚。大家都认为免去对这种不端行为的惩罚是不对的。像其他任何士兵一样,威廉·考文垂深知新舰长有多么不如老舰长,而且威廉·考文垂预料到雇佣新舰长一定会造成的不好的后果。第二次英荷战争前,威廉·考文垂爵士就一直谴责绅士舰长为查理二世做不了多大贡献。错的并不是他们的绅士身份,而是他们获得舰长的职位并不是因为他们适合担任舰长。但威廉·考文垂和任何其他士兵都没能提出哪怕一种解决办法。查理二世本来能够纠正一切,但他没有这么做。作为国王,查理二世无法放弃懒惰、寻欢作乐的生活,也不会为了惩罚英格兰王室的友人及大臣的亲戚和门徒而得罪王室的友人及大臣。因此,海军行为和纪律的整体标准降低了。查理二世本人也越来越厌倦战争,因为战争既没有为他带来利益也没有为他带来臣民的爱戴。不到数月,查理二世打算采取一系列措施以求取和平。这使国家受辱。在此之前,英格兰王国这个国家从未遭受苦难。在此之后,英格兰王国也同样不会遭受苦难。

权威文献

到19世纪,《国家文件汇编》中的相关国家文件是描述第二次英荷战争战事的最佳权威文件。《佩恩传》中刊载了由政府出版并由约克公爵詹姆斯·斯图亚特的大臣威廉·考文垂起草的对洛斯托夫特海战的官方叙述。《吉什伯爵回忆录》中发现了法兰西目击者对四日海战的详尽说明。克拉伦登伯爵爱德华·海德无比详细地描述了在卑尔根港的事务。现在,艾尔弗雷德·赛耶·马汉的《历史上的海上强国》和海军上将菲利普·霍华德·科洛姆的《海军战争》都是无价之宝。毋庸置疑,塞缪尔·佩皮斯不可或缺。杰勒德·勃兰特的《米歇尔·德·勒伊特传》《科内利斯·特龙普传》和M.德·庞达利的《让·德维特》描述了荷兰方面的情况。

第 12 章

从四日海战到第二次英荷战争结束

国家荣誉和国家利益促使英格兰人竭力想洗刷战败的耻辱。英格兰全国上下民族情绪激昂。碍于各种不稳定因素，查理二世无法召开议会。英格兰国内黑死病的蔓延令查理二世组建一支全新皇家海军舰队的尝试接连失败。在为皇家海军舰队筹集资源上，英格兰人高昂的爱国情感确实起到了一定作用。连查理二世的廷臣们也良心大发，同意筹款建造一艘军舰替代在战争中被损毁的"王子"号。尽管皇家海军的工作待遇和生活条件十分恶劣，但仍有大批志愿者集合起来，主动为皇家海军舰队提供帮助。英格兰出版业反倒摆出苛刻姿态，格雷夫森德的记者就在报纸上大肆批判皇家海军军官爱德华·西摩爵士。有人怀疑记者们突如其来的正义感背后隐藏着敲诈勒索的意图。但相关调查显示，对爱德华·西摩爵士的指控并非空穴来风。皇家海军军官对新召集的海员的素质怨声载道，认为新召集的海员中的大部分人能力低下，毫无价值。与此同时，上百名无所事事的海员在外港区域的街上闲逛。似乎只有那些操控报业的官员没有卷入贪腐丑闻。当时的英格兰人普遍认为，控制报社的约翰·福斯塔夫爵士利用手中权力敲诈皇家海军军官，乖乖给钱的军官就可以免受无端指责，不愿屈服的军官则会遭到大肆批判。

对入侵的恐惧

荷兰人在四日海战中遭受的损失比英格兰人小。在皇家海军舰队驶离泰晤士河一个月之前，荷兰海军舰队仍然在海上巡航。1666年6月29日，荷兰海军舰队出现在北佛兰德斯，当时荷兰海军军舰正在回收1666年6月1日荷兰海军遭遇皇家海军上将阿尔比马尔公爵乔治·蒙克伏击逃走后丢在原地的船锚。收集完毕后，荷兰海军舰队驶入泰晤士河河口并在马盖特和甘福里特展开巡航。伦敦到处流传着有关荷兰人傲慢无礼、过度炫耀的传闻。有谣言说乔治·艾斯丘爵士被荷兰人俘虏后惨遭羞辱，还有不实传闻说威廉·伯克利的后背被荷兰人绑上皇家海军旗帜曝尸示众。不实传闻进一步激发了英格兰民众期盼皇家海军舰队再度出航作战的急切愿望。英格兰王国随时可能被入侵。如果路易十四趁火打劫，法兰西军队极有可能在肯特登陆。如此一来，英格兰王国就会被两面夹击。如果荷兰海军舰队乘机发动进攻，皇家海军舰队将毫无还手之力。如果法兰西海军舰队和荷兰海军舰队联起手来，法兰西士兵可以乘坐荷兰海军军舰在英格兰的任意地点登陆。还好，此时路易十四正在策划对西属尼德兰发动攻击，需要查理二世的协助。路易十四不愿意因荷兰人的利益破坏与查理二世的关系。路易十四非常清楚荷兰共和国才是法兰西王国最具威胁的对手。因此，尽管有关法兰西王国出兵入侵英格兰王国的谣言传得沸沸扬扬，但英法两国不会开战，路易十四不会为荷兰人提供实质性援助。

当皇家海军舰队仍在为开战做准备时，英格兰小型巡洋舰和荷兰巡洋舰正在持续爆发冲突。虽然当时的史书没有详细记录英格兰小型巡洋舰的英勇表现，但通过为数不多的历史记载，我们可以领略到英格兰巡洋舰舰长高昂的爱国热情。例如，一艘名为"奥兰治"号的英格兰护卫舰和一艘来往印度的法兰西商船曾发生激烈争斗。当英格兰人最终登上法兰西商船时，法兰西商船几近沉没。从这一事件中我们可以窥得当时的风气究竟如何。登上法兰西商船后，英格兰护卫舰船员开始搜寻财宝，全然忘记商船仍在下沉，最终船上的法兰西人和四十个英格兰船员全部溺水身亡。从诸多事件中可以看出,皇家海军已经逐渐丧失作战的勇气,贪婪自私的风气盛行。另一起事件也透射出英格兰国民斗志的衰落。一些埃塞克斯的乡绅自愿组队担任皇家海军舰队副中尉的保镖,皇家海军舰队副中尉正在召集埃塞克斯民兵抵抗荷兰共和国的入侵。在海边,埃塞克斯乡绅找到一艘全副武装的小型桨船,豪迈地宣称要与荷兰人决一死战。小型桨船的船长颇具幽默感,他没有拒绝埃塞克斯乡绅的要求,同意载着他们一同出海。很快,埃塞克斯乡绅发现一艘荷兰海军舰队的巡航舰正在朝自己靠近,小型桨船的船长立刻火力全开,引起荷兰人的注意。埃塞克斯乡绅不想与荷兰人直接对抗,陷入极度恐慌,要求小型桨船船长立即返航。小型桨船的船长拒绝了乡绅的请求,声称如果无故返航自己将被抓起来绞死。埃塞克斯乡绅回应说乡绅的生命可比船长的生命更宝贵,更何况他们一行中有几位还是骑士。但小型桨船船长对他们的请求充耳不闻。惊慌失措的乡绅为了保命,只能贿赂小型桨船船长请求他返航。也许小型桨船的船长一开始就抱着趁机敲诈的目的。把上述故事讲给公报记者威廉森先生的人认为,最好不要将这个故事作为褒扬英格兰人英勇精神的例子刊登在报纸上。但威廉森先生在故事末尾加了几句恰到好处的讥讽话,将这个讽刺故事刊登在公报上。

战前准备

1666年6月到7月上旬,为报复荷兰人而打造的皇家海军舰队终于在诺尔组建完成。经历了克里斯托弗·迈恩斯爵士和威廉·伯克利阵亡、乔治·艾斯丘爵士被捕等一系列事件后,皇家海军的指挥权仍在阿尔比马尔公爵乔治·蒙克和莱茵的鲁珀特亲王手中。但某些皇家海军的职位有所调整。皇家海军舰队由八十七艘军舰和火攻船组成。原本军舰的数量应该更多,但阿尔比马尔公爵乔治·蒙克和莱茵的鲁珀特亲王决定将十五艘小型军舰的船员分配到若干艘大型军舰上。皇家海军舰队第一次派出这么多艘军舰参战,皇家海军舰队的官

罗切斯特伯爵约翰·威尔莫特

兵士气高昂,查理二世的廷臣们更是做出极佳表率。廷臣们积极踊跃地加入皇家海军舰队,就连臭名昭著的罗切斯特伯爵约翰·威尔莫特也去爱德华·斯普拉奇手下做志愿者。罗伯特·利奇爵士在出发前梦到自己用一把利器杀死了米歇尔·德·勒伊特。为帮助罗伯特·利奇爵士实现梦中预言,罗伯特·霍姆斯把罗伯特·利奇爵士安排在自己的军舰上,承诺在战争中尽可能地帮他靠近米歇尔·德·勒伊特。

1666年7月19日,皇家海军舰队开始沿着诺尔航行。皇家海军舰队出发的地方有好几条航道通向大海。沿诺尔再往下就是河流弯道,河流弯道的东北方向左侧是西斯温航道，右侧是巴罗航道，向前行进就到了奥泽航道。泰晤士河入海口的浅滩上纵横交错着多条航道。因为数条航道在查理二世时期并未启用，所以在此只提及当时被皇家海军频繁使用的航道。埃塞克斯海岸边缘分布着大大小小的沙洲。紧邻泰晤士河入海口舒伯里内斯的是马普林沙洲，马普林沙洲的东北部是福尔内斯沙洲，再往北便是布希沙洲。在17世纪，以上几处浅滩被统称为丘陵地。从布希沙洲的东北角向外延伸是甘福里特。在马普林沙洲对面，从泰晤士河的弯道往后的可航行河道依次被称为西斯温航道和东斯温航道。一条名为中部沙洲的狭长沙洲将河道从中部航道一分为二。在中部沙洲尽头，东斯温航道和中部航道的两条分支交汇在一起，形成国王航道。国王航道流经甘福里特后汇入大海。国王航道的右侧分支是西巴罗、巴罗和东巴罗等沙洲。巴罗航道位于上述浅滩的另外一侧。上述两条航道都是西南—东北流向。巴罗航道末端的右侧是奥泽、诺伯、北诺伯、巴罗沙脊、曼塞尔堡垒及桑克等沙洲。上述浅滩的东侧是布莱克航道。布莱克航道是进出泰晤士河的主要通道。布莱克航道的右侧是狭长、西南—东北方向的长沙洲。位于长沙洲和肯特海岸中间的是格德勒、肯特平原、马盖特沙洲和一些其他形状复杂的浅滩和河道，这里不再赘述。位于长沙洲左侧的是诺克航道和肯蒂什诺克浅滩，也是第二次英荷战争的首场战役发生的地方。从肯蒂什诺克浅滩到古德温沙洲是一条南北方向的通道，每逢涨潮时，一波洋流就会没过浅滩和航道，朝伦敦的方向涌去，到了退潮时，这波洋流又会改变方向。

艰难的航程

从以上描述中我们可以想象，一支舰队想要从诺尔出发穿过诸多险滩最终抵达北海，一路上将会十分困难，更不用说北海外还有虎视眈眈的劲敌。要想利用洋流从弯道出发后经由斯温或巴罗航道抵达国王航道，或经由布莱克航道驶入大海需要满足双重条件：一是合适的风向和潮汐；二是西部吹来的强风和及时的航潮，确保舰队可以乘风破浪。布莱克航道入口处有无数浅滩，直接前往布莱克海渊的难度极大。因此，在1666年7月，皇家海军舰队决定经由斯温航道出海，但需要潮汐的配合才能成功。米歇尔·德·勒伊特正在长沙沙滩和纳兹之间的区域巡航。米歇尔·德·勒伊特安排了一批高级的军舰驻扎在甘福里特。如果当时皇家海军舰队在通过斯温的时候恰好遇到潮汐变化，就会导致仅有一部分军舰可以顺利通过，另一部分未能通过的军舰要留在原地等候下次潮汐变化。与此同时，顺利通过的皇家海军军舰极易被米歇尔·德·勒伊特手下的舰队攻击。这种事情一旦发生，皇家海军舰队只能迅速退回狭窄的斯温航道。这对被猛烈炮火攻击的皇家海军舰队来说是致命举动。因此，如果想要通过斯温航道和中部航道进入国王航道，皇家海军舰队就必须确保海风强劲到整支舰队可以伴着潮汐一次性通过。一直到1666年7月21日，皇家海军舰队才等到机会。此前，皇家海军军舰最远只行进到中部沙洲并在中部沙洲停泊。在皇家海军旗舰船"皇家查理"号上，托马斯·克利夫特爵士、阿尔比马尔公爵乔治·蒙克和莱茵的鲁珀特亲王给阿灵顿伯爵亨利·贝内特写信描述皇家海军舰队的困境。由于该航道长度约为九到十英里，在一次潮汐中全部通过航道的难度非常高。托马斯·克利夫特爵士在给阿灵顿勋爵亨利·贝内特的信中宣称，皇家海军舰队全体官兵士气高涨，正在为参战积极准备。最普通的船员也十分英勇地宣称："我们必须把握机会彻底打败荷兰人！"但所有皇家海军高级军官十分焦虑，因为皇家海军舰队已经在中部沙洲停泊了两天，从北方吹来的风依然没有减弱，无法确保整支舰队顺利通过东巴罗和福尔内斯沙洲之间的狭窄通道。1666年7月22日，海风突然由北风转为西风，皇家海军舰队开始继续航行。阿尔比马尔公爵乔治·蒙克和莱茵的鲁珀特亲王整天都伫立在甲板上，时常会因心情急躁对工作拖泥带水的船员大发雷霆。"复仇"号上的舰长手下率领着十一艘海军军舰和八九艘火攻船。如果皇家海军舰队在航行过程中遭遇意外，"复仇"号会率先对荷兰海军舰队开火。如果皇家海军舰队没能及时通过，那么此前的全部备战工作就会作废。1666年7月

阿灵顿勋爵亨利·贝内特

22日晚上，皇家海军舰队成功在甘福里特抛锚停泊。荷兰海军舰队的先遣分队起锚朝东北方向行进。米歇尔·德·勒伊特率领的荷兰海军舰队主力在纳兹附近巡航。另外一艘皇家海军军舰"鲁珀特"号从哈里奇赶来加入皇家海军的主力部队。

皇家海军舰队与荷兰海军舰队

1666年7月23日早上，皇家海军舰队和荷兰海军舰队同时起锚出发。荷兰海军舰队在皇家海军舰队南部稍远一些的位置。阿尔比马尔公爵乔治·蒙克和莱茵的鲁珀特亲王决意立刻发动攻击。但因为荷兰海军舰队开始向南边进发，所以无法开战。皇家海军舰队开始敲击战鼓并准备作战，全军气势如同第一次英荷战争那般高昂。海上微风轻拂，到晚上，海面逐渐安静下来。皇家海军舰队在泰晤士河入口的浅滩上停泊。随后海上微风突然变为狂风暴雨，并且持续到1666年7月24日。皇家海军舰队的"泽西"号军舰被闪电击中后严重受损，只能被迫转移到哈里奇。1666年7月24日下午，狂风缓和后，皇家海军舰队再度起锚追寻前夜在狂风暴雨中消失的荷兰海军舰队，但没能获得任何进展。夜幕降临时，皇家海军舰队的海军上将们在纳兹东部抛锚停泊。米歇尔·德·勒伊特的荷兰海军军舰曾于1666年7月25日在皇家海军舰队南部出现，并且有可能会在海上风暴平息后出其不意地发动攻击。因此，1666年7月25日2时，皇家海军舰队起锚继续航行。破晓时分，荷兰海军舰队已经到达皇家海军舰队的下风向。从海拉尔特·勃兰特的《米歇尔·德·勒伊特传》中可以得知，荷兰人在尼德兰七省的战争会议上，就已经决定在皇家海军的下风向作战。

此时，皇家海军舰队和荷兰海军舰队的力量大体均衡。荷兰海军舰队由七十三艘军舰、二十六艘护卫舰和二十艘火攻船组成，共分为三个分队。荷兰海军舰队第一分队由海军上将扬·埃沃茨松担任总指挥，海军上将切克·海

切克·海蒂斯·德·弗里斯

蒂斯·德·弗里斯听命于海军上将扬·埃沃茨松,再往下是海军中将阿德里安·班克特、海军中将科恩德斯,然后是职位与皇家海军少将平行的两位军官扬·埃沃茨松和亨德里克·布莱恩斯威夫特。虽然扬·埃沃茨松的等级与米歇尔·德·勒伊特差不多,但扬·埃沃茨松的旗帜挂在荷兰海军军舰的最前方。在所有的荷兰海军上将中,只有扬·埃沃茨松拥有单独办公室。米歇尔·德·勒伊特是荷兰海军舰队中指挥权最大的海军上将,负责指挥第二分队,他的直属手下是荷兰海军副将阿尔特·詹森·范·内斯,再往下依次是海军中将约翰·德·雷夫德和海军少将扬·范·内斯。米歇尔·德·勒伊特的旗帜挂在军

阿德里安·班克特

阿尔特·詹森·范·内斯

约翰·德·雷夫德

扬·范·内斯

舰主桅上。荷兰海军舰队第三分队由科内利斯·特龙普指挥,其手下依次是海军上将扬·梅珀尔,海军中将沃尔克·范·施拉姆和斯威尔斯,海军少将威廉·范·德·扎安和霍恩。作为荷兰海军舰队第三分队的指挥者,科内利斯·特龙普的旗帜挂在所在军舰的后桅上。

根据官方记载,皇家海军舰队的军舰总数是九十艘,但实际参战的皇家海军军舰共有九十二艘。我们并不知晓军舰和轻型军舰的具体数目,实际上,与荷兰海军舰队相比,皇家海军舰队的轻型军舰数量更少。因此,九十二艘的

扬·梅珀尔

爱德华·斯普拉奇

皇家海军舰队与九十九艘的荷兰海军舰队的实力大致相同。皇家海军舰队共拥有十七艘火攻船。皇家海军舰队白色分队的指挥队伍依次是海军上将托马斯·阿林爵士、海军中将托马斯·泰迪曼爵士和舰长尤特巴。皇家海军舰队蓝色分队指挥队伍依次是海军上将杰里米·史密斯、海军中将爱德华·斯普拉奇和海军少将约翰·肯普索恩爵士。皇家海军舰队红色分队的指挥队伍依次是旗舰船"皇家查理"号上共同作战的海军上将阿尔比马尔公爵乔治·蒙克和莱茵的鲁珀特亲王、海军中将约瑟夫·乔丹和海军少将罗伯特·霍姆斯。

尽管在黎明时分，荷兰海军舰队就已经露面，但直到1666年7月25日9时到

10时之间战争才正式开始。由于当时气氛紧张,正式开战时间很难被精确记载。排列成一条"西北—东南"纵列线的皇家海军舰队左舷与风向相对航行,直到整支舰队航行到与荷兰海军舰队平行的位置。由托马斯·阿林爵士指挥的皇家海军白色分队主动进攻扬·埃沃茨松手下的荷兰海军舰队第一分队;皇家海军红色分队负责进攻米歇尔·德·勒伊特指挥的荷兰海军舰队第二分队;由杰里米·史密斯负责指挥的皇家海军舰队蓝色分队主攻科内利斯·特龙普率领的荷兰海军舰队第三分队。在与荷兰海军舰队第三分队交战时,皇家海军舰队蓝色分队的阵形被打乱,导致部分军舰因没有处在计划位置而遭到荷兰海军舰队的猛烈攻击。战争爆发后的五个小时内,皇家海军舰队与荷兰海军舰队势均力敌,没有任何一方占据绝对优势。1666年7月25日下午,皇家海军舰队逐渐开始占据上风,荷兰海军舰队第一分队和第二分队开始逃往下风向。到作战后期,战争局势开始扭转。英格兰人认为,尽管在军舰数量上它与其他两支分队相差无几,但杰里米·史密斯率领的皇家海军舰队蓝色分队是整体力量偏弱的一支。这种观点也许是在为开战初期皇家海军的混乱状态寻找借口。一向任性和喜好独自作战的科内利斯·特龙普利用荷兰海军舰队第三分队的相对优势将皇家海军舰队蓝色分队打得七零八落。当米歇尔·德·勒伊特和扬·埃沃茨松逃往下风向时,科内利斯·特龙普没有跟随他们,而是选择继续近距离与皇家海军舰队蓝色分队作战。自此战局一分为二:一方面,皇家海军舰队红色和白色分队正在追捕向荷兰海岸线撤离的荷兰海军舰队第一分队和荷兰海军舰队第二分队;另一方面,荷兰海军舰队第三分队正在激烈地继续战斗。

荷兰人的失败

米歇尔·德·勒伊特和扬·埃沃茨松被迫选择撤退时,夜幕已经降临,战争不得不暂时中止。1666年7月26日,海面上的狂风逐渐平息,皇家海军舰队和

1666年7月25日的战斗

荷兰海军舰队仍处在彼此的视线范围之内,但双方都只能缓慢前行。莱茵的鲁珀特亲王利用荷兰海军舰队逃跑的颓势,企图虚张声势地恐吓米歇尔·德·勒伊特。莱茵的鲁珀特亲王购买了一艘游艇并将其命名为"仰慕者"号,他把"仰慕者"号系在旗舰后拖行。"仰慕者"号载有两门装饰用的火炮。这种军舰可以利用微风迅速航行。莱茵的鲁珀特亲王命令手下将"仰慕者"号驾驶到米歇尔·德·勒伊特在的旗舰尾部。莱茵的鲁珀特亲王还要求"仰慕者"号假装开炮,以此羞辱和讽刺荷兰人。由于当时风平浪静,皇家海军船员驾驶着"仰慕者"号朝米歇尔·德·勒伊特的旗舰尽情开炮两小时,直到荷兰海军旗舰终于得以借风力移动。在几位荷兰海军舰长的协助下,米歇尔·德·勒伊特一直在皇家海军第二分队的末尾航行。据当时的历史学家描述,米歇尔·德·勒伊特怒火中烧、一心求死,只恨皇家海军舰队的炮弹未能击中自己。1666年7月26日夜晚,荷兰海军舰队迅速逃入弗拉兴附近的浅滩,皇家海军舰队在浅滩外抛锚停泊。

当皇家海军舰队和荷兰海军舰队三分之二的兵力朝着弗拉兴航行时,科内利斯·特龙普和杰里米·史密斯仍留在原地战斗。1666年7月26日整夜,在弗拉兴停泊的军舰都能听到科内利斯·特龙普和杰里米·史密斯率领各自舰队交战时的炮火声。皇家海军舰队白色分队和红色舰队决定起航出发,企图帮助皇家海军蓝色舰队拦截科内利斯·特龙普率领的荷兰海军舰队第三分队。如果皇家海军舰队最终成功,将会成就皇家海军战斗史中的一次辉煌功绩。然而,此时,皇家海军舰队仅俘虏了四艘荷兰海军军舰,自身还损失了一艘"决心"号军舰,而科内利斯·特龙普手下还有二十五艘军舰、六艘护卫舰和八艘火攻船。如果当时皇家海军白色分队和红色分队可以顺利将荷兰海军舰队第三分队拦截,杰里米·史密斯趁机率领皇家海军蓝色分队从后方向其施压,那么荷兰海军舰队第三分队的三十九艘军舰都将被皇家海军舰队俘虏,这对荷兰共和国来说将是灭顶之灾。为了成功拦截荷兰海军舰队第三分队,1666年7月26日,皇家海军舰队红色分队和白色分队一起在海上航行。当天海面上刮着东北

1666年7月26日的战斗

风。科内利斯·特龙普率领的荷兰海军舰队第三分队和杰里米·史密斯率领的皇家海军蓝色分队在远处激烈交战。皇家海军舰队红色和白色分队一直航行到荷兰海军舰队第三分队的对面,随后试图在荷兰海军舰队第三分队逃跑的方向前停住并将其拦截。当时的普遍观点是,假如皇家海军蓝色分队可以一鼓作气,荷兰海军舰队第三分队将被迫落入皇家海军舰队红色和白色分队的手中。事实上,杰里米·史密斯并非传言中描述的懦夫,但他确实缺乏作战才能。如果杰里米·史密斯能为自己辩护,那他一定会说任何人在相同处境里都会做出类似选择。莱茵的鲁珀特亲王和托马斯·阿林爵士无权将责任全部推到杰里米·史密斯身上。当时的风向是东北风,处于上风向皇家海军舰队的实力远超正在顶风逃走的荷兰海军舰队第三分队。但皇家海军舰队红色和白色分队认为,皇家海军蓝色分队有能力将荷兰海军舰队第三分队驱逐到此地,所以选择在原地等候。荷兰海军舰队第三分队静悄悄地从皇家海军舰队红色和白色分队的眼皮底下溜走。1666年7月27日夜晚,荷兰海军舰队第三分队已经彻底失去踪影。科内利斯·特龙普率领着荷兰海军舰队第三分队成功逃到港口与米歇尔·德·勒伊特会合。

科内利斯·特龙普逃脱

在战争中,尽管皇家海军舰队俘虏了几艘荷兰海军军舰,但科内利斯·特龙普的逃脱令皇家海军舰队取得的成绩黯然失色。英格兰国内对皇家海军的胜利欢欣鼓舞。在泰晤士河河口巡航的米歇尔·德·勒伊特也被赶跑。皇家海军证明英格兰王国可以打败荷兰共和国,甚至维持自己的海上霸主地位。阿尔比马尔公爵乔治·蒙克和莱茵的鲁珀特亲王选择乘胜追击,扫荡了荷兰海岸线,将全部荷兰商船赶入港口,捕获了没有及时入港的荷兰商船。一个因被解雇而突然叛变的荷兰共和国官员为皇家海军舰队提供了沉痛打击荷兰贸易公司的机会。叛变的荷兰共和国官员告诉皇家海军上将,多艘属于荷兰东印度公司的商船正在弗里斯兰海岸对面、泰瑟尔岛北部的弗利兰岛和泰尔斯海灵岛上的港口停泊。另外，还有一些来自波罗的海和大量来自非洲海岸的商船也停泊在弗利兰岛和泰尔斯海灵岛的港口。弗利兰岛和泰尔斯海灵岛上还有属于荷兰东印度公司和荷兰共和国的几处大型弹药库。皇家海军上将不会放过如此诱人的机会，他们决定派出皇家海军舰队红色分队的海军少将罗伯特·霍姆斯率领一支分队前往弗利兰岛和泰尔斯海灵岛。1666年8月8日，罗伯特·霍姆斯率领的皇家海军分队接近弗利兰岛，当时的风向不适合发动攻击。因此，1666年8月8日，皇家海军分队转而前往泰尔斯海灵岛，摧毁了港口停泊的一百六十艘荷兰商船和两艘荷兰海军军舰。罗伯特·霍姆斯抓住了此次机会，决定彻底摧毁荷兰人的海上贸易。为了防止富得流油的荷兰商船吸引皇家海军官兵的注意力，罗伯特·霍姆斯命令手下立刻烧掉俘获的所有荷兰商船。对罗伯特·霍姆斯手下的英格兰舰长来说，烧掉荷兰商船等于让发财的机会白白溜走。尽管如此，英格兰舰长们还是遵从命令，烧掉所有荷兰商船，没有将荷兰商船作为战利品带走。1666年8月9日，一支皇家海军部队登陆泰尔斯海灵岛，烧毁了泰尔斯海灵岛上的一个城镇。为了补偿此前烧毁荷兰商船的皇家海军舰长，荷兰东印度公司和荷兰共和国弹药库中的弹药库存被允许搬运到英格兰军舰上。夺走战利品是任何战争中获胜方的常见行为，但烧毁当地城镇实属冷血行径。此次荷兰人遭受的损失高达一百二十万英镑。后来，为了报复此次遭受的损失，米歇尔·德·勒伊特占领了泰晤士河长达一个月。皇家海军舰队在完成任务后顺利返航。

阿尔比马尔公爵乔治·蒙克被召回

显然荷兰人并未元气大伤，荷兰海军舰队在一个月内再次露面。也许是因为英格兰人损害了法兰西王国的商贸利益，所以路易十四展现出与荷兰共和国结盟的强烈意愿。由博福尔公爵弗朗索瓦·德·旺多姆率领的法兰西海军舰

博福尔公爵弗朗索瓦·德·旺多姆

队驶入英吉利海峡。渴望与博福尔公爵弗朗索瓦·德·旺多姆会面的荷兰人将荷兰军舰航行至法兰西沿岸。荷兰海军舰队立刻被莱茵的鲁珀特亲王率领的皇家海军舰队跟踪。在此期间，伦敦突发大火。英格兰国内陷入极度恐慌和混乱，要求阿尔比马尔公爵乔治·蒙克出面的呼声也越来越高。阿尔比马尔公爵乔治·蒙克是当时为数不多的参与瘟疫治理的皇家海军指挥官，在战争中始终坚守立场。瘟疫最严重的时候，阿尔比马尔公爵乔治·蒙克依然坚持执行命令，从未展现出任何惊慌失措的情绪，只是加重了一贯喜好吸烟的习惯。与米歇尔·德·勒伊特作战时，阿尔比马尔公爵乔治·蒙克习惯在嘴里嚼烟草叶并将渣子吐到甲板上。在感染瘟疫时，阿尔比马尔公爵乔治·蒙克也喜欢嚼烟草叶，他坚信这样可以杀死瘟疫病毒。斯图亚特王朝的复辟功臣阿尔比马尔公爵乔治·蒙克因其坚定不移的勇气和对使命的忠诚，深受英格兰民众爱戴。有谣言说阿尔比马尔公爵乔治·蒙克毫无颜面地被迫离开皇家海军舰队。事实上，阿尔比马尔公爵乔治·蒙克之所以被召回伦敦，是因为他是查理二世信赖的、可以治理公共事务的少数人之一。在海上，莱茵的鲁珀特亲王顺利制止了荷兰海军舰队和法兰西海军舰队的会合。米歇尔·德·勒伊特趁着海上的暴风雨将皇家海军舰队吹走的空当，率领荷兰海军舰队逃回荷兰共和国。大部分法兰西海军军舰没有驶入英吉利海峡，少数几艘进入英吉利海峡的法兰西海军军舰遭到皇家海军舰队的报复性攻击。由莱茵的鲁珀特亲王率领的皇家海军舰队在驶离布洛涅海岸后返回圣海伦斯。托马斯·阿林爵士率领一支皇家海军分队留在海上，监视法兰西海军舰队的行踪。1666年9月，在英吉利海峡，托马斯·阿林爵士手下的三四艘军舰与法兰西海军舰队相遇，其中一艘载有七十门火炮的"红宝石"号军舰被法兰西人俘虏。博福尔公爵弗朗索瓦·德·旺多姆没有进一步采取军事行动。1666年秋天正式来临后，皇家海军舰队和荷兰海军舰队退回了各自的海港。

  1666年早秋时节，皇家海军舰队和荷兰海军舰队纷纷撤退，人们普遍认为第二次英荷战争已经结束。在欧洲以外的遥远地区，皇家海军舰队和荷兰海军舰队仍然采取了一些军事行动。很少有像英格兰王国这样在战争中能够占据上风的强大国家，军舰会在首都附近被烧毁，海岸线也屡次遭受侵扰。这种耻辱正是英格兰政府腐败和管理失控的结果。为查理二世辩护的英格兰政府官员们说，第二次英荷战争结束时，查理二世感到吃惊的原因是他认为与荷兰人谈判的目的是保护英格兰王国的利益。也就是说，查理二世被迫为与荷兰人谈判的行为找了一个合理的借口。在查理二世的统治下，由于管理失控，英格兰国库中的财产逐年减少。为了避免与荷兰海军舰队继续作战，查理二世甚至将战事捐款用作他途。因此，1667年春，在米歇尔·德·勒伊特的指挥下，荷兰海军一把火烧毁查塔姆的英格兰军舰也就不足为奇了。

财政危机

1664年年底，英格兰王国与荷兰共和国之间的矛盾一触即发。英格兰议会为开战再次筹得二百五十万英镑。英格兰议员被召集起来，向查理二世表忠心、筹款后十分不悦。不过，英格兰议员们深知，没有足够的资金就无法赢得战争，最终还是投票通过拨款提案。1665年，查理二世手下的官员再次从英格兰议会处取得一百二十五万英镑的拨款。1667年年初，查理二世再次要求议会为其提供一百八十万英镑的拨款。因此，三年内查理二世从英格兰议会手中一共拿到五百五十五万英镑的拨款。英格兰王室每年的固定收入超过一百万英镑。从1664年到1667年年初，英格兰王室至少有三百万英镑收入入库。因此，查理二世统治下的英格兰政府从1664年到1667年至少获得了八百五十五万英镑，其中一大笔钱被用于治理伦敦城内的瘟疫和突发火灾。由于伦敦城突发火灾，英格兰国库的预算计划被打乱。实际上，英格兰政府得到的八百五十五万英镑多数还是落入了查理二世的口袋。尽管如此，查理二世手下的官员依旧无法按时领到薪水，造船厂的工人纷纷逃离工厂，皇家海军负债累累。查理二世的父亲查理一世认为，英格兰王国没有必要维持一支大规模军队。护国公奥利弗·克伦威尔统治时的英格兰政府承担起发展英格兰联邦海军舰队的责任。奥利弗·克伦威尔需要为苏格兰和爱尔兰当权派提供保护，但奥利弗·克伦威尔统治时期的英格兰政府从英格兰下议院中得到的财政支持，远远少于查理二世从中得到的财政支持。奥利弗·克伦威尔统治时的英格兰联邦海军也遭遇过财政困难，但从未经历过和1667年的皇家海军一样的窘境。查理二世统治期间，为了应对苏格兰的宗教异见者的不满和防范英格兰清教徒的阴谋，查理二世必须维持一支大规模军队，但查理二世前后获得的资金已经远远超过实际

瘟疫中一名倒毙在路上的妇女

伦敦瘟疫中的一条街道和街道上的运尸车

伦敦大火

需要。1666年年底，查理二世再次要求英格兰议会拨款。显然，查理二世企图获得的拨款不会被用于维持皇家海军。

第二次英荷战争让查理二世和英格兰宫廷灰心丧气——他们低估了荷兰人的实力。第二次英荷战争非但没有为英格兰王国带来财富，反倒令英格兰王国遭受巨额损失。尽管皇家海军舰队在海上取得了一定胜利，但英格兰商业贸易遭受了沉重打击，英格兰王国不得不暂停实施《航海条例》中禁止购买外国制造商船的相关条例。与此同时，查理二世屡屡向英格兰下议院伸手要钱的行为，进一步增强了查理二世反对者干涉王室统治的决心。内忧外患令查理二世开始思索英格兰国内威胁自身统治的诸多因素，试图摆脱英格兰下议院的控制。查理二世天资聪颖，不愿重蹈父亲查理一世的覆辙，也不愿意流亡海外。当议会反对的声音过于激烈时，查理二世会选择暂时屈服。在提案被议会通过前，查理二世效仿自己的表兄[①]路易十四，在保证自身安全的情况下尽可能地满足自己的欲望。为英格兰王国挑选一个外国劲敌是查理二世满足欲望的途径之一。这是因为以维持军队为由直接向议会伸手要钱不明智，容易引发英格兰民众的反感，查理二世最忠诚的支持者保皇派难免会回想起奥利弗·克伦威尔统治时的不愉快回忆。查理二世可以利用英格兰议会为英荷战争拨付的资金，偿付英格兰军队士兵的薪水。于是，查理二世将议会为皇家海军舰队提供的一百八十万英镑用来充实英格兰国内的常备军。与此同时，皇家海军舰队的建设被暂时搁置一旁。在荷兰共和国面前，英格兰王国失去了最关键的保护力量。理论上，查理二世有权决定如何花费英格兰下议院拨付的经费。但查理二世和其顾问们都未曾预料到，英格兰下议院也在观察着拨付资金的走向。很快，英格兰下议院就出面制止查理二世将一百八十万英镑的拨款挪作他用。这显示出英格兰下议院加强控制公共事务的必要性。

---

① 查理二世的母亲法兰西的亨利埃塔·玛丽亚与路易十四的父亲法兰西国王路易十三是兄妹关系。——译者注

英格兰议会的愤怒

1666年9月,英格兰议会正式召开,此次议会令查理二世觉察到自己面临的巨大风险。英格兰下议院通过了一项关于检查公共开支的法案。根据这条法案,英格兰议会将任命一个议会委员会,要求查理二世手下的官员详细阐述议会拨款的流向。英格兰下议院的态度十分坚定,甚至声称在提案通过前不会继续为查理二世拨付剩余资金。查理二世手下的官员和廷臣们知晓后不免闻风丧胆。《塞缪尔·佩皮斯日记》中详细记载了皇家海军部官员听闻消息后的惊慌失措。查理二世手下的廷臣们十分恐惧,因为他们比英格兰官员们从议会拨款中获利更多。对英格兰议会调查最心惊胆战的莫过于沙夫茨伯里伯爵安东尼·阿什利·库珀,他是皇家海军战利品委员会主席。根据法律规定,皇家海军战利

沙夫茨伯里伯爵安东尼·阿什利·库珀。

品委员会在奖励完皇家海军官兵后，应该将剩余战利品物资再次投入战事使用。但皇家海军舰队官兵根本没有拿到任何薪资或奖励金，所有战利品被英格兰廷臣瓜分。查理二世命令沙夫茨伯里伯爵安东尼·阿什利·库珀不得供出战利品的去向，而且承诺在英格兰下议院调查中保护沙夫茨伯里伯爵安东尼·阿什利·库珀。斯图亚特王朝的仆从可以从斯特拉福德伯爵威廉·温特沃思的亲身经历中窥得查理二世的保证可信度有多高。不久后，英格兰下议院的注意力被其他要事转移，沙夫茨伯里伯爵安东尼·阿什利·库珀侥幸逃过一劫。查理二世宣称，即使英格兰下议院通过检查提案，他也绝不妥协。当时，人们普遍认为，查理二世会将下议院议员全部替换成自己的亲信。某些相信查理二世顽固品性的英格兰下议院议员，只能转而采取一种更有效的施压方式，即通过攻击查理二世的情妇克利夫兰女公爵芭芭拉·帕尔默来恐吓沙夫茨伯里伯爵安东尼·阿什利·库珀。沙夫茨伯里伯爵安东尼·阿什利·库珀在仕途末期与查理二世有过激烈争吵，曾声称要让米德尔塞克斯审判团公开审判朴次茅斯女公爵路易丝·德·克鲁阿尔①。查理二世得知后只能让步。不像其他英格兰廷臣那样奢侈浪费的克拉伦登伯爵爱德华·海德也公然反对通过检查提案，但他反对检查提案的原因是检察法案会削弱王权。

如果英格兰下议院没有突然卷入与英格兰上议院的争论，即使查理二世万般不情愿，英格兰下议会也一定会检查查理二世手下官员的公共开支情况。事实上，英格兰下议院和王室之间的矛盾斗争愈来愈激烈。此类情形在17世纪时常发生。英格兰下议院议员认为他们拨付的资金被查理二世的手下肆意挥霍，对英格兰军队规模的持续扩大也起了疑心。当英格兰下议院议员们得知查理二世私下里竟是天主教徒，甚至还采取措施巩固天主教在英格兰王国的地位时，他们难免怒火中烧。需要申明的是，尽管如今英格兰政府工作的任何细节都必须置于英格兰议会的严密监察下，但查理二世在位时的英格兰议会

---

① 朴次茅斯女公爵路易丝·德·克鲁阿尔是查理二世的情妇之一。——译者注

克利夫兰女公爵芭芭拉·帕尔默

朴次茅斯女公爵路易丝·德·克鲁阿尔

知情权十分有限。17世纪时,英格兰王国还未建立起政府官员对议会负责的体制,当时的政治体制依旧延续都铎王朝的传统,即英格兰国王的手下仅对国王本人负责。深觉受骗和被愚弄的英格兰下议院议员只能愤怒地旁观却无法插手。对查理二世来说,下议院议员的无可奈何绝非好消息。下议院议员铆足了劲要找出相关负责人。塞缪尔·佩皮斯在《塞缪尔·佩皮斯日记》中曾隐晦地提及,他认为皇家海军官员极有可能会被当作查理二世及其廷臣的替罪羊交给英格兰下议院。正是在这种情况下,克拉伦登伯爵爱德华·海德被查理二世抛弃,以熄灭英格兰下议院的怒火,查理二世和其廷臣便可高枕无忧。《检查公共开支提案》最终被英格兰下议院通过。为了保护查理二世的利益,英格兰上议院向查理二世呈上请愿书,要求查理二世亲自任命调查委员会成员。英格兰下议院议员十分清楚请愿书不过是为了逃避二次调查。因此,英格兰下议院议员与英格兰上议院议员们展开激烈交锋。这场交锋以《检查公共开支提案》的失效告终。不过,1667年查理二世宣布议会休会时,他发现自己最好还是履行关于调查公共开支的相关承诺。

和平协商

承诺推动对公共开支开展调查的同时,查理二世希望能火速与荷兰共和国达成协议。1666年夏末,英格兰王国与荷兰共和国开始正式协商。约翰·德·威特组织了一场极富人道主义色彩和礼节的典礼。约翰·德·威特将四日海战中不幸身亡的皇家海军将领威廉·伯克利的遗体送回英格兰王国。荷兰人对威廉·伯克利的遗体进行了防腐处理,还将一面代表休战的旗帜盖在威廉·伯克利的遗体上以示诚意。查理二世对荷兰人的友好举动也做出初步回应。几个月后,英格兰王国和荷兰共和国步入协商阶段,但双方始终无法放下敌意。如果当时英格兰王国的财政突然崩溃,荷兰共和国一定会立刻采取措施威胁英格兰王国的安全。英格兰王国的盟友法兰西王国正与西属尼德兰紧张对峙,极有可能派兵入侵和占领荷兰共和国。考虑到法兰西王国这一外部因素，约翰·德·威特十分急切地推动达成和平协议。查理二世开始和表兄路易十四私下密谋，他们的共同目标是摧毁荷兰共和国，但当时尚未拟出成熟的行动计划。查理二世同样渴望和平，希望尽量消除英格兰王国和法兰西王国的嫌隙，推进两国继续合作。因此，当瑞典王国自愿担任英格兰王国和荷兰共和国之间的协调者时，英格兰王国和荷兰共和国都欣然接受了瑞典王国的提议。英格兰王国与荷兰共和国的和平集会被安排在1666年5月于布雷达举行。

当英格兰王国和荷兰共和国外交官坐在布雷达的不同房间里拟定和平协议条款、将各自的草稿交给瑞典使节[①]时，英格兰王国和荷兰共和国都清楚，双方的冲突进一步激化难以避免。虽然英格兰王国坚决否认这种观点，但英格兰政府的行动展示出英荷之间的敌意不会轻易消除。1666年5月，布雷达和平集会即将开幕，查理二世在写给约克公爵詹姆斯·斯图亚特的一封信中宣称伦敦目前煤炭供应充足，可以减少出海的皇家海军舰队军舰，以扰乱荷兰海军舰队的视线，尽快恢复英格兰王国的海上贸易活动。查理二世是在为战争做准备。英格兰政府不相信和平协商可以带来安全，即使在皇家海军舰队未出海的情况下，查理二世仍然下令加固英格兰沿海的堡垒和防御工事。1667年3月，英格兰王国的备战之心举世皆知，荷兰人非常清楚查理二世的心思。一段时间后，查理二世的备战决定最终导致灾难性后果。不过，查理二世将战败责任推给英格兰下议会议员。约克公爵詹姆斯·斯图亚特也声称自己违反了查理二世颁布的命令。战败后，英格兰国内各方开始相互推卸责任。根据塞缪尔·佩皮斯对1667年3月24日在白厅举行会议的记载，约克公爵詹姆斯·斯图亚特对加固海边防御工事的任务完成情况十分满意。当约克公爵詹姆斯·斯图亚特被告知荷兰共和国已经知晓英格兰王国的备战计划，并且十分重视时，"查理二世和约克公爵詹姆斯·斯图亚特一起取笑了荷兰人的想法，他们丝毫不在意荷兰人

---

① 瑞典使节担任和平协议的仲裁人。——原注

的忧虑,查理二世回应道:'只要相安无事,我们何必在意荷兰人的看法。加固英格兰海边防御工事不会引起荷兰人的进攻。'约克公爵詹姆斯·斯图亚特接话道:'法兰西大元帅蒂雷纳子爵亨利·德·拉图尔·奥弗涅对加固防御工事会引起对手恐慌的观点是怎么回应的?'随后,约克公爵詹姆斯·斯图亚自问自答道:'我倒希望对手不要惊慌,这样他们就不会也效仿我们加固防御堡垒,我们也就更容易攻击他们。'"英格兰政府与荷兰共和国政府的区别不在于英格

蒂雷纳子爵亨利·德·拉图尔·奥弗涅

兰政府更希望通过协商的方式求得和平,或是荷兰共和国政府更加自信,而在于英格兰王国被缺乏智慧、自私自利的狡猾人士统治,荷兰共和国由精力充沛、明智果断和将国家荣誉放在首要位置的政治家治理。

皇家轻型海军分队

皇家海军舰队共派出两支轻型海军分队,由约翰·史密斯率领的一支皇家海军分队被派往北海的高纬度海域扰乱荷兰人在波罗的海地区的商贸活动,据说还掠夺了不少战利品,直到英格兰王国与荷兰共和国的和平协议签订之后才返回英格兰王国。不过,约翰·史密斯率领的皇家海军分队只是获得了战利品,没有扰乱米歇尔·德·勒伊特的视线。

皇家海军舰队派出的另外一支海军分队是由约翰·哈曼指挥的轻型海军分队。约翰·哈曼曾在洛斯托夫特战役中担任过皇家海军舰队舰长,在四日海战中也表现得勇猛异常。正如伊丽莎白一世时期的德文郡,查理二世在位时,约翰·哈曼的家乡东安格利亚是培育英勇海员的摇篮。约翰·哈曼的手下均来自萨福克。从约翰·哈曼的肖像中可以看出他是典型的英格兰东部乡村居民,脸型瘦削、头发黝黑,身上可能流着丹麦人的血液。约翰·哈曼此行的目的地是西印度群岛。尽管路易十四在欧洲挑起的战争并未掀起太大风浪,但法兰西人和英格兰人在安的列斯群岛斗争得你死我活。法兰西人已经占领了瓜德罗普岛、马提尼克岛和其他小岛屿,还与英格兰人共同统治圣克里斯托弗岛。英格兰人占领了岛屿另一端靠近圣克里斯托弗岛的巴巴多斯、安提瓜岛和尼维斯岛等地。英格兰联邦时期,英格兰人占领了牙买加。不管是在英属岛屿还是法属岛屿地区,英格兰王国和法兰西王国政府的影响力都十分微弱,岛屿的实际所有者和享有贸易垄断权的岛上公司时常会产生许多法律纠纷。上述岛屿挤满了大批"探险家",这些"探险家"大部分是无赖和恶棍。英格兰内战结束后,大量苏格兰和爱尔兰囚徒被当作奴隶运往西印度群岛。法兰西王国和英格兰王国都存在将国内罪犯运到西印度群岛为当地种植园主当苦力的风气①，还兴起了将国内罪犯绑架到西印度群岛做苦力的人口贩卖生意。这直接导致西印度群岛上出现大量不从事正常工作，以贩卖人口谋生的人。西印度群岛到处是富饶的西班牙殖民地，但西班牙王国实力日渐衰弱。因此，西印度群岛引来了大批"探险家"。他们打着各种旗号，持续不断地骚扰西印度群岛上的西班牙人。

圣克里斯托弗岛的冲突

法兰西国王路易十四的宣战改变了西印度群岛原本失序的混乱环境。法兰西人、英格兰人和荷兰人开始同仇敌忾地对付起西印度群岛上的西班牙人。不久后，法兰西、英格兰和荷兰的和谐局面被打破，法兰西人和荷兰人开始合伙对付英格兰人。第一次冲突发生在圣克里斯托弗岛，当时法兰西殖民者在与英格兰殖民者的冲突中逐渐占据上风。法兰西殖民者试图发展工业的急切心情反倒最终毁掉了他们在美洲建立殖民帝国的梦想，也让法兰西人在殖民地迫不及待地发动战争。最终法兰西人彻底打败了英格兰人。英格兰人之所以会失败，或许是因为他们无法像法兰西人一样不择手段。圣克里斯托弗岛上的英格兰人大多爱好和平，不愿卷入战争，其中不乏一些海盗。圣克里斯托弗岛上的海盗在一个叫威廉·摩根的英格兰人指挥下英勇无比。但大部分时间，他们不是烂醉如泥就是缺乏纪律。圣克里斯托弗岛上还有若干爱尔兰罪犯。从英格兰内战中可以看出，参战的爱尔兰人生性残忍、背信弃义、对新教徒充满敌意。据说在圣克里斯托弗岛上的英格兰人与法兰西人英勇作战时，有些爱尔兰罪犯放火烧掉英格兰人的房子。最终，英格兰人失去了圣克里斯托弗岛上的殖民地，被全部驱逐出圣克里斯托弗岛，其中有些人流亡到弗吉尼亚，有些则转而选择驻扎在尼维斯。

---

① 在本国内，罪犯本身也应承担大量拘役。——原注

牙买加的总督托马斯·莫迪福德要对付牙买加的西班牙人，无法为西印度群岛的英格兰人提供任何援助。巴巴多斯总督帕勒姆的威廉·威洛比勋爵则尽己所能地帮助了英格兰人。在西印度群岛战败的英格兰殖民者也向英格兰王国发出求救信息。

尽管西印度群岛的重要意义尚未显现，但英格兰政府十分重视西印度群岛。英格兰政府试图宽慰西印度群岛上的英格兰殖民者。一支由十艘英格兰商船改造成军舰的舰队在约翰·贝里的率领下前往西印度群岛。约翰·贝里是德

约翰·贝里

文郡的一个在英格兰内战中被剥夺神职的牧师之子，早年曾经参与西印度群岛的商贸活动，1663年成为皇家海军舰队"燕子"号军舰上的水手长。在担任皇家海军水手长和上尉期间，约翰·贝里曾经与西印度群岛的海盗打过交道，从此声名大噪。"燕子"号出航是为了追踪和监视一艘比自身体积更大的海盗船。"燕子"号舰长无法下定决心对巨大的海盗船发动攻击，向全体船员说道："先生们，如今我们要攻击的海盗船，无论是在船员人数还是在实力上都更具优势。因此，我想听听你们的意见。"约翰·贝里立刻回答道："长官，我们也是全副武装，我们的船员诚实正直，肩负着国王陛下赋予的光荣使命。如果您没有胆量开战的话，请您回到自己的船舱。"随后，"燕子"号成功攻击并打败海盗船。从上述故事不难推测，约翰·贝里生性坚决果断。抵达西印度群岛后，约翰·贝里立刻对法兰西人实施报复，成功地打击了法兰西人，保护尼维斯免受攻击。尽管约翰·贝里在行动中俘获了几艘法兰西军舰，精神高昂地完成了战斗任务，但在皇家海军舰队的援军到来前，他只能将法兰西人的军舰暂时围堵在海湾里。

约翰·哈曼前往马提尼克岛

1667年3月，约翰·哈曼被任命为指挥官，但直到1667年5月才得以出航。约翰·哈曼首先抵达巴巴多斯，随后前往尼维斯与约翰·贝里会合。约翰·哈曼和约翰·贝里联合起来对付西印度群岛的法兰西人和荷兰人绰绰有余。荷兰人和法兰西人纷纷离开，英格兰人控制了西印度群岛附近的海域。约翰·哈曼渴望夺回圣克里斯托弗岛，但由于岛上的英格兰人都被赶走，他上岸后没能获得任何援助。西印度群岛的另外一处英格兰种植园未能为约翰·哈曼爵士提供任何帮助。同时，约翰·哈曼手下没有军队。在诸多不利因素的影响下，约翰·哈曼只能在海上与敌军交战。不久，约翰·哈曼遇到一个绝佳机会。借由某些堡垒的掩护，法兰西海军舰队退回马提尼克岛。英格兰"朴次茅斯"号双桅纵帆船

约翰·哈曼轰炸马提尼克岛的法兰西海军舰队

在侦查到法兰西海军舰队的撤退后及时向约翰·哈曼报告。得到下属的一致支持后，约翰·哈曼决定向法兰西海军舰队开火。1667年6月24日，约翰·哈曼率船抵达马提尼克岛后，立即向法兰西海军舰队发动攻击，但当时的海上风向不适合作战。尽管约翰·哈曼所在的英格兰军舰的火力成功压制了岸上堡垒，但在约翰·哈曼率船靠近法兰西海军舰队前，海上的风已经停息。1667年6月25日，海面上的风向和风力非常适合进攻，约翰·哈曼果断下令向法兰西军舰开火。通常约翰·哈曼在罹患痛风时根本无法四处走动，但战斗的激情令他暂时抛开病痛。岸上的堡垒已经全部熄火，约翰·哈曼集中全部火力攻击法兰西海军舰队，成功烧毁包括法兰西海军旗舰船在内的八艘法兰西军舰，将其他法兰西军舰上的人员驱赶上岸。打败了法兰西海军舰队后，约翰·哈曼开始专心对付荷兰人。荷兰共和国的军事据点主要位于南美洲大陆的圭亚那和库马纳的沿岸岛屿。在与荷兰人的战斗中，约翰·哈曼取得了胜利。1667年7月签订的

1667年7月签订和平协议

和平协议意味着约翰·哈曼已经完成使命。但约翰·哈曼一直留在西印度群岛保护英格兰商贸活动，在1668年的1月护送大批英格兰商船回国。

约翰·哈曼远征成功的几周后，皇家海军舰队得到一个难忘的教训——不能愚蠢地认为只要皇家海军舰队在摧毁荷兰海上贸易的远征行动中取得成功，就有能力与荷兰海军舰队抗衡。1668年早春，英格兰王室不断得到消息——荷兰人正在米歇尔·德·勒伊特的领导下组建一支大型海军舰队。然而，愚昧的英格兰王室依旧没有采取除加固防御工程以外的其他措施。如果加固防御工程能够高效、顺利完成，也许英格兰王室还能避免接下来的灾难。然而，正如查理二世统治时期的一贯作风，加固防御工程进展缓慢、效率低下。英格兰人虽然有大把时间修建希尔内斯堡垒，但直到开战前也未完成修建工作，更不用说将堡垒武装完毕。1668年5月，英格兰王室仍然在削减泰晤士河执勤火攻船上的海员数量。与此同时，荷兰人正在竭尽全力组建一支实力强大的海军舰队。1668年5月月底，威廉·约瑟夫·范·根特率领一支荷兰海军舰队抵达苏格兰海岸。荷兰人出航一方面是为了保护荷兰的海上贸易，另一方面是为了转移英格兰政府的注意力。威廉·约瑟夫·范·根特率领荷兰海军舰队驶

威廉·约瑟夫·范·根特

入福斯湾。威廉·约瑟夫·范·根特尽管未能成功入侵本泰兰和在利斯登陆，但还是沉重打击了英格兰的海上贸易，也向世界展示出查理二世统治下英格兰政府的软弱无能。随后，威廉·约瑟夫·范·根特从福斯湾起航南下与米歇尔·德·勒伊特会合。

　　1668年6月1日，为了洗刷1667年在泰尔斯海灵被英格兰人掠夺的耻辱，荷兰海军舰队主力正式出航。1668年6月4日，荷兰海军舰队在海上遭遇暴风雨，1668年6月7日，重新整顿后再次出发。在北福尔兰，英格兰人看到米歇尔·德·勒伊特手下七十多艘军舰组成的荷兰海军舰队气势汹汹地赶来，立刻通知了负责岸上堡垒的官员。英格兰地方执法官火速将荷兰人来犯的消息传到伦敦。英格兰王室得到消息，猛然惊醒。米歇尔·德·勒伊特已经在甘福里特靠岸停泊，一支荷兰海军舰队先遣分队率先抵达格雷夫森德。英格兰宫廷一度陷入混乱。随后，英格兰王室恢复理智，查理二世的廷臣们偷偷从王宫后门溜走。皇家海军部更是一片狼藉，塞缪尔·佩皮斯意识到可怕的事情即将发生，他和同僚如果不挺身而出，就会被暴怒的荷兰人残忍屠杀。塞缪尔·佩皮斯把老父亲约翰·佩皮斯和妻子伊丽莎白·佩皮斯锁在寝室房间，如实告知了他们目前英格兰王国面临的风险。随后，生性谨慎的塞缪尔·佩皮斯为保险起见，花费手头的全部现金将老父亲约翰·佩皮斯和妻子伊丽莎白·佩皮斯偷偷送到国外。如果当时的其他人也像塞缪尔·佩皮斯一样，有写日记吐露心事的习惯，我们可能会发现白厅附近的皇家海军部发生过多次类似的危机。

泰晤士河上的荷兰人

　　英格兰人的全体震惊和无知，进一步夸大了事情的危急程度。除了米歇尔·德·勒伊特在北福尔兰露面的消息，又有传闻称一支法兰西部队准备入侵英格兰王国。但这纯属虚假消息。在一番密谋后，查理二世向表兄路易十四彻底妥协。此时，真正的危机是英格兰王国即将被荷兰共和国入侵，而非被别国侮辱或打击。英格兰政府尚未做好应对荷兰共和国入侵的准备。直到1668年6月10日,米歇尔·德·勒伊特的入侵计划成熟、荷兰海军舰队备战完成后,英格兰王国的防御措施才正式启动。伦敦民兵队被召集出动,英格兰各郡的国民卫队被要求在海岸集合。在危机来临时,英格兰王室一如既往地将能够肩负护国重任的阿尔比马尔公爵乔治·蒙克召唤到查塔姆。由于伦敦民兵队和英格兰各郡的国民卫队抵达得太迟,阿尔比马尔公爵乔治·蒙克只能在查塔姆目睹英格兰王国惨遭荷兰海军舰队羞辱。

1668年6月11日,阿尔比马尔公爵乔治·蒙克抵达罗切斯特。凭借丰富的军事经验和一贯锐利的眼光,阿尔比马尔公爵乔治·蒙克立刻意识到当下的情形十分无望。阿尔比马尔公爵乔治·蒙克手下可以利用的有效军事力量包括分布在赛皮岛、希尔内斯和查塔姆的苏格兰军队。皇家海军部官员倒还算负责,塞缪尔·佩皮斯在日记中赞扬了他们沉默寡言的性格和愿意在马背上艰苦作战的优良风气,除了必须乘坐六架马车才肯出行的海军委员会委员——亨利·布龙克尔子爵。即使如此,仅凭苏格兰军队的实力,英格兰人也无法阻止荷兰人的登陆。皇家海军舰队的所有火攻船都尚未武装,英格兰造船厂的工人也不愿提供任何援助。本应到场的一千一百个造船厂工人,仅有三个在乔治·蒙克的呼吁下姗姗来迟。事实上,无论在查塔姆还是伦敦,除非提供高价薪酬,否则阿尔比马尔公爵乔治·蒙克找不到任何一个愿意提供帮助的造船师。由于英格兰政府长期以来克扣皇家海军人员的薪水和提供腐烂食品,此时,皇家海军舰队水手正集体庆祝英格兰政府面临窘境,他们的妻子手拿丈夫的薪资欠条聚集在皇家海军部门口,极尽所能地奚落塞缪尔·佩皮斯等人。据说,当时在荷兰海军舰队上服役的士兵都是英格兰人。这种说法虽然有些许夸张成分,但确实有事实依据。第二次英荷战争爆发后的第二年,即1666年,英格兰议会专门通过一条特别法案处置在荷兰海军舰队中服役的英格兰人。事实上,原本在战争中被俘的英格兰人本应被及时释放,但被俘的英格兰人中的大多数人愿意继续为荷兰海军舰队工作,并且声称及时到手的工资远远好过查理二世虚假的承诺。

塞缪尔·佩皮斯曾经写下一个故事，讲述的是当"皇家查理"号被荷兰人俘获，登上"皇家查理"号的大批荷兰海军士兵其实都是英格兰人。极具讽刺意味的是，他们竟然是来找船上的皇家海军军官讨要此前被拖欠的薪水的。

洗劫查塔姆

1668年6月9日，米歇尔·德·勒伊特派遣的荷兰海军舰队已经沿着泰晤士河行进到格雷夫森德。听到荷兰人来犯的消息后，泰晤士河上的英格兰商船纷纷落荒而逃，威廉·约瑟夫·范·根特率领的荷兰海军舰队一路上没有遇到来自英格兰武装力量的阻挠。随后，泰晤士河上的风力减弱、潮汐更改，荷兰海军舰队被迫中止航行。米歇尔·德·勒伊特考虑到荷兰海军舰队突然袭击的优势不复存在，再加上伦敦城很难被攻下，便命令手下军舰撤回，决定仅占领查塔姆。1668年6月10日，在十分轻松地攻破希尔内斯尚未修建完成的堡垒后，米歇尔·德·勒伊特率领荷兰海军舰队驶入梅德韦。负责指挥希尔内斯堡垒和皇家海军火攻船的爱德华·斯普拉奇竭尽全力与荷兰人战斗。直到荷兰人震耳欲聋的炮弹逼近，爱德华·斯普拉格手下的水手和苏格兰军队的士兵仍在坚守阵地，他们在荷兰人登陆后方才撤退。大量皇家海军军备物资和十五门火炮被荷兰人收入囊中。值得一提的是，尽管荷兰人试图报复英格兰人此前烧毁泰尔斯海灵岛的恶劣行径，但他们没有掠夺任何私人财产，只将查理二世名下的皇家海军仓库扫荡一空。荷兰人的举动属于合法战争掠夺。1668年6月11日，在梅德韦，荷兰海军舰队实施了大规模扫荡。与此同时，阿尔比马尔公爵乔治·蒙克在近乎绝望地竭力防守。阿尔比马尔公爵乔治·蒙克命令手下在吉灵厄姆河岸架起由齿轮控制的一条长铁链，希望能以此阻止荷兰人进攻。阿尔比马尔公爵乔治·蒙克事先备好的铁链证明英格兰政府对荷兰人的入侵早有心理准备，但英格兰政府没能采取有效的防御措施。经过一番艰苦卓绝的努力，皇家海军舰队终于将铁链安装完毕，派出五六艘火攻船在铁链后方停泊，伺机发动攻击。铁链两端也装置了攻击力甚微的排炮。皇家海军造船厂内部充斥着恐慌和困惑的气氛，长期被拖欠薪水的造船师们拒绝工作，他们的上级带着私人财产纷纷逃走。以威廉·佩特为首的海军部官员乘坐他们能找到所有的船逃走，导致阿尔比马尔公爵乔治·蒙克无法将停泊在造船厂的军舰指派到泰晤士河参加战斗。当威廉·佩特的逃跑行为被英格兰议会质疑时，威廉·佩特滑稽地自我辩解道，他逃跑是为了拯救停泊在造船厂的军舰，因为他坚信荷兰人十分渴望获得这些英格兰军舰。一旦荷兰人意识到英格兰人采取的抵抗手段十分有限，他们会毫不犹豫地发动攻击。由于米歇尔·德·勒伊特和科尔内留斯·德·威特率领的荷兰海军舰队主力依然停留在查塔姆外，威廉·约瑟夫·范·根特此时成了真正的指挥官。威廉·约瑟夫·范·根特将攻破铁链的指挥权交给荷兰海军舰队的布拉克尔舰长。英格兰人为了抚慰自己的民族自尊心，编造谎言称攻破铁链的任务过于艰巨，荷兰海军军官不愿毛遂自荐，只有实力微弱、企图借此机会飞黄腾达的布拉克尔舰长主动请缨。事实上，攻破铁链的任务之所以艰巨，是因为路途过于艰险、航行偏难，而非皇家海军舰队防守实力过强。1668年6月12日，布拉克尔舰长率领若干艘护卫舰和火攻船趁着涨潮向铁链路障行进。虽然第一艘荷兰海军火攻船被挡在铁链前，但随着后续火攻船力量不断叠加，铁链被荷兰海军火攻船一举攻破。距离铁链最近的英格兰军舰立刻被荷兰海军火攻船点燃。皇家海军舰队趁机捕获了荷兰海军火攻船"团结"号、"友好"号和一些小型荷兰军舰。

当布拉克尔舰长烧毁铁链附近的英格兰军舰时，阿尔比马尔公爵乔治·蒙克正尽己所能地保护其他离铁链稍远的英格兰军舰。然而，威廉·佩特等皇家海军官员的恐慌和皇家海军造船厂工人的叛乱令阿尔比马尔公爵乔治·蒙克无法救下其余英格兰军舰。"皇家查理"号就是被荷兰军舰队俘虏的皇家海军军舰之一。在洛斯托夫特战役中，"皇家查理"号是约克公爵詹姆斯·斯图亚特的旗舰，也曾在四日海战中被阿尔比马尔公爵乔治·蒙克驾驶，如今落入荷兰人手中。当时"皇家查理"号上仅装载三十门火炮，舰上所有水手在军舰搁浅后纷纷逃走。由于缺少足够军舰拉拽"皇家查理"号，皇家海军舰队无力将其运走。于是，荷兰海军舰队派出若干艘军舰拖走了被皇家海军舰队遗弃的"皇家查理"号。为防止更多的军舰被荷兰人夺走，阿尔比马尔公爵乔治·蒙克下令击沉"皇家詹姆斯"号、"皇家橡树"号和"忠诚伦敦"号这三艘英格兰军舰。

  荷兰海军舰队在退潮时撤回并抛锚停泊。皇家海军舰队希望利用荷兰海军舰队撤退的这段时间封锁泰晤士河。阿尔比马尔公爵乔治·蒙克在向英格兰下议院解释战败原因时曾提到，自己之所以会下令击沉停泊的三艘英格兰军舰，是因为收到了三艘英格兰军舰所在河道是荷兰海军舰队继续前行的唯一通道的错误情报。事实上，荷兰人当时选择了另外一条河道航行。我们很难相信皇家海军舰队负责人在慌乱中做出的解释，何况后来他们还为了掩盖真相扭曲事实。阿尔比马尔公爵乔治·蒙克虽然英勇镇定，但还是会为自保逃避责任。无论皇家海军舰队战败的原因是什么，可以确定的是，1668年6月13日，荷兰海军舰队突然决定返程，一路顺利前行至阿普诺城堡。荷兰海军舰队在行进途中发现"皇家詹姆斯"号、"皇家橡树"号和"忠诚伦敦"号的残骸，一把火将它们彻底烧毁。随后潮汐更迭，荷兰海军舰队沿河而下、一路撤退。在行进路上，荷兰海军舰队号手自豪地吹响了胜利的号角。

  除了被烧毁和捕获的七艘大型军舰、不计其数的小型军舰和惨遭洗劫一空的仓库，皇家海军舰队还遭受了其他巨大损失。从查塔姆撤离六周后，荷兰海军舰队仍然牢牢控制着泰晤士河入口和英格兰东南部海岸。荷兰共和国国内德威特家族的政敌们抱怨荷兰海军舰队未能给英格兰王国造成毁灭性打击。若不是科尔内留斯·德·威特的坚持，英格兰查塔姆造船厂可能会被彻底摧毁，伦敦城也将遭受毁灭性攻击。然而，由于荷兰军舰上的士兵数量有限，再加上英格兰海岸沿线开始迅速聚集起大批英格兰民兵，荷兰海军舰队无法安排士兵着陆。荷兰海军军官十分清楚停留在泰晤士河浅滩的风险极大，已有两三艘荷军舰搁浅和迷路。事实上，荷兰海军舰队已经达到羞辱英格兰人

阿普诺城堡

的目的。米歇尔·德·勒伊特命令先遣分队撤退到甘福里特，随后封锁泰晤士河。伦敦人对米歇尔·德·勒伊特的恐惧久久挥之不去。即使在米歇尔·德·勒伊特撤离后，英格兰人依然用沉舰将泰晤士河上游封锁，以防荷兰人再次来犯。查理二世和约克公爵詹姆斯·斯图亚特亲自莅临伦敦塔桥下指挥军事行动。皇家海军官员在战争中的过度慌张导致一艘载有价值数千英镑军备物资的皇家海军货舰在发生事故后沉入海中。米歇尔·德·勒伊特最终没有再次入侵英格兰王国，这对英格兰王国来说是件天大的好事，因为皇家海军内部毫无凝聚力，皇家海军官兵牢骚满腹，官兵们甚至对荷兰人成功入侵英格兰王国的悲剧幸灾乐祸。从塞缪尔·佩皮斯的日记中可以得知，在这生死攸关的时刻，查理二世手下的官员们依然只考虑自身利益，没人愿意做任何分外之事。例如，在接到向英格兰火攻船提供火药的命令后，皇家海军军需部只愿提供制作火药的原材料。我们不能将上述令人啼笑皆非的举动归因于腐败或不满情绪,还要考虑到当时皇家海军内部愈演愈烈的官僚作风。

第二次英荷战争的结束

荷兰海军舰队攻击了哈里奇下游的兰德加堡垒,但未能取得成功。随后,米歇尔·德·勒伊特命令威廉·约瑟夫·范·根特封锁泰晤士河,自己沿着英吉利海峡航行至普利茅斯,途中没有遭遇任何来自皇家海军舰队的抵抗,甚至在海上没有遇到一艘英格兰商船。在泰晤士河,英格兰政府在一番艰苦努力后终于凑齐了一支由小型护卫舰和火攻船组成的海军舰队分队,由爱德华·斯普拉奇担任总指挥。在民族自尊心的驱使下,爱德华·斯普拉奇率领皇家海军舰队分队在与威廉·约瑟夫·范·根特的一次小规模冲突中取得胜利。尽管如此,在1668年7月月底正式签署《布雷达和约》前,荷兰海军舰队依旧可以随心所欲地在泰晤士河上穿梭往来。

权威文献

本章引用的权威文献与第十一章大致相同,还包括《英格兰议会历史档案》中的英格兰议会辩论记录,以及《殖民地文件汇编》中与西印度群岛有关的内容。

第 13 章

阿尔及尔海盗和第三次英荷战争

巴巴里海盗卷土重来

1667年7月，英格兰与荷兰达成了和平协议。查理二世得以平静一段时间。但查理二世已经开始与路易十四进行秘密谈判。这次谈判肯定与同荷兰再次交战有关。在这段平静的时间里，查理二世还有一些更体面的事情要做。据说，巴巴里海盗很快就忘记了罗伯特·布莱克曾经给过他们的深刻教训。查理二世统治时期，皇家海军的首要职责之一便是巡航打击阿尔及尔海盗。在海岸上，桑威奇伯爵爱德华·蒙塔古留下一支由约翰·劳森指挥的中队。这个中队曾做过一些事展示了英格兰的海上力量，但做得还不够。和大多数的黎波里人和东方人一样，巴巴里海盗们可不会轻易相信这种偶尔展示威力但发挥不稳定的海上力量。因此，第二次英荷战争完全占据了英格兰的海军的精力后，巴巴里海盗就恢复了原来的做法。从西部的萨利到东部的的黎波里，巴巴里海盗的巡洋舰再次出动，洗劫并夺取他们发现的每一艘没有护航的英格兰军舰。英格兰政府绝不会允许这种会殃及整个海上贸易的暴行肆无忌惮地继续下去。因此，在第二次英荷战争结束后的那一年，即1667年，托马斯·阿林爵士被派往地中海，带领一个舰队去警告阿尔及尔总督。如果可能的话，得让阿尔及尔总督学会遵守秩序。1667年8月，托马斯·阿林爵士起航。1667年10月8日离开了巴巴里海盗的大本营。西班牙人允许英格兰利用巴利阿里群岛的加的斯港和马洪港作为海军基地。实际上，英格兰是在对这些地方提供西班牙已经无力提供的保护。

最后，托马斯·阿林爵士成功地与阿尔及尔的巴巴里海盗签订了一长串条约。在感受到压力时，巴巴里海盗一般都会愿意做出承诺。但英格兰的舰队离开他们的视线后，这些海盗又会立即原形毕露。的黎波里人的行为与他们的惯常做法完全一样。托马斯·阿林爵士把海盗毫无价值的承诺写在条约上后，秋天便回到了英格兰。托马斯·阿林爵士刚离开阿尔及尔海岸，海盗又开始猖狂起来。托马斯·阿林爵士再次被派出与海盗谈判。这一次，托马斯·阿林爵士决心把海盗问题处理得干干净净。1669年7月22日，托马斯·阿林爵士率领的十八艘军舰从英格兰出发。1669年7月30日，抵达加的斯。这一次，托马斯·阿林爵士从西班牙港回到阿尔及尔，不是为了谈判，而是为了封锁。在这次的封锁行动中，托马斯·阿林爵士得到了海军上将威廉·约瑟夫·范·根特指挥下的一个荷兰舰队的协助。两年前，在查塔姆，威廉·约瑟夫·范·根特烧毁过海盗的船。荷兰人和英格兰人一样有充分的理由清理阿尔及尔的巴巴里海盗。在这方面，荷兰人和英格兰人可以为着共同的目标共同行动。托马斯·阿林爵士和威廉·约瑟夫·范·根特的共同努力为清理海盗做了一些贡献。1669年8月8日，在比奇舰长的指挥下，托马斯·阿林爵士舰队的一支分遣队截住了从威廉·约瑟夫·范·根特那儿逃走的六艘海盗船。这六艘海盗船最终都被摧毁。船上的船员有的是被海盗抓来当作奴隶囚禁的教徒。奴隶中的英格兰人和荷兰人都被释放，各自返回家园。也是在1669年，在海军史上，发生了一件被长期铭记、十分英勇的事情。值得注意的是，因为这件事，我们认识了17世纪油布衣[①]海军军官的一个好榜样。约翰·肯普索恩爵士是德文郡人，是乌伯勒的一个律师——约翰·肯普索恩的儿子。约翰·肯普索恩曾作为一名骑兵军官为查理一

---

① 指出生普通家庭，但在船的处理和海战方面经验丰富的水手。——译者注

世效力，最后死于贫困。约翰·肯普索恩爵士曾在海上当学徒，加入过黎凡特公司。1657年，在从黎凡特回家的路上，约翰·肯普索恩爵士遭到了一艘叫"帕帕奇诺"号的西班牙私掠船的袭击，并在绝望的抵抗后被带走。传说或一个可以被大家接受的、或多或少比较充满诗意的版本是，约翰·肯普索恩爵士用尽了所有的子弹后，竟然向西班牙人发射成袋的硬币。据说"帕帕奇诺"号上的人待约翰·肯普索恩爵士很好。1658年，"帕帕奇诺"号便落入了英格兰人手中，由于约翰·肯普索恩爵士的友好周旋，"帕帕奇诺"号最后被放走了。约翰·肯普索恩爵士这样一个人显然是天生注定要在战斗中结束这一生的。在第二次英荷战争中，约翰·肯普索恩爵士以杰出的上尉身份服役，并有幸在1658年7月25日的战斗中被选为蓝色分队的海军少将。1669年，约翰·肯普索恩爵士用自己的船——"玛丽·罗斯"号护送一个英格兰使节前往摩洛哥。约翰·肯普索恩爵士让使节在丹吉尔着陆后，继续前往萨利。萨利是海盗最臭名昭著的据点之一。不料，一阵大风把约翰·肯普索恩爵士的船吹离海岸，进入了直布罗陀海峡。在直布罗陀海峡，约翰·肯普索恩爵士遇到了一个由七艘海盗船组成的舰队。海盗船还盯上了另外两艘小型商船。之后，七艘海盗船中的一艘去追赶那两艘小型商船，剩下的六艘海盗船一起对约翰·肯普索恩爵士的船发起了袭击。无论对手有多少，"帕帕奇诺"号的老对手——约翰·肯普索恩爵士可不是那种能被任何人轻易驯服和踩躏的人。约翰·肯普索恩爵士立即回应了海盗们的袭击，并且得到全体船员的大力支持。"玛丽·罗斯"号受损严重，十一个船员丧生，十七人受伤，但约翰·肯普索恩爵士把海盗队的主力船打到了沉没的境地。最后，其他海盗船都四散躲开了。约翰·肯普索恩爵士冲破障碍前往加的斯。当时，所有的海战都是激烈的。但与巴巴里海盗的凶残战斗会有一个特殊的不同之处，巴巴里海盗会让战败者自己选择为奴或死亡。

在这次直布罗陀海峡的战斗中，约翰·肯普索恩爵士从海盗舰队手中得到了一份战利品——二十二个船员，并把二十二个战利品船员作为奴隶卖掉了。在海军们的记忆中，约翰·肯普索恩爵士的战斗是勇敢无畏的典范。1681年，约翰·肯普索恩爵士的儿子摩根·肯普索恩上尉也效仿了他的父亲。这使故事更加有趣。1681年，年仅二十三岁的摩根·肯普索恩是地中海上一艘叫"翠鸟"号的小船的船长。摩根·肯普索恩也被一个阿尔及尔海盗舰队袭击。据说这个阿尔及尔海盗舰队由七艘军舰组成，比摩根·肯普索恩的父亲约翰·肯普索恩爵士对战过的那个舰队还多一艘。摩根·肯普索恩率领"翠鸟"号像约翰·肯普索恩爵士率领"玛丽·罗斯"号那样顽强抵抗。在战斗初期，摩根·肯普索恩被一门大炮击中不幸身亡。但摩根·肯普索恩的副手拉尔夫·雷恩接替了他的位置。后来，拉尔夫·雷恩升为高级军官。海盗们终于被打退了，"翠鸟"号虽然受到了严重的损害，也失去了大部分船员，但还是被安全地带到了那不勒斯。

约翰·肯普索恩爵士的战斗

托马斯·阿林爵士一直待在地中海。直到1670年年底，托马斯·阿林爵士请求回到家乡，留下副手爱德华·斯普拉奇和一部分舰队。1670年年底和整个1671年，爱德华·斯普拉奇对巴巴里海盗进行了一次最有力也是最有效的巡航打击。1670年12月，爱德华·斯普拉奇通过伪装自己的军舰，诱使一些快速航行的海盗船靠近，并成功摧毁了其中一艘海盗船。1671年春天，爱德华·斯普拉奇给了海盗们一次更绝妙的打击。1671年4月，有消息说，一个阿尔及尔的巴巴里海盗舰队正停泊在阿尔及尔东部的港口布日伊。爱德华·斯普拉奇带着他的舰队和几艘喷火军舰出发，决心摧毁这个阿尔及尔海盗舰队。一场风暴使爱德华·斯普拉奇的一艘军舰严重受损，被迫返回西班牙海岸。风暴给一艘喷火军舰也造成了一定程度上的损坏。尽管被风暴削弱了力量，但爱德华·斯普拉奇认为自己仍然能够对付海盗。爱德华·斯普拉奇在海上改装了喷火军舰，然后继续前进，于1671年5月2日到达布日伊。爱德华·斯普拉奇的舰队在一阵疾风中前行，但当舰队接近陆地时，风停了下来。白天快要结束的时候，就只剩下阵阵不稳定的微风，有时候甚至一点风也没有。这种情况下，是不可能用重型军舰

布日伊

直接攻击敌方的。但爱德华·斯普拉奇想在天黑后用一艘喷火军舰做点什么。在爱德华·斯普拉奇的部队里，有两艘小一点，一艘稍大一点的军舰。实际上，那艘稍大的军舰太大了，无法用来对付吃水只有几英尺的敌军舰，也无法拖上海滩。所以，爱德华·斯普拉奇最后选用了三艘喷火军舰中最小的那艘。这艘小喷火军舰可以划行，不用担心风力的影响。火种已经准备好，火源也被轻轻放置好。小喷火军舰离开了舰队，由旗舰的中尉纽金特指挥的武装军舰陪伴着。夜很黑，对手像是躺在阴影中，几乎看不见。毫无疑问，海盗们也采取了明显的预防措施——他们熄灭了灯。冲破一片黑夜，中尉纽金特还是看到了对手。考虑到自己走了太远，中尉纽金特停止了探险，带着自己的小舰开始往回走，目的是打探对手的情况。过了一会儿，中尉纽金特来到海盗面前，然后又悄悄地划开桨，带回了喷火军舰。可就在这时，喷火军舰突然燃烧起来，震惊了整个海岸。可能是喷火军舰操作不当，军舰上的易燃物意外着火。也有可能是喷火军舰被军舰上的人提前点着了。烫烙机难以操控，异乎寻常地刺激着全体船员的神经，船员总是容易惊慌失措，他们当中意志不坚定的人容易受到酒精的诱惑，而酒精使他们在最需要保持冷静的时候失去了理智。无论这次不幸的原因是什么，出奇制胜的机会已经错过了。对手只是被吓了一跳。因为这次行动只能通过出其不意才能取得胜利。被发现后，中尉纽金特只好回到旗舰上。

爱德华·斯普拉奇的胜利

在将近一个星期的时间里，爱德华·斯普拉奇一直被布日伊的风平浪静搞得不知所措。爱德华·斯普拉奇的第二艘小喷火军舰因一个醉醺醺的炮手的愚蠢行为而被烧毁了。这个醉汉胡乱朝船开了一枪，把军舰点着了。现在只剩下一艘喷火军舰"小胜利"号了。因为"小胜利"号能吃水八英尺，所以没办法用来对付一艘被拖到岸边的敌舰。与此同时，海盗们还把他们的军舰桅杆折断了，形成了一个吊杆。这样一来，攻击海盗的难度就随着手段的减少而增加了。1671年5月8日，有人看到一支弹药车队在阿拉伯骑兵的护送下沿海岸接近布日伊。爱德华·斯普拉奇决定进行有效的一击之后再离开。幸运的是，爱德华·斯普拉奇的执拗让他实现了愿望。在"小胜利"号只吃水四英尺时，爱德华·斯普拉奇点着了"小胜利"号。风一刮起来，更大的军舰就向堡垒进发。在更大的军舰能提供的掩护下，一支分遣队的小船去割断吊杆，喷火军舰从开口处驶过去。当护航队接近布日伊时，在阿尔及尔人过早的欢庆声中，风开始从海上猛烈地吹进来。爱德华·斯普拉奇便开始成功地执行起原先的计划。爱德华·斯普拉奇亲自参与对堡垒的进攻。分遣队的小型军舰在年轻的约翰·哈曼、皮尔斯和品的指挥下，切断了吊杆。"小胜利"号被引导着穿过缺口，横穿到最近的海盗船的船头。在风的推动下，火势迅速蔓延开来。1671年5月9日早上，地中海海面上只剩下六只掠过海面的剪嘴鸥。

布日伊的军舰被毁对阿尔及尔人来说是个沉重的打击。由于无法向英格兰人报仇，他们只得把怒气发泄在阿尔及尔总督身上。阿尔及尔总督被谋杀后，继任者继续其没有完成的使命——实现阿尔及尔的和平。即使如此，还是需要爱德华·斯普拉奇的舰队再次来到阿尔及尔，迫使海盗们信守诺言。最后，爱德华·斯普拉奇与海盗们签订了一项条约。条约使英格兰的海上贸易看起来暂时安全，可以不受阿尔及尔的巴巴里海盗的侵扰。1672年春天，爱德华·斯普拉奇完成了舰队被派往国外的任务，并取得了巨大的成功后回到家乡。

然而，这次的成功只是暂时的。1672年，第三次英荷战争动用了英格兰的全部海军。这个消息很快就传到了柏柏里。本来讲到这里就可以提前终止对事件的描述，并且以这一章作为皇家海军史的结束。随后针对海盗的诉讼是在与荷兰签署和平协议后的几年内进行的，但可以在这里讲述，因为它们属于同一故事的一部分，完全与英吉利海峡和北海的战争无关。海盗的暴行如此臭名昭著，英格兰商人的呼声也很高。因此1674年另一个舰队又被派往地中海。该舰队由约翰·纳伯勒指挥。读者请注意，在托马斯·巴宾顿·麦考利说的从克里斯托弗·明格斯爵士到克劳兹利·肖维尔的历任将领中，约翰·纳伯勒排在第二位。约翰·纳伯勒是诺福克人，生于一个介于乡绅世家和工人阶级之间的家庭。事实上，约翰·纳伯勒几乎是一个天生的绅士，但他的家庭似乎一直很穷。约翰·纳伯勒和当时其他许多类似出身的年轻人一样，是个学徒。约翰·纳伯勒是否像托马斯·巴宾顿·麦考利说的那样，曾经是克里斯托弗·明格斯爵士的船舱侍从，这点可能值得怀疑。但就当时万事皆有可能的情形来看，也未尝没有可能。海军上将的船舱侍从，甚至舰长的船舱侍从，等同于是一个贵族的侍从或贵族妻子的侍女的地位。我们得知道，只有出身高贵的绅士或女士才能在社会名流身边当侍从或侍女。以前，在一个大人物家里担任侍从这种职务并不会被认为是可耻的。无论约翰·纳伯勒是不是船舱侍从，他都无疑是在克里斯托弗·明格斯爵士的领导下服役的。因为克里斯托弗·明格斯爵士的推荐，约翰·纳伯勒才能参加第二次英荷战争。在和平时期，约翰·纳伯勒曾指挥一支神秘的远征队到南太平洋。约翰·纳伯勒被约克公爵詹姆斯·斯图亚特派去访问南美洲太平洋沿岸的西班牙人领地。其目的似乎是去看看是否有可能与南美洲太平洋沿岸的西班牙人领地建立贸易关系。英格兰宫廷本就不应该对西班牙人有所期望。如果英格兰宫廷对西班牙的商业政策足够了解就不会心存希望去远征。约翰·纳伯勒到达智利海岸，受到西班牙官员的接待。西班牙官员的态度谦恭得让人怀疑。在太平洋短暂停留之后，约翰·纳伯勒什么也没做成就回来了。西班牙人不允许进行任何贸易。作为英格兰官员，当被禁止在西班牙海域从事商业活动时，约翰·纳伯勒只好仿效私人探险家，开始了海盗活动。

约翰·纳伯勒

约翰·纳伯勒在地中海的作为意义重大且值得被称赞。在地中海，约翰·纳伯勒对付的海盗主要是的黎波里人，而不是阿尔及尔人。1675年全年，约翰·纳伯勒都在与的黎波里人斗争。约翰·纳伯勒以惯常的方式开始谈判，但都没有结果。因此，约翰·纳伯勒只好诉诸积极的敌对行动了。1675年6月，约翰·纳伯勒驾驶着最大的一艘船靠岸并力挫对手。1675年8月月底，约翰·纳伯勒又一次向对手发动了袭击。当时，英格兰舰队正在的黎波里外巡航，一艘配备了帆和扫荡装置的大三角帆船——"萨蒂"号正试图紧挨着海岸进入港口。因为"萨蒂"号是用船桨划过来的，所以周遭一片寂静。约翰·纳伯勒派舰队的军舰去拦截"萨蒂"号。"萨蒂"号被切断了回路，只好往岸上逃去。这时，英格兰军舰在"萨蒂"号附近停下，打算尽快用一艘喷火军舰点燃"萨蒂"号。的黎波里人很快就意识到"萨蒂"号处境危险。两艘全副武装的大桡船被派去驱赶英格兰军舰，并把海盗船"萨蒂"号拖进海湾。两艘大桡船一度占了上风。英格兰军舰退了出去，大桡船拖着"萨蒂"号。但就在这时，海风刮了起来。约翰·纳伯勒舰队的轻型护卫舰还能坚持作战，但三艘海盗船都被海风吹散了。此时，"萨蒂"号和大桡船都已驶到岸上。在"萨蒂"号和大桡船无力还手的情况下，英格兰军舰向他们开火了。

克劳兹利·肖维尔

袭击十分有效，的黎波里总督被迫开启和平谈判。约翰·纳伯勒任命中尉克劳兹利·肖维尔作为他的代表。克劳兹利·肖维尔是托马斯·巴宾顿·麦考利说的历任将领中的第三位。克劳兹利·肖维尔在约翰·纳伯勒的引荐下加入了皇家海军。克劳兹利·肖维尔也是诺福克人，并且在下一代皇家海军的战役中很引人注目。当时，克劳兹利·肖维尔还很年轻。据说，的黎波里总督认为与这么年轻的外交人员谈判简直是一种侮辱。的黎波里总督用侮辱克劳兹利·肖维尔的方式来发泄不满。克劳兹利·肖维尔绝不是一个长期逆来顺受的人，但他是一个非常谨慎和有判断力的军官。克劳兹利·肖维尔一边耐心地忍受着的黎波里人的蛮横无理，一边利用闲暇时间仔细观察海盗船在的黎波里的港口的位置。克劳兹利·肖维尔的观察使他确信，海盗船队可能曾遭受过英格兰军舰猛烈的攻击。克劳兹利·肖维尔把自己看到的情况完完全全报告给了约翰·纳伯勒。因为的黎波里总督显然已下定决心——除非迫不得已，否则决不讲和，所以约翰·纳伯勒决定施加必要的压力。约翰·纳伯勒决定在1676年1月14日采取行动。约翰·纳伯勒舰队的军舰装备了武器，并配备了可燃物。在夜幕的掩护下，舰队进入了港口。用来保护停泊的军舰的一艘警卫舰也被启用。英格兰军舰继续向前推进，攻占并放火烧了的黎波里总督最好的四艘舰艇。然后，这些被派出的军舰毫发无损地回到约翰·纳伯勒舰队。这一袭击削弱了对手的嚣张气焰，但对手还没有完全被吓倒，还不能真正实现令英格兰人满意的和平。英格兰人坚持认为，海盗不仅应该释放被他们俘获并囚禁的英格兰士兵，而且应该为他们对英格兰贸易造成的损害支付一定的赔偿。但海盗们不同意支付。约翰·纳伯勒发现烧毁海盗们的军舰远远不够，于是轰炸了的黎波里，并在离的黎波里不远的地方登陆，烧毁了的黎波里为建造其他巡洋舰而贮存木材的一个仓库。

战胜阿尔及尔的巴巴里海盗

为了重新装备舰队，约翰·纳伯勒不得不返回港口。圣约翰骑士团允许约翰·纳伯勒在马耳他进行修整。在修整完军舰后，约翰·纳伯勒立即返回的黎波里。这种坚持最终击垮了海盗的精神防线。海盗们同意和解，和解条件是释放俘获并囚禁的英格兰士兵并支付八万元。即使如此，打击海盗这项工作还是没有彻底完成。约翰·纳伯勒拿到条约的签字，离开的黎波里后不久，一些属于的黎波里的海盗船[①]回来了。这些"探险家"在船员的支持下，造反抗议总

[①] 这些船几个月前出海巡航，得以逃离英格兰舰队的袭击。——原注

1676年1月14日,约翰·纳伯勒率舰队人烧毁的黎波里总督的四艘舰艇

督的软弱无能。的黎波里总督被迫逃跑。在约翰·纳伯勒离开地中海之前,这场海盗革命的消息就传到了他的耳朵里,随之传来的消息便是海盗们又开始掠夺英格兰的贸易商船。约翰·纳伯勒只好又回到的黎波里,再次轰炸的黎波里。约翰·纳伯勒的舰队对海盗们最后的致命一击让海盗们终于相信自己是弱者。的黎波里新总督确认了前任总督签订的条约,作为真诚遵守条约的保证,叛乱的主要头目被移交给皇家海军上将约翰·纳伯勒。

1677年春天,约翰·纳伯勒觉得是时候带领舰队返回英格兰了。但舰队得以在英格兰停留的时间很短暂。由于英格兰军舰暂时离开,镇上的海盗们总会抓住机会再次掠夺。这次是阿尔及尔海盗打破了条约。1677年,没有被的黎波里的教训和对爱德华·斯普拉奇惩罚的记忆吓倒的阿尔及尔海盗重操旧业。1667年夏天,约翰·纳伯勒又被派出去。约翰·纳伯勒在地中海的第二次战斗持续了两年,目标是打击阿尔及尔海盗。海盗们的几艘巡洋舰被俘虏。有一次,约翰·纳伯勒还从海盗的十二艘商船和两艘作为护航舰的军舰上获得了战利品。之后,约翰·纳伯勒爵士开始轰炸阿尔及尔。但阿尔及尔的巴巴里海盗的实力太过强大,结果收效甚微。1678年11月取得的成功真正吓退了基督教世界的海盗。为了破坏英格兰的贸易活动,阿尔及尔人组建了一个舰队。这个舰队由五艘船组成——四十二门炮的"灰狗"号、三十六门炮的"金虎"号和"五星"号,以及三十四门炮的"新喷泉"号和三十二门炮的"飞马"号。但约翰·纳伯勒采取了一次巧妙的行动,使整个海盗舰队落入约翰·纳伯勒的手里。最终,约翰·纳伯勒把整个海盗舰队都搬到了友好的加的斯港。这一打击大大削弱了阿尔及尔海盗的实力。于是,1679年5月,约翰·纳伯勒带着舰队中十五艘急需修理的军舰回到了英格兰。约翰·纳伯勒留下一支由托灵顿伯爵阿瑟·赫伯特指挥的小分遣队。托灵顿伯爵阿瑟·赫伯特一直待在驻地直到1682年。因为查理二世统治末期皇家海军舰队的力量被削弱,所以打击海盗的积极活动也停止了一段时间。因为当时托灵顿伯爵阿瑟·赫伯特指挥下进行的海上行动意义不大,所以托灵顿伯爵阿瑟·赫伯特的故事后面才会提及。

托灵顿伯爵阿瑟·赫伯特

　　第三次英荷战争，也是英格兰最后一次以荷兰为主要对手的战争，持续了两年，从1672年春天持续到1674年春天。在英格兰人心中，第三次英荷战争是一段不堪回首的历史。英格兰的水手们确实一如既往地英勇战斗，但他们发现领导者不是这样的。这件事情本身可能是皇家海军将领们一时糊涂造成的不幸，但发动第三次英荷战争本身就是不光彩的。第三次英荷战争不是为了英格兰王国的利益。英格兰王国也没有合理的理由发动战争。的确，在一定程度上，第三次英荷战争给英格兰王国带来了好处。毫无疑问，受到与查理二世合作的鼓舞，路易十四组织的大规模抢劫给了荷兰共和国的商业霸权致命一击。毫无疑问，这对荷兰共和国的商业霸权是致命的一击。从此，英格兰王国继承了海上霸权。然而，可以肯定的是，受限于领土面积的荷兰共和国肯定会被周围强大的国家超越。第三次英荷战争只不过是加速了荷兰共和国的没落罢了。作为英格兰人从荷兰人的苦难中获得回报的开始，英格兰人必须把英格兰商业遭受的直接损失和战争给英格兰政府造成的耻辱，以及对那些把英格兰王国带到内战边缘的热情和恐惧的刺激先放在一边。令人怀疑的是，英格兰王国获得的好处是否值得付出那么大的代价。除非获得的那点微薄的利益足以弥补国家的耻辱，否则英格兰人肯定是失去比收获多。根据历史观点，狂热的恐怖和猜疑使英格兰王国陷入了天主教阴谋式的残酷统治之中。这可以从导致第三次英荷战争开始的决策中看出。

第三次英荷战争

　　1667年与荷兰共和国的暂时和平只不过是查理二世为了自己的阴谋，路易十四为了自己的野心及维护王权的需要罢了。路易十四决心通过占领西属尼德兰向北部和东北部扩张领土。这样就不会有高山屏障的局限。路易十四的野心立刻激起了荷兰人的恐惧，也激起了英格兰政客中爱国人士的恐惧。英格兰王国不希望看到法兰西王国控制荷兰共和国。因此，第二次英荷战争刚结束，大多数英格兰人就已经准备好忘记最近英格兰王国与荷兰共和国的敌对状态，并支持英格兰王国与荷兰共和国和瑞典王国结成三国同盟。三国同盟公开宣称的目的是迫使西班牙王国向法兰西王国做出某些让步。未公开但众所周知的目的其实是为了牵制法兰西王国，以便在法兰西王国蠢蠢欲动时有效地联合抵抗法兰西王国。只要三国同盟的关系没有破裂，路易十四野心勃勃的扩张之路就会受到阻碍。正因为如此，路易十四才会想办法破坏三国同盟的关系。结果，路易十四利用查理二世的性格弱点和英格兰国内不稳定的境况找到了实现自己野心的方法。

　　1670年5月签署的、臭名昭著的《多佛尔条约》，其准备阶段就不必多说了。《多佛尔条约》的主要内容是联合英格兰王国用军队和舰队去征服荷兰共和国。征服荷兰共和国后，英格兰王国将会获得瓦尔赫伦岛和荷兰共和国海岸的其他一些地方作为战利品。随着战争的推进，将从路易十四那里得到津贴。《多佛尔条约》被严格保密，连查理二世的亲信也不知道。

1667年、1668年和1669年，下议院的动荡无疑是促使查理二世签署《多佛尔条约》的主要原因。1667年，下议院第一次对导致第二次英荷战争失利的内部管理问题感到愤怒。下议院打算削减政府开支，坚持把固定的资金分配给具有明确目的的事情，并会调查投给战争的资金的使用情况。下议院同样坚决反对查理二世正在努力组建的常备军，反对罗马天主教。英格兰人隐约怀疑查理二世准备推崇天主教。在一段时间内，民众的愤怒甚至变成了对克拉伦登爵士爱德华·海德的抗议。克拉伦登爵士爱德华·海德被赶出了政府和国家。但1668年2月下议院开会时，人们发现议会还是一如既往地致力于调查战争中的失利事件。查塔姆造船厂的专员彼得·佩特和威廉·佩恩都被传唤到下议院。下议院威胁要以一系列指控对他们进行弹劾。下议院要求阿尔比马尔公爵乔治·蒙克写一份详尽的检讨。阿尔比马尔公爵乔治·蒙克按要求递交了检讨。下议院对威廉·佩恩和彼得·佩特的诉讼失败了。塞缪尔·佩皮斯想方设法为皇家海军部给出了失利的合理理由。但下议院营造的气氛非常恐怖，就连查理二世也不敢公开反对下议院的决定。战争使查理二世处于负债累累的尴尬境地。下议院很快就清楚地表明，除非以后查理二世能更好地管理国家事务，否则下议院不会拿出一分钱来救助他。下议院给查理二世施加的压力最终促使查理二世答应以对国家事务管理有利为目的来收集和发放补给品，并且只能由下议院认为合适的人来提供。事实上，查理二世同意议会的要求就等于给了议会参与管理具体国家事务的权力。

阴谋小集团

查理二世的这一让步确实很大。但下议院仍然拒绝救济查理二世，继续坚持削减开支和管理税收。无奈之下，查理二世下令休会，将近一年半的时间没再召集议会。1669年10月，终于，由于资金短缺，查理二世被逼无奈，还是召集了议会。结果发现，查理二世这段时间的拖延对下议院议员们攻击朝臣的热情并没有产生任何影响。下议院又一次调查账目上的舞弊行为，开除了海军司库乔治·卡特里特爵士。下议院不断攻击朝臣，虽然名义上是针对查理二世的大臣，但实际上是针对查理二世。这使查理二世难以忍受，并且渴望从这一困境中解脱出来。最终，查理二世找到了一群愿意协助他执行与法兰西王国结盟对抗荷兰共和国的朝臣。这个非正式委员会被称为"阴谋小集团（The Cabal）"。这个词最初只适用于我们现在说的内阁（Cabinet）。奇怪的是，阴谋小集团成员名字的首字母，Clifford（克利福德）中的C、Ashley（阿什利）中的A、Buckingham（白金汉）中的B、Arlington（阿灵顿）中的A和Lauderdale（劳德代尔）中的L，正好就构成了阴谋小集团——"Cabal"这个词。他们推出的政策以失败告终且引起公愤后，这个词就成了贬义词。因为他们被称为"阴谋小集团"，所以这个词也变成了一切不道德和不爱国的同义词。在阴谋小集团成员们的帮助下，1671年，查理二世设法管理了他自己的议会。议会通过了一项法案帮助查理二世偿还债务。查理二世与路易十四密谋的时间就在这个时候，此时下议院提供的钱来得正是时候。然而，这些钱是不够的。当然，如果查理二世的收支管理比以往更谨慎些，这些钱也可能会够用。到了向路易十四提供积极援助的时候，查理二世又不得不去四处寻找资金。查理二世不敢召集议会，要求议会提供资金帮助极具侵略性的罗马天主教教徒路易十四摧毁一个新教国家。查理二世认为摆脱困境的办法是掠夺王室的债权人。当议会要给查理二世财政支持时，当时的惯例是立即从银行家那里筹集资金。银行家将客户以收入为担保委托给银行的资金提前支付给议会，从议会赚取百分之八的利息，却只给自己的客户支付百分之六的费用——差额是银行家们可以得到的利润。当然，这样管理收入的结果是，收上来的税收资金都支付给了银行家们。如果银行家们的钱一到手就被浪费掉，那么查理二世自然还是会和以前一样穷。情况基本如此，金钱是绝对不可或缺的。因此，查理二世通过拒付债务来为自己提供资金。银行家们接到命令，查理二世不再经由国库向银行家们支付任何款项。这样，查理二世相当于一次性得到了议会提供的两笔钱——一笔由银行家提供，另一笔由增加税收实现。这就是著名的关闭国库行动。查理二世政府也因为关闭国库名誉扫地。关闭国库是挥霍无度的查理二世根据自己的原则管理政府导致的。

荷兰士麦那护航队

关闭国库行动发生在1672年1月。这给查理二世提供了足够的资金，使查理二世能够自信地与下议院会面。这之后，至少查理二世可以不用等到下议院给他投钱也可以继续打仗了。整个1671年，英格兰王国对低地国家的威胁恐吓简直臭名昭著。荷兰政治家约翰·德·威特设法努力争取盟友，并且准备向英格兰王国做出重大让步以换取继续共同对抗法兰西王国的资格。但查理二世认为与路易十四结盟更有利可图。英格兰政府采取的第一项措施就显示出了这场战争的海盗性质。与荷兰共和国的谈判仍在进行中，罗伯特·霍姆斯却接到命令攻击正在赶回荷兰共和国的士麦那和里斯本护航队。组成护航队的七八十艘商船都满载着丰富的货物，如果能成功俘获荷兰的这支护航队，船上的货物不仅可以给英格兰王国服役的军官提供大量的战利品，还可以给资金短缺的查理二世政府救急。俘获荷兰士麦那护航队的任务交给了罗伯特·霍姆斯。罗伯特·霍姆斯指挥的海军实力应该足以完成这项任务。名义上有三十六艘军舰听命于罗伯特·霍姆斯。由于荷兰商船仅有六艘军舰护航，罗伯特·霍姆斯认为他的舰队实力远超荷兰人的护航队，绝对能轻而易举地制服他们。但罗伯特·霍姆斯没想到的是，给他准备的舰队力量只是徒有虚名罢了。实际上，他只有五六艘军舰而非三十六艘军舰。在怀特岛附近，罗伯特·霍姆斯正带着这五六艘军舰巡航，这时，扬·范·内斯率领的荷兰舰队也行驶到英吉利海峡。英格兰宫廷认为荷兰舰队可能毫无防备，但事实并非如此。虽然议会曾试图提醒查理二世，荷兰人并没有愚蠢到会对英格兰人毫无防备，但查理二世对此充耳不闻。得知护航队已经受到威胁后，扬·范·内斯开始积极做防备。从那时开始的整个战争中，荷兰军官的平均水平比以往任何时候都要好。约翰·德·威特为改善军纪而采取的强硬措施产生了效果。毕竟，在一定程度上，国家受到致命危险也激发了荷兰人的勇气。荷兰人不是一个容易被动摇的民族，但一旦被彻底激怒，他们就会异常坚韧。因此，在这种情况下，荷兰军官扬·范·内斯会尽最大的努力和决心去保护他的护航队。商船中有二十艘船上装载有枪支，扬·范·内斯决定把它们用作军舰。甲板上堆满了货物，但荷兰人的舰长把货物扔到船外，以便腾出空间来操作大炮。扬·范·内斯按部就班地布置护航事宜。他把军舰和武装商船安排成半月形，这是海军上将科内利斯·特龙普在波特兰战役中采用过的阵形。事实上，这是一种角形队伍，旗舰在舰队阵形的顶端，军舰布置在旗舰的左右两侧排成两列。没有武器的船将被保护在角形围成的空间内。1671年3月13日下午，战斗开始。事实上，罗伯特·霍姆斯的勇气比他高明的指挥管理更引人注目。如果寡不敌众，那只能是罗伯特·霍姆斯自己的过错。在荷兰人出现的前一天，即1671年3月12日，罗伯特·霍姆斯遇到了爱德华·斯普拉奇率领的、从地中海驶来的打击阿尔及尔海盗行动的军舰。在回程途中，爱德华·斯普拉奇也遇到了荷兰人的护航队。爱德华·斯普拉奇对罗伯特·霍姆斯要做的事并不清楚，罗伯特·霍姆斯也没告诉爱德华·斯普拉奇查理二世给自己的任务是什么。事实上，罗伯特·霍姆斯认为自己的兵力足够强大，可以在没有帮助的情况下俘获荷兰护航队，并且他可不愿意与另一名军官同享战后奖赏。罗伯特·霍姆斯的这种做法只不过是当时私人利益置于公共利益之上的普遍做法的又一个例子罢了。最后，罗伯特·霍姆斯的私心和贪婪导致任务失败。罗伯特·霍姆斯发现自己根本不是荷兰人的对手。1671年3月13日下午发动攻击时，英格兰舰队的战斗状态很好。罗伯特·霍姆斯虽然是一个自负、暴力和暴躁的人，但确实十分勇敢。因此，舰长们坚定地支持他。然而，他们对荷兰人的作战方式太不了解了。夜幕降临时，英格兰人很高兴能暂时休战，而对手还在继续奋战。黑暗中，英格兰军舰趁机修整。罗伯特·霍姆斯自己的旗

"圣迈克尔"号受重创

舰"圣迈克尔"号也受到重创,罗伯特·霍姆斯不得不把自己的战旗转移到"剑桥"号上。还好,1671年3月14日早晨,有三艘军舰前来增援。1671年3月14日的战斗和1671年3月13日一样激烈,英格兰舰队取得了一定的胜利。一艘荷兰军舰被击沉,五六艘军舰被俘获。双方都有几名军官阵亡。但荷兰护航队的大部分军舰安全驶入了港口。据说罗伯特·霍姆斯和爱德华·斯普拉奇发生了争执。爱德华·斯普拉奇认为上司罗伯特·霍姆斯因不想和自己分享战后奖赏而导致未能成功俘获荷兰护航队。事实上,爱德华·斯普拉奇的想法没错。

宣 战

英格兰政府对这次战败非常失望,公开对荷兰共和国宣战已迫在眉睫。查理二世已通知议会他打算对荷兰人发动战争,并提交了附有作战理由的声明。这份声明未能说清楚查理二世政府宣战的真正动机，就像在假装可怜且毫无意义。查理二世抱怨荷兰人不仅没有履行与苏里南相关的条约的规定，即《布雷达条约》，还一直在东印度群岛干扰英格兰王国的贸易。查理二世企图以此来辩解自己对荷兰共和国采取的敌对行动。在向英格兰旗舰——代表的是英格兰的海上力量——致敬的问题上，荷兰人的罪行的确值得重视。每当英格兰政府想找邻国麻烦时，都拿这个理由当借口。政府总是说这是在维护国家尊严。就当时的情况可以看出，查理二世的借口显而易见是虚伪的，因为查理二世对荷兰人非常不友善，准备破坏同盟关系并转向投入路易十四的怀抱。路易十四对英格兰旗舰也没有多么敬重，查理二世也没有非要他的资助者路易十四用向旗舰致敬的方式来表示对英格兰王国的敬意。声明主要有两种说辞，一种说辞是说荷兰是历任英格兰国王的对手，另一种说辞则抱怨荷兰共和国对查理二世进行了人身攻击。荒谬的是，在对王室尊严怀有深切敬意的时代，如此严肃的声明却像是专门用来哭哭啼啼地抱怨荷兰人画了一幅有损查理二世尊严的肖像一样。这份冗长的声明以小册子的形式写成，但下议院对它毫不在意。事实上，议员们只想一心一意地抵制罗马天主教的蔓延，查理二世却放任《信教自由令》的支持者。这让议员们非常愤怒，甚至都不大想理会战争。查理二世被迫召集议会通过了《宣誓法》。与此同时，针对荷兰人的行动是在查理二世关闭国库和拿走路易十四的补助资金的情况下进行的。

  尽管一方早已下定决心作战，另一方也完全有理由认为战争是不可避免的，但英格兰王国和荷兰共和国的舰队都没有好好准备，直到近两个月后才开始认真进行作战准备。1671年3月、4月和5月，英格兰政府都在筹备舰队，采用的方法已提过——关闭国库和接受路易十四资助，面临的困难与前几次战争中遇到的困难相同。《航海条例》被暂停使用。毫无疑问，在第三次英荷战争中，查理二世做到了这一点。但最近公布的《信教自由令》让议会大吃一惊，因为这表明在某种程度上，查理二世竟然有废除刑法的特权了。暂停执行《航海条例》并没有引起太大反响，也没有人站出来反对查理二世行使特权。战争到来之际，

理查德·哈多克

查理二世的这种做法是必然的。后来，议会也习惯了暂停执行《航海条例》，因为很明显，国家已经没有足够数量的水手来管理商船和舰队。人们发现，船员竟然也是被迫免费工作的。和平时期未被雇用的军官已被召回为查理二世服务。有些军官，如理查德·哈多克，就逮到机会在海军中担任更高的职务，从而为查理二世效力。理查德·哈多克是威廉·哈多克的儿子。威廉·哈多克曾为护国公奥利弗·克伦威尔统治的英格兰联邦做出杰出贡献。作为特殊的恩赐，威廉·哈多克还得到了一颗宝石作为礼物。几个世纪以来，哈多克家族就一直是埃塞克斯的海员或舰长。理查德·哈多克之前参加过战争，但在和平时期没有工作，就回到商船担任指挥，同时也是商船的所有者之一。还有数以百计的人，像理查德·哈多克一样，在战争中当过海军军官，但在和平时期就是商船水手。由于政府管理上的缺陷，在配备舰队方面遇到的困难并不比以前少。但在第三次英荷战争中，查理二世并非单打独斗，所以海军部的压力也没那么大。

荷兰共和国的危难

在英格兰舰队准备出海时，荷兰舰队也在做着准备。荷兰人现在对自己的险境已完全知晓。法兰西军队浩浩荡荡越过了荷兰边境。莱文斯坦派一向忌惮军队力量，因为害怕士兵会对荷兰皇室家族奥兰治家族过于忠诚，所以减少了实际参加战斗的士兵人数，而且由于忽略了填补高层指挥的空缺，使已经减少人数的军队失去了秩序。莱文斯坦派的这种忌惮使士兵的联合行动更加困难，所以当荷兰共和国突然被一个强大的对手拖入战争时，结果无疑是灾难性的。在侵略者面前，荷兰边界城镇快速沦陷。疏于管理的军队作战效率低下，有一段时间甚至让人感觉荷兰共和国的末日已经来临。荷兰议会向路易十四和查理二世提出了恳求，但结果很不理想。路易十四和查理二世都提出了苛刻的要求，如果答应这些要求，荷兰共和国无疑将被彻底摧毁。在欧洲历史上，很少有比这更无耻的事情。至少，在拿破仑·波拿巴统治以前没有见过。荷兰共和国被逼得走投无路，荷兰议会只好孤注一掷，为保卫国家做准备。荷兰将军扬·范·内斯的努力虽然受到荷兰海军部各个部门的阻碍，但海上作战比在陆地上成功。虽然在荷兰海军上将米歇尔·德·勒伊特的指挥下，出航舰队的准备工作开始得晚，但一旦集合起来，至少是一支强大而高效的舰队。米歇尔·德·勒伊特指挥的舰队由一百多艘军舰组成，其中，有七十到八十艘军舰是军舰或护卫舰。如果米歇尔·德·勒伊特指挥的舰队能早一个月出征，海战就有可能是以英法盟军遭到毁灭性打击为开端。直到1671年5月月初，在英吉利海峡，被指派与英格兰人合作的法兰西舰队才出现。1671年5月，在朴次茅斯，

维克多-玛利·德埃斯特雷

法兰西舰队来来回回停泊了三次。舰队的指挥权交给了法兰西海军中将维克多-玛利·德埃斯特雷。维克多-玛利·德埃斯特雷不是一个水手，而是一个了不起的贵族，他只负责指挥舰队的军事行动。路易十四的海军还是新手，缺乏经验。对英格兰舰队来说，维克多-玛利·德埃斯特雷指挥的四十艘船与其说是一种帮助，不如说是一种负担。不过，还好维克多-玛利·德埃斯特雷指挥的四十艘军舰都是当时海上最好的军舰。维克多-玛利·德埃斯特雷的军舰在朴次茅斯停泊后，查理二世还参观了这些军舰，查理二世很欣赏这些军舰的尺寸和外观。与此同时,英格兰舰队正在唐斯,即英格兰南部和西南部的杂草丘陵地带艰难集结。如果此时米歇尔·德·勒伊特进攻,那极有可能全面击败英法盟军。但此时米歇尔·德·勒伊特的舰队也没有做好充分准备,所以法兰西人和英格兰人才得以在唐斯不受干扰地会合。英格兰舰队大约由六十艘军舰和一些较小的军舰组成。阿尔比马尔公爵乔治·蒙克死后,指挥权再次交到约克公爵詹姆斯·斯图亚特手中。约克公爵詹姆斯·斯图亚特被任命为海军上将。查理二世仍然没有子嗣,约克公爵詹姆斯·斯图亚特就是王位的继承人。这虽然是1665年召回约克公爵詹姆斯·斯图亚特的理由,但并不能阻止1672年约克公爵詹姆斯·斯图亚特出海作战的步伐。皇家海军舰队的海军中将是桑威奇伯爵爱德华·蒙塔古。英法盟军全部集结完毕后,按照当时的习惯,盟军被分成三个分队,分别挂着红、白、蓝三面旗帜。这一次,整个白色分队都是法兰西军舰。法兰西人自然地选择这个白色分队,因为法兰西王国王室的旗帜就是白色的。但当白色分队组成的先锋队按照大型舰队的航行阵形前进时,有人对阴谋小集团提出了一项指控,说他们把这个荣誉的先锋位置让给了外国势力,有损英格兰王国的尊严。红色分队由约克公爵詹姆斯·斯图亚特直接指挥。约克公爵詹姆斯·斯图亚特的海军中将是爱德华·斯普拉奇,海军少将是约翰·哈曼爵士。桑威奇伯爵爱德华·蒙塔古指挥蓝色分队,约瑟夫·乔丹爵士任副队长,约翰·肯普索恩爵士任海军少将。

索莱贝盟友

1672年5月19日,整个英法盟军舰队依然停泊在唐斯,荷兰舰队已驶离北部沿海地带。得到这个消息后,约克公爵詹姆斯·斯图亚特立即起航,意图强行发动战争。米歇尔·德·勒伊特已做好充分的战斗准备,但他也下定决心,在确定发动有效的打击之前,决不轻举妄动。这也是米歇尔·德·勒伊特抢先于英法盟军前往荷兰海岸的原因。米歇尔·德·勒伊特也许想利用法军缺乏经验的弱点给英法盟军舰队制造些麻烦。从英法盟军的行动来看，约克公爵詹姆斯·斯图亚特和他的谋士们对水手们的作战效率还不十分确定。舰队起航后不久，天气变得雾蒙蒙的，紧接着就是狂风大作。于是，英法盟军向绍斯沃尔德或索莱贝进发，并于1672年5月20日晚靠岸。舰队停泊在离海岸七八英里的地方，待了好几天，没有任何动静。一个对自己舰队的战斗能力和策略充满信心的指挥官，怎会停靠那么久呢？因此，约克公爵詹姆斯·斯图亚特留在索莱贝可能还有其他理由。当时，英格兰舰队的补给工作通常都做得很糟糕，约克公爵詹姆斯·斯图亚特很可能是已经缺少补给了，但必需品应该是有所储备的。当对手离约克公爵詹姆斯·斯图亚特只有几个小时的航程时，即使缺乏必需品也不可能使他停泊这么久。对约克公爵詹姆斯·斯图亚特这种行为的另一种解释是，约克公爵詹姆斯·斯图亚特实际上根本不懂指挥，只是一个非常迟钝的人，他对航海的机械部分有一定的了解，但本质上，他根本没有能力想出任何行动计划。这样一来，约克公爵詹姆斯·斯图亚特自然宁愿保持沉默，干脆等到对手出现。如此便省去了思考的麻烦。无论解释是什么，都很难符合英法盟军舰队应有的作战效率或指挥能力。英法盟军的海军力量处于劣势，许多下级指挥官都清楚这一点。一个众所周知且十分可靠的故事讲述了1672年5月27日晚的晚宴上，桑威奇伯爵爱德华·蒙塔古是如何劝告约克公爵詹姆斯·斯图亚特的。蓝色分队的指挥官桑威奇伯爵爱德华·蒙塔古提醒约克公爵詹姆斯·斯图亚特，当海上起风时，舰队就处于危险境地，桑威奇伯爵爱德华·蒙塔古建议舰队起航，或者靠近海岸。桑威奇伯爵爱德华·蒙塔古的意思大概是，舰队停泊时，无法从岸上的炮台得到支援，而且如果风从东部或东北部吹过来，或者如果荷兰人在英格兰舰队的另一端加大力量包围，即一部分荷兰人等在外面，另一部分在英格兰舰队和陆地之间，英格兰舰队就会遭到猛烈攻击。这种危险可以通过以下两种方式来避免，一种是起航，另一种是在离浅水很近的地方停泊。这样对手就进不来了。桑威奇伯爵爱德华·蒙塔古的提醒非常必要，建议也很好。但约克公爵詹姆斯·斯图亚特并没有采纳。约克公爵詹姆斯·斯图亚特只是在一旁傻乎乎地嘲笑桑威奇伯爵爱德华·蒙塔古有勇无谋。对斯图亚特家族中这个偶尔糊涂、一直迟钝的成员约克公爵詹姆斯·斯图亚特来说，这个故事的可信度很高。

1672年5月28日上午，桑威奇伯爵爱德华·蒙塔古的提醒应验了。法兰西护卫舰报告说荷兰舰队就在附近。1672年5月28日早上，天色朦胧，米歇尔·德·勒伊特离英法盟军的旗舰很近时才被发现。约克公爵詹姆斯·斯图亚特对这种险情几乎毫无防备，而这种险情是英格兰舰队中但凡有点常识的人都知道的。七天来，这些军舰一直闲置着，却没有提供补给。这充分说明英法联盟舰队的管理人员多么马虎愚蠢。因此，遭遇这种危险对他们来说甚至可以算是罪有应得。荷兰人未出现之前，英法盟军就应该未雨绸缪。现在，英法盟军终于开始行动了。他们匆忙而混乱地做着他们本可以冷静且有条不紊地做着的事情。1672年5月28日清晨，风从东北方向吹来。如果东北风能稳定持续地吹，米歇尔·德·勒伊特就可以在对手还没来得及采取任何行动之前向他们发起进攻，但东北风只刮了一小会儿就停了，随后变成了南风。风向的转变给了英法盟军切断锚索的时间，军舰开始行动起来。就在英法盟军准备战斗的时候，内部却分成了两派。这在强大的对手面前无疑是一个最致命的错误。蓝色分队驻扎在北边。蓝色分队的南边是红色分队，红色分队的南边是白色分队。按照通常的航行阵形顺序判断，白色分队处于领航位置。如果约克公爵詹姆斯·斯图亚特的意思是让蓝色分队领航，他就应该事先说清楚，因为在没有特别指示的情况下，维克多-玛利·德埃斯特雷自然会按照一般的航行阵形行事。但如果白色分队要领航，就必须在东北风的作用下带队在左舷抢风，向东南方驶出。如果没人阻拦，这就是维克多-玛利·德埃斯特雷要走的路线。维克多-玛利·德埃斯特雷是对的，他遵循了常规的航行线路，而且这条路线会将舰队引向公海。但当维克多-玛利·德埃斯特雷向东南方行驶时，红色分队前面的蓝色分队驶向西北方向。蓝色分队正向右舷驶去。蓝色分队为什么要走这条路线并没有说明。但走这个方向不但没有任何优势，还有一个严重的弊端，即把英格兰军舰带到海岸附近。而在海岸附近,英格兰军舰将面临被困在对手和浅水区之间的极端危险中。仓促应战和缺乏思考,或者约克公爵詹姆斯·斯图亚特的错误指挥,都可能是导致这个错误的原因。

一旦如此,英法盟军舰队就只能任由米歇尔·德·勒伊特处置了。白色分队行驶到背风处,除逆风行驶外,白色分队无法返回。因此,荷兰海军上将米歇尔·德·勒伊特完全可以暂时不理会英格兰的白色分队而集中主力攻击蓝色分队。米歇尔·德·勒伊特的舰队从北向南一字排开。北端的舰队由威廉·约瑟夫·范·根特的军舰组成。米歇尔·德·勒伊特则在中心亲自指挥。左翼,或者说最南端,是阿德里安·班克特的舰队。荷兰海军上将米歇尔·德·勒伊特命令阿德里安·班克特跟踪并监视白色分队的维克多-玛利·德埃斯特雷。阿德里安·班克特的职责并不是与法兰西海军上将维克多-玛利·德埃斯特雷近距离战斗,而是迎风前进,监视对手每一次企图返回援助约克公爵詹姆斯·斯图亚特的行为。阿德里安·班克特的监视工作做得很好,法兰西人的白色分队一整天都没办法回来援助。当时的英格兰人指责维克多-玛利·德埃斯特雷缺乏胆气,或者至少对盟友不够忠诚,但当时,维克多-玛利·德埃斯特雷也可能是自身难保罢了:维克多-玛利·德埃斯特雷的舰队被吹到了下风处,航海技术又不如荷兰人。

索莱贝战役

当维克多-玛利·德埃斯特雷和阿德里安·班克特互相周旋的时候,威廉·约瑟夫·范·根特和米歇尔·德·勒伊特的两个舰队与英法盟军的蓝色分队和红色分队正进行着一场激烈的战斗。不知是否有意,米歇尔·德·勒伊特设法让一支优势舰队集中火力攻击英格兰舰队。英格兰舰队按照开始行动的顺序,排在队列前面的军舰由约翰·肯普索恩爵士指挥。紧接着的是桑威奇伯爵爱德华·蒙塔古,他在旗舰"皇家詹姆斯"号上。约瑟夫·乔丹爵士跟随着蓝色分队的桑威奇伯爵爱德华·蒙塔古。约翰·哈曼爵士带着红色分队在后方，然后是约克公爵詹姆斯·斯图亚特和爱德华·斯普拉奇。看来，荷兰人主攻的方向就是红色分队和蓝色分队。据这次战斗的目击者说，在战斗中，荷兰人以三比二的优势作战，但荷兰人已经把阿德里安·班克特的舰队分派去监视白色分队了，怎么还会有三比二的优势呢？所以可以得出这样一个结论：荷兰舰队虽然在数量上与英格兰舰队不相上下，但在攻击点上通过集中火力攻击取得了优势。战斗持续了一段时间之后，约瑟夫·乔丹爵士和蓝色分队在一起。可能是风向有利，约瑟夫·乔丹爵士得以过来支援当时正被打得焦头烂额的约克公爵詹姆斯·斯图亚特。有人说，约瑟夫·乔丹爵士的确是把攻打他的对手给击退了。但根据之前荷兰人的战斗情况来看，如果约瑟夫·乔丹爵士真的受到过荷兰人的猛烈攻击，他不可能全身而退。还有另外一种可能是，只有几艘军舰被派去监视而不是攻打约瑟夫·乔丹爵士，荷兰人还是把主要力量集中在桑威奇伯爵爱德华·蒙塔古和约克公爵詹姆斯·斯图亚特的旗舰上。无论这两种说法如何，这次英格兰人肯定受到了荷兰人的重创。当米歇尔·德·勒伊特向英军逼近时，他叫来了舵手，或者叫军需官。米歇尔·德·勒伊特手指着约克公爵詹姆斯·斯图亚特的旗舰"王子"号对他的舵手说："我们要拿下那艘旗舰。"米歇尔·德·勒伊特指挥着他的旗舰"七省"号靠近"王子"号。两位海军上将威廉·约瑟夫·范·根特和米歇尔·德·勒伊特也身先士卒，树立起跟对手近身激烈搏杀的勇猛形象。说到这里，荷兰人总是很引以为荣。米歇尔·德·勒伊特的枪炮射击得又快又准。毫无疑问，米歇尔·德·勒伊特把老部下和许多老军官都带在身边，所以才能把战斗安排得如此高效。英格兰舰队的枪炮技术并不差，而且也算勇猛，但军队纪律已经大不如前。"王子"号被彻底击毁，"七省"号却安然无恙。约克公爵詹姆斯·斯图亚特的主桅被击落，船也受损严重，只好把自己的舰旗转移到"圣迈克尔"号上。罗伯特·霍姆斯是"圣迈克尔"号的舰长。虽然正规海军军官部队正在成形，但还没有明文规定，在舰队中担任海军上将的人总是有权获得海军上将这一军衔。在第三次

索莱贝战役

英荷战争中担任过旗舰军官的罗伯特·霍姆斯当时还只是一名上尉。1672年5月28日天黑前,"圣迈克尔"号几乎和"王子"号一样遭受了重创,约克公爵詹姆斯·斯图亚特又不得不把他的舰旗转移到爱德华·斯普拉奇的旗舰"忠诚伦敦"号上。在米歇尔·德·勒伊特的猛烈进攻下,英军防线的中心被摧毁,桑威奇伯爵爱德华·蒙塔古也被威廉·约瑟夫·范·根特紧紧包围。虽然荷兰海军攻击的主要对象是约克公爵詹姆斯·斯图亚特,但"皇家詹姆斯"号也受到了猛烈攻击。无论桑威奇伯爵爱德华·蒙塔古性格上有多少缺点,在他生命中最后也是最辉煌的一天,桑威奇伯爵爱德华·蒙塔古以坚定的信念和过人的勇气为他的舰队做着最后的战斗。荷兰人驾驶着一艘艘喷火军舰向桑威奇伯爵爱德华·蒙塔古逼近,但均被桑威奇伯爵爱德华·蒙塔古的枪炮击沉。结果还是荷兰人战胜。从一艘荷兰军舰射来的一颗子弹击中了"皇家詹姆斯"号的舰长理查德·哈多克的左脚。他一瘸一拐地走进船舱,由外科医生帮忙处理伤口,外科医生正在割掉理查德·哈多克被炸伤的一些皮肤和一个脚趾。这时,理查德·哈多克听到了喊叫声,原来是荷兰人的一艘喷火军舰截住了"皇家詹姆斯"号。据说,理查德·哈多克从船舱里出来,跑到后甲板上的海军上将桑威奇伯爵爱德华·蒙塔古那里去。"皇家詹姆斯"号被重创,可能是桅杆折断砸了下来,把本来挂在船舷上的帆也扯了下来,喷火军舰的火焰使其着了火。至少可以肯定的是,"皇家詹姆斯"号一瞬间着了火。除上述原因外,很难再从其他方面来解释这场大火的迅速燃烧。传言是这么形容的:理查德·哈多克恳请海军上将桑威奇伯爵爱德华·蒙塔古跳入海中并尝试游泳逃生,但约克公爵詹姆斯·斯图亚特毫不掩饰地嘲笑他贪生怕死,桑威奇伯爵爱德华·蒙塔古无地自容,最终选择死在船上。这很可能是不喜欢约克公爵詹姆斯·斯图亚特的人编造的故事,目的是为了烘托桑威奇伯爵爱德华·蒙塔古的光荣阵亡。如果桑威奇伯爵爱德华·蒙塔古真的留在军舰上,那应该会和军舰一起被烧为灰烬。但几天后,桑威奇伯爵爱德华·蒙塔古的尸体被人打捞起来,已经面目全非,只有外套上的军衔标志能辨认出是他。"皇家詹姆斯"号上的绝大多数

"皇家詹姆斯"号被大火烧毁

官兵和海军上将桑威奇伯爵爱德华·蒙塔古一同阵亡了。理查德·哈多克被打捞了起来。据说，是荷兰人用船把理查德·哈多克从水里救了出来。荷兰人从这位英格兰军官口中听到了他对荷兰人战斗的钦佩之情，认为这次战争比以往任何一场都要激烈。据说，理查德·哈多克还对荷兰人说："现在还没到中午，我却感觉这场战斗比之前四日海战中的任何一场打得都要吃力。"不管被抓的英格兰军官理查德·哈多克是否说过这些话，索莱贝战役的确异常激烈。双方都打得很猛烈，刚过中午，双方已经都筋疲力尽了。可能在约瑟夫·乔丹爵士去援助约克公爵詹姆斯·斯图亚特的时候，双方就都已经有些吃不消了。约瑟夫·乔丹爵士在下议院受到了辱骂，被说得像是他抛弃了海军上将约克公爵詹姆斯·斯图亚特一样。但在战斗中，约瑟夫·乔丹爵士的确做了一件正确的事。约瑟夫·乔丹爵士回去援助约克公爵詹姆斯·斯图亚特的这个举动减轻了英军防线中心的压力。如果没有约瑟夫·乔丹爵士的援助，米歇尔·德·勒伊特早就完全打败英格兰舰队了。然而，约瑟夫·乔丹爵士也只能减轻负担过重的

荷兰舰队在索莱贝战胜英格兰舰队

红色分队的作战压力而已。米歇尔·德·勒伊特成功脱身，留下被打得溃不成军的英格兰人扬长而去。而在整场战斗中，法兰西人的人品展露无遗，法兰西人袖手旁观，没有做任何追击。

有些人试图把索莱贝战役的胜利说成是英格兰人的胜利。这真是太荒谬了。事实上，在索莱贝战役中，英格兰人无法与荷兰人相提并论。的确，将士英勇顽强的作战使英格兰舰队避免了彻底溃败。从军事上讲，对英格兰人来说，索莱贝战役是一场水手之战。除约瑟夫·乔丹爵士支援红色分队的行动之外，英格兰舰队的将领们并没有表现出任何娴熟的指挥管理技巧。相反，米歇尔·德·勒伊特就表现出了一个伟大指挥官应具备的优秀特质。英法盟军在人数上总体不如荷兰舰队，米歇尔·德·勒伊特又懂得利用英法盟军舰队的弱点，在进攻点上占了优势，猛烈围攻并重创英法盟军，把英法盟军打得溃不成军，一段时间内没有反击的可能。之后，米歇尔·德·勒伊特把自己的舰队带回荷兰共和国。虽然荷兰军舰也遭到了破坏，但还是可以航行的。事实上，在回去的路上，米歇尔·德·勒伊特几乎没遇到什么阻碍，甚至遇见返航的东印度的船后还可以护送它们回到荷兰共和国。可以说，索莱贝战役的胜利属于米歇尔·德·勒伊特。

1672年整个夏天，英格兰王国的盟友法兰西王国没有对荷兰共和国采取任何行动。英法联盟舰队确实到过荷兰海岸，但只停留了很短的时间。荷兰共和国的贸易也并没有受到严重的干扰。英格兰王国和荷兰共和国暂时停止敌对行动与两国的国内形势有很大关系。在低地国家，爆发了反对莱文斯坦派的起义。威廉三世的党羽不仅帮助威廉三世成功取代了陆军和海军的统帅，而且恢复了威廉三世作为国家统治者的全部权威。德·维特一族被暴徒残忍杀害，他们的党派被彻底摧毁。革命总是会伴随着残暴和野蛮，但总体来说，革命对荷兰共和国是有益的。威廉三世延续了莱文斯坦派对公民自由和宗教的宽容做法，为国家做了当时最需要做的事——从入侵者手中把国家解救出来。也就是说，威廉三世要获得统一的军事指挥权。他不像莱文斯坦派那样对军队心存戒备，所以能够尽心尽力地去发挥军队的最大潜力。荷兰人奋起反抗法兰西人，正如奋起反抗西班牙人一样。堤坝一旦被打开，国家只有被淹没。危急时刻，荷兰人只好孤注一掷，再次保卫国家。在这样一场可怕的危机中，海上征战不可避免地被荷兰人忽视了。米歇尔·德·勒伊特已经付出足够多的努力来避免海上被入侵的危险，而目前攻击英格兰王国毫无意义。在这场战争中，荷兰人面临着很大的压力，他们不得不把船上的火药卸下来，供陆军使用。

约克公爵詹姆斯·斯图亚特被撤职

英格兰人也有充分的理由阻止政府再次发动战争。查理二世发现，过去对荷兰共和国的嫉恨已经被另一种更迫切的情感取代，至少在当时是这样的。法兰西王国日渐强大，路易十四的侵略性政策，对邻近新教国家的威胁，再加上路易十四的《宽容宣言》显示出他对罗马天主教教徒的明显偏袒，使整个英格兰王国陷入对天主教的恐惧中。英格兰议会打定主意在这场战争中绝不会给查理二世任何帮助。议会对查理二世之前暂停针对异议者的刑法特权提出了质疑，意图通过《宣誓法》。这一法案的目的是将罗马天主教教徒排除在王权相关的所有职务之外。虽然查理二世曾与路易十四签订的条约中有一条秘密条款规定，只要时机合适，查理二世就宣布自己是罗马天主教教徒。但现在，查理二世被迫允许通过《宣誓法》，因为查理二世担心，一味顽固地拒绝会激起议会对王权的强烈不满。当时，议会一直在大力宣扬对国王本人的忠诚。《宣誓法》的通过把查理二世和他的忠臣们严格区分开来，而且查理二世总是说为自己的安全感到不安。《宣誓法》推翻查理二世熟知的政策后，他这种不安的焦虑就更明显了。按照查理二世的一贯做法，他往往会向险境低头并通过放弃他的忠臣以达到逃脱的目的。在那些为安抚下议院而被抛弃的忠臣中，就有约克公爵詹姆斯·斯图亚特。《宣誓法》通过后，约克公爵詹姆斯·斯图亚特辞去了最高海军上将的职务，理所当然也就被解除了舰队军官的职务。约克公爵詹姆斯·斯图亚特的职务被莱茵的鲁珀特亲王接替。查理二世选择表兄[①]莱茵的鲁珀特亲王指挥海上作战，与其说是对莱茵的鲁珀特亲王的能力有信心，不如说是由于莱茵的鲁珀特亲王的地位。因为英格兰舰队还要与法兰西人合作，所以英格兰舰队最好由法兰西贵族认可的一个英格兰社会上层人物来领导。虽然路易十四曾严令军官避免与英格兰人发生争执，但路易十四的命令是否足以迫使维克多-玛利·德埃斯特雷心甘情愿地服从爱德华·斯普拉奇或约瑟夫·乔丹爵士就很值得怀疑了。

尽管受到议会不愿投入资金和英格兰人对与法兰西联盟的日益不满的双重阻碍，但在接下来的一年里，查理二世还是在努力地推动与荷兰共和国的战争。在雅茅斯，查理二世集结了六千个士兵，组成了一支即将登陆泽兰或北荷兰省海岸的侵略军，打算从后方进攻荷兰共和国，而法兰西海军则从莱茵河向荷兰共和国逼近。不过，在安全登陆荷兰海岸之前，得先打败米歇尔·德·勒伊特的舰队。法兰西人的入侵已经给荷兰共和国带来了沉重的负担，使荷兰人很难在海上保持足够的兵力。如果荷兰人能把荷兰共和国的全部资源都投入海战，也许就能同法兰西人和英格兰人相抗衡。但事实并非如此。荷兰人能投入海战的资源仅能装备起一支舰队，"他们只能希望在上帝和一个优秀的海军上将的帮助下"，阻止对手在海岸登陆。对荷兰共和国和英格兰王国来说，值得庆幸的是，查理二世卑鄙的个人政策的成功本来可以使法兰西王国在荷兰共和国有压倒性的优势，但查理二世可不想如此，所以这次，查理二世没有派出优秀的海军上将。虽然让米歇尔·德·勒伊特抵抗外敌是再合适不过的，但现在米歇尔·德·勒伊特不得不打一场防御战。一个莽夫可能会屈服于压力，冒着荷兰共和国生死存亡的危险，轻率地打一场仗，但米歇尔·德·勒伊特是为数不多的几个没有随着年龄增长而变得胆大妄为的指挥官之一，从不会鲁莽行事。在当时的情况下，一个胆怯的人被情势所迫，即使跟对手力量相当，也

---

① 莱茵的鲁珀特亲王的母亲伊丽莎白·斯图亚特是查理二世的父亲查理一世的姐姐。——译者注

可能不愿意与对手作战。但米歇尔·德·勒伊特是个完美地结合了冷静、沉着与谨慎这些优点的人。这使米歇尔·德·勒伊特可以避免盲目犯险。只要还有一线生机，米歇尔·德·勒伊特的勇气就能让他越挫越勇。米歇尔·德·勒伊特是世界上最不可能按照大约二十年后皇家海军上将托灵顿伯爵阿瑟·赫伯特建议的方式行事的人——也就是躲到沙丘后面去，并且要相信，舰队"整装待发"的消息很可能会使对手不敢靠前。米歇尔·德·勒伊特的天性也使他不会软弱无力地进攻。因此，1673年夏天，在荷兰海岸的浅滩上，米歇尔·德·勒伊特警惕地守望，监视着英法盟军精锐舰队的行动，让英法盟军无法从攻击上占便宜。到了该动手的时候，米歇尔·德·勒伊特就会使出浑身解数，狠狠地打击对手。英格兰人对米歇尔·德·勒伊特取得的成功总怀着钦佩之情，不仅因为米歇尔·德·勒伊特是一个骁勇善战的对手，也是出于对米歇尔·德·勒伊特的爱国主义的赞赏。当然，米歇尔·德·勒伊特战胜了一支英格兰舰队，但胜利的最终受益者是英格兰王国。

米歇尔·德·勒伊特的守护

显然，荷兰人的意图是在皇家海军与法兰西海军重新会合前先削弱皇家海军的力量。但当时荷兰人因为作战资源已经减少，不可能拥有一支强大的舰队来达到这个目的，所以设法采取了迂回战术。为了挡住泰晤士河的航道，米歇尔·德·勒伊特制订了一项计划，让满载货物的商船在英吉利海峡沉没。为了完成这个任务，1673年5月月初，米歇尔·德·勒伊特带着三十一艘军舰、十四艘护卫舰和十八艘喷火军舰来到英格兰海岸。米歇尔·德·勒伊特一直到达英格兰人的"炮舰"那里，却不急于实施计划。英格兰政府的海军准备工作很及时，皇家海军在河岸外驻扎的兵力足够用来对抗米歇尔·德·勒伊特的舰队。得知这一情况后，荷兰海军上将米歇尔·德·勒伊特又回到了自己的海岸。在威廉三世的同意下，议会决定暂时不再试图发动攻击。荷兰唯一装备精良的舰队驻扎在斯乌尼维尔。斯乌尼维尔是一个在泽兰海岸各个浅滩之间的、很好的锚地。舰队奉命停靠在斯乌尼维尔，严密监视着莱茵的鲁珀特亲王的一举一动。

米歇尔·德·勒伊特回到荷兰海岸不久，法兰西舰队就到了唐斯。舰队仍然由维克多-玛利·德埃斯特雷指挥，由二十七艘军舰和一些较小的军舰组成。英格兰舰队共有五十四艘军舰，分为两个分队——红色分队由莱茵的鲁珀特亲王指挥，蓝色分队由爱德华·斯普拉奇接替桑威奇伯爵爱德华·蒙塔古担任海军上将。荷兰舰队的兵力已增加到五十五艘军舰、十四艘护卫舰、二十五艘喷火军舰、十四艘游艇和七艘单桅货船，总共一百一十五艘。但其中一半以上的军舰都很小。米歇尔·德·勒伊特只有五十五艘军舰与英法盟军的八十一艘军舰对抗，胜算不大。当然，还不曾有哪个皇家海军上将与如此强大的实力派荷兰上将作战过。糟糕的管理和王室的错误做法给英格兰舰队的管理造成很大损害，皇家海军的作战效率远远比不上荷兰海军，就像霍雷肖·纳尔逊子爵时代，西班牙和法兰西舰队的作战效率比不上英格兰舰队一样。英格兰舰队与荷兰舰队本来势均力敌，但法兰西舰队的加入就给英法盟军带来了力量上的优势。不过，法兰西人仍然缺乏经验，加上其他的原因，在这场战役中，法兰西人几乎没起什么作用。然而，对荷兰人而言，法兰西海军当然不像第一次世界大战中的西班牙人对英格兰人那样没用，而且米歇尔·德·勒伊特也并不知道法兰西海军不会全力以赴。

英法盟军全部集结到泰晤士河后，就开始向荷兰海岸进发了。在索莱贝战役中，法军盟友的所作所为让英格兰水手充满了怀疑，所以英格兰人决定这次的作战不能让法兰西人再单独行动。莱茵的鲁珀特亲王指挥的红色分队作为先锋队。仍然组成白色分队的法兰西人被安排在中卫，后卫是爱德华·斯普拉奇指挥下的蓝色分队。英格兰的盟友就这样被夹在两支值得信赖的皇家海军中间。米歇尔·德·勒伊特在斯乌尼维尔锚地。莱茵的鲁珀特亲王想尽可能依靠自己的优势力量，试着把对手引到开阔的海域再一举击溃。一支由三十艘军舰组成的小型舰队,其中包括八艘法兰西军舰,与八艘喷火军舰一起被派去斯科内维尔特锚地攻击米歇尔·德·勒伊特。风从西南方吹来,形势似乎一片大好。莱茵的鲁珀特亲王诱敌的努力似乎比他自己想的还要成功。米歇尔·德·勒伊特可不是那种缩着脑袋坐以待毙的人,他只是故意让对手摸不清他的实力而掉以轻心罢了。米歇尔·德·勒伊特完全信赖舰队对他的忠诚。每艘船上都宣读了威廉三世给舰队官兵的一封措辞激烈的信。威廉三世在信上呼吁官兵们要记住,此刻是国家生死存亡的时刻,为了荷兰的利益,一定要抛弃一切贪生怕死的自私想法,要摒弃一切私人恩怨。这种为荷兰而战的呼吁唤起了士兵内心深处的爱国情怀,得到了不错的响应。米歇尔·德·勒伊特把个人恩怨放在一边,为舰队树立了一个很好的榜样。荷兰执政官任命科内利斯·特龙普接替威廉·约瑟夫·范·根特。科内利斯·特龙普是奥兰治家族的忠实拥护者,在水手中很受欢迎,但科内利斯·特龙普与米歇尔·德·勒伊特可不是朋友。在第二次英荷战争中,科内利斯·特龙普不愿意援助米歇尔·德·勒伊特,导致战争失利。他俩发生过严重冲突。然而,当科内利斯·特龙普被荷兰执政官任命为舰队第三指挥官时,海军上将米歇尔·德·勒伊特承诺把过去的恩怨放下。威廉三世命令科内利斯·特龙普服从海军上将米歇尔·德·勒伊特的指示。于是,两人公开和解。因为再也没有听说过科内利斯·特龙普对米歇尔·德·勒伊特不服从的消息,所以他应该是真实履行了自己的诺言,忘记了第二次英荷战争时米歇尔·德·勒伊特对他的尖刻指责。

斯乌尼维尔

1673年5月28日,英法盟军的轻型舰队接近时,荷兰人准备反击。荷兰人的锚是立起来的,随时可以起航。荷兰人从左舷向西北航行。根据舰队的正规说法,科内利斯·特龙普的舰队是前卫,是行动中的先锋。米歇尔·德·勒伊特是中卫,阿德里安·班克特在后卫指挥作战。荷兰人的行动迅速,在对手逼近之前，英法盟军的轻型舰队都来不及赶回舰队。英法盟军的轻型舰队仓皇而逃，损失惨重。英法盟军的指挥官们对米歇尔·德·勒伊特的迅猛反击大吃一惊。英法盟军之前还估计对手会吓得不敢进攻，以为他们即将对付的对手会惊恐万状，只能从躲避的地方慢吞吞地、吃力地逃窜出来。在这种错觉的影响下，英法盟军陷入了混乱。因此，米歇尔·德·勒伊特挺身而出进攻时，英法盟军不得不匆忙开溜。当对手逼近时，英法盟军的防线已经崩溃了。英法盟军的舰队都靠左舷出航，向西北方向驶去。英格兰的蓝色分队被科内利斯·特龙普紧紧牵制住，米歇尔·德·勒伊特则在中路狠狠打击法军。阿德里安·班克特在莱茵的鲁珀特亲王相反的位置牵制着后面的红色分队。先锋位置和中路位置的战斗尤为激烈。相对而言，红色分队的兵力相对较少。根据法兰西人的说法，维克多-玛利·德埃斯特雷看到莱茵的鲁珀特亲王与阿德里安·班克特舰队相隔较远时，便命令自己的几艘船向荷兰人的后方逼近，然后成功地把荷兰人的后方截断了。米歇尔·德·勒伊特看到后便带着自己的舰队，穿过法兰西人的舰队，又回到阿德里安·班克特的舰队近旁。也有人说，米歇尔·德·勒伊特是再次转向北方，继续跟着科内利斯·特龙普。而在这段时间里，科内利斯·特龙普继续与爱德华·斯普拉奇斡旋。两军对峙，僵持不下。天黑时，战斗结束了，没有取得决定性的结果。米歇尔·德·勒伊特在卡珀尔西面附近停泊，英法盟军舰队停靠在英格兰海岸。法兰西人自诩自己在战斗中进行了有力打击，但这只不过是个蹩脚的、无法让人信服的说辞罢了。有人觉得荷兰人的说辞更接近事实，即阿德里安·班克特发现自己偏离了莱茵的鲁珀特亲王的战线后，继续紧随米歇尔·德·勒伊特，并在一旁协助他一起对抗白色分队，让整个英法盟军都吓破胆了。当然，由于与八十一艘军舰和上风的有利位置，荷兰人完全可以对付英法盟军在背风处的五十五艘军舰。

荷兰海军上将米歇尔·德·勒伊特的目的可能是重创英法盟军的舰队，以促使英法盟军只能返回自己的国家修整。但英法盟军仍留在海岸附近，没有离开。米歇尔·德·勒伊特此时已经清楚地认识到，不能给英法盟军时间养精蓄锐,所以决定主动出击。从1673年5月28日开始的战争,到了第七天,即1673年6月4日,米歇尔·德·勒伊特凭借从东北方向吹来的一阵顺风取得了优势。荷兰政府官员随同舰队作战。海上战斗进行时,荷兰政府官员显然没有在岸上时那么胆小怕事。虽然胜算不大,但米歇尔·德·勒伊特请求进攻时,在场的官员也表示同意。

第二次战役

1673年6月4日下午,米歇尔·德·勒伊特逆风行驶,和上次一样,舰队向西北方向进发,由后卫带领。这次,法兰西人已不在英法盟军舰队的中路,而是像索莱贝战役那样占据先锋位置,即战线的后方。正如之前的战斗一样,米歇尔·德·勒伊特巧妙地集中火力攻打对手的一部分战线,以抵消荷兰舰队人数上的劣势。战斗火力主要集中在英格兰的红色分队和蓝色分队这两支分队上。英格兰的战争历史学家用词上的不严谨、描述上的模糊和断言上的虚假几乎是无人能及的。他们坚持认为,战争的优势在英法盟军这边。英格兰历史学家

1673年6月4日的战斗

说，莱茵的鲁珀特亲王试图巧妙地把荷兰人从海岸引到背风处。这种貌似有理的辩护掩盖的事实是，在天黑前，荷兰人和英格兰人炮轰彼此，谁都没饶过谁。结果英格兰人和荷兰人一样遭受了严重损失，法兰西人什么忙也没帮上。到了1673年6月5日，红、蓝分队遭受重创，英法盟军只好回到泰晤士河重新整修。科内利斯·特龙普带着胜利的果实回到了自己的海岸。科内利斯·特龙普把一支实力比自己强一半以上的舰队驱赶出了低地国家海岸，阻止了一次入侵，为荷兰贸易扫清了道路。

莱茵的鲁珀特亲王和维克多-玛利·德埃斯特雷没能把荷兰舰队从海上清除出去。这使英格兰宫廷相信，从海上入侵荷兰共和国的时机还没有到来。然而，如果不采取措施弥补，很快就会让人觉得英格兰王国对荷兰共和国的这场战斗既可笑又可憎。军舰重新被整改，四千个士兵安排在了战列舰上，两千名士兵安排在了运输舰上。然后，整个英法盟军又被派回荷兰海岸，显然是为了尝试一下陆上作战。既然不可能打败荷兰舰队，那也许可以让士兵登陆荷兰海岸进攻。虽然不一定成功，但总要尝试一下。

1673年7月23日，英法盟军再次到达低地国家海岸，大约在马斯河河口附近。从马斯河河口出发，英法盟军潜行到北荷兰以外的岛屿，然后又返回马斯河河口。米歇尔·德·勒伊特等来了增援，在他的战线上，他指挥着大约七十艘军舰。英法两国军队也增加了兵力，在六十艘战列舰的基础上又增加了三十艘战列舰，英法盟军的力量仍然很大。遵循绝不冒进的作战方针，在对手来来回回的航行中，米歇尔·德·勒伊特跟随着他们，把自己的船停在危险的河岸和浅滩上。在河岸和浅滩上，军舰很容易倾覆，所以英法盟军的军舰不敢跟过来。米歇尔·德·勒伊特下定决心，只要时机合适就立即出击。这个时机终于来了。1673年8月11日，双方舰队都很靠近泰瑟尔岛。1673年8月10日，风从海上刮来，莱茵的鲁珀特亲王尽最大可能小心翼翼地向泰瑟尔岛推进。1673年8月10日夜里，米歇尔·德·勒伊特从英法盟军和陆地之间溜了过去，停在坎珀当附近。1673年8月11日早晨，风转为东南风，风向对荷兰人有利。米歇尔·德·勒伊特得到政府官员的许可后，带着七十艘军舰与英法盟军的九十艘军舰作战。双方舰队都从左舷向南驶去。法兰西白色分队处于先锋位置。中路位置的红色分队直接受莱茵的鲁珀特亲王指挥，约翰·哈曼爵士是海军中将，托马斯·奇切利是海军少将。爱德华·斯普拉奇在后面指挥蓝色分队，副手是约翰·肯普索恩爵士。奥蒙德公爵詹姆斯·巴特勒的儿子奥索里伯爵托马斯·巴特勒是海军少将，不是水手，但他是一个英勇的绅士，一个贵族的儿子，所以查理二世就派他来了。荷兰舰队的阿德里安·班克特率领第一支分队在前，米歇尔·勒伊特仍在中路，科内利斯·特龙普又一次和他的老对手爱德华·斯普拉奇在后面对峙。荷兰海军上将米歇尔·德·勒伊特的作战计划与前几次战争中的作战计划是一样的。他还是决定把火力集中在蓝色分队和红色分队。米歇尔·德·勒伊特压根看不上法兰西的那个分队，都不怎么想跟他们交手。阿德里安·班克特率领十艘军舰监视着白色分队。米歇尔·德·勒伊特带着剩下的六十艘军舰与英格兰的六十艘军舰对抗。战争分为三场独立的战斗。在不远的地方，阿德里安·班克特与法兰西人交战。法军人数比荷兰多得多，所以有优势向前推进，使领头的军舰转向上风。这样就把阿德里安·班克特挡在了两面战火的夹缝里。显然，法兰西人正要实施这个计划。由维克多-玛利·德埃斯特雷指挥的白色分队先锋转向上风，率先获得了一个阿德里安·班克特本来可以取得的优势阵地。但这位勇敢而坚定的荷兰人阿德里安·班克特在被夹在两场战火中间之前，是不会保持被动的。阿德里安·班克特扬帆起舵，快速驶过仍处于他下风的法兰西军舰。法兰西人说，当时战斗很激烈，他们几乎成功地用一艘喷火军舰摧毁了阿德里安·班克特的军舰。如果法兰西人说当时战斗不激烈，就会让自己十分丢人。事实上，阿德里安·班克特的行动，如果面对的是一个成熟老练的对手，是绝对不可能成功的。在这次海战中，法兰西人无论和荷兰人比，还是和英格兰人比都相形见绌。法兰西人比荷兰人更能感受到此次行动的迅猛。阿德里安·班克特的舰长在轻松突破后，并没有对法兰西军舰穷追猛打。当然，舰长一定是非常想要亲自动手的。

第二次斯乌尼维尔战役

泰瑟尔岛战役

阿德里安·班克特突破法军舰队后，发现莱茵的鲁珀特亲王和米歇尔·德·勒伊特在北面离他稍近的背风处。皇家海军上将莱茵的鲁珀特亲王也没有静候对手向他逼近。他稍微把船转向大海，想把荷兰人引出来。莱茵的鲁珀特亲王的目的是引诱荷兰人远离自己的海岸。这样荷兰人就不能很快跑回浅滩上避难了。这个想法有点天真，因为要阻止荷兰人回到他们的浅滩，最有效的办法就是把荷兰人和陆地隔开。莱茵的鲁珀特亲王的军舰更能抢风航行，如果能够把握风势，对荷兰人施加更大的火力，就很可能会像乔治·蒙克在四日海战的最后一天那样击破荷兰人。不管怎样，如果荷兰人的军舰严重受损，那么他们的防线也就很容易被突破。如果莱茵的鲁珀特亲王能一直把握风向，就可能赶走荷兰人。然而，莱茵的鲁珀特亲王没有把握住时机，给了荷兰人脱

泰瑟尔岛战役，英法舰队与荷兰舰队的阵形

泰瑟尔岛战役

险的机会。此外,莱茵的鲁珀特亲王还把自己置于危险的境况。当然,他也可以找借口说自己并没预见到会有这种危险。阿德里安·班克特越过法军,发现两支中路舰队都在他的背风面。这样,阿德里安·班克特就轻而易举地借助风力行驶到米歇尔·德·勒伊特处,与他并肩作战。阿德里安·班克特的到来使荷兰人的整个中路和先锋战线增强,一起集中火力对付英法盟军的红色分队。法军本来是可以避免这种不幸的。把阿德里安·班克特吹到下风去的风同样也会把他们吹到下风去。但法兰西人什么也没做。事实上,法兰西人根本没有进一步参与战斗的意思,一直闲晃到深夜。战斗结束了,胜利落在了米歇尔·德·勒伊特的手里。事实上,当荷兰海军上将米歇尔·德·勒伊特向莱茵的鲁珀特亲王靠近时,米歇尔·德·勒伊特就已经突破了红色分队的阵形防线并转向后卫冲去。当阿德里安·班克特的舰队与米歇尔·德·勒伊特会合时，米歇尔·德·勒伊特又得以用他的三十艘军舰集中攻打英格兰的二十艘军舰。若不是17世纪的重炮还没那么猛烈，英格兰的军舰早就被彻底摧毁了。如果1797年由扬·威廉·德·温特指挥的荷兰舰队有与海军上将亚当·邓肯子爵指挥的英格兰舰队一样的兵力优势，说不定扬·威廉·德·温特就可以摧毁英格兰舰队了。但在17世纪早期，军舰枪炮的火力仍然很弱。因此，莱茵的鲁珀特亲王得以逃脱被摧毁的命运。但莱茵的鲁珀特亲王没法逃脱失败的命运。英格兰舰队被迫向下风撤退，向后方的蓝色分队寻求帮助。

爱德华·斯普拉奇和科内利斯·特龙普

当法兰西人正在充当毫无价值的盟友时，莱茵的鲁珀特亲王正在被荷兰击败。当莱茵的鲁珀特亲王想跑到后方时，蓝色分队遭遇对手科内利斯·特龙普的舰队，双方正在进行着一场绝望的战斗。这个故事读起来像中世纪编年史中的一段。已经有人指出，在战争的前两场战斗中，爱德华·斯普拉奇都曾与科内利斯·特龙普较量过。甚至可以说这两个舰队的较量已经转变成私人恩怨。英格兰舰队在泰晤士河上整修时，爱德华·斯普拉奇还去了趟宫廷。在宫廷，也许是受了什么玩笑的刺激，也可能仅仅是为了炫耀，爱德华·斯普拉奇向查理二世承诺，下次战斗他要把科内利斯·特龙普作为俘虏带回英格兰王国，否则他愿意以命谢罪。爱德华·斯普拉奇既然都向查理二世许诺了，那就应该努力兑现诺言。战斗开始时，爱德华·斯普拉奇把注意力完全集中在自己与科内利斯·特龙普的冲突上。当荷兰人逼近时，爱德华·斯普拉奇没有像他应该做的那样跟着红色分队继续他的路线，而是让军舰顶风停在一边，等着科内利斯·特龙普。使军舰顶风停住的意思是，把军舰的一部分帆收紧，风就会把收紧的帆吹到桅杆上，而其他帆仍然张开，由风从后面吹过来。两种压力相互抵消，军舰不但没有前进，而是开始慢慢向下风漂去。这种情况下，军舰也并不是完全静止的,因为风总是会把军舰吹到一侧。虽然移动的速度很慢,但在几个小时的过程中,也能漂几英里。爱德华·斯普拉奇这样做的结果是,他的舰队和莱茵的鲁珀特亲王的舰队拉开了很长一段距离。莱茵的鲁珀特亲王继续向南移动,军舰稍微向西倾斜。爱德华·斯普拉奇的舰队慢慢地向西漂去。但并不是只有他一个人想这么做。科内利斯·特龙普时刻准备把他的舰队从指挥官的舰队中分离出来。科内利斯·特龙普抵挡不住诱惑,接受了爱德华·斯普拉奇向他提出的挑战。科内利斯·特龙普冲了下去,双方舰队两两交战。双方都没有提前部署好,也没有试图通过巧妙的防守获得优势,但都全力以赴地互相攻击。爱德华·斯普拉奇的旗舰是"皇家王子"号,科内利斯·特龙普的旗舰是"金狮"号。两艘军舰势均力敌,很快就打得不欢而散。然后,爱德华·斯普拉

"金狮"号

奇把他的舰旗转到"圣乔治"号上,科内利斯·特龙普则把他的舰旗转到"彗星"号上。然后,他们又开始重新一决高下。没过多久,"圣乔治"号就和"皇家王子"号一样彻底报废了。爱德华·斯普拉奇又一次准备换旗舰。但他注定要履行向查理二世许下的诺言了。爱德华·斯普拉奇没能把科内利斯·特龙普抓回去,却把自己的命搭上了。爱德华·斯普拉奇的军舰离开"圣乔治"号不到十个舰身长度的距离,就被一个大炮击中,舰底开了个大洞。船员试图奋勇救回"圣乔治"号,堵住舰底的大洞,但"圣乔治"号损伤过于严重,沉入了海底。爱德华·斯普拉奇溺水而亡。在战死沙场的皇家海军上将的短名单中,大多数都是在与荷兰的战斗中阵亡的。

  爱德华·斯普拉奇的鲁莽给他的上司莱茵的鲁珀特亲王带来了不少麻烦。莱茵的鲁珀特亲王转向蓝色分队求救时,发现离他几英里远的背风处的蓝色分队并未赶来援助。白色舰分队也没有要来帮助他的意思,只是在迎风的地方作壁上观。莱茵的鲁珀特亲王没办法去他们那里,也不打算和那些靠不住的同盟者会合,所以扬帆而去,朝着科内利斯·特龙普和爱德华·斯普拉奇的两个舰队之间的方向进发。米歇尔·德·勒伊特跟着他,中路两支舰队的战斗暂时停止了,也许是因为他们的火药都已经耗尽。两人率军舰并行而下,各自都想着快点与自己舰队的后卫重新会合。接近傍晚的时候,双方舰队均与各自的后卫会合,新一轮的战斗又要开始了。现在,荷兰人占据了优势,因为英格兰人的蓝色分队在与科内利斯·特龙普的战斗中被严重削弱了,而阿德里安·班克特的舰队也来到了米歇尔·德·勒伊特身边。米歇尔·德·勒伊特把所有军舰都集中在一起,比英格兰舰队多出了十艘左右。重新开始的战斗一直持续到19时左右,米歇尔·德·勒伊特才离开。从法兰西人的叙述来看,似乎是在这个时候,法兰西舰队才赶来支援莱茵的鲁珀特亲王的。究竟是米歇尔·德·勒伊特看到法兰西人过来所以离开,还是法兰西人看到荷兰人已经离开,便鼓起勇气赶过来,那就不得而知了。

同盟国之争

　　这场战争结束了，也结束了英法舰队之间合作的可能性。从莱茵的鲁珀特亲王到海军的每一个人都坚信，他们被盟友法兰西人背叛了。整个英格兰王国都坚信英格兰舰队说的是事实，也理所当然地认为，法兰西海军中将维克多-玛利·德埃斯特雷是故意让英格兰人被打败的。据说，维克多-玛利·德埃斯特雷是遵照路易十四的明确命令行事的，路易十四让他和他的舰队置身事外，让荷兰人和英格兰人鹬蚌相争，自己坐等渔翁之利。当然，目前还没有任何证据表明路易十四曾发出过这样的命令。如果法军舰队没接到这个命令但又什么都没做，那么其中的原因与其说是卑鄙，还不如说是愚蠢。路易十四和他的大臣是非常聪明的，他们知道如果让荷兰舰队消灭英格兰舰队，他们将不得不单独对付荷兰舰队，所以不大可能有这个命令。英格兰人也没必要把这么无耻、愚蠢、狡猾的行为归咎于法兰西政府。维克多-玛利·德埃斯特雷缺乏海上作战经验，而英格兰人和法兰西人天生就互不待见，至少在17个世纪，英法盟军未能成功合作就足以说明这点。法兰西人一定非常清楚，查理二世与路易十四结盟，是一定会被英格兰的臣民们憎恶的。法兰西人知道英格兰人认为他们是天主教教徒，而法兰西人则认为英格兰人是"异教徒"。在这场战争中，英格兰人希望他们的对手胜利，盟友失败。联军本就很少能在战争中取得胜利，在这样的情形下作战，便不可避免地注定要失败。

　　泰瑟尔岛战役是欧洲战争的结束。经历了从早到晚一整天漫长的战斗，直到晚上撤退时，双方舰队都没得到什么战利品。英格兰舰队伤亡惨重，因为军舰上挤满了本来计划在荷兰海岸登陆的士兵，但没有军舰损失。尽管如此，米歇尔·德·勒伊特无疑取得了胜利。英法盟军撤退了，甚至放弃了假装在荷兰海岸登陆或维持封锁的假象。米歇尔·德·勒伊特也完成了战斗目标。如果这还不算胜利，就很难给胜利这个词赋予明确的意义了。英法联盟互相不支持的表现使他们确信以后不会再联合行动。如果在战斗的当天晚上，米歇尔·德·勒伊特不知道这一点，那么他不久后一定就知道了。法兰西人和英格兰人的关系是全世界都知道的。有一个故事说，一个荷兰水手的同伴对法兰西人的不作为表示了一些惊讶，荷兰水手解释说："你瞧，法兰西人雇了英格兰人来替他们打仗，除看着仆人替他们干活外，法兰西人还需要做什么呢。"那个水手不可能是荷兰人捏造的，毕竟荷兰人擅长这种事。那个水手口中表达的观点与英格兰人说的并无不同。英格兰人觉得查理二世是出卖了自己和人民去替路易十四打仗，所以这场战争也是极其不得人心的。和往常一样，查理二世很快就屈服于议会和民众对战争的强烈不满。战争被叫停，并于1674年年初达成了和平协议。

圣赫勒拿岛

发生在北海以外的战斗对这场战争并无多大意义。在西印度群岛，一些殖民地据点被英格兰人和荷兰人抢夺。托拜厄斯·布里奇爵士代表英格兰政府，扬·埃沃茨松代表荷兰政府，双方并未真实交战。一场更有趣的战争发生在遥远的大西洋南部。圣赫勒拿岛早期被东印度公司占领，成为供水站和仓库。圣赫勒拿岛曾一度被荷兰人占领，后来又被英格兰人夺回。当时，荷兰人占领了好望角，并且占领了很长一段时间。荷兰人的一个明显的目标是确保占领通往亚洲的所有要塞，以便用来振兴舰队。荷兰人总是努力避免好望角落入英格兰人手中。1672年，战争爆发的消息传到好望角的殖民地后，荷兰人的一支远征军立即被派往圣赫勒拿岛。荷兰远征军第一次登陆就被击退了，但其中一个英格兰种植园主当了叛徒。这个叛徒为远征军指了一个便捷的着陆点，通过这个着陆点，荷兰人能够通往高地，一旦到达高地，荷兰人就可以迅速占领东印度公司的小堡垒。小堡垒的总督比尔跑到当时停泊的一艘船上避难，然后逃往巴西。在巴西海岸，比尔遇到了一支舰队，舰队的一部分由查理二世的"援助"号、"黎凡特"号和"城堡"号喷火军舰组成，一部分由东印度公司的两艘军舰组成。舰队由理查德·芒登爵士指挥。在那个时候，甚至在18世纪末期，从英

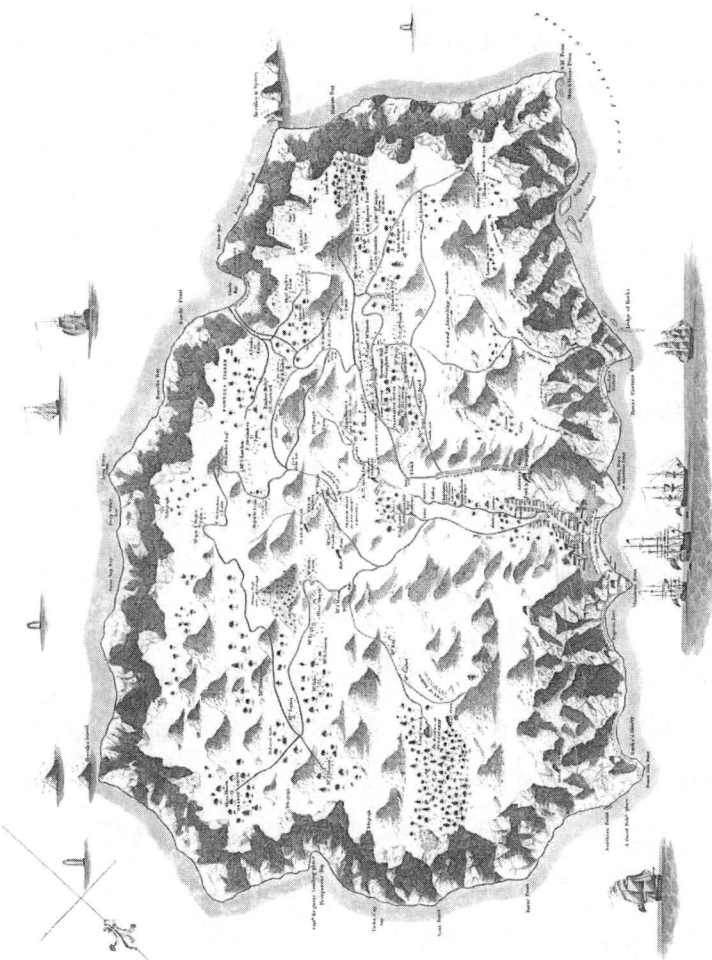

圣赫勒拿岛示意图

格兰到东印度群岛的航行通常要持续六个月。军舰在出港或返航时，总要驶入葡萄牙的港口寻找新鲜的蔬菜和淡水。理查德·芒登爵士奉命保护返航的东印度公司贸易船队不被在英吉利海峡的入口处等候的荷兰"海盗"或私掠船捕获。理查德·芒登爵士的舰队自然要去入口处会一会那些荷兰"海盗"或私掠船。逃亡者，即小堡垒的总督比尔的到来立刻让理查德·芒登爵士觉得，他有更紧迫的任务要完成。如果不把圣赫勒拿岛从荷兰人手中夺过来，那么返航的东印度公司贸易船队肯定会落入荷兰人手中。理查德·芒登爵士是一个士气高昂的军官，也是一个最好的油布衣水手。后来，理查德·芒登爵士被安葬在布罗姆利教堂，墓碑上写着："理查德·芒登爵士虽然在四十岁时英年早逝，但肩负着公共安全和保护商人的责任，在十四次海战中获得成功。"理查德·芒登爵士准备夺回圣赫勒拿岛。在跟随总督比尔到达巴西的逃亡者中，有一个叫布莱克·奥利弗的黑人。布莱克·奥利弗对圣赫勒拿岛上的登陆地点和内部情况了如指掌。布莱克·奥利弗的主人把他卖给了一个葡萄牙人，但理查德·芒登爵士把他赎了回来，并让他当向导。1673年5月14日下午，理查德·芒登爵士率舰队抵达圣赫勒拿岛，荷兰人没有发觉。在布莱克·奥利弗的建议下，舰队决定靠岸，靠岸的地方后来被命名为"繁荣湾"，以纪念这次登陆事件的成功。登陆队的指挥权交给了理查德·凯格温。理查德·凯格温是康沃尔人，是"援助"号上的中尉，后来在东印度公司服务，担任机密而多变的职务。登陆队的计划是越过海湾周围的悬崖，然后到达詹姆斯山谷一侧的高地。在那里，他们将占据岛上唯一方便锚地的殖民地。可是要越过悬崖不是件容易的事。詹姆斯山谷几乎无路可走，为了上坡，必须派一个人先走。先走的人口袋里揣着一团麻绳爬上悬崖。当攀登者向上爬的时候，下面的同伴对他喊道："汤姆，坚持住！"这个悬崖自此就被称为汤姆崖。汤姆爬到山顶，然后用麻绳把一根绳索拉上来。其他人都跟着他爬了上来。如果荷兰人处于戒备状态，这项行动根本不可能完成，但荷兰人完全不知道英格兰人在岛上。队伍经过朗-伍德①，然后占领了詹姆斯山谷东侧鲁珀特山的山顶。与此同时，理查德·芒登爵士把他的船开到了锚地。这样一来，荷兰人在海上和陆上都受到了攻击，只好投降。

英格兰舰队的成功远不止于此。1672年，英格兰人要夺取圣赫勒拿岛的消息就传到了荷兰人那里。一艘船被派去圣赫勒拿岛接送一个荷兰总督。这艘船驶进锚地，那里停泊着一艘被理查德·芒登爵士抢下的荷兰旗舰。通过采用荷兰人之前截取英格兰舰队时采用的策略，英格兰人获得了更大的利益。由六个荷属东印度群岛人组成的一个返航舰队，以为圣赫勒拿岛还属于自己的同胞，就来到了圣赫勒拿岛。其中两艘满载贵重货物的货船落入英格兰人手中。另外四艘荷属东印度群岛舰队的军舰在英格兰军舰无暇顾及时逃了出来，他们都快被吓坏了。尽管如此，理查德·芒登爵士夺岛的行动还是非常成功的。理查德·芒登爵士回到英格兰，由于完成了一项非常出色的任务，理所当然地获得了骑士身份。理查德·凯格温留在圣赫勒拿岛当总督。另外一件让人高兴的事情是，黑人布莱克·奥利弗因带路而获得了自由，并得到了岛上的一小块土地作为丰厚回报。

海军的发展

第三次英荷战争以英格兰王国应得的失败告终，随之而来的是一段颓废时期。然而，1660年到1673年，总体来说是一个发展的时期。针对巴巴里海盗的一系列长期打击行动总体成功，约翰·哈曼爵士在西印度群岛战役取得了胜利，理查德·芒登爵士及时介入远在大西洋南部的圣赫勒拿岛，查理二世的军舰驻扎在了孟买。这些都证明皇家海军的发展已经达到了鼎盛时期。皇家海军正尝试着伸出手臂环抱世界，虽然还抱不动，但已经在摸索拥抱世界的途径

---

① 这个地方后来成为拿破仑·波拿巴的流放地。——原注

和方法。组织纪律方面的进步是实实在在的。虽然上尉只是在服役期间才有人实际担任,红、白、蓝三色军队的海军上将只有在舰队被收编时才任命,但在1668年的海军清单中,军队的建立已经得以明确,只要在实际应用上稍加扩展,就可以构成一个完整的海军机构。皇家海军获得的一切成就都将被永远铭记。查理二世统治末期海军的衰落是由查理二世政府的腐败统治造成的,是暂时的。当权力的缰绳重新掌握在更强悍的人手中时,失去的土地就可以迅速收复。人们也会发现,多年的征战都将会成为英格兰的永久财产。

权威文献

在不同的故事中,对打击巴巴里海盗的行动均有描述。在戈登·坎贝尔的《海军上将列传》和约翰·查诺克的《海军传记》中也有大量引用。罗伯特·普莱费尔爵士的《基督灾难》对阿尔及尔海盗和第三次英荷战争进行了详尽的描述。第三次英荷战争的战况在《王国文件汇编》中记载得不如第二次英荷战争充分,但通过法兰西王国历史学家的描述也能了解不少。其中描述得最详尽的是以法兰西王国官方文件为基础,由O.特鲁德写的《海军战役》。《海军战役》对索莱贝战役描述得最详尽。托马斯·莱迪亚德和科莱伯的著述均没什么参考价值。在T.H.布鲁克斯记载的圣赫勒拿岛的历史中,可以找到有关圣赫勒拿岛沦陷的相关记载。

第 14 章

斯图亚特王朝最后的岁月

从第三次英荷战争结束到光荣革命爆发的十四年里，英格兰王国没有卷入任何新的战争。前几章已经提及了针对巴巴里海盗的军事行动。在这十四年中发生的大事，首先是皇家海军在腐败和管理不善的双重作用下急速衰落；其次是皇家海军在詹姆斯二世的带领下重振雄风；最后是1688年光荣革命期间，英格兰国内的反对派无情地剥夺了詹姆斯二世对皇家海军的控制权。1678年，战争的火药味越来越浓，英格兰王国国内对法兰西王国的敌意愈演愈烈，马不停蹄的战前准备也愈加明显。英格兰王国国内对法兰西宣战的呼声高涨。英格兰政府惧怕路易十四的野心，但认为与法兰西王国作战有助于平息英格兰王国国内的天主教教徒暴乱。英格兰王国与法兰西王国的贸易摩擦也令两国关系持续恶化。第三次英荷战争对英格兰王国的海上运输业造成毁灭性打击。被迫中止正常海上贸易活动的荷兰人开始了大规模的私掠行动。由于皇家海军内部管理效率低下，皇家海军无法在海上有效制止荷兰人的掠夺行为，导致英格兰王国的海上贸易严重受损。第三次英荷战争结束后，英格兰政府开始准许英格兰商人购买外国制造的船，尽管这有违《航海条例》中的相关条例。英格兰王国与荷兰共和国恢复和平后，法兰西王国和荷兰共和国的战争依然持续了一段时间。许多荷兰人趁机大捞一笔，他们在出售船之前先为船起一个英文名字，以防自己售卖的船在海上被法兰西的私掠者抢走。法兰西人坚持在海上打击荷兰人的售船贸易,将掠夺到手的荷兰船视作合法战利品。荷兰共和国和法兰西王国的海上竞争对英格兰王国造成极大困扰。因此,英格兰国内对法兰西王国宣战的呼声愈演愈烈。查理二世不会与表兄路易十四公开作战,希望继续引诱路易十四继续为英格兰政府提供资金支持。查理二世对法开战的恐惧逐渐消失,皇家海军的建设计划也一再搁置,甚至几近废弃。

皇家海军的衰落

查理二世统治末期,如果皇家海军能够获得常规拨款和妥善管理,也许发展情况不会太糟。但查理二世总是得不到足够的资金支持,对英格兰政府的掌控力也越来越弱。在查理二世去世前的几年内,他的健康状况十分糟糕,查理二世即使有心当政,也无法及时处理国事。尽管如此,英格兰议会还是偶尔会给查理二世拨款。例如,1677年,查理二世以通过《检查法案》为条件,从英格兰议会处得到七十万英镑拨款,用以建设三十艘英格兰军舰。对查理二世来说,议会拨款远远不够,因为第三次英荷战争使他增添了超过四百万英镑的债务。英格兰财政部关门意味着查理二世无法再从英格兰商业阶级手中获得任何资金支持。因此,查理二世时常陷入财政窘境。当然,查理二世的困难处境与自身作为密切相关,他肆意浪费英格兰王室每年的固定收入和路易十四的资助。当查理二世被迫降低王室仆从的薪水或皇家海军舰队极度缺乏资金时,查理二世的情妇们依旧能得到丰厚的财产。据说,查理二世的情妇每年可以获得约四十万英镑,这笔钱足以在和平时期维持一支海军舰队,更何况查理二世还十分慷慨地为情妇们赠送礼物。在查理二世统治时期,英格兰王室的男男女女均贪婪成性。英格兰廷臣会贿赂下属,让下属声称自己的部门已经收到拨款,实际拨款已经被英格兰廷臣们中饱私囊。在《皇家海军发展回忆录:光荣革命前十年》一书中,塞缪尔·佩皮斯声称在查理二世统治最腐败的时期,皇家海军每年依然能够得到英格兰财政大臣发放的四十万英镑拨款。然而，鉴于塞缪尔·佩皮斯的保皇派身份，再加上该书出版于1690年[①]，塞缪尔·佩皮斯可能只知晓四十万英镑拨款的存在，却不清楚拨款的具体发放情况，其实大部分拨款都被英格兰廷臣、查理二世的情妇们瓜分。因此，塞缪尔·佩皮斯声明的真实性有待商榷。

皇家海军委员会

无论塞缪尔·佩皮斯提供的证据是否真实，查理二世统治末期的皇家海军迅速衰落是不争的事实。1672年到1679年，查理二世对皇家海军有直接控制权。即使在英格兰国内反天主教情绪最激烈的时期，查理二世也始终将皇家海军上将的实际权力留给弟弟约克公爵詹姆斯·斯图亚特。在统治末期，查理二世已经无暇管理皇家海军。约克公爵詹姆斯·斯图亚特在《检查法案》实施后被迫辞职，但他对皇家海军的实际控制一直持续到1679年。1678年"天主教阴谋案"爆发，英格兰国内充斥着狂热的宗教氛围，查理二世担心约克公爵詹姆斯·斯图亚特有性命之虞，劝说弟弟约克公爵詹姆斯·斯图亚特前往荷兰共和国避难。1678年，在皇家海军委员会任职的塞缪尔·佩皮斯被指控与"天主教阴谋案"密切相关，遭到罢免后被投入伦敦塔。此后五年，塞缪尔·佩皮斯都无法再次进入皇家海军工作。"天主教阴谋案"发酵后，查理二世惶惶不可终日，健康状态持续恶化，不愿出面处理皇家海军的任何事务。查理二世任命了一个新的委员会来承担皇家海军上将的全部职责。也就是说，查理二世暂时中止任命皇家海军上将和海军委员会官员，将皇家海军的管理权移交给新的皇家海军委员会，正如白金汉公爵乔治·利维尔斯去世后到诺森伯兰伯爵阿尔杰农·珀西上任前查理一世采取的措施。

在皇家海军委员会的管理下，皇家海军被彻底摧垮。将皇家海军衰败的

[①] 当时斯图亚特王朝的坚定支持者都在竭力为已经覆灭的斯图亚特王朝辩护。——原注

责任完全归咎于皇家海军委员会似乎不太公平，因为查理二世根本无法为英格兰政府提供足够资金，获得的拨款也尽数落入了英格兰政府各级官员和查理二世情妇们的口袋。总之，多方对查理二世统治末期皇家海军的衰败负有责任。因为没人关心拨款的真正流向，所以皇家海军委员会也没有留下任何账目记录。毫无疑问，拨款根本没有被投入皇家海军舰队的日常建设。1679年，塞缪尔·佩皮斯获罪入狱，查理二世名下载有一万两千零四十人的七十六艘军舰正在海上执行任务。据统计，如果要让皇家海军舰队剩余的军舰出航，至少要先花费五万英镑。1679年，英格兰造船厂尚存价值六万英镑，可供皇家海军舰队使用六个月的军需，由1677年英格兰议会拨款制造的三十艘英格兰军舰仍未建造完成，其中十一艘刚刚试水完毕。

塞缪尔·佩皮斯对1679年皇家海军的发展情况的有关描述过于乐观，尽管塞缪尔·佩皮斯声称自己的描述完全符合客观事实。塞缪尔·佩皮斯曾说，1679年英格兰下议院收到了关于皇家海军建设情况的详细报告，而他的描述与这份报告完全一致。然而，塞缪尔·佩皮斯没有进一步解释这份报告正是出自皇家海军官员之手，报告本身没有经过任何查验，公布该报告的目的是为了迷惑英格兰下议院。与此同时，塞缪尔·佩皮斯对约克公爵詹姆斯·斯图亚特不乏溢美之词。皇家海军委员会的委员严重缺乏责任心，他们将约克公爵詹姆斯·斯图亚特对1661年到1662年发布的指令置之不理。皇家海军内部需要全面整顿，才能避免落入完全失灵的境地。事实上，1679年皇家海军的发展情况与塞缪尔·佩皮斯的相关描述大相径庭。尽管皇家海军已经千疮百孔，但至少还能维持一支海军舰队。五年后，即1684年，皇家海军仅有二十四艘承载共计三千零七十人的小型军舰在外航行，其他无法出航的英格兰军舰不是年久失修，就是被丢弃一旁，全部修缮费用高达十二万英镑。皇家海军仓库中的军需库存价值不足五千英镑。在塞缪尔·佩皮斯入狱时，英格兰造船厂建造的三十艘新军舰的性能和状态还不如老旧军舰，大多数新建好的军舰从未出航，只能留在原地腐烂。

皇家海军三十艘新军舰的状况

新建成的三十艘军舰中的大部分被弃置一旁，从未出航过，从舰尾腐烂到舰头，从外部甲板腐烂到火炮甲板，舰上的钉子也碎成粉末，舰上的木条纷纷掉落水中，最后碎成木屑。腐朽不堪的舰体极易引发火灾，舰体两侧被涂满石灰，以此来遮盖舰体上无处不在的漏洞并起到防水效果。三十艘全新的英格兰军舰甚至比刚从战场上归来的旧军舰更破败不堪。海军委员会曾向英格兰政府报告，几艘崭新的英格兰军舰有在停泊处直接沉没的危险。

由于尚未镀铜的军舰外部极易被腐蚀，所以需要时常清理。具体来说，就是需要烧掉军舰舰底长期沉积的海泥、莎草、贝类和海藻。由木柴和芦苇点燃的火苗可以轻易融化舰体表面的沥青涂层，以及舰底的普通附着物。清扫完成后，舰体将会再次被涂上沥青。清扫军舰的资金本该出自议会的六十七万英镑拨款，但拨款落入了海军财政大臣的口袋。议会修订的严格条款、查理二世反复强调的指令、英格兰财政大臣下达的命令都没能确保议会拨款花到实处。这就是1685年2月查理二世去世前皇家海军的实际状况。查理二世决定在约克公爵詹姆斯·斯图亚特的协助下亲自管理皇家海军。约克公爵詹姆斯·斯图亚特将退居温莎的塞缪尔·佩皮斯官复原职。查理二世统治末期和詹姆斯二世统治初期，皇家海军没有丝毫起色。1686年1月，皇家海军舰队依旧衰败不堪。九万英镑的拨款被用来修缮英格兰军舰，但这笔钱不过是杯水车薪。仅有不到四分之一的军舰在重新整修后达到出航要求。蒙茅斯叛乱发生时，皇家海军竟然无法组建起一支舰队。被闲置的三十艘全新军舰没有得到任何修整，皇家海军仓库空空如也。显然，如果不采取强硬措施，皇家海军很快会彻底消失。詹姆斯二世既不是一个伟大的军事指挥者，也不是一个睿智的君主。但詹姆斯二世正式即位后，愿意采取措施拯救皇家海军舰队。虽然我们不能把全部功劳归于詹姆斯二世，但他确实做了重新整顿皇家海军舰队的决定。詹姆斯二世任命合适的人选后，开始全力以赴地支持手下的工作。

新皇家海军委员会

詹姆斯二世效仿1618年父亲查理一世任命皇家海军委员会的举动,成立了一个全新的皇家海军委员会。詹姆斯二世没有解雇现有皇家海军委员会中的任何成员,而是额外增加了四个新委员。四个新委员分别是著名的造船师安东尼·迪恩,曾在西印度群岛与荷兰人和法兰西人作战的约翰·贝里,威廉·休尔先生和巴尔萨泽·圣迈克尔先生。根据塞缪尔·佩皮斯的说法,以上四人都

威廉·休尔先生

是由他推荐给詹姆斯二世的。皇家海军委员会的实际权力掌握在四位新委员手中。过去的海军委员会成员福克兰子爵安东尼·卡里、约翰·蒂皮茨、理查德·哈多克和詹姆斯·萨瑟恩被要求整理皇家海军过去五年内的账目，已经丧失实权。虽然福克兰子爵安东尼·卡里依然担任皇家海军财政大臣，但除从英格兰财政大臣手上接收拨款外不再承担其他职责。隶属旧海军委员会的菲尼亚斯·佩特和罗伯特·比奇现今就职于查塔姆和朴次茅斯，约翰·纳伯勒和约翰·戈德温继续在皇家海军委员会工作。巴尔萨泽·圣迈克尔仅负责德特福德和伍利奇的部分皇家海军工作。塞缪尔·佩皮斯没有继续留在海军委员会工作，而是被任命为海军上将秘书。由于詹姆斯二世保留了自己海军上将的职位，塞缪尔·佩皮斯成为皇家海军的实际管理者。1686年4月，新一届皇家海军委员会成立的消息被宣布。1688年10月12日，新一届皇家海军委员会正式成立。从1686年到1688年，新一届皇家海军委员会令皇家海军脱胎换骨，光荣革命后更是令英格兰政府如虎添翼，尽管新一届皇家海军委员会仍然未能根治过去几十年中皇家海军根深蒂固的贪腐和管理失控等问题。

皇家海军委员会每年可获得四十万英镑的拨款以重塑皇家海军，拨款的发放时间是1686年3月25日到1688年10月12日，持续两年半，最终总计一百零一万五千三百八十四英镑十二先令。实际上，每年投入皇家海军建设的资金数额不过三十一万英镑，剩下的三十万七千五百七十英镑都落入皇家海军委员会各位委员手中。塞缪尔·佩皮斯曾略为惆怅地评论，如果没有合同限制，皇家海军委员会会把拨款全部占为己有。我们不能过分苛求塞缪尔·佩皮斯提供十分准确的信息，但我们可以从他的日记中得知，皇家海军委员会收到的拨款没有被全部投入皇家海军的建设工作。1688年10月，当皇家海军委员会任期结束时，皇家海军的九十二艘军舰正在外出航，运载人数为一万五千零三十八人。皇家海军拥有的军舰总数为一百七十三艘，其中一等军舰九艘，二等军舰十一艘，三等军舰三十九艘，四等军舰四十一艘，五等军舰两艘，六等军舰六艘。火攻船共计二十六艘，帆船共计十四艘，剩余的船包括少数大平底船、双桅帆船和一些军舰残骸。皇家海军全部军舰出航需要调动四万两千零三名士兵,舰上共计装备有六千九百三十门枪炮。

塞缪尔·佩皮斯曾吹嘘,詹姆斯二世统治时期皇家海军官兵的薪资能够准时发放,皇家海军承包商的欠款可以全部付清,皇家海军军备库中塞满军备物资。詹姆斯二世与父亲查理一世的财政状况有相似之处,两人对发展皇家海军兴趣浓厚,曾付出极大努力推动皇家海军发展。但都是皇家海军导致了他们的下台。诺森伯兰伯爵阿尔杰农·珀西将查理一世的海军控制权交给英格兰议会,切断了查理一世与海外盟友的联系;光荣革命发生时,皇家海军背叛了詹姆斯二世,阻止詹姆斯二世及时赶回英格兰王国。

皇家海军舰队分队

詹姆斯二世任命的皇家海军委员会致力于整顿皇家海军的内部秩序。威廉·休尔负责整理皇家海军的账目。为了以身作则,詹姆斯二世也参与了部分工作。前几章提到,皇家海军舰长习惯在军舰上夹运货物赚取外快,其实在护送英格兰商船出国时,皇家海军舰长也会向英格兰商船船长索要一笔保护费用。英格兰议会决定遵照1652年颁布的纪律条例严厉打击上述行为。在英格兰联邦和奥利弗·克伦威尔担任护国公时期,英格兰联邦海军的不良行为一度销声匿迹。但查理二世放松了对皇家海军舰长的纪律管制,导致皇家海军舰长向英格兰商船索要保护费的不良风气愈演愈烈,到查理二世统治末期到达顶峰。我们不清楚前往地中海地区出航的皇家海军舰长们是否在收取商船保护费方面更加猖獗,但从塞缪尔·佩皮斯的描述中,可以了解到一些详细情况。1683年,查理二世已经到了穷途末路的地步,决定撤回在丹吉尔驻守的英格兰军队,从而节省部分经费。达特茅斯伯爵乔治·莱格奉命率领一支皇家海军舰队前往丹吉尔,将当地的英格兰驻军带回。塞缪尔·佩皮斯负责在路上陪同达特茅斯伯爵乔治·莱格,对本次旅途做详细记录。塞缪尔·佩皮斯在日记中详

达特茅斯伯爵乔治·莱格

细描绘了丹吉尔的英格兰驻军的状况。丹吉尔的英格兰驻军由托灵顿伯爵阿瑟·赫伯特率领。托灵顿伯爵阿瑟·赫伯特虽然不乏英勇气魄,却纵情声色,道德低下。驻守丹吉尔的英格兰军队在托灵顿伯爵阿瑟·赫伯特的影响下纪律散漫、状况频出。托灵顿伯爵阿瑟·赫伯特虽然很早就加入了皇家海军,但出身卑微,只是一名保皇派舰长。斯图亚特王朝复辟后,许多保皇派成员拼命捞取英格兰政府的拨款,以此补偿自己在内战中的惨痛损失。与此相反,皇家海军中还有另外一派官员,如威廉·佩恩等,他们冷静、勇敢、忠于职守。塞缪尔·佩皮斯认为丹吉尔和加的斯的英格兰军队中，像托灵顿伯爵阿瑟·赫伯特一样懒散的人占大多数。

从塞缪尔·佩皮斯的描述中，我们可以得知皇家海军在加的斯的驻军主要为托灵顿伯爵阿瑟·赫伯特和其狐朋狗友的私人利益服务。英格兰王国在加的斯的主要贸易是从西班牙人手中进口金银。西班牙王国法律禁止金银出口，但实际上，西班牙人经常暗中将金银制品卖给荷兰和英格兰商人。英格兰商人希望借用英格兰军舰装载价值高昂的金银货物，以防途中被海盗掠夺。为此，英格兰商人乐意付一些小费给帮助运货的皇家海军舰长。托灵顿伯爵阿瑟·赫伯特从中看到了商机。由于托灵顿伯爵阿瑟·赫伯特自身肩负着皇家海军分队的指挥任务，便向其他帮助英格兰商人运输货物的海军军官索要一定比例的抽成，只有那些能够"从早到晚照料托灵顿伯爵阿瑟·赫伯特，就像国王的仆从照顾国王那样为其戴假发、穿衣服"的皇家海军舰长才能得到帮助英格兰商人运输货物的机会。托灵顿伯爵阿瑟·赫伯特平常居住在岸上，养着许多情妇，"他的情妇就像国王查理二世的情妇一样，接二连三地来与托灵顿伯爵阿瑟·赫伯特幽会"。塞缪尔·佩皮斯认为酗酒对托灵顿伯爵阿瑟·赫伯特率领的皇家海军分队来说已经是最轻的罪过。

从丹吉尔回到英格兰后，塞缪尔·佩皮斯撰写了一份报告呈给詹姆斯二世。也许正是这份报告让詹姆斯二世决定通过提高舰长薪水的方式来打击皇家海军内部铤而走险的贪腐行为。虽然塞缪尔·佩皮斯关于过低薪水是导致贪腐盛行的唯一原因的观点并不客观，但皇家海军官员过低的薪资水平确实容易导致皇家海军官员通过旁门左道赚取外快。詹姆斯二世决定为皇家海军舰队各级舰长提供高额补贴，具体提升幅度如下表所示。

皇家海军舰队各级舰长年度薪资表

等级	当时每年薪水总额	当时每年食品津贴	每年新增补贴
一	二百七十三英镑十五先令	十二英镑三先令四便士	二百五十英镑

续　表

二	二百一十九英镑	十二英镑三先令四便士	二百英镑
三	一百八十二英镑	十二英镑三先令四便士	一百六十六英镑五先令
四	一百三十六英镑十先令	十二英镑三先令四便士	一百二十四英镑五先令
五	一百零九英镑十先令	十二英镑三先令四便士	一百英镑
六	九十一英镑十先令	十二英镑三先令四便士	八十三英镑

根据上述表格，詹姆斯二世下令增加的补贴使各级皇家海军舰长薪资几乎翻倍。詹姆斯二世的目的是禁止今后任何一个皇家海军舰队舰长以薪水过低为由赚取外快。此外，詹姆斯二世还承诺，服役的皇家海军舰队可以将从掠夺来的战利品全部占为己有，战利品"将根据法律规定和海军惯例在皇家海军舰队舰长之间进行分配"。詹姆斯二世声明，将为"敬业、英勇、务实、节俭"的皇家海军舰长提供特殊奖励。1686年7月16日，詹姆斯二世在温莎正式颁布相关规定。

光荣革命前夕

詹姆斯二世坚信皇家海军对自己无限忠诚，其中自有他的道理。然而，皇家海军舰队在两年后的光荣革命中背叛了詹姆斯二世。毫无疑问，光荣革命发生后，皇家海军舰队只能随波逐流。但皇家海军军官在得到詹姆斯二世的恩惠后，至少应该在私下忠诚于詹姆斯二世。事实上，在危急关头，大部分皇家海军军官抛弃了詹姆斯二世。他们的动机与当时的英格兰人并无二致，有些人惧怕詹姆斯二世对天主教的热忱，有些人则抱有投机心态。发觉詹姆斯二世面临危险时，皇家海军军官毫不犹豫地选择倒戈。在英格兰内战时，大部分皇家海军舰队的水手是坚定的清教徒，他们来自受清教影响最深的英格兰东南各郡。发现自己的大多数手下反对詹姆斯二世后，皇家海军军官毫不犹豫地选择加入下属的反叛队伍。

从1687年到1699年年初,詹姆斯二世逐渐失去民心。在七位主教获罪时,皇家海军水手们与普通民众一样欢欣鼓舞。詹姆斯二世不愿看到自己一手打造的皇家海军舰队变成自己的劲敌。光荣革命中带头叛变的两位皇家海军军官都曾是保皇派。其中一个是爱德华·罗素爵士,他是贝德福德伯爵弗朗西斯·罗素的孙子,也是因参与黑麦屋阴谋被处决的威廉·罗素勋爵的弟弟。爱

威廉·罗素勋爵被处决前的最后一刻

德华·罗素爵士很早就加入了皇家海军，参战经验丰富，选择背叛詹姆斯二世是受家庭因素影响——罗素家族的成员都曾担任过辉格党领袖。另外一个叛变首领托灵顿伯爵阿瑟·赫伯特的举动则有些出人意料。托灵顿伯爵阿瑟·赫伯特全家都是坚定的保皇派。在查理一世统治时期，托灵顿伯爵阿瑟·赫伯特的父亲爱德华·赫伯特曾担任过司法大臣，弟弟爱德华·赫伯特爵士也是一名坚定的保皇派法官。爱德华·罗素爵士曾因反对詹姆斯二世的某些决定，失去了詹姆斯二世的喜爱。托灵顿伯爵阿瑟·赫伯特的遭遇与爱德华·罗素爵士大不相同。据说，托灵顿伯爵阿瑟·赫伯特受詹姆斯二世管理皇家海军的方式影响颇深，但后来詹姆斯二世更加依赖支持保皇派的皇家海军军官达特茅斯伯爵乔治·莱格。也许达特茅斯伯爵乔治·莱格从丹吉尔回到英格兰后，曾对詹姆斯二世讲过托灵顿伯爵阿瑟·赫伯特的坏话，导致詹姆斯二世对托灵顿伯爵阿瑟·赫伯特的态度发生转变。皇家海军上将秘书塞缪尔·佩皮斯肯定也在詹姆斯二世面前对托灵顿伯爵阿瑟·赫伯特颇有微词。尽管如此，后来詹姆斯二世还是将托灵顿伯爵阿瑟·赫伯特提拔为皇家海军少将。1687年，当詹姆斯二世极力劝说英格兰的权势人士支持自己颁布的法律时，托灵顿伯爵阿瑟·赫伯特回复说，荣誉感和良心都不允许自己支持詹姆斯二世的行为。詹姆斯二世对此做出十分愚蠢的回应，他告诉托灵顿伯爵阿瑟·赫伯特，像托灵顿伯爵阿瑟·赫伯特这样出身卑微、声名狼藉的人没有资格谈论良心。托灵顿伯爵阿瑟·赫伯特粗鲁地反驳道，世界上有很多像自己一样臭名昭著的人对宗教倒是充满热忱。也许是被托灵顿伯爵阿瑟·赫伯特拒绝支持自己的举动激怒，詹姆斯二世将托灵顿伯爵阿瑟·赫伯特撤职并收回他曾获得的荣誉。托灵顿伯爵阿瑟·赫伯特没有像弟弟爱德华·赫伯特爵士那样屈从于詹姆斯二世。托灵顿伯爵阿瑟·赫伯特自动放弃了每年四万英镑的补贴，前往荷兰共和国，并且在荷兰共和国暗中策划皇家海军推翻詹姆斯二世的阴谋。爱德华·罗素爵士留在英格兰王国并加入辉格党议会，经常在乔装打扮后前往荷兰共和国与托灵顿伯爵阿瑟·赫伯特会面。

皇家海军的阴谋

参与推翻詹姆斯二世阴谋的英格兰人被要求接受托灵顿伯爵阿瑟·赫伯特和爱德华·罗素爵士的直接领导。1688年夏天，有谣言称奥兰治亲王威廉三世将代表清教徒介入英格兰内政。詹姆斯二世命令罗杰·斯特里克兰爵士率领一支小规模皇家海军分队出航执行任务。罗杰·斯特里克兰爵士是皇家海军中为数不多的天主教徒。随后，詹姆斯二世愚蠢地选择了罗杰·斯特里克兰爵士担任皇家海军少将。罗杰·斯特里克兰爵士与詹姆斯二世一样缺乏灵活的管理手段，他将天主教神父请到军舰上做弥撒，军舰上的全体船员立即威胁要将天主教神父投入大海。就算是詹姆斯二世，也不敢如此大胆地支持天主教。事情发生后，詹姆斯二世没有要求罗杰·斯特里克兰爵士退役，而是将达特茅斯伯爵乔治·莱格任命为他的顶头上司。英格兰船员的表现让托灵顿伯爵阿瑟·赫伯特等谋反者清楚地认识到，煽动皇家海军舰队反对查理二世绝非难事。后来发生的一切也证实了这一观点。皇家海军内部参与密谋推翻詹姆斯二世统治的人员主要有两个——一个是在皇家海军内部级别极高但影响力有限的马修·艾尔默舰长，另一个是马修·艾尔默舰长的手下、"挑战"号军舰上的海军中尉托灵顿子爵乔治·宾。英格兰廷臣约翰·赫维在回忆录中曾经描述过托灵顿子爵乔治·宾的性格："他是一名性格果断、充满冒险精神的年轻人，但工于心计、唯利是图。"

1688年8月，罗杰·斯特里克兰爵士正式上任，手下有二十六艘尚未完全武装的皇家海军军舰。罗杰·斯特里克兰爵士曾要求招募更多英格兰船员，似乎对自己手下的队伍缺乏信心。在与其他舰长的一番讨论后，罗杰·斯特里克兰爵士向詹姆斯二世提议将一支皇家海军分队派遣到甘福里特，以应对荷兰海岸虎视眈眈的荷兰海军舰队。然而，詹姆斯二世立刻拒绝了罗杰·斯特里克兰爵士的提议。如果没有合适的风向作辅助，在甘福里特停泊的皇家海军舰队根本无法与北海对面的荷兰海军舰队抗衡。詹姆斯二世将罗杰·斯特里克兰

马修·艾尔默

托灵顿子爵乔治·宾

爵士派驻到北沙头和肯蒂什诺克的中间地带，要求罗杰·斯特里克兰爵士白天率领手下的舰队出海航行，晚上才能停泊休息。在此期间，罗杰·斯特里克兰爵士险些因在英格兰军舰上做弥撒的行为再次引发船员暴动。詹姆斯二世派出达特茅斯伯爵乔治·莱格指挥罗杰·斯特里克兰爵士的行动，达特茅斯伯爵乔治·莱格带来了三十五艘英格兰军舰，将皇家海军分队的军舰总数增加到六十一艘。然而，达特茅斯伯爵乔治·莱格带来的军舰装备简陋。詹姆斯二世并不知道自己即将陷入危险境地，为他工作的官员虽然清楚局势有多凶险，却人人自危，不愿肩负起应尽的职责。很快，爱德华·罗素爵士和托灵顿伯爵阿瑟·赫伯特将大批英格兰水手送到奥兰治亲王威廉三世的军舰上。此时，爱德华·罗素爵士和托灵顿伯爵阿瑟·赫伯特是奥兰治亲王威廉三世手下军舰的总指挥。尽管奥兰治亲王威廉三世手下的军舰装备良好，但这些军舰都有一个致命弱点。光荣革命几年后出版的《托灵顿子爵乔治·宾回忆录》可以让我们了解皇家海军舰队被卷入光荣革命的全过程。托灵顿子爵乔治·宾在回忆录中提到，自己是最早知晓推翻詹姆斯二世的阴谋的人之一。在奥蒙德公爵詹姆斯·巴特勒和马修·艾尔默舰长于伦敦召开的会议中，托灵顿子爵乔治·宾被赋予拉拢手下"挑战"号上的约翰·阿什比舰长和沃尔弗仁·康沃尔舰长的特殊使命。托灵顿子爵乔治·宾毫不掩饰自己的立场，他已经意识到詹姆斯二世即将倒台。作为一个果断、有能力和冒险精神的年轻人，托灵顿子爵乔治·宾明智地选择向即将胜利的一方靠拢。托灵顿子爵乔治·宾十分自信地将拉拢约翰·阿什比舰长的任务交给马修·艾尔默。然而，马修·艾尔默未能顺利完成任务。托灵顿子爵乔治·宾又将自己的责任洗脱得干干净净。最终，约翰·阿什比还是被说服，加入了推翻詹姆斯二世的队伍。此前，约翰·阿什比还宣称"自己接受的职业教育不允许任何背叛詹姆斯二世的事情发生"。当托灵顿子爵乔治·宾向约翰·阿什比透露其他人参与叛变的理由时，约翰·阿什比改变了立场。然而，拉拢沃尔弗仁·康沃尔舰长的过程并不顺利。

奥蒙德公爵詹姆斯·巴特勒

沃尔弗仁·康沃尔舰长很难被说服，他脾气火爆，对詹姆斯二世忠心耿耿，只有最亲密的朋友才能改变他。在与托灵顿子爵乔治·宾交流的过程中，沃尔弗仁·康沃尔舰长认为自己和家族有义务坚定不移地支持詹姆斯二世。但在托灵顿子爵乔治·宾透露了几位参与者的名字，如爱德华·罗素爵士和托灵顿伯爵阿瑟·赫伯特等之后，沃尔弗仁·康沃尔舰长的立场明显动摇了。托灵顿子爵乔治·宾也透露了沃尔弗仁·康沃尔舰长一个正直的密友也已经加入反叛队伍。沃尔弗仁·康沃尔舰长听闻后异常惊讶。在托灵顿子爵乔治·宾声称要集会共商反叛大计后，沃尔弗仁·康沃尔舰长彻底放弃了对詹姆斯二世的忠诚,真心实意地参与推翻詹姆斯二世的计划,成功拉拢了多名手下,至死不渝地贯彻光荣革命的信条和原则。

抛弃詹姆斯二世

很多皇家海军舰长曾对詹姆斯二世忠心耿耿,却在知晓同事倒戈后改变立场。皇家海军舰长们意识到必须加入胜算更大的一方。1688年10月2日,正式上任皇家海军舰队指挥官的达特茅斯伯爵乔治·莱格个性忠诚但立场不甚坚定。依稀察觉到手下英格兰舰队官兵的反叛立场,达特茅斯伯爵乔治·莱格不敢随意测试他们对詹姆斯二世的忠诚度。防止奥兰治亲王威廉三世舰队来犯的最佳方案是让皇家海军舰队航行到荷兰海岸,在荷兰海军舰队下海航行时出其不意地发动攻击。如果当时海面刮的是西风,皇家海军舰队可以迅速回国补充军需物资,因为荷兰人无法逆风追击。如果海面上刮的是东风,皇家海军舰队则最好不要驶离荷兰海岸。另外一个方案是在返回唐斯后,皇家海军追击奥兰治亲王威廉三世的舰队。达特茅斯伯爵乔治·莱格倾向于选择上述两个方案中更大胆的一个。据说,当时大部分皇家海军舰长对詹姆斯二世依然保持忠诚。然而,少数影响力更大的皇家海军舰长要求皇家海军舰队在甘福里特一处狭长和危险的浅滩处停泊。1688年11月3日,海面东南方向刮来一阵狂风,皇家海军舰队根本无法航行。奥兰治亲王威廉三世的六艘荷兰军舰悄悄潜入达特茅斯伯爵乔治·莱格率领的皇家海军舰队。皇家海军舰队尽最大努力对抗突如其来的狂风,最终还是无法行驶。奥兰治亲王威廉三世率领着手下的军舰穿过多佛尔海峡后轻松抵达托尔湾。达特茅斯伯爵乔治·莱格最终率领皇家海军舰队及时追上奥兰治亲王威廉三世的荷兰海军舰队。达特茅斯伯爵乔治·莱格很快发现手下丝毫没有忠诚精神。一些皇家海军舰队舰长下定决心在遇到荷兰海军舰队时果断投降。1688年11月5日,在比奇角,这些皇家海军舰队舰长利用其他人的恐慌和脆弱心理,召开了一次战时会议,决定不与奥兰治亲王威廉三世的荷兰海军舰队发生任何冲突。1688年11月6日，海面上的风转为西风，奥兰治亲王威廉三世的荷兰海军舰队被迫停止继续航行。很快，风向再度转变，奥兰治亲王威廉三世得以抵达托尔湾。达特茅斯伯爵乔治·莱格率领的皇家海军舰队见状躲回唐斯。1688年11月18日，皇家海军舰队再次回到海面并向西航行，但一阵狂风将这支舰队吹散。一些皇家海军舰长趁机投奔奥兰治亲王威廉三世。"挑战"号的约翰·阿什比舰长本想驾船逃往奥兰治亲王威廉三世的军队所在的托尔湾，不料在狂风逐渐平息时遇到了罗杰·斯特里克兰爵士的军舰，因而只能加入罗杰·斯特里克兰爵士的军舰队伍前往斯皮特黑德与达特茅斯伯爵乔治·莱格会合。事实上，奥兰治亲王威廉三世已经在英格兰海岸登陆，开始率兵朝伦敦行进。停泊在斯皮特黑德的皇家海军舰队官兵们听到奥兰治亲王威廉三世登陆的消息后，推翻斯图亚特王朝的反叛热情立刻蔓延开来。1688年11月月底，托灵顿子爵乔治·宾收到一则来自奥兰治亲王威廉三世的密信，托灵顿子爵乔治·宾以走访亨廷登郡的亲戚为理由向达特茅斯伯爵乔治·莱格请假并成功离开。托灵顿子爵乔治·宾伪装成一个农民上路，途中偶遇牛津骑兵团，他的农民装扮没有引起任何怀疑。抵达索尔兹伯里后，托灵顿子爵乔治·宾遇到许多皇家海军舰队中的故友和熟人，他们都下定决心抛弃詹姆斯二世。托灵顿子爵乔治·宾与其他反叛者一同踏上前去觐见奥兰治亲王威廉三世的旅途。在舍伯恩，托灵顿子爵乔治·宾一行抵达奥兰治亲王威廉三世的住处。爱德华·罗素爵士代表奥兰治亲王威廉三世出面接见了托灵顿子爵乔治·宾等人。爱德华·罗素爵士热情地接待了托灵顿子爵乔治·宾，还承诺将会奖励托灵顿子爵乔治·宾的英勇行为，"让托灵顿子爵乔治·宾带口信给皇家海军舰队官兵，并将一封信捎给达特茅斯伯爵乔治·莱格勋爵，同时向托灵顿伯爵阿瑟·赫伯特保证，自己绝不会抢走他的功劳[①]"。奥兰治亲王威廉三世建议托灵顿子爵乔治·宾将信藏到马鞍里。如此一来，即使托灵顿子爵

---

① 爱德华·罗素爵士和托灵顿伯爵阿瑟·赫伯特两人有些小矛盾。——原注

乔治·宾中途被抓捕，信也不会被搜到。但托灵顿子爵乔治·宾认为，自己最好将信缝进马裤。随后，托灵顿子爵乔治·宾平安无恙地返回皇家海军舰队。马修·艾尔默舰长将奥兰治亲王威廉三世的信放到达特茅斯伯爵乔治·莱格的镜台上。据说，达特茅斯伯爵乔治·莱格读完信后深有感触，甚至对奥兰治亲王威廉三世的反叛事业改变了态度。其实达特茅斯伯爵乔治·莱格已经失去了对皇家海军舰队的控制。达特茅斯伯爵乔治·莱格刚从手下数名舰长策划的阴谋中逃脱，一个叫戴维·劳埃德的忠诚舰长救了他一命。詹姆斯二世将年幼的威尔士亲王詹姆斯·弗朗西斯·爱德华·斯图亚特送到朴次茅斯，要求达特茅斯伯爵乔治·莱格将威尔士亲王詹姆斯·弗朗西斯·爱德华·斯图亚特护送到

年幼的威尔士亲王詹姆斯·弗朗西斯·爱德华·斯图亚特

法兰西王国。达特茅斯伯爵乔治·莱格已经不愿继续执行詹姆斯二世的命令。1688年12月，在斯皮特黑德停泊的皇家海军舰队最终分裂，达特茅斯伯爵乔治·莱格率领数艘皇家海军军舰前往诺尔，其他人则留在斯皮特黑德接受约翰·贝里的指挥。

斯图亚特王朝的覆灭

斯图亚特王朝时期的皇家海军史到此结束。从《托灵顿子爵乔治·宾回忆录》中，我们了解到积极推动光荣革命的人士的具体动机。当一艘六等军舰的指挥权被交给另外一名皇家海军军官时，托灵顿子爵乔治·宾怒不可遏，直到他被任命为"永恒的沃里克"号的舰长后方才平息怒火。《托灵顿子爵乔治·宾回忆录》为我们提供了更多细节，完善了我们对光荣革命的认识。皇家海军顺应时代潮流，最终抛弃了千疮百孔、破败不堪的斯图亚特王朝。毫无疑问，皇家海军的态度转变得迅速而及时。但这并不意味着选择背叛詹姆斯二世的皇家海军军官的所作所为称得上光明磊落。随后，斯图亚特家族的成员也得到了他们应得的惩罚。斯图亚特王朝向我们证实，声称国家利益大于个人利益的人不过是自食其言的伪君子。当詹姆斯二世的统治岌岌可危时，无人愿意为他出面战斗。在詹姆斯二世一手培养起来的皇家海军舰队中，甚至无人愿意为詹姆斯二世拔剑。斯图亚特王朝的皇家海军军官充分展示了什么叫作自私自利。斯图亚特王朝的其他官员也是如此。那些曾经受詹姆斯二世恩惠、大表忠心的皇家海军军官在发现詹姆斯二世逐渐失势后迅速倒戈。即使他们的所作所为有益于国家，也是卑鄙的背叛之举。

本章讲述的故事具有清晰的道德寓意。皇家海军未能阻止奥兰治亲王威廉三世入侵的结局经常被用来证明：仅有一支强大的海军舰队不足以让英格兰王国免遭其他国家侵略。任何聪明人稍加思索就会明白，1688年秋季在英格兰王国发生的一切都具有特别意义。皇家海军没能保住詹姆斯二世的政权的根本原因——皇家海军军官的主动背叛——才是最值得深究的。当英格兰王国危如累卵时，皇家海军官兵却毫无斗志，奥兰治亲王威廉三世自然可以随意登陆英格兰王国。如果英格兰人将本国政府视作仇敌，1688年的光荣革命难免会再次发生。届时，外国对手会成为英格兰人的密友。也许，上述故事会在19世纪开始后不久重演。

权威文献

本章有关斯图亚特王朝后期的信息主要来自塞缪尔·佩皮斯的《皇家海军发展回忆录：光荣革命前十年》，以及史密斯先生编撰的《书信汇编》中塞缪尔·佩皮斯前往丹吉尔途中著的旅途日记。有关光荣革命期间皇家海军的重要动态则源于约翰·诺克斯·劳顿爵士为卡姆登协会编著的《托灵顿子爵乔治·宾回忆录》。

译名对照表

Abbey of Fécamp	费坎修道院
Acoa	阿科亚
Adam Duncan	亚当·邓肯
Admirals	《海军上将列传》
Admiralty	海军部
Admrial's Regiment	海军上将直辖团
Adriaen Banckert	阿德里安·班克特
Advantage	"领先"号
Adventurers	探险家
Aert Jansse van Nes	阿尔特·詹森·范·内斯
Alards	阿拉德
Albert VII	阿尔伯特七世
Aldeborough	阿尔德伯勒
Alexander Farnese	亚历山大·法尔内塞
Alexander VI	亚历山大六世
Alfred Thayer Mahan	艾尔弗雷德·赛耶·马汉
Algarve	阿尔加维
Algernon Percy	阿尔杰农·珀西
Algernon Sidney	阿尔杰农·悉尼
Algiers	阿尔及尔
Alicante	阿利坎特
Alonso de Bazan	阿隆索·德·巴赞
Alonso de Cardenas	阿隆索·德·卡德纳斯

Alonso de Leiva	阿隆索·德·莱瓦
Alvaro de Bazan	阿尔瓦罗·德·巴赞
Ambon Island	安汶岛
Amboyna Massacre	安波那大屠杀
Ambrose Dudley	安布罗斯·达德利
Ambrosio Bocanegra	安布罗西奥·博卡内格拉
Amity	"友好"号
Amsterdam	阿姆斯特丹
Anabaptist	再洗礼派
Andrew Barton	安德鲁·巴顿
Angel	"天使"号
Ann	"安"号
Anne Hyde	安妮·海德
Antelope	"羚羊"号
Anthony Ashley Cooper	安东尼·阿什利·库珀
Anthony Cary	安东尼·卡里
Anthony Deane	安东尼·迪恩
Antigua	安提瓜岛
Antilles	安的列斯群岛
Antoine Escalin des Aimars	安托万·埃斯卡林·德·艾马
Antonio de Oquendo	安东尼奥·德·奥肯多
Antonio Hurtado de Mendoza	安东尼奥·乌尔塔多·德·门多萨
Antwerp	安特卫普
Arab	阿拉伯
Aragoozes	阿拉戈兹
Archangel	阿尔汉格尔
Archdeacon of Taunton	汤顿副主教会
Ark	"方舟"号
Arke	"阿尔克"号
Arth Manwaring	阿瑟·曼纳林
Arthur Herbert	阿瑟·赫伯特
Arthur Plantagenet	阿瑟·金雀花

Article XIX. of the Fighting Instructions	《第十九条战斗指导》
Assistance	"援助"号
Assurance	"保证"号
Atlantic Ocean	大西洋
Attorney-General	司法大臣
Axon	阿克森
Azores	亚速尔
Balearic Islands	巴利阿里群岛
Balthazar St. Michael	巴尔萨泽·圣迈克尔
Baltic	波罗的海
Baltimore	巴尔的摩
Banks of Newfoundland	纽芬兰浅滩
Barbara Palmer	芭芭拉·帕尔默
Barbarossa	巴巴罗萨
Barbary	"巴巴里"号
Barbary Pirates	巴巴里海盗
Bark of Scotland	"苏格兰的巴克"号
Barrow	巴罗
Barrow Deep	巴罗航道
Barrow Ridge	巴罗沙脊
Basque	巴斯克
Batailles Navales	《海军战役》
Batten	巴滕
Battle of Flores	弗洛里斯战役
Battle of Gravelines	格拉沃利讷战役
Battle of Marston Moor	马斯顿荒原战役
Battle of Naseby	内斯比战役
Battle of Sluys	斯勒伊斯海战
Battle of the Kentish Knock	肯蒂什诺克战役
Battle of the Nile	尼罗河战役
Battle of Trafalgar	特拉法尔加战役
Beachy Head	比奇角

Beale	比尔
Beggars of the Sea	海上乞丐
Benjamin Blake	本杰明·布莱克
Benjamin Gonson	本杰明·贡松
Bergen	卑尔根
Berlengas	贝尔加斯
Bertheaume	贝尔托姆
Berwick	贝里克
Bible	《圣经》
Biographa Navalis	《海军传记》
Biscay	比斯开
Bishop of London	伦敦大主教
Black Deep	布莱克航道
Black gang Chine	黑匪谷
Black Oliver	布莱克·奥利弗
Blagg	布拉格
Blaise de Montluc	布莱兹·德·蒙吕克
Blakeney	布莱克尼
Blankenberg	布兰肯贝格
Blavet	布拉韦河
Blue Division	蓝色分队
blue water	公海
Bolt Head	博尔特角
Bonadventure	"乘风破浪"号
Bonaventure	"博纳旺蒂尔"号
Borburata	博布拉塔
Bougie	布日伊
Boulogne	布洛涅
Bourbon	波旁
Brackel	布拉克尔
Breda	布雷达
Brederode	"布雷德罗德"号

Brest	布雷斯特
Brewer	布鲁尔
Bridlington	布里德灵顿
Bristol	布里斯托尔
British Isles	不列颠群岛
Brittany	布列塔尼
Broad Haven	布罗德港
Broad Street	宽街
Bromley Church	布罗姆利教堂
Buckinghamshire	白金汉郡
Burgundian alliance	勃艮第联盟
Burntisland	本泰兰
Buxey	布希
Cabinet	内阁
Cabinet Cyclopaedia	内阁百科全书
Cacafugo	"卡卡弗戈"号
Cadiz	加的斯
Calais	加来
Calais Roads	加来路
Calendar of Colonial Papers	《殖民地文件汇编》
Calendar of State Papers of Henry VIII	《亨利八世国书年历》
Calendars of State Papers	《国家文件日历》
Cambridge	"剑桥"号
Camden Society	卡姆登协会
Camperdown	坎珀当
Canary Islands	卡纳里群岛
Cannon	加农炮
Cannon Petro	佩德罗加农炮
Cape	海角地区
Cape Blanco	布兰科角
Cape Bon	邦角
Cape Farina	法里纳角

Cape Finisterre	菲尼斯特雷角
Cape Gris-Nez	格里斯－内兹角
Cape Nisao	尼索角
Cape Roca	罗卡角
Cape St.Antonio	圣安东尼奥角
Cape Verde	佛得角
Cape Verde Islands	佛得角群岛
Captain Beach	比奇舰长
Captain Chester	切斯特舰长
Captain Manwaring	曼纳林舰长
Captain Morgan Kempthorne	摩根·肯普索恩上尉
Captain Norton	诺顿舰长
Captain Venegas	贝内加斯舰长
Cardinal Richelieu	枢机主教黎塞留
Carew Raleigh	卡鲁·罗利
Caribbean	加勒比海
Carlendars of State Papers	《王国文件汇编》
Carlisle Bay	卡莱尔湾
Carlos I	卡洛斯一世
Cartagena	卡塔赫纳
Cascais	卡斯凯什
Castile	卡斯蒂尔
Castle	卡斯尔
Castle	"城堡"号
Castles of Deal	迪尔堡
Castles of Sandown	桑敦堡
Castles of Walmer	沃尔默堡
Catalina Bay	卡塔利娜湾
Catherine of Braganza	布拉干萨的凯瑟琳
Cavendish	卡文迪什
Celtic sea	凯尔特海
Centurion	"百夫长"号

César	塞萨尔
Cesareo Fernandez Duro	切萨雷奥·费尔南德斯·杜罗
Chancellor of the Exchequer	财政大臣
Channel Islands	海峡群岛
Chapman	查普曼
Charles	"查尔斯"号
Charles Berkeley	查尔斯·伯克利
Charles Blount	《海军小册》
Charles Derrick	查尔斯·德里克
Charles Harris	查尔斯·哈里斯
Charles Howard	查尔斯·霍华德
Charles I	查理一世
Charles II	查理二世
Charles Longland	查尔斯·朗兰
Charles MacCarty	查尔斯·麦卡蒂
Charles V	查理五世
Charles Weston	查尔斯·韦斯顿
Charnock	查诺克
Charran	沙朗
Chatham	查塔姆
Chelsea	切尔西
Chili	智利
Christendom	基督教世界
Christiania	克里斯蒂安尼亚
Christopher Carleill	克里斯托弗·卡利尔
Christopher Columbus	克里斯托弗·哥伦布
Christopher Myngs	克里斯托弗·迈恩斯
Church of England	英国国教
Churchill	丘吉尔
Cinque Ports	五港同盟
Civil War	英格兰内战
Clacton	克拉克顿

Clarke	克拉克
Claude d'Annebault	克劳德·德安博
Claude, Duke of Guise	吉斯公爵克劳德
Claus von Ahlefeldt	克劳斯·范·阿勒费尔特
Cloudesley Shovell	克劳兹利·肖维尔
Cnut I	克努特一世
Colchester	科尔切斯特
Colleber	科莱伯
Colonel Morley	莫利上校
Colonel Walton	沃尔顿上校
Comet	"彗星"号
Commissioners for Transports	交通委员会
Commissioners of Prizes	战利品委员会
Commonwealth of England	英格兰联邦
Comptroller	审计长
Comptroller of King's Household	王室财务审计官
Congregation	公理会
Constable	治安官
Constant Refomation	"持续变革"号
Constant Warwick	"永恒的沃里克"号
Convertione	"转变"号
Copenhagen	哥本哈根
Cordelier	"考迪勒尔"号
Cormack	科马克
Cornelis de Witt	科内利斯·德·威特
Cornelis Tromp	科内利斯·特龙普
Cornelius Witte de With	科尔内留斯·威特·德·维斯
Cornwall	康沃尔
Corsica	科西嘉岛
Cortney	科特尼
Corunna	科伦纳
Council of State	国务委员会

Council of the Protector	护国公委员会
Country Party	乡村党
Court ladies	女官
Court of Appeal	上诉法院
Courtenaer	考特尼尔
Crecy	克雷西
Cuba	古巴
Culverins	火枪炮
Cumana	库马纳
Cupid	丘比特
Curtalls	柯特斯炮
Cuthbert Collingwood	卡思伯特·科林伍德
Cuttins	卡蒂斯
Cyprus	塞浦路斯
Dakins	戴金斯
Damme	达默
Daniel Whistler	丹尼尔·惠斯勒
Dartmouth	达特茅斯
David Hume	戴维·休姆
David Lloyd	戴维·劳埃德
David McDowell Hannay	大卫·麦克道尔·汉内
Declaration of Indulgence	《信教自由令》
DEFIANCE	"挑战"号
Demi-cannon	半加农炮
Demi-culverins	半火枪炮
Deptford	德特福德
Devonshire	德文郡
Dialogues	《对话》
Diary of Samuel Pepys	《塞缪尔·佩皮斯日记》
Diego Flores de Valdes	迭戈·弗洛雷斯·德·瓦尔德斯
Discourses on the Navy	《皇家海军话语》
Dom Antonio	多姆·安东尼奥

Dominica	多米尼加
Dominican order	多明我会
Don Juan del Aguila	胡安·德尔·阿奎拉
Dover	多佛尔
Dover Castle	多佛尔城堡
Downs	唐斯
Drake Redivivus	《再现德雷克》
Dreadnought	"无畏"号
Dudley	达德利
Duke of Lancaster	兰开斯特公爵
Duke of Northumberland	诺森伯兰公爵
Dunbar	邓巴
Dungeness	邓杰内斯角
Dunottar Castle	邓诺特城堡
Dunwich	邓尼奇
Dutch Republic	荷兰共和国
Earl of Richmond	里士满伯爵
Earl of Sandwich	桑威奇伯爵
East Anglians	东安格利亚
East Barrow	东巴罗
East India Company	东印度公司
East Indies	东印度群岛
Economy of Navy Office	《皇家海军部经济状况》
Eddystone	埃迪斯通
Edmond Sheffield	埃德蒙·谢菲尔德
Edward Gibbon	爱德华·吉本
Edward Hawke	爱德华·霍克
Edward Herbert	爱德华·赫伯特
Edward Hyde	爱德华·海德
Edward I	爱德华一世
Edward II	爱德华二世
Edward III	爱德华三世

Edward IV	爱德华四世
Edward Montagu	爱德华·蒙塔古
Edward Popham	爱德华·波帕姆
Edward Russell	爱德华·罗素
Edward Sackville	爱德华·萨克维尔
Edward Seymour	爱德华·西摩
Edward Spragge	爱德华·斯普拉奇
Edward the Black Prince	黑太子爱德华
Edward VI	爱德华六世
Effingham	埃芬厄姆
Elba	埃尔巴
Eliot Warburton	埃利奥特·沃伯顿
Elisabeth Pepys	伊丽莎白·佩皮斯
Elizabeth	伊丽莎白
Elizabeth I	伊丽莎白一世
Elizabeth Throckmorton	伊丽莎白·思罗克莫顿
Elizabethan era	伊丽莎白时代
Elsinore	埃尔西诺
English Channel	英吉利海峡
Eolus	埃俄罗斯
Esser Antilles	小安的列斯群岛
Eusaby Cave	乌赛博·凯夫
Eustace Chapuys	厄斯塔斯·查普伊斯
Eustace the Monk	修道士尤斯塔斯
Evertsen	艾弗森
Exchequer	国库
Exeter	埃克塞特
Fadrique de Toledo	法德里克·德`托莱多
Falconets	鹰炮
Falcons	猎鹰炮
Fan-Fan	"仰慕者"号
Faro	法罗

Ferdinand II	斐迪南二世
Ferdinand Magellan	斐迪南·麦哲伦
Ferdinando II	费迪南多二世
Ferrol	费洛尔
Finisterre	菲尼斯特雷
First Anglo-Dutch War	第一次英荷战争
Firth of Forth	福斯湾
Five Stars	"五星"号
Flanders	佛兰德斯
Flemings	佛兰芒人
Florence	佛罗伦萨
Flores	弗洛雷斯
Florida	佛罗里达
Flying Horse	"飞马"号
Forlorn	孤军
Formentera	福门特拉岛
Foulness Sand	福尔内斯沙洲
Four Days' Battle	四日海战
Four Seas	四海
Fowler Chambers	捕禽室炮
Fowler Halls	捕禽殿炮
Francis Cottington	弗朗西斯·科廷顿
Francis Drake	弗朗西斯·德雷克
Francis I	弗朗索瓦一世
Francis Russell	弗朗西斯·罗素
Francis Willoughby	弗朗西斯·威洛比
Francis Windebank	弗朗西斯·温德班克
Francisco Vázquez de Coronado	弗朗西斯科·巴斯克斯·德·科罗纳多
François de Vendôme	弗朗索瓦·德·旺多姆
Frederick Henry	腓特烈·亨利
Frederick III	腓特烈三世
Frederick Marryat	弗雷德里克·马里亚特

Freeman	弗里曼
Friesland	弗里斯兰
Gabriel	"加布里埃尔"号
Galicia	加利西亚
Galleon	盖伦帆船
Galloper Sand	加洛珀沙滩
Galway	高尔韦
Garland	"花环"号
Gascony	加斯科尼
Geeraert Brandt	海拉尔特·勃兰特
General Instruction	《一般指示》
Genoa	热那亚
Genoese Company	热那亚公司
Geoffrey Chaucer	杰弗里·乔瑟
George	"乔治"号
George Byng	乔治·宾
George Carteret	乔治·卡特里特
George Clifford	乔治·克利福德
George Downing	乔治·唐宁
George Gordon Byron	乔治·戈登·拜伦
George Goring	乔治·戈林
George Hayne	乔治·海恩
George III	乔治三世
George Legge	乔治·莱格
George Monck	乔治·蒙克
George Raymond	乔治·雷蒙德
George Rodney	乔治·布里奇斯·罗德尼
George Villiers	乔治·维利尔斯
Gerard Brandt	杰勒德·勃兰特
Ghent	根特
Gibbs	吉布斯
Gilbert Talbot	吉尔伯特·塔尔博特

Gillingham	吉灵厄姆
Girdler	格德勒
Glorious Revolution	光荣革命
Gloucester	格洛斯特
Golden Lion	"金狮"号
Golden Phenix	"金凤凰"号
Golden Tiger	"金虎"号
Goodwin Sands	古德温暗沙
Gordon Campbell	戈登·坎贝尔
Goree	戈里
Goulet	古利特
Grand Canary	大加那利岛
Grand Jury of Middlesex	米德尔塞克斯审判团
Grand Pensionary	大议长
Granville Penn	格兰维尔·佩恩
Gravelines	格拉沃利讷
Gravesend	格雷夫森德
Great Chamberlain	掌礼大臣
Great Christopher	"伟大的克里斯托弗"号
Great Harry	"盛喜"号
Greater Antilles	大安的列斯群岛
Greenwich	格林尼治
Greenwich Hospital	格林尼治医院
Gregory Butler	格雷戈里·巴特勒
Greyhound	"灰狗"号
Guadeloupe	瓜德罗普岛
Guiana	圭亚那
Guild	行会
Guinea Coast	几内亚海岸
Guipuzcoa	吉普斯夸
Gulf of Mexico	墨西哥湾
Gunfleet	甘福里特

Hague	海牙
Haines	海恩斯
Hakluyt Society	哈克卢特学会
Hamburg	汉堡
Hampton	汉普顿
Hanse Towns	商业行会
Harald III	哈拉尔三世
Harold I	哈罗德一世
Harris Nicolas	哈里斯·尼古拉
Harry	"哈利"号
Harwich	哈里奇
Harwich	"哈里奇"号
Hastings	黑斯廷斯
Havre	阿夫尔
Hebrides	赫布里底群岛
Hellevoetsluis	海勒福特斯勒斯
Hendrik Brunsveld	亨德里克·布莱恩斯威夫特
Henham	亨汉姆
Henri de La Tour d'Auvergne	亨利·德·拉图尔·奥弗涅
Henrietta Maria	亨利埃塔·玛丽亚
Henry Appleton	亨利·阿普尔顿
Henry Bennet	亨利·贝内特
Henry Brouncker	亨利·布龙克尔
Henry Frederick	亨利·弗雷德里克
HENRY GRACE A DIEU	亨利·格雷斯·迪乌
Henry II	亨利二世
Henry III	亨利三世
Henry IV	亨利四世
Henry Morgan	亨利·摩根
Henry of Grosmont	格罗斯蒙特的亨利
Henry Palmer	亨利·帕尔默
Henry Shirborne	亨利·希伯恩

Henry Stuart	亨利·斯图亚特
Henry V	亨利五世
Henry Vane	亨利·文
Henry VI	亨利六世
Henry VII	亨利七世
Henry VIII	亨利八世
Henry Whateley	亨利·惠特利
Hercules	"大力士"号
Hervé de Portzmoguer	埃尔韦·德·普里茅盖特
Hezekiah Haynes	赫齐卡亚·海恩斯
Hina	比那
Hispaniola	伊斯帕尼奥拉岛
Historical Town Series	《英格兰古镇丛书》
Hoen	霍恩
Hopeful Luke	"霍普鲁克"号
Horatio Nelson	霍雷肖·纳尔逊
House of Godwin	戈德温家族
House of Hapsburg	哈布斯堡家族
House of Lancaster	兰开斯特王朝
House of orange Nassau	奥兰治-拿骚家族
House of Plantagenet	金雀花王朝
House of Pure Emanuel	伊曼纽尔学院
House of Stuart	斯图亚特家族
House of Tudor	都铎王朝
Hubert de Burgh	休伯特·德·伯格
Hugh O'Neill	修·奥尼尔
Hugo de Moncada	乌戈·德·蒙卡达
Huguenots	胡格诺派
Hull	赫尔
Hundred Years' War	百年战争
Huntingdonshire	亨廷登郡
Hythe	海斯

Independents	独立派
Indian Ocean	印度洋
Inquisition	宗教裁判所
Inter caetera	教皇通谕
Ionian Islands	伊奥尼亚群岛
Ipswich	伊普斯威奇
Ireland	爱尔兰
Irish Sea	爱尔兰海
Isabella I	伊莎贝拉一世
Isle of Bombay	孟买岛
Isle of Man	马恩岛
Isle of Rhé	雷岛
Isle of Sheppey	赛皮岛
Isle of Wight	怀特岛
Isles of Scilly	锡利群岛
Isthmus of Panama	巴拿马地峡
Jacob	"雅各布"号
Jacob Birkdel	雅各布·比尔克
Jacob van Wassenaer Obdam	雅各布·范·瓦桑奈尔·奥伯坦
Jacobins	雅各宾派
Jaina	贾那
Jamaica	牙买加
James	"詹姆斯"号
James Anthony Froude	詹姆斯·安东尼·弗劳德
James Butler	詹姆斯·巴特勒
James Francis Edward Stuart	詹姆斯·弗朗西斯·爱德华·斯图亚特
James Graham	詹姆斯·格雷厄姆
James Hepburn	詹姆斯·赫伯恩
James I	詹姆斯一世
James III	詹姆斯三世
James Ley	詹姆斯·利
James Peacock	詹姆斯·皮科克

James Southerne	詹姆斯·萨瑟恩
James's Valley	詹姆斯山谷
Jan Evertszoon	扬·埃沃茨松
Jan Huyghen van Linschoten	扬·惠更斯·范·林斯霍滕
Jan Meppel	扬·梅珀尔
Jan van Nes	扬·范·内斯
Jan Willem de Winter	扬·威廉·德·温特
Jean de Witt	《让·德·威特》
Jean Froissart	让·弗鲁瓦萨尔
Jean-Baptiste Colbert	让-巴蒂斯特·科尔贝
Jenny Perwin	"珍妮·珀文"号
Jeremiah Smith	杰里迈亚·史密斯
Jeremy Smith	杰里米·史密斯
Jersey	"泽西"号
Jesus OF Lubeck	"吕贝克的耶稣"号
Johan de Liefde	约翰·德·雷夫德
Johan de Witt	约翰·德·威特
Johan van Galen	约翰·范·盖伦
JOHN	"约翰"号
John Arundell	约翰·阿伦德尔
John Ashby	约翰·阿什比
John Austin	约翰·奥斯汀
John Avale	约翰·阿瓦莱
John Beauchamp	约翰·比彻姆
John Berkeley	约翰·伯克利
John Berry	约翰·贝里
John Causton	约翰·考斯顿
John Chandos	约翰·钱多斯
John Charnock	约翰·查诺克
John Chidley	约翰·奇德利
John Clerk	约翰·克拉克
John Coke	约翰·科克

John Dudley	约翰·达德利
John Falstaff	约翰·福斯塔夫
John Fleming	约翰·弗莱明
John Godwin	约翰·戈德温
John Goodall	约翰·古多尔
John Grenville	约翰·格伦维尔
John Harman	约翰·哈曼
John Hastings	约翰·黑斯廷斯
John Hawkins	约翰·霍金斯
John Hervey	约翰·赫维
John Holland	约翰·霍兰
John II	约翰二世
John IV	约翰四世
John Jervis	约翰·杰维斯
John Kempthorne	约翰·肯普索恩
John Knox	约翰·诺克斯
John Knox Laughton	约翰·诺克斯·劳顿
John Lawson	约翰·劳森
John Mildmay	约翰·迈尔德梅
John Narborough	约翰·纳伯勒
John Norris	约翰·诺里斯
John of Gaunt	冈特的约翰
John Penn	约翰·佩恩
John Pennington	约翰·彭宁顿
John Pepys	约翰·佩皮斯
John Philipot	约翰·菲利庞特
John Rawlings	约翰·罗林斯
John Rust	约翰·拉斯特
John Taylor	约翰·泰勒
John Thurloe	约翰·瑟洛
John Tippets	约翰·蒂皮茨
John Wilmot	约翰·威尔莫特

Johnson	约翰逊
Jonathan Swift	乔纳森·斯威夫特
Joseph Cubitt	约瑟夫·丘比特
Joseph Jordan	约瑟夫·乔丹
Juan de Tassis	胡安·德·塔西斯
Juan Gomez de Medina	胡安·戈麦斯·德·梅迪纳
Juan Martinez de Recalde	胡安·马丁内斯·德·雷卡尔德
Judith	"朱迪思"号
Julius Caesar	恺撒大帝
Jupiter	朱庇特
Justinus of Nassau	拿骚的贾斯汀努斯
Kappel	卡珀尔
Kateryn	"卡捷琳"号
Katherine	"凯瑟琳"号
Kent	肯特
Kentish Flats	肯特平原
Kentish Knock	肯蒂什诺克
King Edgar	埃德加国王
King's Channel	国王航道
King's Letter Boys	国王的送信男孩
king's lieutenant for sea affairs	国王的海上事务中尉
Kingdom of France	法兰西王国
Kingdom of Spain	西班牙王国
Kingfisher	"翠鸟"号
Kinsale	金塞尔
Knights of St.John	圣约翰骑士团
Knock Deep	诺克航道
Knock John	曼塞尔堡垒
Knotsford	诺茨福德
Koenders	科恩德斯
La Armada Invencible	《无敌舰队》
La vera Cruz	圣克鲁斯

Lamoral, Count of Egmont	埃格蒙伯爵拉莫拉尔
Land's End	兰兹角
Landguard	兰德加
Lanzarote	兰萨罗特岛
Laws of War and Ordinances of the Sea	《战事和海事管理法令》
Le Conquet	勒孔凯
League	里格
Leghorn	来航
Leith	利斯
Leonard	"莱昂纳多"号
Les Espagnols sur Mer	海上西班牙人之战
Letters	《书信汇编》
Levant	黎凡特
Levant	"黎凡特"号
Levant Company	黎凡特公司
Lieutenant Lynn	副官林恩
Lieutenant Young	副官扬
Life of Cornelius Tromp	《科内利斯·特龙普传》
Life of Michiel de Ruyter	《米歇尔·德·勒伊特传》
Life of Sir William Monson	《威廉·蒙森爵士传》
Life of Sir William Penn	《海军上将威廉·佩恩传》
Life of William Penn	《威廉·佩恩传》
Lincoln	林肯
Lindsey	林奇
Line Infantry	线列步兵团
Lion	"雄狮"号
Lionel Cranfield	莱昂内尔·克兰菲尔德
Lisbon	里斯本
Little Victory	"小胜利"号
Lives of the Admirals	《海军上将传》
Lizard	利泽德
Loevenstein Party	莱文斯坦派

London	伦敦
Long Parliament	长期议会
Long Sand	长沙洲
Long -wood	朗－伍德
Lord Henry Seymour	亨利·西摩勋爵
Lord High Admiral	高级海军上将
Lord High Treasurer	英格兰财政大臣
Lord of Sea	海上霸主
Lord William Howard	威廉·霍华德勋爵
Lothian	洛锡安
Louis VIII	路易八世
Louis XI	路易十一
Louis XII	路易十二
Louis XIII	路易十三
Louis XIV	路易十四
Louise de Kérouaille	路易丝·德·克鲁阿尔
Low Countries	低地国家
Lowestoft	洛斯托夫特
Loyal London	"忠诚伦敦"号
Lynn	林恩
Maarten Tromp	马尔滕·特龙普
Maas	马斯河
Madeira	马德拉
Madre de Dios	"上帝之母"号
Malaga	马拉加
Malta	马耳他
Maplin Sands	马普林沙洲
Mardyke	马尔代科
Margaret Clifford	玛格丽特·克利福德
Margarita	玛格丽塔
Margate	马盖特
Margate Sands	马盖特沙洲

Market Bosworth	博斯沃思
Marmaduke	"马默杜克"号
Marris pikes	马里斯长矛
Mars	玛尔斯
Marshal of France	法兰西元帅
Martin de Bertendona	马丁·德·贝特多纳
Martin du Bellay	马丁·杜·贝莱
Martin Frobisher	马丁·弗罗比舍
Martin Henriquez	马丁·恩里克斯
Martin Herbertson Tromp	马丁·赫伯森·特龙普
Martinique	马提尼克岛
Mary	"玛丽"号
Mary George	"玛丽·乔治"号
Mary I	玛丽一世
Mary I of Scotland	苏格兰女王玛丽一世
Mary of Guise	吉斯的玛丽
Mary Rose	"玛丽·罗斯"号
Marygold	"金盏花"号
Master of the Horse	御马官
Matthew Arnold	马修·阿诺德
Matthew Aylmer	马修·艾尔默
Matthew Paris	马修·帕里斯
Maurice of the Palatinate	巴拉丁的莫里斯
Mediterranean	地中海
Medway	梅德韦
Memoirs of Comte de Guiche	《吉什伯爵回忆录》
Merchant-Bonaventure	"圣文德商船"号
Messina	墨西拿
Middle Deep	中部航道
Middle Ground	中部沙洲
Midshipmen	候补军官
Miguel de Oquendo	米格尔·德·奥肯多

Milford Bay	米尔福德湾
Minion	"仆人"号
Mohammedan	伊斯兰教
Mole	莫莱
Monmouth	蒙茅斯
Montagu Bertie	蒙塔古·伯蒂
Montserrat	蒙特塞拉特岛
Moonshine	"月光"号
Moors	摩尔人
Morocco	摩洛哥
Morra	莫拉
Mortril	莫里尔
Moslem	穆斯林
Mr. Chalmer	查尔姆先生
Mr. Clifford	克利福德先生
Mynions	小卒炮
Nantes	南特
Naples	那不勒斯
Napoleon Bonaparte	拿破仑·波拿巴
Narro	纳罗
Nathaniel Boteler	纳撒尼尔·波特勒
Nativity of Mary	玛丽诞生日
Naval Architecture	《海军建筑》
Naval History	《皇家海军史》
Naval Tracts	《皇家海军手册》
Naval Warfare	《海军战争》
Navigation Act	《航海条例》
Navigation Laws	《航海法》
Navy Architecture	《皇家海军体系》
Navy Office	海军部
Naze	纳兹
Neptune	"海神"号

Nevis	尼维斯岛
New Asterdam	新阿姆斯特丹
New Fountain	"新喷泉"号
New Model Army	新模范军
New Romney	新罗姆尼
New Survey of the West Indies	《西印度群岛新调查》
New World	新大陆
New York	纽约
Newbury	纽伯里
Newfoundland	纽芬兰
Newmarket	纽马基特
Nicholas	"尼古拉"号
Nicholas Blackburn	尼古拉·布莱克本
Nicholas Bourne	尼古拉·伯恩
Nicholas Harris	尼古拉·哈里斯
NIicholas Montrygo	"尼古拉·蒙特利戈"号
Nob	诺伯
Nombre de Dios	农布雷-德迪奥斯
Nonsuch	"无双"号
Nore	诺尔
Norfolk	诺福克
Normandy	诺曼底
North Foreland	北佛兰德斯
North Holland	北荷兰
North Nob	北诺伯
North Sands Head	北沙头
North Sea	北海
Norway	挪威
Nuestra Seflora del Rosario	"玫瑰圣母"号
Nugent	纽金特
Oaze	奥泽
Oaze Deep	奥泽航道

Olaf II	奥拉夫二世
Oliver Cromwell	奥利弗·克伦威尔
Oppenheim	奥本海姆
Oquendo	奥昆多
ORANGE	"奥兰治"号
Orange Party	奥兰治党
Orders	《指令》
Orford Ness	奥福德角
Orientals	东方人
Orinoco	奥里诺科
Orkney	奥克尼
Oslo	奥斯陆
Ostend	奥斯坦德
Oudard du Biez	乌达尔·迪比耶
Our Lady of Walsingham	沃尔辛厄姆夫人
Overton	奥弗顿
Owen Cox	欧文·考克斯
Oxford	牛津
Oxford's regiment of horse	牛津骑兵团
Ozama	奥萨马
Papachino	"帕帕奇诺"号
Papal Meridian	教皇子午线
Paragon	"模范"号
Parham	帕勒姆
Parliamentary History	《英格兰议会历史档案》
Pasha	"帕沙"号
Passage de l'Iroise	伊鲁瓦斯通道
Passage du Four	四号通道
Pauw de Heemstede	波夫·德·海姆斯泰德
Pay Office	薪酬办公室
Peace of Breda	《布雷达和约》
Pearce	皮尔斯

Pedro de Valdes	佩德罗·德·瓦尔德斯
Pedro Menéndez de Avilés	佩德罗·梅嫩德斯·德·阿维莱斯
Pedro Tello	佩德罗·特略
Pelican	"鹈鹕"号
Peniche	佩尼切
Penzance	彭赞斯
Peru	秘鲁
Perye John	佩耶·让
Peter Lely	彼得·利利
Peter Pett	彼得·佩特
Peter Pett of Deptford	德特福德的彼得·佩特
Peter Seman	彼得·塞
Philip Howard Colomb	菲利普·霍华德·科洛姆
Philip II	腓力二世
Philip III	腓力三世
Philip IV	腓力四世
Philip VI	腓力六世
Philippa of Hainault	艾诺的菲莉帕
Philippe	"菲利普"号
Phineas Pett	菲尼亚斯·佩特
Piero Strozzi	皮耶罗·斯特罗齐
Pierre Jean le Bidoulx	皮埃尔·让·勒比杜尔斯
Pietro Barbavera	彼得罗·巴尔巴瓦拉
Pisa	比萨
Plate Fleet	西班牙宝藏舰队
Plymouth	普利茅斯
Point San Mathieu	圣马修角
Poole	普尔
Port Mahon	马洪港
Port of Mexico	墨西哥港
Portland	波特兰
Porto Azzurro	阿祖罗港

Porto Bello	波托贝洛
Porto Belo	贝卢港
Port-piece Chambers	港口室炮
Port-piece Halls	港口殿炮
Ports of New Spain	新西班牙港
Portsmouth	朴次茅斯
Portsmouth	"朴次茅斯"号
Portuguese	葡萄牙人
Portuguese East India company	葡萄牙东印度公司
Pregent	皮根特
Preston	普雷斯顿
Preter John	普雷特尔·让
Pride's Purge	普莱德清洗
Primose	"报春花"号
Prince	"王子"号
Prince of Wales	威尔士亲王
Prince Rupert and the Cavaliers	《莱茵的鲁珀特亲王和骑士队》
Prince Rupert of the Rhine	莱茵的鲁珀特亲王
Privy Seal	掌玺大臣
Proclamation of Toleration	《宽容宣言》
Prosperous Bay	繁荣湾
Protestant	新教
Protestant State	新教国家
Providence Island	普罗维登斯岛
Puerto Real	雷亚尔港
Puerto Rico	波多黎各
Puntal Castle	邦塔尔城堡
Puritan	清教徒
Pym	皮姆
Rabinet	拉比纳特炮
Ragusans	拉古桑人
Rainbow	"彩虹"号

Ralph Wrenn	拉尔夫·雷恩
Rata	"拉塔"号
Rear Admiral	海军少将
Red Division	红色分队
Reformadoes	改良军
Regent	"摄政"号
Republican party	共和派
Resolution	"决心"号
Restore	"复原"号
Reynolds	雷诺兹
Richard Badiley	理查德·巴德利
Richard Boyle	理查德·博伊尔
Richard Clytherow	理查德·克林斯诺
Richard Deane	理查德·迪恩
Richard Fitzalan	理查德·菲查伦
Richard Grenville	理查德·格伦维尔
Richard Haddock	理查德·哈多克
Richard Hakluyt	理查德·哈克卢特
Richard Hawkins	理查德·霍金斯
Richard II	理查二世
Richard III	理查三世
Richard Keigwen	理查德·凯格温
Richard Neville	理查德·内维尔
Richard Stayner	理查德·斯泰纳
Riohacha	里奥阿查
Rise and Progress of the Royal Navy	《皇家海军的崛起和发展》
River Thames	泰晤士河
Robert Beach	罗伯特·比奇
Robert Blake	罗伯特·布莱克
Robert Devereux	罗伯特·德弗罗
Robert Dudley	罗伯特·达德利
Robert Filmer	罗伯特·菲尔默

Robert Haughton	罗伯特·霍顿
Robert Holmes	罗伯特·霍姆斯
Robert Leach	罗伯特·利奇
Robert of Namur	那慕尔的罗伯特
Robert Rich	罗伯特·里奇
Robert Sanders	罗伯特·桑德斯
Robert Sansum	罗伯特·桑森
Robert Southey	罗伯特·索锡
Robert Venables	罗伯特·维纳布尔斯
RobertMansel	罗伯特·曼塞尔
Rochelle	拉罗谢尔
Rochester	罗切斯特
Rodrigo de Castro Osorio	罗德里戈·德·卡斯特罗·奥索里奥
Roger Strickland	罗杰·斯特里克兰
Roger Townsend	罗杰·汤森
Rolling Grounds	丘陵地
Roman Catholic	罗马天主教教徒
Rotterdam	鹿特丹
Royal Chales	"皇家查理"号
Royal Fleet	皇家舰队
Royal Guinea Company	皇家几内亚公司
Royal James	"皇家詹姆斯"号
Royal Oak	"皇家橡树"号
Royal Prince	"皇家王子"号
Royal Sovereign	"国王陛下"号
Royalists	保皇派
Royston	罗伊斯顿
Ruby	"红宝石"号
Rupert	"鲁珀特"号
Rupert's Hill	鲁珀特山
Russia	俄罗斯
Rye	拉伊

Rye House Plot	黑麦屋阴谋
Sacar	萨卡炮
Saint Andrew's Day	圣安德鲁斯日
Saint Christopher	圣克里斯托弗岛
Saint Dominic	圣多明我
Saint Kitts	圣基茨岛
Sakers	猎隼炮
Salle du ROI	"国王的房间"号
Sallee	萨利
Sampson	"桑普森"号
Samuel	"萨缪尔"号
Samuel Argall	萨缪尔·阿高尔
Samuel Hood	塞缪尔·胡德
Samuel Howett	塞缪尔·哈维特
Samuel Pepys	塞缪尔·佩皮斯
Samuel Pepys and the World be lived in	《塞缪尔·佩皮斯和他的时代》
Samuel Purchas	塞缪尔·珀切斯
Samuel Rawson Gardiner	塞缪尔·罗森·加德纳
San Domingo	圣多明各
San Juan	圣胡安
San Lucar	桑卢卡
Sancho de Garra	"桑乔·德·加拉"号
Sandwich	桑威奇
Sanlúcar de Barrameda	桑卢卡尔－德巴拉梅达
Santa Cruz de Tenerife	圣克鲁斯－德特内里费
Santiago	圣地亚哥
Sattee	"萨蒂"号
Scanderoo	伊斯肯德伦
Scanderoon	斯坎达隆
Scandinavia	斯堪的纳维亚
Schevening	斯海弗宁恩
Schooneveldt	斯乌尼维尔

Scourge of Chrisiendom	《基督灾难》
Scourge of Malice	"恶魔之灾祸"
Sea Power in History	《历史上的海上强国》
Sebastian	塞巴斯蒂安
Second Anglo-Dutch War	第二次英荷战争
Secretary of State	国务大臣
Secretary to Admiralty	海军上将秘书
Seething	塞思英
Seething Lane	希兴里
Seine	塞纳河
Senegambia	塞内冈比亚
Seven Provinces	"七省"号
Seville	"塞维利亚"号
Shanklin	尚克林
Sheerness	希尔内斯
Sherborne	舍伯恩
Shetland	设得兰群岛
Ship-money Fleet	筹钱舰队
Shirley	雪莉
Shish	希什
Shoeburyness	舒伯里内斯
Shoreham	肖勒姆
Sicily	西西里
Sierra Leone	塞拉利昂
Sigent	"图章"号
Simeon of Durham	达勒姆的西米恩
Sinclair Castle	辛克莱城堡
Sir Christopher Myngs	克里斯托弗·明格斯爵士
Sir Edward Cecil	爱德华·西塞尔爵士
Sir Edward Echynham	爱德华·埃辛厄姆爵士
Sir Edward Howard	爱德华·霍华德爵士
Sir Francis Howard	弗朗西斯·霍华德爵士

Sir Francis Tanfield	弗朗西斯·坦非尔德爵士
Sir George Ayscue	乔治·艾斯丘爵士
Sir George Carteret	乔治·卡特里特爵士
Sir John Chandos	约翰·钱多斯爵士
Sir John Fearn	约翰·费恩爵士
Sir John Hamden	约翰·哈姆登爵士
Sir John Pennington	约翰·彭宁顿爵士
Sir John Winkfield	约翰·温克菲尔德爵士
Sir Pierce Morgan	皮尔斯·摩根爵士
Sir Richard Leveson	理查德·莱韦森爵士
Sir Richard Munden	理查德·芒登爵士
Sir Robert Cross	罗伯特·克罗斯爵士
Sir Robert Playfair	罗伯特·普莱费尔爵士
Sir Thomas Allin	托马斯·阿林爵士
Sir Thomas Baskerville	托马斯·巴斯克维尔爵士
Sir Thomas Knyvett	托马斯·尼维特爵士
Sir Tobias Bridge	托拜厄斯·布里奇爵士
Sir Walter Raleigh	沃尔特·罗利爵士
Sir Will Pirton	威尔·珀顿爵士
Sir William Monson	威廉·蒙森爵士
Sir William Trevelyan	威廉·特雷威廉爵士
Smerwick	斯梅里克港
Smyrna	士麦那
Solebay	索莱贝
Solent	索伦特海峡
Somerset House	萨默塞特宫
Sommers	索莫斯
South America	南美洲
South Foreland	南福尔兰角
South Sand Head	南沙角
South Seas	南太平洋
Southampton	南安普顿

Southwold	绍斯沃尔德
Sovereign	"主权"号
Sovereign of The Seas	"海上主权"号
Spanish Main	西班牙主干道
Spanish Netherlands	西属尼德兰
Spanish Story of the Armada	《西班牙无敌舰队的故事》
Spice Islands	摩鹿加群岛
Spithead	斯皮特黑德
St. Andrew	圣安德鲁斯
St. Clement	圣克莱门特
St. Helens	圣海伦斯
St. John Island	圣约翰岛
St. Philip	"圣菲利普"号
St.George	"圣乔治"号
St.Helena	圣赫勒拿岛
St.Michael	"圣迈克尔"号
Sta Catalina	"圣卡塔利娜"号
Stadtholder	执政官
Stadtholders	省督
Star	"群星"号
State Papers	《王国文件》
Strait of Dover	多佛尔海峡
Straits of Florida	佛罗里达海峡
Straits of Gibraltar	直布罗陀海峡
Suffolk	萨福克
Sultan	苏丹
Sunk	桑克
Superbe	"卓越"号
Sussex	萨塞克斯
Sveers	斯威尔斯
Swallow	"燕子"号
Swan	"天鹅"号

Swiftsure	"敏捷"号
Syria	叙利亚
Tagus	塔古斯河
Tangier	丹吉尔
Tarpaulin	油布衣
Taunton	汤顿
Tempest	《暴风雨》
Teneriffe	特内里费岛
Tenth Whelp	"十狼"号
Terschelling	泰尔斯海灵
Texel	泰瑟尔岛
Thames	"泰晤士"号
The Mistress	"女主人"号
The Navy Record Society	皇家海军纪录协会
The Test Act	《宣誓法》
Third Anglo-Dutch War	第三次英荷战争
Thirty Years' War	三十年战争
Thomas	"托马斯"号
Thomas Babington Macaulay	托马斯·巴宾顿·麦考利
Thomas Butler	托马斯·巴特勒
Thomas Carlyle	托马斯·卡莱尔
Thomas Chicheley	托马斯·奇切利
Thomas Clifford	托马斯·克利福德
Thomas Darcy	托马斯·达西
Thomas Fairfax	托马斯·费尔法克斯
Thomas Gage	托马斯·盖奇
Thomas Harbert	托马斯·哈伯特
Thomas Harrison	托马斯·哈里森
Thomas Heywood	托马斯·海伍德
Thomas Howard	托马斯·霍华德
Thomas Lediard	托马斯·莱迪亚德
Thomas Lodge	托马斯·洛奇

Thomas Love	托马斯·洛夫
Thomas Modyford	托马斯·莫迪福德
Thomas Porter	托马斯·波特
Thomas Rainsborough	托马斯·雷恩巴勒
Thomas Teddiman	托马斯·泰德曼
Thomas Wolsey	托马斯·沃尔西
Thoroughgood	瑟罗古德
Three days' battle	三日海战
Thriploe Heath	特里普罗普希思
Tiger	"猛虎"号
Tjerk Hiddes de Vries	切克·海蒂斯·德·弗里斯
Tomas Button	托马斯·巴顿
Tor Bay	托尔湾
Torbay	托贝
Tordesillas	托德西利亚斯
Toulon	土伦
Tower Hill	塔丘
Town of Lyme	莱姆镇
Trade's Increase	"贸易繁荣"号
Trapani	特拉帕尼
Treasurer	司库
Treaty of Breda	《布雷达条约》
Treaty of Dover	《多佛尔条约》
Trinity	圣三一
Trinity House	领港公会
Trinity House of Deptford Strond	《德特福德·斯特隆德的领港公会》
Triple Alliance	三国同盟
Tripoli	的黎波里
Triumph	"凯旋"号
Tunis	突尼斯
Turkish	土耳其
Ugborough	乌伯勒

Under Secretary	国务次卿
Unity	"团结"号
Upnor	阿普诺
Upnor Castle	阿普诺城堡
Urcas	乌尔卡斯
Ushant	韦桑岛
Utbar	尤特巴
Vanguard	"先驱"号
Vasco da Gama	瓦斯科·达·伽马
Vasco Nunez de Balboa	瓦斯科·努内兹·德·巴尔沃亚
Velez-Malaga	维莱斯－马拉加
Venice	威尼斯
Verney	弗尼
Viceroy of Portugal	葡萄牙总督
Victoria	维多利亚
Victor-Marie d'Estrées	维克多－玛利·德埃斯特雷
Victory	"胜利"号
Victualling Board	军粮供应委员会
Vigo	维哥
Villeneuve	维勒讷沃
Virgin Islands	维尔京群岛
Virginia	弗吉尼亚
Vlieland	弗利兰岛
Volckert van Schram	沃尔克·范·施拉姆
Voyages	《航海之行》
Walcheren	瓦尔赫伦岛
Walter Hopton	沃尔特·霍普顿
Walton-on-the-Naze	内兹河上的沃尔顿
Wars of the Roses	玫瑰战争
Warspight	"战犽"号
West Barrow	西巴罗
West India Fleet	西印度舰队

West Indies	西印度群岛
West Swin	西斯温
Weymouth Harbour	韦茅斯港
Whigs	辉格党
White Bear	"白熊"号
White Division	白色分队
White Garrison	白色卫戍部队
Whitehall	白厅
Willem Joseph van Ghent	威廉·约瑟夫·范·根特
Willem van der Zaan	威廉·范·德·扎安
William Batten	威廉·巴滕
William Berkeley	威廉·伯克利
William Blake	威廉·布莱克
William Cavendish	威廉·卡文迪什
William Cecil	威廉·塞西尔
William Coventry	威廉·考文垂
William Duckett	威廉·达克特
William Feilding	威廉·费尔丁
William Fitzalan	威廉·菲查伦
William Goodson	威廉·古德森
William Haddock	威廉·哈多克
William Hewer	威廉·休尔
William I	威廉一世
William II	威廉二世
William III	威廉三世
William Jacob	威廉·雅各布
William Juxon	威廉·贾克森
William Legge	威廉·莱格
William Longespée	威廉·朗索德
William Monson	威廉·蒙森
William Morgan	威廉·摩根
William of Wrotham	鲁特姆的威廉

William Paget	威廉·佩吉特
William Paulet	威廉·保莉特
William Penn	威廉·佩恩
William Pett	威廉·佩特
William Rand	威廉·兰德
William Russell	威廉·罗素
William Sidney	威廉·悉尼
William Wentworth	威廉·温特沃思
William Willoughby	威廉·威洛比
William Wynter	威廉·温特
Williamson	威廉森
Winchelsea	温奇尔西
Windsor	温莎
Windward Islands	向风群岛
Winslow	温斯洛
Wolfran Cornwall	沃尔弗仁·康沃尔
Woolwich	伍尔维奇
Worcester	伍斯特
Yarmouth	雅茅斯
Zeeland	泽兰
Zizembre	齐泽姆布里
Zouch Phenix	"祖奇凤凰"号
Zuyder Zee	须德海